KB107805

한사상과 다이내믹 코리아

최동환 지음

역동성의 대한민국(Dynamic Korea)은 무엇이며,
나아가 인간과 사회라는 주제에 대해 전혀 새로운 차원의 해결방법은 무엇인가!
그 방법은 한사상과 한철학뿐이다. 우리만의 의식 없이는 세계를 앞설 수 없다.

한사상과 다이내믹 코리아

지혜의나무

차례

제7장

일반의 원리: 과정론 · 상태론 ·· 377

서문

무엇이 우리를 우리답게 특징짓는 것일까? 프랑스는 예술과 패션, 일본은 경제대국, 독일은 고품질과 기술, 스위스는 중립과 평화 등이 이들 나라를 다른 나라와 구분 짓게 한다.

그렇다면 우리 한겨레공동체를 다른 나라와 다르게 인식하게 하는 특징은 무엇인가? 이 부분에 대하여 우리 스스로 자랑스럽게 세계인을 향해 내세운다거나 세계인이 긍정적으로 인정할 만큼 폭넓은 공감대를 가지고 지지를 얻고 있는 특징이 아직은 없는 듯하다.

그러나 우리는 우리 스스로 알든 모르든 이미 전 세계를 향해 우리다운 특징을 내세웠다. 그것은 역동성力動性이다. 즉, 역동성의 대한민국(Dynamic Korea)는 이미 세계인이 인정하는 대한민국의 국가브랜드1)가 되고 있다.

프랑스의 르몽드지는 한국과 프랑스 수교 120주년 특집기사에서 세계 제2의 경제강국이자 대중문화의 선진국인 일본의 위상마저 위태롭게 하고 있는 한국의 무서운 힘은 역동성에서 나오는 것이라고 분석했다. 또 한국의 역동성은 특히 혁신에 대한 열정, 세계 최강의 IT, 한류韓流에서 두드러진다2)는 것이다.

---

1) 브랜드: 라틴어로 '각인시키다'는 뜻으로 이집트의 피라미드 벽돌에 새긴 상형문자에서 기원한 것으로 알려져 있다. 이집트의 벽돌공이 '만든 사람이 품질을 책임진다'는 의미로 자신의 이름을 벽돌에 사용한 것이다. 지금의 '소비자의 마음속에 인지된 정도'라는 뜻을 지니게 된 것이다. 문화관광부, 국가브랜드 연구소『문화를 통한 국가브랜드가치 재고전략 보고서』요약본. 2003년 12월, 9쪽.
2) 르몽드. 2006년 6월 5일과 6일자 연속보도 해외홍보원 김선옥 전문위원 (http://www.news.go.kr 2006. 6. 7.)

역동성은 우리 한국 사회가 문화예술과 스포츠 등의 분야에서 자연스럽게 표출한, 있는 그대로의 모습이다. 제인 케이건 UCLA 대중문화·예술연구소장은 월드컵 응원에서 한국과 한국인들은 서구 세계가 경험하지 못한 역동적인 에너지[3]를 보여주었다고 말한다.

우리의 역사는 우리 민족의 역동성에 대해 수많은 기록을 남기고 있다. 엄청난 인구와 땅과 자원을 가진 수나라와 당나라를 맞아 철통같이 단결하며 하늘을 찌르는 용기로 그들을 추풍낙엽처럼 격파했던 을지문덕 장군과 양만춘 장군이 고구려의 백성과 하나가 되어 보여준 역동성, 일본의 거대한 수군을 여지없이 격파하여 역사를 읽는 사람들에게 피가 끓어오르게 하는 이순신 장군과 조선의 자랑스러운 백성들이 보여준 역동성, 고구려 무사들이 말을 타고 달리던 만주 땅에 홀연히 출현하여 동양최강의 일본정규군을 여지없이 무찔렀던 독립군들의 영웅적인 역동성, 광복 후 고비 때마다 민주주의를 위해 거리에 나섰던 젊은 군중들의 정의로운 역동성, 1970년대와 1980년대 중동의 건설현장에서 나타났던 근로자들의 피와 땀과 눈물이 범벅이 된 역동성, IMF 때 금 모으기에 나선 일반대중들의 뜨거운 마음의 역동성, 2002년과 2006년 월드컵에서 아무도 시키지 않았건만 자발적으로 수백만의 응원군을 만들어 일사분란하게 질서를 지키며 폭발적으로 발산하던 역동성! 그렇다! 한겨레공동체의 특징은 강력한 역동성이다.

또한 세계에서 가장 못살던 나라가 6·25의 폐허 위에서, 그것도 남북으로 분단된 조그만 나라의 반쪽에서 세계적인 경제국가가 된 한국만큼 빠른 속도速度를 가진 나라는 이 세상에 없었고 지금도 없다.

---

3) "응원에서 보여주었듯이 한국과 한국인들은 서구 세계가 경험하지 못한 역동적인 에너지를 문화예술과 스포츠 분야에 쏟아내고 있다." 《중앙일보》 오종수 기자, 2006. 6. 29.

이는 역동성에 더하여 빠른 속도速度가 또한 우리 한겨레공동체의 특징이기도 한 것이다. 즉, 빈약한 자원과 비좁은 국토와 인구도 많지 않은 우리에게 뭉치면 살고 흩어지면 죽는다는 말은 언제나 설득력이 있다. 그러나 우리의 역사에서 흩어지면 죽는다는 말은 맞지만 단순히 뭉친다고 살 수 있을 만큼 우리의 역사가 만만한 것은 결코 아니었다. 우리 민족에게 진실로 중요한 것은 얼마나 강력한 역동성으로 뭉쳐서 얼마나 빠른 속도를 가질 수 있는가 하는 점이며, 이것이 생사를 판가름 지어왔다.

한국 사회의 폭발적인 역동성은 마치 태풍과 같다. 그리고 태풍의 중심에는 태풍의 눈이 존재하듯이 우리 한국 사회에 출현한 그 역동성에도 보이지 않는 중심이 명백히 존재한다. 그 중심은 자세한 설명이 필요한 것이지만, 기본적으로 한겨레공동체가 가진 상상력과 판단력과 통찰력이다.

그렇다면 우리 대한민국의 국가브랜드4)가 되고 있는 역동성이 우리 한민족공동체에서 어떻게 해서 생기는 것이며, 어떻게 해서 사라지는 것이라고 납득할 수 있는 분명한 이론체계를 갖추어 설명할 수 있는가? 아니 도대체 역동성이란 과연 무엇인가? 또한 속도速度는 무엇인가? 여기에 생각이 이르면 우리가 가지고 있는 역동성과 속도는 우리나라의 문제를 넘어 보편적인 개인과 사회와 우주의 문제로 넘어가는 것이다.

우리가 명백한 이론체계를 가지고 역동성을 설명할 수 없다면 대

---

4) 국가브랜드: 일반적으로 국가브랜드는 내국인 및 외국인으로 하여금 대상 국가에 대한 인식을 차별화를 도모하고 나아가 신뢰감을 얻도록 하는 것이다. 이는 브랜드의 개념을 국가에 적용한 것으로 한 국가의 자연환경, 국민, 역사, 문화, 전통, 정치체계, 경제수준, 사회안정, 제품, 서비스, 문화 등의 유형 또는 무형의 정보와 경험을 활용하여 내외국민들에게 의도적으로 심어주고자 기획된 상징체계라 할 수 있다. 문화관광부, 국가브랜드 연구소. 『문화를 통한 국가브랜드가치 재고전략 보고서』 요약본. 2003년 12월. 12쪽, 15쪽.

한민국이 전 세계에 보여준 역동성은 단지 우연에 의한 것일 뿐이다. 이 경우 우리의 역동성은 우연에 의해 만들어지되 그 실체에 대해서는 아무도 모르는 신비로운 영역에 불과한 것이 되는 것이다.

우리는 이 설명할 수 없는 역동성에 대해 알쏭달쏭한 표정을 지으며, 밑도 끝도 없이 애매하고 두루뭉술한 말을 늘어놓는 신비한 사람들에게 물어보아야 할까?

혹 지금까지의 동서양의 철학에서 우리 한겨레공동체의 특징인 역동성을 설명할 수 있는 철학이 있다면 문제는 간단하다. 그러나 지금까지의 철학은 살아 있는 생명체로서의 역동성을 설명할 수 있는 철학이 전무全無하다. 한국에서 출현한 이 역동성은 지금까지의 동서양철학의 사고의 틀과 전혀 다른 한국적인 사고의 틀에서만 설명되는 혁명적인 것이다.

이 역동성의 철학(Dynamic Philosophy)이 한사상(韓思想: Hanism)이다. 한사상은 우리 한겨레공동체 구성원 한명 한명의 마음속에 살아 있고 우리의 관습과 생활 속에 살아 있고 우리가 만든 유형과 무형의 문화 안에 살아 있다.

즉, 우리 한겨레 한명 한명이 살아 있는 한사상이며, 한겨레공동체 전체가 살아 있는 한사상이다. 그리고 이는 우리에게 가장 잘 나타나지만 우리에게만 있는 것이 아니라 모든 개인과 사회에 공통적으로 내재된 것이다.

이 한사상은 우리 한국 사회에서는 너무도 흔해 눈길조차 주지 않던 것들에서도 쉽게 발견된다. 먹는 것 하나만 보아도 우리가 하루 세끼 밥을 먹는 밥상 또 김치와 콩나물, 숟가락과 젓가락 등은 그 자체가 살아서 움직이고 있는 역동적인 한사상이다.

그러나 우리는 매일같이 만나는 우리의 가족과 이웃이 주고받는 마음에서 그리고 우리가 늘 만나는 문화 안에 담긴 한사상이 지금까지 동서양의 철학자들의 사고 틀 안에서는 전혀 미치지 못했던 높은 차원의 것이라는 사실을 미처 깨닫지 못했다.

우리 한국인들이 아무리 모르고 싶어도 모를 수 없는 이들 안에 담긴 한사상을 한번만 주의 깊게 살펴보고 이해하면 이미 우리는 동서양의 철학자들의 사고의 틀을 모두 포함하면서 동시에 뛰어넘는 역동성의 철학(Dynamic Philosophy)을 생활에서 사용하고 있다는 사실을 알 수 있다.

우리 한겨레공동체 안에서 살아서 움직이는 이 한사상을 수식數式과 도형圖形과 논리論理로 명백한 이론체계를 갖추어 설명하는 우리 한국인의 철학을 한철학(韓哲學: Hanphilosophy)이라고 한다. 동서고금을 통해 사상가들은 셀 수 없이 많은 철학이론들을 만들어냈지만, 한철학과 같이 살아서 숨 쉬며 활동하는 한사상의 바탕이 되는 독특한 철학을 만들지는 못했다.

이 한철학의 바탕에는 우리 한국인의 조상들이 만들고 우리에게만 비전해온 천부경, 삼일신고, 366사(참전계경)5) 등 십수 권의 경전이 있다. 이 경전들은 순수한 우리 한겨레의 경전이지만 잘 모르는 독자들도 있을 것 같다. 이 경전들의 정보는 본문에서 다시 설명하겠다.

한류韓流란 한겨레공동체의 역동성 안에 내재하는 한겨레공동체의 참을 수 없는 욕망慾望들이 우리의 장대한 역사를 통해 잘 다듬

---

5) 천부경, 삼일신고, 366사(참전계경): 필자는 1991년 이래 우리민족 고유의 경전인 천부경, 삼일신고, 366사(참전계경) 등을 연구하고 이에 대한 해설서를 단행본으로 내는 작업을 해왔다. 그리고 이 경전들에 공통적으로 적용된 이론체계를 한철학시리즈를 통해 설명하고 있다. 즉,『한철학1 - 생명이냐 자살이냐』와『한철학2 - 통합과 통일』이 그것이다. 그리고 우리 한겨레의 고유한 경전들과 한철학시리즈에서 밝혀진 원리를 알기 쉽게 이해할 수 있도록 우리의 생활 속에서 찾아내어 이 책을 쓰고 있다. 따라서 우리민족 고유의 경전인 천부경, 삼일신고, 366사(참전계경)는 이 모든 작업의 가장 중요한 바탕이 되는 것이다.

어져 세련된 행동이 되어 아시아로 세계로 뻗어나가는 것 이외에 다른 것이 아니다.

우리 한겨레는 이론의 여지가 없이 이 세상에서 가장 역동적인 민족이다. 그리고 그러한 한겨레가 역사를 살아오며 만났던 가장 역동적인 환경 중 하나였던 장소가 1970~1980년대 중동의 사막에서 벌어졌던 건설현장이다.

필자는 그곳의 건설현장에서 4년 이상 동료 작업자들과 함께 피와 땀과 눈물을 흘리며 하나로 뭉쳐서 일하는 과정에서 강력한 역동성과 빠른 속도로 살아서 움직이는 한사상을 우리 스스로 만들었고 직접 체험했다. 이것은 공사현장에서 진행된 철학적 실험이었다. 필자는 이 실험의 결과로 얻은 내용이 실마리가 되어 우리의 고유한 경전들의 깊은 진리의 세계에 인도되었다.

그리고 우리나라의 가전제품 제조 기업의 신형 에어컨을 설계하는 작업에 컨설팅하여 에어컨의 성능을 한사상의 이론으로 최적화하는 일에 성공했다. 즉, 역동적으로 살아서 움직이는 새로운 한사상이 에어컨 안에 자리 잡은 것이다. 이는 공학적 실험의 형태를 가진 철학적 실험이었다. 이 두 가지의 철학실험, 즉 사우디아라비아의 공사장과 에어컨 설계에 적용된 원리는 완전히 동일한 수식과 도형과 논리를 가진 것이었다.

1965년 노벨 의학 및 생리학상을 받았던 자크 모노(1910~1976)는 그의 전공보다는 『우연과 필연』이라는 책을 쓴 철학자로 더 유명하다. 그는 다음과 같이 주장한다.

플라톤에서 화이트헤드에 이르기까지, 그리고 헤라클레이토스로부터 헤겔과 마르크스에 이르기까지 이 모든 형이상학적 인식론은 항상 그 철학을 만들어낸 사상가의 도덕적·정치적 편견과 밀접하게 관련을 맺고 있다. 이들 이데올로기의 구축물은 이성에 자명한 것으로 표현되어 왔지만, 사실은 미리 품고 있었던 윤리정치 이론을 정당화하기 위해 만들어진 후천적인 구조물이다.[6]

모노는 냉철하기 이를 데 없는 말로 지난 2500년간의 서양철학 이론이 단지 사상가들의 편견을 정당화하기 위해 사전에 조작된 이론에 불과하다고 폭로하고 있다. 즉, 지금까지의 철학이론들은 결코 선천적인 불변의 원리가 아니라 사상가들에 의해 후천적으로 조작된 이론에 불과하다는 것이다.

모노의 이 말은 세계 철학사상 철학이론 전체에 대해 가장 냉정하고 무자비한 비난이며 폭로라고 볼 수 있을 것이다. 물론 모노의 말에도 불구하고 이 철학이론들은 여전히 전 세계의 철학교실을 지배해왔고 앞으로도 이들은 계속 철학교실의 주인공이 될 것이다. 그러나 앞으로의 철학은 이와 같은 논쟁을 견디어낼 수 있어야 한다는 사실은 명확해진 것이다.

이 시대의 대한민국에서 출현한 한사상의 핵심이론은 모노의 비난으로부터 자유로운 것이다. 한사상은 모노가 비난하는 것처럼 사상가의 사유에 의해 미리 만들어진 각본이 아니라 객관적인 철학실험들을 통해 발견되고 확인된 선천적인 불변의 원리를 제시한다.

한사상의 이론체계는 이 반복가능한 객관적인 이론체계로 개인과 사회와 우주를 설명할 뿐 정해진 각본에 따라 특정 집단의 이익을 위해 조작할 의도를 조금도 가지지 않는다.

우리는 이제 역동성이 무엇인지 수식이나 도형이나논리로 그리고 실험데이터로 그 어떤 사심이나 편견도 없이 분명히 설명할 수 있게 된 것이다. 그리고 역동성의 대한민국(Dynamic Korea)이 무엇인지도

---

6) 자크 모노, 『우연과 필연 』, 김용준 역, 삼성판, 세계사상전집 31, 1982년, 333쪽.

아무런 군더더기 없이 분명하게 설명할 수 있게 된 것이다. 나아가 인간과 사회와 우주라는 무거운 주제에 대해 전혀 새로운 차원에서 수식과 도형과 논리와 실험데이터로 명료하게 설명할 수 있게 된 것이다.

우리를 둘러싼 모든 것은 한사상이 제시하는 과정 안의 상태로 존재한다. 우리는 그것이 무엇이든 주어진 상태가 어떤 상태인가를 파악하고 그 주어진 상태에 맞추어 최적화[7]할 수 있게 된 것이다. 그것이 정치·경제사회·외교이든 교육이든 행정이든 과학이든 기술이든 모든 것은 단지 과정 이외에 다른 것이 아니기 때문이다.

그리고 세계의 중심이 미국과 일본에서 우리나라와 중국으로 이동하는 것은 그 누구도 거스를 수 없는 천하天下의 대세大勢이다. 태양은 동쪽에서 뜨고 문명은 서진西進하는 것이다.

현재 세계 제1위의 경제대국은 미국이다. 그리고 2위의 경제대국은 이웃나라 일본이다. 우리는 아직 이들에게 미치지 못하지만, 머지않아 이 세계1위와 2위의 자리는 우리와 중국이 차지하게 된다는 것이 필자가 설명하려는 천하대세론天下大勢論이다.

---

7) 최적화(最適化): 한사상에서 최적화는 매우 중요한 의미를 지닌다. 따라서 최적화라는 용어를 정리할 필요가 있다. 지금까지의 철학은 이룰 수 없는 유토피아를 설정하고 그것에 도달하기 위해 현실을 부정하는 방법을 채택했다. 예를 들면 이 방법론은 마치 이솝우화의 욕심 많은 개 이야기와 같은 것이다. 즉, 고기 덩어리를 물고 개울가의 외나무다리를 지나가던 개가 개울물에 비춰진 허상인 고깃덩어리를 문 자기모습을 보고 그 허상 속의 고깃덩어리가 탐나서 짖다가 자기 입에 문 고깃덩어리를 물에 떠내려 보내는 이야기이다. 도달할 수 없는 허상인 유토피아를 설정하고 그 유토피아에 도달하기 위해 실재로 가지고 있는 소중한 것을 모두 잃어버리는 것과 욕심 많은 이솝우화의 개의 자기부정은 유사하다.
최적화란 현실에서 나타나는 전체과정을 파악하고 할 수 있는 최선을 다해 주어진 상태를 가장 적합한 역동성과 속도를 가진 상태로 만드는 것이다. 그럼으로써 그 다음의 상태로 혁신을 할 수 있게 하는 것이다. 그리고 최종적으로는 기존의 철학에서 말하는 유토피아를 현실세계에서 이루어내기 위한 과정을 진행시키는 행동이다.

사람들은 중국이 세계1위가 될 것은 확신하면서 우리가 세계1위가 되는 것은 감히 상상도 하지 못한다. 역동성의 한사상을 가지고 있는 한겨레로서는 어울리지 않게 자신감과 패기의 상당부분이 손상된 것이다.

　　미국과 중국과 일본의 사상과 문화에 젖어 있는 사람에게는 우리가 세계1위를 할 수 있다는 자신감과 패기가 나타나는 일은 처음부터 불가능한 것이다. 그러나 우리의 사상과 문화에 대한 충분한 이해를 할 수 있다면 우리가 세계1위를 할 수 있다는 자신감과 패기는 자연스럽게 나타날 수 있는 것이다.

　　또한 일본이 세계2위를 하는데 우리가 세계1위를 못할 이유가 도대체 어디에 있는가? 또한 일본이 세계2위에 머무르고 있는 것은 그들에게 찾아왔던 천재일우의 기회를 그들 스스로 저버렸기 때문이지 다른 이유는 없다.

　　지금 우리 한겨레공동체도 남북의 분단과 동서의 대립과 사회의 각 부분의 대립을 한 덩어리로 뭉치게 하는 역동적인 통합과 통일로 최적화하지 못함으로써 모처럼 주어진 이 소중한 기회를 각종 증오와 갈등으로 쓸모없이 소모하고 있는 것이다.

　　그러나 다른 한편으로 우리는 이미 과거의 우리나라처럼 못사는 나라들의 동경의 대상이며, 우리나라가 도달한 수준에 접근하려는 많은 나라들의 역할 모델이 된 지 오래이다. 우리나라의 역동성은 우리나라 안에만 있을 것이 아니라 이들 나라들에게 전해져 그들도 우리와 같은 단계에 도달하도록 이끌어줄 필요가 있다. 우리가 마음먹고 노력만 한다면 우리와 같이 되려는 많은 나라들을 우리와 같이 되도록 이끌어 줄 수 있고 나아가 우리와 함께 손잡고 미래를 건설할 수 있는 것이다.

　　우리가 적극적으로 그들을 도와줌으로써 지난날 강대국들이 제국주의적인 탐욕스러운 행동으로 많은 약소국들을 질리고 혐오하게 만든 것과 달리, 우리는 그들과 쌍방 간의 호혜적인 관계를 만들고 우리 문화를 강요하는 일방적인 방식이 아니라, 그들의 문화와 우리의 문화가 함께 어울려 역동적인 통합을 이루는 문화공동체를 건설하여 함께 발전하고 함께 번영할 수 있을 것이다. 이 일에는 큰돈이 드는 것이 아니다. 문제는 우리가 하려고 하는 마음이 있느냐에 달려 있는 것이다.

물론 이 일을 위해 우리는 우리 것을 그들에게 가르치려는 교만한 태도를 버리고 먼저 아시아를 철저히 배우고 세계를 철저히 배워야 한다.

우리의 본모습인 역동성의 사회가 갖는 과정의 최종적인 상태는 홍익인간弘益人間이다. 홍익인간은 우리 민족의 위대한 조상들이 처음으로 나라를 세울 때 만세萬世를 향해 선포하고 약속한 건국이념이다. 그리고 이 건국이념은 대한민국이 수립되면서 대한민국의 위대한 선각자들이 교육법 제1조로 명문화한 대한민국의 교육이념이기도 하다.

우리가 아시아와 세계를 충분히 이해할 수 있는 수준에 도달한다면 우리는 한사상이 설명하는 역동적인 과정철학인 홍익인간의 이념을 아시아인들과 전 세계인들과 함께 공유할 수 있을 것이다. 왜냐하면 홍익인간의 인간은 한국인에 국한하는 것이 아니라 아시아인 전체 나아가 인류전체에 해당하기 때문이다. 이는 결코 우리나라 안에만 머무를 수 없는 이념인 것이다. 아니 그래서는 안 되는 이념이다.

우리가 이 일을 성취하고 완성할 수 있을 때 역동성의 대한민국(Dynamic Korea)은 진정한 아시아의 중심(The hub of Asia)이 될 수 있을 것이며 또한 세계의 중심이 될 수 있을 것이다.

이 책은 살아 있는 역동적인 한사상을 설명하기 위해 일곱 개의 장으로 나누어 설명한다. 이 일곱 개의 장은 어느 장을 먼저 읽어도 상관없다. 필자는 우리의 고유한 사상과 철학에 대해 사전지식이 전혀 없는 독자들이 이 책을 이해하기 쉽도록 순서를 배열했다.

이 책을 읽으며 전체적인 이론의 흐름을 먼저 이해한 다음 책을 읽고 싶은 독자들은 한사상의 전체적인 이론을 집중적으로 설명하는 제7장을 먼저 읽은 다음 다른 장을 읽는다면 좀 더 명확한 이해를 하면서 책을 읽어나갈 수 있을 것이다. 이제부터 일곱 개 장의 내용을 간단히 설명하겠다.

제1장 경영·행정: 사우디아라비아의 공사장에서 부활한 한사상

필자는 1991년 이래 천부경·삼일신고·366사(참전계경)를 해설하거나 그 이론체계를 바탕으로 한철학시리즈를 설명할 때 언제나 그 결과만 제시했지 그 결과를 얻게 된 동기와 근거자료와 과정에 대해서는 설명한 적이 없었다. 그러나 동기와 근거자료들은 할 수 있는 한 모든 방법을 사용해서 적극적으로 소개하고 설명해야 할 일이지, 필자가 혼자서만 알고 있을 성질의 것이 전혀 아니었다.

왜냐하면 이론체계의 발견과정과 이론을 확립해나가는 과정 또한 이론체계의 중요한 일부이기 때문이다. 동양의 학문은 이 과정을 무시하여 엄정한 이론체계를 만들지 못함으로써 서양의 학문에게 결정적으로 뒤져 결국 서양의 세계지배를 허용했다. 한국의 철학과 사상은 과거의 폐단을 없애고 밝은 학문적 미래를 만들기 위해 이 과정을 서양보다 더 철저하게 다룰 필요가 있다.

우리 한겨레공동체를 움직이는 역동적인 한사상이 처음으로 학문의 체계를 갖추어 설명될 계기가 된 장소는 대학의 연구실이나 산속

의 수도장이 아니라, 이 세상에서 가장 강력한 역동성과 빠른 속도를 가진 한국인이 열정적으로 활동했던 장소 중 하나였던 1980대 초 사우디아라비아의 건설현장이었다. 한국인의 순수한 역동성의 철학(Dynamic Philosophy)은 가장 역동적인 장소와 가장 역동적인 사람들에게서 부활한 것이다.

필자가 사우디아라비아의 건설현장에서 일하기 전에는 중국의 역사서와 중국의 제자백가설에 오랫동안 심취해 있었다. 좀 심하게 말하면 사대주의자라고 해도 할 말이 없을 정도였다. 그리고 필자는 사우디아라비아의 공사장에서 이 제자백가의 이론 중 필자가 선호한 이론들을 실제로 적용하는 철학적 실험을 하게 된다. 그 실험결과 필자는 전혀 예상하지 못했던 놀라운 성과를 얻게 되었다.

이 실험결과 얻은 성과가 사우디아라비아로부터 귀국 후 마침 세상에 빛을 본 천부경과 삼일신고와 366사라는 우리 한겨레의 고유한 경전의 원리의 핵심부분과 일치하는 것을 발견하게 되었다. 그 후 필자는 이 의미심장한 한국 고유의 경전들의 세계에 깊숙이 들어가게 된 것이다.

이 장은 필자가 제자백가설 중 진리라 생각했던 학설을 건설현장에서 적용하고 그 결과 나타나 살아서 움직이며 전개되는 한사상의 과정과 그 과정안의 상태들을 상세하게 설명하는 장이다. 그럼으로써 이 세상에서 가장 역동적인 우리 한겨레공동체의 한사상이 대학의 연구실이나 산속의 수도장에서가 아니라, 최악의 자연적 환경에서 전쟁과 다름없는 공사를 수행했던 역동적인 사막의 건설현장에서 부활할 수밖에 없었음을 설명한다. 그리고 이 철학실험과 그 결과는 곧 경영과 행정에 있어서 새로운 차원의 원리를 설명함을 알 수 있을 것이다.

제2장 문화 : 한사상과 한류

문화란 지금까지의 학문으로는 혼란스러운 것이다. 왜냐하면 문화란 분명히 사회의 어떤 것을 다루는 학문인데 지금까지 사회를 다루는 사고의 틀은 과학의 영역에서 가져왔기 때문이다. 즉, 지금까지는 학문의 분야가 되는 것에는 과학성이 뒷받침되어야 한다고 생각했다. 그러나 문화는 그 과학이 속한 영역의 반대편에 대립하며 존재하는 거대한 추상적인 영역에 속해 있기 때문이다.

지금까지는 문화가 가지고 있는 분명한 영역조차 설정되지 않았으므로 문화와 다른 분야와의 큰 틀에서의 관계 또한 애매모호한 것이었다. 가령 문화와 그 중심이 되는 가치체계에 대한 설명 또한 애매한 것이었고 그 반대편에 존재하는 과학기술과 과학적 지식체계와의 관계 또한 애매한 것이었다.

또한 문화는 창의성이 중요한 것임에도 그 창의성을 어디서 어떻게 가져와 무엇과 함께 사용한다는 기초적인 바탕조차 마련되지 못한 것이다. 창의성은 과학기술이 만드는 공업처럼 투자한다고 성장하는 것이 아니다. 이는 전혀 다른 전체적인 접근과 장기적인 대책이 필요한 것임에도 이를 설명할 이론은 없는 것이다.

오늘날 문화는 산업이며 국가 간의 경쟁에서 승패를 결정하는 승부처가 되고 있지만, 그 이전에 문화는 총체적인 삶이다. 이 장에서는 우리 한국인에게 살아서 움직이고 있는 한사상이 문화에 대해 명료한 설명을 해준다는 사실을 알게 해줄 것이다.

그리고 우리가 어디로 가야하며 또한 어떻게 가야할 것인지를 알고 싶다면, 우리가 어디에서 왔으며 또한 어떻게 왔는가를 엄밀하게 되짚어 보아야 한다.

제인 케이건 UCLA 대중문화·예술연구소장은 전 세계 문화산업의 중심이 서양에서 동양으로, 특히 헐리우드에서 한국으로 이동하고 있다고 주장한다. 그리고 새로운 문화콘텐츠시대를 맞아 문화산업을 주도하던 미국의 헐리우드가 한국을 중심으로 한 아시아에 그 지위를 넘겨주고 있다[8]고 말하고 있다.

우리는 서양에서 동양으로 힘의 중심이 넘어오는 과정을 철저히 되짚어보고 앞으로의 계획을 창조적으로 수립할 필요가 있다. 왜냐하면 미국이 유럽에 이어 세계의 중심이 되는 과정에서 실패한 부분을 일본이 세계의 중심이 되는 과정에서 똑같이 실패했기 때문이다. 그리고 우리는 이미 일본이 실패한 부분을 똑같이 아니 그 이상으로 철저하게 실패하고 있는 과정에 있다.

우리에게 주어진 가장 큰 기회는 미국과 일본이 완전히 실패한 영역에 있으며 또한 중국이 아직 뛰어들지 못한 영역에 있다. 미국과 유럽의 문화가 추구하는 중심적인 가치는 아시아인들과 세계인들의 마음속 깊은 곳으로부터의 지지와 호응을 얻어내는 일에 이미 실패했듯이, 일본문화가 추구하는 중심적인 가치도 아시아인과 세계인의 마음속 깊은 곳으로부터 지지와 호응을 얻어내는 일에 실패했다.

바로 이 부분에 대한 철저한 이해가 우리에게 필요하다. 이미 세계 제2위의 경제대국인 일본은 그들이 안방처럼 여기며 석권해왔던 아시아의 문화시장에서 자본과 인프라의 규모면에서 비교가 안 되는 우리의 한류문화산업에게 밀리고 있다. 프랑스의 르몽드지는 "가장 놀라운 한국의 성공은 중국과 일본 사이에 끼어 있는 …… 이 작은 나라의 문화적 영향력이다."[9]라고 말한다.

일본은 경제력을 바탕으로, 중국은 정치 군사적으로 동아시아에

---

8) 오송수 기자. ≪중앙일보≫. 로스엔젤레스 지사. 2006. 6. 29.
9) 르몽드. 2006년 6월 5일과 6일자 연속보도. 해외홍보원 김선옥 전문위원 (http://www.news.go.kr 2006. 6. 7.)

서 정치 혹은 경제적 패권주의를 추구하고 있다.[10] 이 틈새에서 우리가 무리 없이 두각을 나타낼 수 있는 분야는 오직 문화이다. 그리고 문화산업이 국가 간의 경쟁에서 승패를 결정하는 승부처가 된 것은 더 이상 새로운 일도 아니다.

한국이 아시아 대중문화를 지배했던 일본을 밀어내고 새로운 아시아 대중문화의 중심국으로 떠오르는 이유 중 하나는 일본 문화상품의 근원인 일본문화의 중심적 가치가 일본의 국내용일 뿐 전체 아시아인들에게 호응과 지지를 얻지 못했기 때문이다. 그리고 일본이 일방적인 문화제국주의의 지배를 탈피하려는 아시아인들의 소망에 부응할 수 있는 공존의 문화를 제시하지 못한 것이다.

그렇다면 우리의 무엇이 아시아에서 새로운 문화의 중심이 되도록 만들어주고 있으며, 또한 우리의 무엇이 미국과 일본처럼 아시아와 세계인으로 하여금 식상하게 만들고 있는지 우리는 스스로 설명할 체계를 갖춘 철학이론을 가지고 있는가? 아니면 이 역시 단지 우연에 의지하는 것인가?

우리는 지금 이렇게 물어야 한다. 그렇다면 우리는 무엇을 준비하고 있는가? 또한 역동성의 대한민국(Dynamic Korea)으로서 아시아와 세계의 새로운 문화의 중심이 되기 위해 무언가를 하고 있다면 그 근거가 무엇인지 분명히 체계를 갖추어 누구나 이해할 수 있는 수준에서 설명할 수 있는가?

필자는 이 부분에 대한 이론체계가 우리의 사회에서 고대로부터 지금까지 우리 한겨레공동체 전체와 그 안의 개개인 모두에게 살아서 움직이는 한사상韓思想에 있다는 사실을 설명할 것이다.

그리고 오늘날 사람들은 진보와 보수를 새의 날개로 비유하며 새

---

10) 통일연구원. 『동북아 문화공동체의 동아시아지역 확대를 위한 동남아시아 전치 사회 문화 인프라 연구』. 2005년 iii쪽.

는 좌우의 날개로 난다고 말한다. 그러나 새는 좌우의 날개만으로는 날지 못한다. 새는 좌우의 날개를 소통하고 통합하는 영역이 있으므로 날 수 있는 것이다. 그리고 이 소통과 통합의 영역이 바탕이 되어 새는 머리와 몸과 마음을 가지게 되는 것이며, 나름대로 자연과 사회를 최적화하는 것이다. 이 부분을 좀 더 자세히 설명할 것이다.

제3장 교육과 국가경영: 홍익인간의 한국 경영

역동성의 대한민국(Dynamic Korea)이라는 말은 다른 말로는 홍익인간의 이념을 추구하는 대한민국이라는 말과 같다. 그렇다면 아시아의 중심(The hub of Asia)이 될 수 있는 필수불가결한 길은 먼저 홍익인간적인 인물을 양성하는 일이 아닐 수 없다. 역동성의 대한민국(Dynamic Korea)을 역동성의 아시아(Dynamic Asia)로 이끄는 이 일은 컴퓨터나 기계가 아니라 사람이 하는 일이기 때문이다.

세계가 놀란 대한민국의 강력한 역동성과 빠른 속도의 경제를 설명할 경제철학이 우리에게 존재했던가? 우리는 전혀 알지 못하고 설명할 수도 없었지만 우리가 수출하는 하나의 조그만 상품에게조차 역동성의 철학인 한사상은 이미 엄정하게 존재하고 있다. 물론 상품뿐 아니라 경제 전체에도 이미 한사상은 살아서 움직이고 있는 것이다. 필자는 이 부분을 다루어볼 것이다.

그리고 우리 한국인의 욕망이 가장 적나라하게 드러나는 영역은 정치일 것이다. 한국의 역동성은 정치에서 잘 드러난다. 그러나 우리가 사용한 정치철학에 이 역동성을 설명하는 이론이 있는가?

필자는 우리의 교육과 경제와 정치가 가지고 있는 철학적인 문제점과 그에 대한 역동적인 과정철학적인 대안을 간단하게나마 살펴볼 것이다. 그리고 그 과정에서 우리가 국가경영을 최적화하여 우리의 이념인 홍익인간으로 가는 길이 실제적으로 어떤 길을 밟아야 하는지를 이해할 수 있을 것이다.

그리고 이제 우리는 한겨레공동체의 건국이념이자 대한민국 교육법 제1조인 홍익인간의 이념을 단순한 한문해석으로 설명하려 하는 차원을 넘어설 때도 되었다.

이 장은 이미 대한민국이 건국할 당시 많은 선각자들이 홍익인간을 단순한 한문해석으로 이해하는 차원을 넘어서 있었다는 증거를 충분히 살펴볼 것이다. 그리고 우리 대한민국이 홍익인간을 교육법 제1조로 삼은 것에는 납득할 만한 이론적 배경이 충분히 있었음도 설명할 것이다. 대한민국은 그 시작에서부터 의미심장하게 출발한 것이다. 선각자들이 내세운 홍익인간은 대단히 훌륭한 것으로 우리들에게 큰 자부심을 주는 것이지만, 이 시대의 우리는 그것을 좀 더 빈틈없는 체계를 갖추어 설명해야 할 필요가 있는 것이다.

이 장은 지금까지의 홍익인간에 대한 연구에서 더 나아가 홍익인간은 살아 있는 생명체로서의 역동적인 사회가 이룰 수 있는 현실적인 이념임을 살펴볼 것이다. 즉, 역동성의 철학을 가진 역동성의 사회가 이룰 수 있는 전체과정에서 마지막 상태가 홍익인간이다. 이것이 홍익인간을 건국이념을 삼은 우리 조상들의 철학인 것이다. 그동안 이 부분이 전혀 설명되지 못한 것이다.

홍익인간의 상태는 지금까지의 철학처럼 철학자들의 이론 속에서만 존재할 수 있는 역동성과 속도가 제로상태인 비현실적이고, 무생명적인 유토피아적인 철학으로는 상상 자체가 불가능한 차원의 것이다. 그러나 우리 한겨레공동체의 내부에는 이 홍익인간이 이미 생활이 되어 살아서 움직이는 한사상으로 존재한다. 이 장은 이에 대한 충분한 설명이 이루어질 것이다.

제4장 사회: 증오와 갈등의 해법으로서의 한사상

역사적으로 볼 때 선善이란 총칼을 든 자인 것이다. 악惡이란 언제나 그 총칼에 짓밟힌 자이기 마련이다. 지난 삼천 년간 인류를 지배하는 고정관념인 이와 같은 이분법을 필자는 부정성否定性의 변증법辨證法이라고 말한다. 이는 곧 증오와 갈등의 변증법이다. 참으로 가소로운 것은 지난날의 동서양의 철학은 이 증오와 갈등의 변증법으로 평화와 자유와 민주주의와 번영과 평등이 가능하기나 한 것처럼 주장해왔다는 사실이다.(이 부분은 본문에서 다시 자세한 설명이 있을 것이다.)

그러나 우리 한겨레공동체는 지난 삼천 년 동안 인류의 고정관념으로 지배해온 이와 같은 기존의 이분법과는 전혀 다른 차원의 이분법을 가지고 있다. 그것은 대립하는 쌍방을 한 덩어리로 뭉침으로써 통합하고 통일하여 역동적으로 움직이는 살아 있는 생명체가 되어 스스로를 성취하고 완성하는 역동성의 철학(Dynamic Philosophy)이다.

필자는 이 방법론을 지금까지 동서양의 부정성의 변증법과 구별하기위해 긍정성肯定性의 변증법辨證法이라고 부르는 것이다. 이는 곧 평화와 자유와 민주주의와 번영과 평등을 현실에서 이루는 역동성의 한사상(韓思想:Hanism)이다.

우리는 흔히 증오와 갈등과 파괴와 원한의 방법론을 가지고 대화와 타협과 상생의 더불어 사는 사회를 만들자고 주장한다. 이것은 흙이나 나무로 생명을 가지고 살아서 숨 쉬고 생각하는 인간을 만들수 있다고 우기는 것과 같다.

뒤돌아보면 우리 사회가 민주화를 이룬 다음부터 사회적으로 증오와 갈등이 심화된 면이 있다. 여러 가지 이유가 있겠지만 억압되었던 모든 것이 자유화가 되면서 그동안의 쌓이고 쌓였던 증오와 갈등이 걷잡을 수 없이 터져 나온 면이 클 것이다. 그리고 민주화를 하면서 독재에 대해 부정하던 방식이 민주화가 된 다음에도 그대로 사용되고 있는 면도 있을 것이다.

독재정권을 부정하여 붕괴시키는 일에 사용하는 부정적인 사고의 틀, 즉 부정성의 변증법과 새로운 나라를 건설하는 일에 사용하는 긍정적인 사고의 틀, 즉 긍정성의 변증법은 근본적으로 다른 것이다. 그런데 무엇보다도 근본적인 문제가 되는 것은 지금까지의 철학과 사상에서 긍정성의 변증법을 가르친 사람이 아무도 없다는 사실이다.

도대체 서양철학 2500년 동안 건설적인 철학 다시 말해 더불어 사는 사회를 가능하게 하는 철학을 설명한 철학자가 누구인가? 단 한사람이라도 그 이름을 댈 수 있는가? 명철한 경영학자 피터 드러커는

> "쌍방을 최적화하는 정책이야말로 가장 이상적인 것이다. 그러나 얻을 수 있는 최선의 정책은 고작해야 쌍방이 서로를 제약해 가면서 균형을 잡게 하는 것뿐이다."[11]

라는 중요한 사실을 알고 있었다. 그러나 그는 "현재로서는 우리는 그러한 이론의 싹조차 찾아내지 못한 채로 있다."[12]는 사실을 정직하게 고백했다. 그는 기존의 철학이 가진 한계를 정확하게 말한 것이다.

바로 이것이다. 같은 이분법이지만 부정성의 변증법은 대립하는 쌍방이 서로를 부정하고 박멸함으로써 증오와 대립과 갈등의 원인이 된다. 그리고 현재 할 수 있는 최선은 서로를 균형 속에 대립시키

---

11) 피터 드러커, 『새로운 현실』, 김용국 역, 시사영어사, 1990년, 207쪽.
12) 앞의 책, 207쪽.

는 소극적인 방법뿐이다.

　이와 같은 기존의 철학적 방법론은 살아 있는 생명체의 역동성과 속도를 제거하여 생명을 박제화하는 이론에 머문다. 고인물이 썩듯 역동성과 속도가 사라진 존재자는 생명력에 손상을 입는 것이며, 이때부터 그 존재자가 개인이든 기업이든 국가든 반드시 부패腐敗하기 시작한다.

　그러나 우리 한겨레공동체가 장대한 역사를 통해 발견하고 다듬어온 긍정성의 변증법은 대립하는 쌍방을 최적화하여 한 덩어리로 뭉치게 하여 통합하고 통일하게 만드는 역동적인 방법론이다. 그리고 쌍방을 최적화하는 것이 그치지 않고 그로부터 과정을 진행시킨다. 이 방법은 박제화되어 죽어가는 생명체도 다시 역동성과 속도를 되찾게 하여 살려내는 생명의 철학이다.

　피터 드러커가 이론의 싹조차 찾아내지 못한 채로 있다고 한탄한 것이 우리 한겨레공동체에는 생활과 관습으로, 경전으로, 한철학으로, 한사상으로 이미 확고하게 존재하고 있는 것이다. 우리 한겨레공동체는 세계적으로 오래 전부터 미궁에 빠진 증오와 갈등의 문제에 대한 해법을 이미 가지고 있었던 것이다.

　그 이론체계가 역동성의 철학(Dynamic Philosophy)인 한철학이며, 또한 그 이론체계가 우리 한겨레공동체 전체에 살아서 움직이고 있을 때 한사상이다. 동서고금을 통해 철학이론은 수없이 많다. 그러나 이처럼 철학이론과 생명을 가진 사상이 함께 존재하며. 서로가 서로를 확인해 주는 경우가 어디에 또 존재하는지 필자는 알지 못한다.

　필자는 이 장에서 역사상 제국으로서 증오와 갈등의 부정성의 변증법을 최초로 사용한 스파르타를 설명할 것이다. 그리고 일본이 서양으로부터 제국주의를 받아들여 그 제국주의의 부정성의 변증법을 동양 특히 우리나라에 사용한 바탕을 설명한 것이다.

즉, 세계문명의 중심이 미국과 일본에서 우리나라와 중국으로 옮겨지는 이 시점에서 우리는 미국과 일본이 실패한 것이 무엇인가를 현대의 제국주의 문명의 시작인 스파르타에서부터 짚어 나가며 생각함으로써 그들의 근본적인 문제를 파악해보았다.

우리는 미국과 일본이 가진 고질적인 증오와 갈등의 문명에 동화하여 우리 것으로 받아들일 수는 없는 것이다. 그들이 보여준 증오와 갈등의 문명은 이제 그들에게서 멈추어야 한다.

우리는 그들이 보여주었던 증오와 갈등의 문제를 모두 해소한 상태에서 그들과는 다른 우리만의 통합과 통일적인 새로운 사고의 틀로 전환하여 새로운 출발을 해야 한다는 것이 이 장에서 살펴보고자 하는 내용들이다.

그러기 위해서는 우리나라가 선진화를 추구하는 과정에서 우리가 받아들인 고질적인 문제들이 무엇인가를 살펴볼 필요가 있다. 필자는 그 부분을 알기 위해서는 서양문명이 우리에게 넘어오는 징검다리 역할을 한 일본을 철저히 살펴볼 필요가 있다고 본다. 그 과정에서 우리의 문제가 무엇인지 분명히 드러나게 되는 것이다.

일본은 미국과 유럽의 문명을 받아들일 때 이 비판과정을 미국과 유럽에게 철저하게 했어야 했지만 그들은 결코 비판하지 않았다. 그리고 동화同化했다. 그것이 일본의 치명적인 실수였다. 그리고 이점이 이미 오래전부터 우리에게도 일본 못지않게 치명적인 문제가 되고 있다.

따라서 일본의 경우 고대로부터 지금에 이르는 그들의 정신사를 우리의 한사상의 입장에서 비교 검토해보았다.

그 과정에서 일본의 근대화 이후 일본문화에 많은 부분 중심적 가치를 제공하는 무사도武士道와 지금까지도 잔재가 남아 있는 요시다 쇼인이 주장한 정한론征韓論을 살펴볼 것이다. 그리고 이 과정에서 알게 모르게 우리에게 전해진 우리나라에 남아 있는 군국주의적 잔재도 살펴볼 것이다.

또한 고대한국의 무철학武哲學이 일본의 무사도의 원형임을 추적하고, 일본의 근대화 이후 니토베 이나조에 의해 만들어진 무사도와 일본에 주자학을 전해준 강항선생이 일본에서 보고 들은 무사도를 소개함으로써 일본의 무사도에 대한 일방적인 아닌 통합적인 이해를 할 수 있도록 했다.

이 과정에서 현대를 사는 우리에게 존재하는 증오와 갈등의 원인이 어떻게 전해졌으며, 그것을 최적화하는 방법론이 무엇인지를 자연스럽게 다루어본다.

제5장 산업기술: 에어컨속의 한사상

지난 삼천 년간 이론과 실제를 별개의 것으로 만든 주인공은 다름 아닌 철학이다. 따라서 앞으로 이론과 실제를 일치시키는 일을 담당해야 할 주인공도 또한 철학이다.

왜 학교에서 배운 이론과 현장에서의 실제는 다른 것일까? 왜 공부를 잘하는 것과 일을 잘하는 것과는 별개의 것일까? 누구나 의문을 갖는 것이지만 아무도 속 시원한 대답을 주지 못하는 것이다.

지금까지의 철학은 살아 있는 생명체가 갖는 역동성과 속도에 대해 설명한 바가 없다. 따라서 학교는 역동성과 속도에 대해 체계적으로 가르치지 못하는 것이다. 그러나 대자연과 사회의 현장은 살아 있는 생명체로서 역동성과 속도를 갖는다.

따라서 학교를 졸업하고 사회에 나아가 이 문제로 당황하고 어려움을 겪게 되는 것이다. 이는 근본적인 문제이다. 그러나 한국인의 사고와 한국인의 철학과 사상은 바로 이 역동성과 속도가 전체과정의 바탕을 이루고 있는 것이다. 따라서 한사상과 한철학은 이론과 실제를 일치시킨다.

에어컨은 세계적으로 치열한 경쟁이 일어나는 상품이다. 에어컨에는 고도로 정밀한 산업기술을 필요로 한다. 필자는 이 에어컨의 성능을 최적화하는 기술에 한국인이 수천 년 동안 갈고 닦아온 한철학의 이론을 컨설팅을 통해 적용시켰다. 그럼으로써 에어컨의 성능을 최적화하여 상용화함으로써 살아 있는 또 하나의 한사상을 만들어내는 일에 성공했다.

이 장에는 역동성의 한사상이 역동성을 필요로 하는 에어컨의 산업기술에 적용하는 과정이 쉽게 설명되어 있다. 따라서 공학과 전혀 무관한 사람도 이 장을 충분히 이해할 수 있을 것이다.

즉, 이 장은 한철학의 이론체계가 살아서 에어컨 안에서 움직이는 한사상으로 자리 잡는 과정을 설명하며, 한철학의 이론체계와 실험과정과 실험데이터를 함께 제시한다. 따라서 각 분야 기업체의 실무자들이 공학뿐 아니라 사회과학, 인문과학의 모든 분야의 전공자들이 한철학의 이론을 최대한 쉽게 이해할 수 있도록 마련했다. 이 장은 한철학의 이론을 우리 사회 각 분야에서 살아서 숨 쉬는 한사상으로 만들려는 사람들에게 유용한 장이 될 것이다.

제6장 생명과학: 세포 속의 한사상

생명과학의 기초단위는 세포이다. 현대의 생명과학은 세포에 대해 수많은 지식을 축적했다. 그러나 지식을 축적한다고 그것이 이론이 되는 것은 전혀 아니다. 그럼에도 불구하고 현대과학은 지식을 한도 끝도 없이 축적할 뿐 아직도 생명의 기본단위인 세포에 대해

체계적인 이론을 만들지 못하고 있다.

그 이유는 단순하다. 모든 분야의 학문들이 축적한 지식을 이론으로 발전시키는 상상력과 판단력과 통찰력은 철학이 제공하는 것이다. 그러나 지금까지의 철학은 오히려 과학에게서 철학이론을 가져오고 있었다. 그동안 철학은 과학에게 근본이론을 제공할 능력이 없었을 뿐 아니라 오히려 과학에 의존하고 있었다. 이것이 필자가 말하는 철학의 무능이며 타락이다.

과학의 여러 학문 중에서 역동성을 설명하는 대표적인 과학이 역동적인 생명을 다루는 생명과학이라는 사실은 당연하다. 장차 생명과학은 인간의 생명을 연장하게 하여 사회체계와 의식구조 등 우리가 가진 사고의 틀까지도 바꿀 수 있게 할 것이다. 이 장에서는 생명과학이 쌓은 지식과 역동성의 철학인 한사상의 이론체계가 한자리에서 만나 정다운 대화를 나눈다.

필자가 이렇게 말하면 독자들은 어쩐지 매우 어려운 이론일 것 같은 예감이 들어 이 장은 자신과는 관계가 없는 것이라 생각할지 모르겠다.

그러나 이 장에서 설명하는 이론체계는 우리 한국인이면 누구나 알고 있는 윷놀이 안에 존재하는 것이다. 즉, 윷놀이를 아는 사람이라면 생명과학이 설명하지 못하는 생명과학의 이론체계를 쉽게 이해할 수 있는 것이다. 왜냐하면 우리 한국인의 윷놀이야말로 역동성을 설명하는 엄밀한 이론체계로서의 한철학을 훌륭하게 설명하는 살아있는 한사상이다. 그리고 생명과학이야 말로 또한 역동성을 가장 깊이 있게 설명하는 과학이기 때문이다.

서로 전혀 다른 시대와 장소에서 다른 인종들이 다른 방법으로 발전한 이 윷놀이와 생명과학이 사이좋게 같은 방법론으로 대화를 나누고 있는 모습은 이쯤 와서는 그다지 놀라운 일도 아닐 것이다.

제7장 일반의 원리: 과정론·상태론

한철학은 역동성의 철학(Dynamic Philosophy)이며 그 이론체계는 각종 조직체[13]가 이루어내는 과정을 그대로 담고 있다. 그동안의 철학으로는 가능상태와 혼돈상태와 질서상태와 성취상태와 완성상태 그리고 무질서상태라는 이 여섯 가지 상태 중 단 하나의 상태도 설명하지 못한다.

그러나 대자연과 인간을 포함한 모든 조직체들은 이 여섯 가지 상태를 그대로 그 역동적인 삶에서 사용하고 있다. 과정상의 상태들이 정상적으로 진행되는 동안 그 존재자는 생명을 가진 생명체이다. 그러나 그 존재자가 개인이든 기업이든 국가든 과정을 진행하며 역동성과 속도를 잃는 순간 병들거나 죽게 되면서 반드시 부패腐敗하게 된다.

우리 한겨레의 조상들이 전해준 고유한 경전인 천부경, 삼일신고, 366사(참전계경)를 비롯한 모든 경전은 모두 이 전체과정과 상태들을 설명하고 있다. 이 경전들을 언제든 만날 수 있는 이 시대의 우리들은 참으로 복이 많은 것이다. 이 경전들은 한사상이 설명하는 과정철학의 보물을 무진장하게 담고 있는 진리의 바다이다. 그리고 그 진리는 낡아빠진 추상적인 영역이나 구체적인 영역을 다루는 것이 아니라 이 쌍방을 통합하고 통일하여 실제세계를 최적화하는 진리인 것이다.

이 책에서 설명하는 여섯 가지 상태는 우리의 고유한 경전들과 한철학이 설명하는 핵심을 쉽게 요약하여 설명하는 것이다. 지금까지 우리의 고유한 경전들과 한철학시리즈를 이해할 수 없었던 독자들

---

13) 조직체에는 임시적 조직체, 역학적 조직체, 생명적 조직체, 인간적 조직체가 있다. 이 부분은 본문에서 설명한다.

에게는 한 번에 가장 중요한 핵심을 이해함으로써 필자가 해설한 우리의 경전들과 한철학시리즈를 쉽게 이해하고 활용할 수 있는 길이 될 수 있으리라 생각한다.

또한 전체 과정 안에 존재하는 여섯 가지 상태들은 각각 다른 차원의 문화와 과학적 지식체계가 존재한다. 그러나 지금까지는 이 부분들이 전혀 고려되지 않은 것이다. 도대체 문화와 그 중심으로서의 가치체계면 전체과정 중 어느 상태의 문화이며 가치체계인가? 그리고 과학적 지식체계이면 전체과정 중 어느 상태의 과학적 지식체계인가?

우리는 지금까지 이 여섯 가지의 서로 다른 가치체계와 과학적 지식체계를 엉뚱하게도 획일적으로 다루어 온 것이다. 이 사실을 이해한다면 우리가 지금까지 가지고 있었던 사고의 틀이 보여주는 미신적이고 주술적인 면에 놀라게 될 것이다.

현대문명이 가지고 있는 근본적인 미신과 주술적인 부분에 대해 지금까지 동서양의 철학자들 그 누구도 사유나 논의의 대상으로 삼아본 일조차 없는 것이다. 이 장은 이 부분 또한 논의해 볼 것이다.

그리고 우리는 이 장을 이해함으로서 직접적으로는 우리의 공동체에서 살아서 움직이는 한사상과 그것이 대중적인 문화행동으로 나타나는 한류의 배경을 보다 더 체계적으로 깊이를 갖추어 이해할 수 있을 것이다. 그리고 장차 우리가 무엇을 어떻게 준비하고 또한 무엇을 어떻게 혁신시켜야 할지에 대해 한사상적인 역동적인 방법론으로 생각해볼 수 있을 것이다.

이 책이 나오기까지의 과정

필자가 하는 일은 잡초가 무성한 흙더미에서 필자보다 앞서간 많은 분들이 우리의 고유한 정신을 위해 평생을 바쳐 피와 땀과 눈물을 통해 닦아 놓은 길을 찾아내어 다시 보수하고 확장하며, 필요하다면 새롭게 큰 길을 내어 우리 모두가 그 길을 사용하도록 만드는 것이다.

필자는 이 책을 기획할 때 전 건국대학교 부총장 황명찬 교수님과의 자연스러운 대화에서 소중한 계기를 얻었다. 그리고 이 책을 쓰는 동안 김종호 선생과 이근숙 시인께서는 내내 필자에게 소중한 정성을 보내주셨다. 이분들께서 동참을 통해 사용하신 소중한 인간성은 이 책과 하나가 되었으리라 생각한다.

그리고 이 책이 나가기 전에 미리 원고를 두 분이 읽고 필자와 독자들과의 원활한 소통을 막는 장애물을 제거하는 작업을 하였다.

이 일에도 황명찬 교수님께서 귀한 시간을 내주셨다. 당시에 황교수님은 에세이집을 집필하시느라 매우 바쁜 중이었음에도 필자가 독자와의 거리를 보다 더 좁히는 일에 도움을 주셨다.

강기용 작가는 가정생활을 하는 주부이면서 직장을 다니고 또한 대학원까지 다니는 바쁜 일정 중에서도 일주일 이상을 밤잠 안자고 이 일에 참여하여 필자가 좀 더 독자들에게 가까이 갈 수 있도록 힘을 보태주었다.

그리고 이 책은 지금까지 필자가 해온 연구를 총정리하고 또한 앞으로 연구해야 할 영역을 밝힌 것이다. 그동안 지나온 과정을 되돌아 볼 때 이 연구가 가능했던 것은 그동안 필자의 책들을 아끼고 사랑해준 독자들과 필자의 마음에 언제나 힘을 주는 분들이 있었기에 가능한 일이었다.

또한 필자의 곁에서 가정을 돌보며 짧지 않았던 세월동안 적지 않았던 어려움들을 모두 다 견디어 낼 수 있었던 아내가 있었기에 가능한 일이었다.

이 책이 한사상의 전체 과정을 설명할 수 있었던 것처럼 이 책도 하나의 과정을 통해 이루어진 것이다. 그리고 그 과정은 이 많은 분들의 힘이 모임으로서 이루어진 것이다. 이 분들 모두에게 고마운 마음을 전하고 싶다.

제**1**장

경영 · 행정:

사우디아라비아의 공사장에서 부활한 한사상

■ **있어야 할 장소에서** 있어야 할 시간에 있어야 할 사람이 있다면 그 사회는 문제가 될 것이 별로 없을 것이다. 과학자들은 실험실이 그들이 있어야 할 주된 일터이며, 고고학자들은 고대문명의 폐허가 그들이 있어야 할 주된 일터일 것이다.

그렇다면 정신적 분야에서 진리를 추구하는 사람들이 있어야 할 장소는 어디인가? 사람들은 대체로 이 장소를 대학의 연구실이나 깊은 산속의 수도장이라고 생각해왔다.

그러나 필자는 오래 전부터 이와 같은 일반적인 통념과는 다른 가능성을 모색했었다. 필자는 진리를 찾는 사람들이 있어야 할 장소를 건설현장이나 공장 또는 시장과 같은 곳이라고 믿었다.

진리란 상아탑의 세련되고 높은 학식이나 수행자들의 높은 사유思惟로 나타날 수도 있을 것이다. 그러나 우리 한겨레공동체의 구성원 모두에게 살아 있는 역동성의 한사상은 지금까지의 동서양의 철학과 사상과는 전혀 다른 방법론에서 찾아지며 또한 그 내용은 부정성의 철학이 아니라 긍정성이며 동시에 역동성의 철학이다.

이 새로운 진리는 우리 한겨레공동체의 오랜 역사 속에서 고단하고 쓰라리며 또한 처참하기까지 한 삶을 꿋꿋하게 이겨내면서 끈질기게 있어야 할 시간과 장소에서, 해야 할 일을 하며 살아온 우리 한겨레공동체의 일반대중들이 가지고 있는 역동성力動性에서 찾아지는 것이다.

한사상은 철두철미하게 현실 속에서 강력한 역동성과 빠른 속도로 이루어야 할 목표를 과정을 통해 성취하고 완성하는 사상이다. 따라서 한사상은 인간사회의 가장 역동적인 현장에서 역동적인 사람들과 직접 철학실험을 통해 발견될 수밖에 없는 사상인 것이다.

바로 이 점이 그동안 동서양의 철학이 우리 한국인의 진정한 정신세계인 한사상과 한철학에 접근할 수 없었던 결정적인 배경이 된다. 최악의 조건에서 사람들이 피와 땀과 눈물을 통해 뭉쳐서 몸과 마음이 하나가 되어 움직일 때 비로소 통합과 통일이라는 긍정적肯定的인 행동의 가치가 드러나는 것이다. 한사상과 한철학은 지금까지 동서양에 그 비슷한 것도 없었던 완전히 새로운 차원의 새로운 역동성의 사상과 철학인 것이다.

우리의 눈에는 역동성만 보이지만 그 역동성의 중심에는 눈에 보이지 않는 상상력과 판단력과 통찰력이 언제나 존재하면서 이들은 하나의 전체를 이룬다.

생각해보면 경영과 행정에는 존재하지 않는 것을 현존하게 하는 능력인 상상력이 가장 중요하다. 그리고 현존하는 것에 대하여 올바르게 판단하는 판단력의 중요성 또한 막중한 것이다. 또한 전체 과정을 환하게 살핌으로써 어떤 상태가 어떤 상태로 바뀔 것인지를 아는 통찰력洞察力이 무엇보다 중요할 것이다.

역동성이 태풍의 역동적인 영역이라면 상상력과 판단력과 통찰력은 태풍의 눈의 영역이다. 필자는 태풍의 눈의 영역을 공적영역公的領域이라고 부르며, 태풍의 역동적인 영역을 사적영역私的領域이라고 부른다. 일반적으로 정부를 공적영역이라고 하고 민간을 사적영역이라고 부를 수도 있을 것이다. 또는 머리를 공적영역으로 설정하고 몸과 마음을 사적영역이라고 해도 좋을 것이다.

지금까지 동서양의 학문에서는 이와 같이 역동적인 사적영역과 그 바탕이 되는 고요한 공적영역이 어떻게 이루어지고 어떻게 운영하는 것인지에 대해 아무런 설명이 없다.

필자가 이와 같은 전체과정과 그 내부의 상태들을 설명하는 살아 있는 사상으로서의 한사상을 처음으로 확인한 것은 1981~1985년에 사우디아라비아의 공사현장에서 토목기술자로 일을 하는 과정에서였다.

필자의 눈앞에 모습을 드러낸 한사상은 필자가 찾아낸 것이 아니라 필자의 토목 팀들이 스스로 드러낸 것이었다. 지금까지 동서고금의 철학자들이 해결하지 못하는 문제들의 해결방법이 필자와 함께 한 덩어리가 되어 일한 그들이 보여주는 역동성에 있었다. 그 역동성은 곧 우리 한겨레공동체에 언제나 내재되어 있었던 것이었고, 그것이 필자의 현장에서 다시금 생명을 가지고 부활한 것이었다.

필자는 어려서부터 무엇이 진리인지에 대해 늘 궁금해 했다. 그 진리를 찾기 위해 그 현장에 가기 전 10여 년간 탐독한 주된 자료는 중국의 춘추전국시대의 역사소설인 열국지列國志[1]였다. 필자는 이 책을 오랫동안 거듭 읽었다.

열국지列國志는 중국 춘추전국시대 550년간 존재했던 인물들이 남긴 세상을 사는 방법론에 대한 데이터베이스이다. 이 책을 읽으면 춘추전국시대를 움직인 등장인물들 중 가장 특출한 인물들인 제자백가들이 남긴 저서들을 모두 다 읽지 않고는 궁금증이 나서 도저히

---

1) 열국지(列國志)는 역사에서 춘추전국시대로 말하는 동주시대 550여 년 동안 중국의 역사를 소설형태로 만들어진 책이다. 이 책을 번역한 김구용선생은 이 책이 작자미상이라고 말하고 있다. 열국지는 춘추전국시대의 역사를 그대로 전하면서도 탁월한 문장력으로 흥미진진하게 만든 책이다. 춘추전국시대를 움직였던 수많은 인물들의 성공과 실패의 인간사를 멋지게 데이터베이스화하고 있다. 필자는 김구용 선생이 1965년에 번역한 다섯 권짜리 책을 읽었다.

못 견딘다. 그리고 동양철학의 핵심인 역경易經 또한 그것이 무엇인지 읽지 않고서는 궁금해서 못 견딘다. 따라서 필자는 구할 수 있는 모든 제자백가의 책들을 구해서 읽었다. 그리고 역경도 읽었다.

당시 십대였던 필자에게 학교에서 공부하는 책은 별로 관심이 없었고 대신 열국지와 제자백가들의 저서들 그리고 역경을 항상 가장 가까운 곳에 두고 늘 읽었다. 필자는 그 후 어디에 있든지 늘 이 책들을 가장 가까운 곳에 놓고 읽었다. 그리고 당시로서는 이 책들에서 얻은 지식을 진리라고 믿어왔다.

그런데 이 지식을 실제로 현실에서 사용할 수 있는 기회를 사우디아라비아의 현장에서 얻은 것이다. 1970~1980년대에 수많은 한국의 젊은이들이 일했던 중동의 공사현장은 단지 달러를 벌어 경제를 약진시키는 현장만이 아니었다. 그 건설현장은 사라진 우리 한겨레공동체의 한사상이 되살아나기 위한 철학적 실험실이기도 했던 것이다.

필자는 언제나 교과과정을 스스로 정해서 스스로 공부했고, 그 공부에서 얻은 진리를 확인할 기회를 갖기를 소망했다. 그러나 전 세계의 그 어느 대학에도 필자가 원한 교과과정과 그 교과과정에서 얻은 진리를 실제로 확인할 수 있는 철학적 실험실은 없었다.

필자는 주어진 기회를 놓치지 않고 사우디아라비아의 현장에 오기 이전에 진리라고 생각했던 것들을 현장에서 실제로 적용시켜보았다. 그러나 그 이론들은 한 달도 안 되어 효력을 잃었다.

그리고 그 현장에서 필자의 눈앞에 보여준 토목 팀의 역동성, 다시 말해 우리 한겨레공동체에 내재된 역동성이야말로 살아 있는 진리였다. 그 시간 이후 이 새로운 진리가 지금까지 필자의 주된 관심사가 되었다.

1. 왜 한사상이 사우디아라비아의 공사장에서 부활했는가?

왜 하필이면 사우디아라비아의 공사현장에서 동서양의 학문들이 해결하지 못하는 문제를 해결하는 한국고유의 한사상이 부활하게 되었는가?

이에 대한 답변은 매우 간단하다. 그 공사현장에 집결한 사람들은 누가 시켜서가 아니라 스스로의 자유의지[2]로 오로지 잘살기 위해 사랑하는 가족을 뒤로 하고 과감하게 만리타향의 외국에 진출하여 수년 동안 사막의 악천후를 견디며 피땀 흘리며 일했다. 그들은 무엇보다도 소중한 용기[3]와 적극적인 자발성을 가득 가지고 있었던 사람들이었다.

연인원 10만 명의 젊은이들이 해외에서 최악의 조건 속에서 하나의 전체를 이루어 강력한 역동성과 빠른 속도로 피와 땀과 눈물로 일을 한 경험은 단군 이래 해외건설 붐이 일던 그 때 중동의 건설현장이 처음이 아니었나 생각한다. 그 분들은 총칼이 아니라 중장비와 기술을 가지고 우리 한겨레공동체의 뜨거운 욕망을 피와 땀과 눈물로 발산하며 주어진 모든 장애요소들을 행동으로 극복한 전사들이었다.

한겨레공동체 안에 내재하는 욕망慾望들이 표현하는 역동성을 오늘날 한류가 노래와 춤 그리고 영화로 표현하여 아시아와 세계의 시선을 집중시키고 있다면, 그 시대의 역동성은 피와 땀과 눈물을 아끼지 않고 열심히 일하는 근면성으로 표현하여 아시아와 세계의 이

---

2) 자유의지는 자유와 의지를 통일한 능력이다. 자유만 가지고 있으면, 필연적으로 방종하게 되며, 의지만을 가지고 있다면 맹목적인 짐승이나 다름이 없다. 최동환, 『한철학2 - 통합과 통일』, 지혜의 나무, 2005년, 385~386쪽.
3) 자유의지가 반드시 나타나야 할 때에 자유의지가 나타나게 하는 능력을 용기라고 한다. 최동환, 『한철학2 - 통합과 통일』, 지혜의 나무, 2005년, 387쪽.

목을 집중시킨 것이다. 바로 그분들이 그 시대의 화랑이며 또한 그 시대의 한류였다.

역사적으로도 공사현장은 노래와 춤과 더불어 한겨레공동체의 역동적인 특성이 잘 드러나는 장소였다. 고대 동양의 역사에서 고조선의 단군께서 국제적으로 알려진 유명한 무대 중 하나가 바로 토목공사 현장이었는데, 다음과 같은 기록이 있다.

> 고대 중국의 순임금은 9년 홍수를 당해 그 피해가 만백성에 미치니 단군왕검은 태자 부루를 파견하여 순임금과 약속하고 초청하여 도산塗山에서 만났다. 순임금은 사공 우司空 虞를 파견하여 우리의 오행치수법을 배우게 하니 마침내 홍수를 다스릴 수 있었다.[4]

중국의 전설적인 태평시대의 순임금은 실제적인 치산치수를 필요로 했고, 그 기술을 단군조선의 초대단군 왕검할아버지께서 훗날 단군조선의 2세 단군이 되시는 부루태자님를 파견하여 그들에게 치산치수의 기술을 가르침을 베풀어 구년홍수에서 벗어나도록 해주었다는 기록이다.

자고로 치산치수는 국가의 근본이다. 옛날이나 지금이나 치산치수의 토목현장은 현실에서 실제적으로 피와 땀과 눈물을 요구하는 직업의 세계를 적나라하게 설명하는 역동적인 장소이다. 모든 직업의 세계가 다 그러하지만 특히 이 치산치수의 현장은 작업공동체의 구성원들을 하나로 뭉쳐 통합하고 통일하는 철학이 살아서 역동적으로 움직이는 사상으로 반드시 필요한 곳이다. 우리 한겨레공동체의 깊은 곳에 내재하는 역동적인 한사상은 고대세계로부터 이와 같은 오랜 과정의 수없는 반복을 통해 그 뿌리가 마련되었을 것이다.

---

4) 계연수, 『한단고기』, 임승국 역, 정신세계사, 1996년, 215쪽.

그 과정을 생각해보면 이렇다. 치산치수는 자연계의 구체적인 현상을 관찰과 실험을 통해 파악하고 이해함으로써 반복 가능한 과학기술로 뒷받침되지 않으면 안 된다. 또한 치산치수를 하는 능력은 단지 과학기술만이 아니라 그 치산치수를 할 수 있게 하는 사회적 조직력이 있어야 한다. 그 조직력은 문화가 뒷받침되어 있어야 하는 것이다.

그리고 이와 같은 과학기술과 문화가 아무리 발달되어 있다 해도 이 양자를 통합한 중심에 상상력과 판단력과 통찰력이 없다면 치산치수는 이루어질 수 없는 것이다.

아직 현존하지도 않는 것을 현존하게 하는 인간의 능력은 오로지 상상력에 의지하는 것이다. 또한 무엇이 진선미인가를 판단하는 능력이 판단력이다. 그리고 전체과정을 살펴보는 능력이 통찰력이다.

즉, 공적영역의 상상력과 판단력과 통찰력으로 사적영역의 과학기술과 문화적 가치를 통합한 영역을 역동적으로 빠르게 움직여야 하는 것이다. 강력한 역동성과 빠른 속도로 일을 처리할 때 비로소 시간과 인력과 장비를 그만큼 최적화할 수 있는 것이다. 우리가 간단하게 말해서 치산치수라고 하지만 치산치수는 개인이 아니라 사회가 자연을 상대로 하는 집단적인 사업이다. 따라서 치산치수를 자유자재로 할 수 있다는 말은 그 사회가 이 모든 능력을 모두 갖추고 있다는 말과 조금도 다른 것이 아니다.

그리고 이 한사상은 지금도 우리 한겨레공동체에 내재되어 살아서 움직이고 있는 것이다. 따라서 사우디아라비아에서 한국인 젊은이들이 하나로 뭉쳐 역동적으로 일을 하는 상태에서 우리 한겨레공동체에 내재되어 있던 역동적인 한사상이 자연스럽게 다시 부활하여 생명을 가지고 움직인 것은 자연스러울 뿐 전혀 이상할 것이 없는 것이다.

2. 사우디아라비아의 현장과 과정론

필자가 사우디아라비아에서 토목기술자로 근무하던 중 한사상을 발견하는 과정은 곧 한사상의 근원인 한철학의 과정론의 전개와 같다. 따라서 이 장은 현실에서 실제로 경험했던 일들을 전체과정에서 각각의 상태별로 설명한다. 전제과정과 상태들의 자세한 이론은 이 책의 마지막장인 과정론과 상태론에서 자세히 설명한다. 그 때 이 장에서 얻은 전체적인 이해가 크게 도움이 되리라 생각한다. 필자는 이 책의 전체적인 이해를 돕기 위해 새로 나타나는 용어들을 하나하나 직접 설명하거나 각주를 통해 설명하겠다.

한국인의 특징이자 살아 있는 생명체의 특징인 역동성은 한사상으로 우리 한겨레공동체 전체와 한국인 한명 한명의 현실적 삶의 방식 안에 살아서 움직이고 있다.

그리고 한사상은 한철학의 체계적인 과정철학으로 설명된다. 과정철학은 가능상태, 혼돈상태, 질서상태(현실상태), 성취상태, 완성상태 그리고 무질서상태의 과정이 존재한다.

이 과정을 인간에게 간단하게 비유적으로 설명하자면 가능상태는 태아이며, 혼돈상태는 출산과정이며, 질서상태는 태어나 성장하는 과정이며, 성취상태는 주어진 자연을 최적화하여 의식주를 해결하는 상태이다. 완성상태는 성취상태를 통해 얻어진 것들을 필요한 사람에게 나누어주는 상태이다. 무질서상태는 이 모든 상태가 해체된 상태를 말한다. 물론 이 비유는 어디까지나 알기 쉬운 비유일 뿐 실제 이론은 이처럼 단순하지는 않다.

기존의 통념으로는 과정을 혼돈Chaos과 질서Cosmos라고 간단히 말한다. 그러나 여기서 말하는 혼돈과 필자가 말하는 혼돈은 다른 것이다. 지금까지 동서양의 철학에서 말하는 기존의 혼돈은 가능상태와 혼돈상태와 무질서상태의 구분이 정확하지 않다. 그리고 가능태와 현실태로 설명할 때는 아예 혼돈상태는 빠져 있다.

그러나 한철학에서는 이 상태들의 구분이 엄정하며 각각의 상태는 각각의 이론이 정밀하게 존재하며, 이 모든 상태는 모두 서로 다른 수식과 도형과 논리로 설명된다. 그렇다면 이와 같은 한철학의 과정은 사우디아라비아의 현장에서 어떻게 나타났을까? 이에 대해 각 과정별로 설명하겠다.

필자가 사우디아라비아에서 만난 가능상태는 현장의 지휘체계가 무너져 마치 살아서 움직이던 닭이 달걀로 둔갑하거나, 곰이 여름에 갑자기 겨울잠에 빠진 것처럼 살아 있지만 움직이지 못하는 상태였다. 즉, 역동성이 거의 없는 상태로서 당연히 속도도 거의 없는 상태였다.

이 상태에서 필자는 현장의 구체적인 사물의 영역을 철저하게 통제하고, 현장의 추상적인 관념의 영역, 즉 필자에게 주어진 토목팀원들의 마음을 자발적으로 일을 하고 싶게 만드는 방법을 적용했다. 그리고 이 구체적인 영역과 추상적인 영역을 하나로 통합하는 영역을 최적화했다. 그럼으로써 필자의 현장은 가능상태에서 혼돈상태로 혁신할 수 있었다.

그리고 이 혼돈상태에서 필자의 팀원들은 아무도 시키지 않았지만 스스로 질서상태로 만들어 나가기 시작했다. 그 질서상태야말로 태풍의 역동성의 영역과 태풍의 눈의 영역이 하나가 된 상태이다. 우리 한국인의 특성인 강력한 역동성과 빠른 속도가 마치 태풍의 움직임처럼 필자의 눈앞에 나타나 맹렬하게 움직였다. 이것이 사적영역이었다. 그리고 필자 자신은 태풍의 눈의 영역에 존재하는 것을 알았다. 이것이 공적영역이었다. 이 영역은 동서양의 지식계에서 전설처럼 전해지던 아리스토텔레스의 부동不動의 원동자原動者의 경지요, 유교의 이理이며, 불교의 공空이며, 도교의 무위無爲의 경지였다. 그리고 도통道通의 경지이며 열반涅槃의 경지였다.

지금까지 이 경지들은 개인적이고 주관적이며 추상적인 영역으로, 말이나 글로는 설명이 불가능한 유토피아적인 영역으로 알려져 있었다. 그러나 필자는 이 경지들이 인간의 집단이 언제 어디서든 만들어낼 수 있는 현실적인 질서상태라는 사실을 알게 된 것이다.

그리고 이 질서상태는 이미 우리나라의 역사에서 고대국가의 이름과 수도 그리고 영웅들의 이름이 의미하는 아침에 떠오르는 태양으로 상징되는 것이었다.

필자는 이 질서상태를 전쟁터와 다름없는 사우디아라비아의 공사현장에서 필자의 팀이 자발적으로 만들어내는 사적영역의 역동성을 직접 두 눈으로 똑똑하게 보고 그것을 체험했다. 그리고 필자는 공적영역에 직접 존재하며 스스로 상상력과 판단력과 통찰력이 되어 이를 체험했다. 그리고 현장은 마치 태풍과 같이 공적영역과 사적영역이 하나가 되어 움직였다.

결국 지금까지 플라톤이나 칸트 또는 동서고금의 그 어떤 위대한 철학자들도 눈앞이 번쩍이도록 감동적이고 새로운 것을 필자에게 가르쳐준 바가 없다.

진정으로 새롭고 위대한 철학은 동서고금의 철학자들이 아니라 필자와 함께 사우디아라비아의 뜨거운 사막에서 피와 땀과 눈물을 흘리며 강력한 역동성을 가지고 빠른 속도로 일했던 동료 노동자들이 가르쳐 주었다. 그리고 우리 한국인의 위대한 조상들께서 전해주신 천부경, 삼일신고, 366사가 그 철학을 확인해주고 더 깊고 광대한 철학으로 인도해주었다.

이 질서상태는 지휘를 하는 간부들이 공적영역을 이루고 그 지휘를 받아 일을 하는 일꾼들이 사적영역을 이룬다. 이 질서상태는 공적영역과 사적영역이 하나의 완전한 전체로 통일하는 통일상태[5]로 혁신할 수 있다.

하나의 사회로서의 공동체가 통일상태를 이루면 완전히 하나가 된 상태에서 주어진 환경을 최적화할 수 있게 된다. 이렇게 해서 주어진 자연을 최적화한 상태가 성취상태이다. 이것을 우리의 조상들은 재세이화在世理化[6]라고 불렀다. 그리고 성취상태에서 이루어낸 성과로 주어진 사회를 최적화하는 것이 완성상태이다. 우리의 조상들은 이 상태를 홍익인간弘益人間이라고 불렀다.

필자가 사우디아라비아에서 겪은 과정은 우리 한겨레공동체에 살아 있는 역동성으로서의 한사상으로서 존재하던 것이다.

3. 사우디아라비아에서 만난 가능상태와 혁신방법 XY이론

1983년 사우디아라비아의 서남쪽 외진 지방에서 벌어진 진흥기업進興企業[7]의 건설현장은 어려운 상황을 맞고 있었다. 당시 필자는 현장의 토목사원이었다. 우리 회사는 외국인 컨설턴트회사의 감독을 받고 있었고, 그들은 공사의 발주자인 사우디아라비아 당국을 위

---

5) 통일상태는 인간의 공적영역인 머리와 사적영역인 몸과 마음이 완전히 하나의 전체를 이루는 경지를 말한다. 이 경지를 이루는 방법론은 우리 한민족의 고유한 경전인 366사(참전계경)의 팔강령에서 직접 설명된다. 이 부분은 이 책의 뒤에서도 다루어진다.

6) 재세이화와 홍익인간은 삼국유사에서도 언급이 되며 특히 우리 한겨레의 고유한 경전에서는 일신강충, 성통광명, 재세이화, 홍익인간이라는 전체적인 과정으로 설명이 된다. 이를 한마디로 성통공완이라고도 한다. 이는 우리 한겨레공동체가 출발할 당시부터 존재하던 우리의 핵심철학이다.

7) 진흥기업進興企業은 역사가 오래된 건설회사로서 당시 해외 플랜트 건설에 대해 일반에서는 그 개념조차 모를 때 우리나라에서 가장 광범위하고 적극적으로 해외현장을 개척한 건설회사 중 하나였다. 필자는 진흥기업의 플랜트사업본부의 엔지니어링에 입사하여 해외현장에 파견되었다.

해 일하고 있었다.

필자가 부임하기 전 토목부서의 책임자는 공사 도중에 귀국하여 돌아오지 않았다. 또 그 다음 서열의 책임자는 필자가 부임한 지 세 달도 안 돼 현장의 여러 가지 문제로 귀국했다. 공사과정의 누적된 많은 문제들이 결국 두 전임 책임자들의 인사문제와 함께 불거져 공사현장은 생명력을 거의 다 잃고 있었다.

이 분들은 모두 현장경험이 10년 이상이었지만, 필자는 현장경험이 겨우 2년도 채 안 된 일반 평사원으로서 현장의 책임을 맡을 입장이 전혀 아니었다. 따라서 필자는 다음 책임자가 올 때까지 한두 달 정도까지만 임시로 책임자가 되었다.

필자는 거의 정지상태에 있었던 현장에 생명을 불어넣기 위한 혁신적인 방법론을 모색했다. 이 과정에서 필자는 그동안 늘 곁에 두고 읽었던 열국지에서 등장하는 수많은 인물들 중에서 가장 탁월한 인물로 생각하던 상앙商鞅의 법가이론法家理論과 오기吳起의 병가이론兵家理論을 사용하기로 결심했다.

대단히 의미심장한 철학적 실험이 사우디아라비아의 건설현장에서 시작된 것이다. 당시 필자의 입장에서 이것은 실험이라기보다는 무모하기 짝이 없는 돈키호테식의 모험이었다.

상앙은 중국의 춘추전국시대의 위나라 출신으로 흔히 상군商君으로 불리며 당시 중국대륙에서는 변방의 나라에 지나지 않는 진秦나라에서 벼슬을 하여 20년 만에 진나라를 강대국으로 만든다. 그리고 결국 진시황이 천하를 통일하는 데 가장 큰 바탕을 마련한 인물이다.

오기는 흔히 오자吳子라고 불리며 오자병법의 주인공으로서 여러 병가들 중에서 단연 독보적인 병법을 사용한다. 후일 역시 중국을 통일한 모택동이 전쟁터에서 사용한 병법은 바로 이 오기의 오자병법에 크게 영향을 받은 것이라 생각된다.

오기, 즉 오자의 병법은 모택동 이전에 우리나라의 이순신 장군에게도 큰 영향을 준 것으로 생각한다. 장군이 명량해전에 나가기 전에 다음과 같은 명언을 남겼다.

병법에 이르기를 반드시 죽고자 하면 살고 살고자 하면 죽는다.[8]

여기서 장군이 언급한 병법兵法이란 곧 오자병법이다. 그리고 필사즉생 필생즉사必死則生 必生則死이라는 문구는 오자병법吳子兵法의 필사즉생 행생즉사必死則生 幸生則死라는 다음과 같은 문구가 약간 변형된 것이다.

오자가 말하길 무릇 싸움터란 시체가 사방에서 뒹구는 곳입니다. 전장에서 생사의 문제는 필사의 정신으로 싸우면 살 수 있으나 요행수로 살아보겠다고 삶에 애착을 가지면 죽는 법입니다.

오자왈 범병전지장 지시지지 필사즉생 행생즉사
吳子曰　凡兵戰之場　止屍之地　必死則生　幸生則死[9]

이순신 장군이 부하를 대하는 태도는 오기가 주장하는 어버이와 자식과 같은 군대, 즉 부자지병父子之兵과 매우 유사하다는 점은 주목할 만하다. 그러나 그 근본에 있어서는 크게 다르다. 이 부분은 제7장 34절 통일변증법에서 다시 설명할 것이다.

필자가 적용한 상상의 법가이론과 오기의 병가이론이 매우 효과

---

8) 이순신, 『이순신의 난중일기』완역본, 노승석 역, 동아일보사, 2005년, 460쪽.
9) 오기(吳起), 『오자병법(吳子兵法)』병법칠서, 權寧吉 編著, 海東文化社, 1963년, 128쪽.

적임은 이미 역사를 통해 증명되어 있었다. 그러나 필자는 이 두 가지 방법론을 하나의 상황에서 동시에 이중적으로 사용했다는 점에서 필자 이전에는 전례가 없었던 특이한 경우가 될 것이다. 바로 이 점이 필자가 행한 실험이 갖는 실험적인 의미를 갖게 한 것이다.

그러나 왜 두 가지의 상반된 이론을 하나의 상황에 이중적으로 사용했느냐고 묻는다면 필자는 답변하기가 곤란하다. 필자가 사용한 이 이중적인 방법이 기존의 동서양 철학적 방법론에 비추어 볼 때 기상천외한 발상이었다는 것을 깨달은 것은 오랜 세월이 지난 다음이었다.

그러나 우리 생활에는 이와 같은 개념이 광범위하게 사용되어 있다. 예를 들면 건물의 문에는 영어로 Exit라고 써 있고 그 아래에 출입구出入口라고 써 있다. 그런데 영어 Exit의 ex는 접두어로서 out라는 의미이며, it는 어근으로서 to go라는 의미이다(Exit = Ex+it = out+to go). 따라서 Exit의 문자 그대로의 의미는 밖으로 나가는 문, 즉 출구出口이다. Exit에는 우리말 출입구가 의미하는 나가기도 하고 들어오기도 하는 이중적인 의미는 조금도 없다. 바로 이 부분이 한국인과 서양인의 사고의 틀의 근본적인 차이이다. 이와 같은 이중적인 사고방법은 한국인의 생활에는 너무나 자연스럽고 광범위하게 사용되어 있다. 가령 미닫이라는 말에는 밀기고 하고 닫기도 하는 이중적 의미가 있다. 빼닫이도 빼기도 하고 닫기도 하는 이중적인 의미가 있다.

한국인은 이중적인 의미를 어디에서나 폭넓게 사용한다. 그런데 서양에는 전혀 그러한 사고의 틀이 없는 것이다. 그러나 현대문명의 총아인 양자역학이

어떤 무엇이 동시에 이것과 저것이(파동과 입자) 될 수 있다고 과감

히 선언한다.[10]

고 했을 때 서양인들은 하늘이 무너지는 충격을 받았다. 그들이
가진 사고의 틀이 완전히 허물어진 것이다. 그들에게는 파동이면 파
동 또는 입자면 입자만 존재해야지 이들이 이중적으로 동시에 존재
한다는 것은 그들이 가진 사고의 틀로는 상상조차 할 수 없는 일이
다. 그러나 우리 한국인에게는 이제야 겨우 한국식 사고의 틀이 세
계무대에서 이해받을 수 있는 때가 온 것에 불과하다.

우리의 한철학과 한사상이 설명하는 과정철학의 상태들은 모두가
어떤 무엇이 동시에 이것과 저것이 될 수 있다는 바탕 위에 서 있다.
양자역학은 그 사실을 소립자의 세계에서 보여준 것에 지나지 않는
것이다. 인류는 20세기의 양자역학에 이르러서야 비로소 우리 한겨
레공동체의 한사상의 원리를 과학이라는 수단으로 이해할 수 있는
경지에 처음으로 도달한 것이다.

서양의 이론체계를 예를 들어 설명하면, 서양의 철학이론은 마음
을 다루는 추상적인 영역과 물질을 다루는 구체적인 영역을 하나의
전체로 동시에 이중적으로 사용하는 경우가 전혀 없다.

예를 들면 경영학에는 이미 고전이 된 X이론과 Y이론[11]이 있다.
서양인의 사고의 틀은 이 대립하는 두 개의 내용 중 하나를 참으로
설정하고 나머지 하나를 거짓으로 설정해서 참을 선택하는 것이다.

필자가 사용한 상앙의 법가이론과 같은 맥락을 가진 것은 구체적

---

10) G.주커브, 『춤추는 물리』, 김영덕 역, 범양사출판부, 1993년, 299쪽.

11) X이론과 Y이론은 조직관리의 두 가지 매우 다른 유형을 기술하기 위해
   심리학자 맥그리거(Douglas McGregor in Dickson, 1975)가 사용한 용어이
   다. X이론은, 사람들은 일하기를 싫어하고 책임을 회피하기 때문에, 생산
   적인 어떤 것을 하기 위해서는 강제력을 행사해야 한다는 가정에 기초한다.
   Y이론은 사람들이 창조적이고 책임을 지려는 열정이 있고 따라서 적당한
   환경 아래에서 일할 때 높은 행복감을 느끼는 것으로 본다. D.라이트/ S.
   켈러, 『사회학입문』, 노치준·길태근 역, 한울, 1987년, 229쪽.

인 사물의 영역을 다루는 이론이며 이는 X이론과 비슷하다. 그리고 오자의 병법과 모택동의 병법은 이와 반대로 추상적인 관념의 영역을 설명하는 이론이다. 이는 Y이론과 비슷하다.

서양식 사고의 틀은 이 양자를 통합하고 통일하여 사용하는 것은 금기시 된다. 서로 모순되는 것의 공존을 불가능하게 만드는 아리스토텔레스 논리학의 모순율에 저촉되기 때문이다. 그러나 한철학의 논리학에서는 이 이중적으로 모순되는 양자를 통합하고 통일하는 일에서 모든 것이 시작한다. 이것이 한국의 철학 한철학이 제시하는 새로운 논리학인 '한논리학'인 것이다.12)

따라서 필자가 사우디아라비아의 사막에서 경험한 일은 유물론과 관념론13) 그리고 경영학에서 말하는 X이론과 Y이론의 이분법에서 둘 중 하나를 선택한 것이 아니다. 대신 순 한국적 사고의 틀을 사용하여 이 이중적인 양자를 하나로 통합하여 사용한 것이다. 말하자면 이는 X이론과 Y이론 중 어느 한쪽이 아니라 양자를 하나로 통합한 것이다. 따라서 필자는 이 새로운 개념의 이론을 'XY이론'이라고 부르겠다.14) 이 이론은 미닫이나 빼닫이 또는 출입구와 같은 순 한국적 사고의 틀에서만 생각될 수 있는 완전히 새롭고 혁신적인 이론

---

12) 한논리학은 필자의 책 『한철학2 - 통합과 통일』의 273~284쪽을 참조.

13) 철학은 추상적인 영역과 구체적인 영역을 구분해왔다. 추상적인 영역은 마음과 이성 등의 영역이며, 이 영역을 어떤 관점에서 어떻게 다루느냐에 따라 그 철학의 이름이 각각 달라진다. 이 책에서는 이 영역을 다루는 철학의 이름을 번잡스러움을 피해 관념론이라 부르겠다. 구체적인 영역은 사물과 몸 그리고 지성 등의 영역이며, 이 영역도 마찬가지로 보는 관점과 방법론에 따라 이름이 여러 가지로 불리게 된다. 이 책에서는 이 영역을 다루는 철학의 이름을 통칭 유물론이라고 부르겠다.

14) 이 XY이론은 '온'이라는 이름으로 불리거나 '혼돈상태'로 불린다는 사실을 앞으로 충분히 알 수 있도록 설명할 것이다. 필자가 군이 XY이론이라는 영어 이름을 사용하는 것은 이미 전 세계적으로 X이론과 Y이론이 잘 알려져 있기 때문이다. 그리고 이 이론을 통합하는 이론은 없기 때문에 이 XY이론이라는 이름이 한사상의 이론체계를 널리 알리는 일에 유익하다고 보기 때문이다.

천부도天符圖와 XY이론

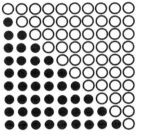

백점 55개

검은 점 45= 낙서洛書의 상극相剋 원리=
구체적인 영역= 음陰= 유물론= X이론
= 상앙의 법가이론

흰점 55= 하도河圖의 상생相生= 관념론
= Y이론= 오자의 병가이론

온 100= XY이론= 검은 점 45 + 흰점 55

흑점 45개

인 것이다.

지금까지 필자가 설명한 내용은 '천부도天符圖[15]와 XY이론'이라
는 그림에서 간단히 설명된다. 이 한 장의 그림 안에는 이 책에서
한국인의 사고의 기본적인 틀인 이중성을 통합하는 원리가 간단히
압축되어 있다.

따라서 이 그림은 지금 이 자리에서 완전히 이해하려 할 필요가
없다. 지금은 단지 눈에 익혀두는 정도면 충분할 것이다. 이 그림은

---

15) 천부도(天符圖)는 천부경 81자의 원리를 그림으로 표현할 때 근본이 되는
그림이다. 필자가 천부경, 삼일신고, 366사 등의 경전을 해설할 때는 이 그
림을 일적십거도(一積十鉅圖)라고 불렀다. 그 이유는 천부경 81자 중 네 글
자인 일적십거(一積十鉅)에서 이 그림이 유도되기 때문이다. 이 그림은 음
양오행과 태극과 64괘의 핵심을 한눈에 알 수 있게 해주는 놀라운 힘이 있
다. 또한 한철학시리즈의 핵심적인 내용도 이 그림 한 장으로 모두 설명된
다. 따라서 동서양의 가장 중요한 부분이 이 그림 한 장으로 설명되지만 동
서양의 철학은 이 그림이 설명하는 전체의 부분밖에는 설명을 하지 못한다.
이 그림은 너무도 많은 설명이 필요하므로 더 알고 싶은 독자들께서는 필
자의 다른 책들을 참고하기 바란다.

전체가 검은 점 45개와 흰점 55개로 나뉘어 있고 그 합은 100이다. 검은 점 45개는 사물의 영역으로서 유물론으로 설명되며 경영학에서 설명하는 X이론을 포함한다. 흰 점 55개는 추상의 영역으로 관념론으로 설명되며 경영학에서 설명하는 Y이론을 포함한다.[16]

지금까지 경영학에서는 X이론과 Y이론 중 하나를 선택하는 것이었다. 그러나 한사상은 이 양자를 통합하여 XY이론으로 만든다. XY이론이 되면서 지금까지와는 전혀 다른 역동적이며 속도를 가진 상태가 되는 것이다. 뿐만 아니라 XY이론에 만족하지 않고 더 나아가 질서상태를 만들며 더 나아가 성취상태와 완성상태를 이루는 역동적인 과정이론을 제시한다. 우리의 조상들은 이 질서상태를 '개천開天'이라 했으며, 성취상태를 재세이화在世理化, 완성상태를 홍익인간弘益人間이라 했다.(이 부분은 뒤에서 자세히 설명한다.)

중국대륙을 실제로 통일한 두 번의 예에서 진시황은 상상의 법가이론 그리고 모택동은 오자의 병가이론을 사용한 것이다. 필자가 사우디아라비아에 오기 전 10년간 찾아낸 진리는 이것이었다.

중국의 춘추전국시대라는 대혼란의 시대를 통합하고 통일하는 일에 겉만 번드레한 공리공론空理空論을 일삼는 이상주의자들의 위선적 이론은 실효를 기대하기가 불가능한 것이다.

그 어떤 번지레한 말이나 역겨운 위선이나 현실과 동떨어진 허풍보다는 실제로 혼란한 나라를 통일함으로써 백성들에게 전쟁과 혼란의 공포에서 벗어나 질서를 찾아준 이론이 곧 진리라고 당시의 필자는 믿었다.

---

16) 이 그림에서 왜 백점이 45개이고 흑점이 55개인가? 그리고 이것이 무엇을 상징하는 것인가에 대해서는 『한철학1 - 생명이냐 자살이냐』에서 고대알타이어족의 신화들과 '온'에 대한 기록 등 여러 가지 설명이 되어있다. 이 부분을 이 책에서 다시 설명하면 중복이 되므로 생략한다.

(1) 상앙의 법가이론

　내부적으로 통제되지 못하는 국가와 외부적으로 외국과의 전쟁에서 이기지 못하는 국가는 남의 노예가 되는 길만 남는다는 것은 만고의 역사에서 변함없는 진리이다.

　구체적인 사물의 영역에는 구체적인 사물의 영역을 움직이는 고유한 원리가 있다. 이 구체적인 영역을 움직이는 일에 추상적인 관념을 사용하는 국가는 반드시 위태롭게 되거나 망하게 되는 것이다. 동서고금의 역사는 이 단순한 원리를 무시하는 국가들에게 언제나 파멸적인 결과를 안겨주었다. 그러나 이 위험한 함정에 빠지는 국가는 어느 시대든 언제나 있어 왔다.

　가령 국가의 존망을 결정할 수 있는 구체적인 군사적 전략에 추상적인 종교적 논리나, 고매한 도덕가의 윤리 또는 시인의 아름다운 마음이 적용된다면, 그 국가가 위태롭거나 망하여 그 국가의 국민이 다른 나라의 노예가 되는 것은 단지 시간의 문제일 뿐이다.

　이 원리는 개인이나 기업에도 마찬가지로 적용되는 것이다. 이 진리를 분명하게 인식하지 못하는 자는 철학과 인생과 국가와 기업을 논할 자격조차 없는 것이다.

　왜냐하면 노예에게는 철학을 논할 권리가 없기 때문이다. 노예에게 철학을 논할 권리가 없듯 우리 한겨레공동체에게도 우리의 고유한 철학을 논할 권리가 없던 시절이 있었다. 우리는 침략자가 되는 철학을 해서도 안 되겠지만 노예가 되는 철학만은 하지 말아야 하는 것이다.

　따라서 국가의 조직이 내부적으로 통제되고, 침략군과의 투쟁에서 싸워 이기는 길은 곧 노예가 되지 않고 인간이 향유할 기본적인 권리를 지키는 일이기도 하다.

생명력을 가진 강한 국가는 구체적인 사물의 영역과 추상적인 관념의 영역을 하나로 뭉쳐서 통합하는 역동적인 능력이 있다. 우리 한국인은 이와 같은 역동적인 통합상태에서 모든 것이 출발한다. 우리에게 소위 풍류도이며 풍월도 또는 현묘지도로 알려진 것이 바로 이것이다. 신라의 진흥왕은 다음과 같이 말했다.

> 나라를 일으키기 위해서는 반드시 먼저 풍월도를 해야 한다.[17]
> 王又念興邦國 須先風月道

그리고 실제로 진흥왕은 풍월도를 일으킴으로써 신라를 고구려, 백제와 어깨를 겨루는 강국으로 등장시켰다. 그리고 최종적으로는 신라가 통일신라로 존재하게 된 원동력이 되었다는 사실을 알 필요가 있다. 이 풍월도風月道에서 풍風은 곧 순수한 우리말 밝이며, 월月은 달이다. 이는 곧 순수한 우리말 밝달길 또는 배달길이다. 마찬가지로 풍류도風流道[18]의 류流도 다다를 류로서 달[19]이다.

삼국유사의 풍월도風月道와 삼국사기의 풍류도風流道는 같은 말로서 이는 한가지로 우리말 밝달길 또는 배달길이다. 그 뜻은 우리 배달민족이 가는 바른 길인 것이다.

이 배달길은 신라뿐 아니라 고구려와 백제에도 있었으니, 그것은 단군조선 이래 전해지던 것이다. 따라서 고구려, 백제, 신라는 모두 배달길을 받아들여 통합함으로써 강력한 역동성과 빠른 속도를 가

---

17) 三國遺事: 彌勒仙花.
18) 삼국유사에서 풍류도라고 말한 것은 삼국사기에서는 풍류도라고 했는데 이 역시 밝달길 또는 배달길이다. 즉, 안호상은 풍류도의 류는 흐를 류자인 동시에 다다를 류자임으로 이는 달이라고 했다.(『민족의 주체성과 화랑얼』, 배달문화연구원, 1967년, 141쪽) 이렇게 보면 풍류도는 곧 밝달길이요 배달길로 풍월도와 완전히 동일한 것임을 알 수 있다.
19) 안호상, 『민족의 주체성과 화랑얼』, 배달문화연구원, 1967년, 141쪽.

지고 번성한 것이다. 그리고 배달길을 잃어버림으로써 역동성과 속도를 잃어버렸다. 그리고 사회를 편 가르기 하여 서로가 증오와 갈등을 일으킴으로써 쇠퇴한 것으로 보아 아무런 무리가 없을 것이다.

즉, 배달길은 곧 우리의 순수한 경전인 천부경[20], 삼일신고,[21] 366사(참전계경)[22] 등의 진리를 따르는 도이다. 한사상이 이 경전들에 담긴 철학체계를 근거로 할 때 한사상과 배달길은 조금도 다른 것이 아니다.

따라서 우리는 한사상이 곧 진흥왕이 말한 나라를 일으키는 실제적인 방법론이라는 사실을 먼저 알 필요가 있다.

필자가 이 장에서 설명하는 상앙의 법가이론과 오기의 병법이론은 우리의 한사상 이론의 시작에서 설명하는 구체적인 사물의 영역과 추상적인 관념의 영역의 통합이론이 결코 아니다. 상앙의 이론은 단지 구체적인 사물의 영역에 한한 것이며, 오기의 병법이론은 단지 추상적인 관념의 영역 하나만을 다루는 단편적인 이론에 불과한 것이다.

---

20) 천부경(天符經): 이 책에서 자주 거론되는 천부경에 대한 간단한 설명을 이곳에서 해야겠다. 천부경은 우리의 고대국가인 한국(桓國)에서 구전(口傳)으로 전해지던 경전을 배달국(倍達國)에서 사슴발자국문자로 전한 경전이다. 이 경전은 81자로 구성된다. 이 경전을 바탕으로 삼일신고와 366사를 비롯한 모든 경전이 만들어졌다고 한다. 가히 우리 한겨레공동체의 최고경전이라 할 수 있다.

21) 삼일신고(三一神誥): 삼일신고는 우리의 고대국가 배달국의 한웅천제께서 전해주신 경전이다. 총 366자로 이루어졌고 다섯 개의 장으로 나뉘어 있다. 이 경전은 천부경이 매우 난해한 점에 비해 매우 알기 쉬운 문체로 쓰여 있다. 그리고 매우 세련된 내용이 담겨 있어 처음 읽는 사람으로 하여금 놀라움을 안겨준다. 이 경전은 우리의 고유한 경전을 읽을 때 첫 번째로 읽기를 권할 수 있는 경전이다.

22) 366사(三百六十六事): 참전계경이라고도 불리는 경전으로 천부경과 삼일신고와 함께 한민족의 삼대경전으로 불린다. 배달국의 한웅천제께서 인간이 반드시 만나는 모든 일을 최적화한 가르침을 366개의 사(事)로 나누어 설명한 책이다. 이 책에는 팔강령(八綱領)이 설명되며, 이는 통일변증법이기도 하다.

법가23)의 이론은 법이라는 그물로 모든 백성을 묶어 철저하게 통제하는 이론이다. 상앙은 실제 정치에 참여해 법가이론으로 보잘것 없는 변방의 나라 진나라를 20여 년 만에 전국시대 최대의 강대국으로 만들었고, 또한 진나라가 중국을 통일하는 일을 가능하게 한 정치가이면서 사상가이다. 중국에서 봉건제도를 없애고 중앙집권제를 도입한 정치가가 바로 상앙인 것이다. 또한 호적제도를 만든 장본인도 상앙이다.

상앙의 법가 이론의 장점은 사회의 구체적인 영역을 철저한 명령체계로 장악하는 것이다. 상앙은 서양의 유물론적이며 성악설적인 철학자 홉스와 마키아벨리를 능가하는 깊이와 철저성을 가졌다. 이는 또한 오늘날 경영에서 말하는 권위적 리더이다. 그는 이렇게 말한다.

> 잘 다스려지는 나라는 형벌이 많고 상이 적다. 그래서 천하의 제왕이 된 사람은 형벌이 9할이고 상이 1할이다. 혼란한 나라는 상이 9할이고 형벌이 1할이다.24) -개색開塞-

상앙은 산업과 전쟁, 즉 농전農戰을 국가의 부국강병책의 근본으로 삼고 강력한 법으로 뒷받침했다. 즉, 모든 백성들이 목숨으로 바쳐 농업과 전쟁에만 힘쓰게 만들었다. 그는 농업과 전쟁을 통하지

---

23) 중국 고대의 법가이론가 중에서 상앙(商鞅)보다는 한비자(韓非子)가 더 잘 알려져 있다. 사실 상앙은 옛날이나 지금이나 거의 알려져 있지 않은 인물이다. 그러나 한비자는 오직 이론을 위한 이론가일 뿐 실제로 법가이론을 현실정치에서 전개한 인물이 아니다. 따라서 필자는 과거나 지금이나 한비자보다 상앙을 더 중요하게 생각한다. 다른 여러 고대서적과 마찬가지로 상앙의 저서 상군서(商君書)도 문제가 있다고 말하지만 그 내용은 역사서에 나타난 상앙의 진면목을 그대로 보여준다는 점에서 큰 가치가 있다고 본다.
24) 상앙, 『상군서(商君書)』, 장형근 역, 살림출판사, 2005년, 214쪽.

않고는 그 어떤 관직도 얻지 못하게 했다. 그는 이렇게 말했다.

> 군주가 내려주는 이익이 오직 한길을 통해서만 나온다는 것을 백
> 성들이 알면 그 한 가지 일만 할 것이다. 한 가지 일, 즉 농전農戰
> 에만 종사하면 백성들은 안일을 탐내지 않게 된다. 백성들이 안일
> 과 음란을 탐하지 않으면 힘이 증강된다. 힘이 증강되면 그 국가는
> 강해진다.[25)]
> - 농전 農戰-

냉정하게 보면 산업과 전쟁이야말로 어느 시대이든 그 시대에서
이룰 수 있는 가장 현실적인 부국강병책인 것이다. 그리고 그는 이
일에 방해가 되는 모든 행동을 가혹하게 탄압하고 말살했다. 그는
유가와 도가 심지어는 예술까지도 탄압했다. 이 단순한 정책이 진나
라를 최강의 국가로 만들어 중국을 통일하게 만든 것이다. 그는 이
렇게 말한다.

> 농사와 전쟁에 열심히 참여하는 사람이 천 명이고 시경이나 서경
> 혹은 말에 능한 사람이 한 명 있다면, 천 명이 모두 농전에 태만하
> 게 된다. 농사와 전쟁에 열심히 참여하는 백성이 백 명이고 재주에
> 능한 예능인이 한 명 있다면, 백 명이 모두 농전에 태만하게 된다.
> 백성들이 모두 농전에 종사하게 되었을 때 군주는 존경을 받게 된
> 다.[26)]

국가의 추상적인 영역은 전혀 인정하지 않고 오로지 구체적인 영
역만을 극단적으로 강하게 만드는 부국강병책으로 상앙보다 더 분

---

25) 상앙, 『상군서(商君書)』, 장형근 역, 살림출판사, 2005년, 158쪽.
26) 앞의 책, 163쪽.

명한 주장을 내세운 학자는 동서고금에 다시없을 것이다. 그는 아예 이렇게까지 말한다.

> 시詩·서書·예禮·악樂·선善·수修·인仁·염廉·변辯·혜慧 이 열 가지가 나라 안에 있으면 군주는 백성들에게 전투를 시킬 방법이 없다. 이 열 가지로 국가를 다스릴 경우 적이 오면 반드시 당할 것이고, 오 지 않아도 필경 가난해질 것이다. 나라에서 이 열 가지를 없애면 적이 감히 침입해오지 못할 뿐더러 온다 하더라도 반드시 퇴각하 게 될 것이다. 군대를 일으켜 정벌에 나서면 반드시 땅을 얻을 것 이고, 군대를 멈추고 정벌에 나서지 않으면 반드시 부유해질 것이 다.[27]

그는 국가 안의 모든 추상적인 것을 말살하고 구체적인 것만으로 나라를 다스린 것이다. 그리고 실제로 그와 같은 방법으로 천하를 통일한 것이다.

이것이야말로 모든 것을 물질중심으로 보는 유물론이며, 경영학에서는 X이론의 전형이다. 다시 말해 상앙의 법가이론은 구체적인 사물의 영역을 지배하는 원리로 부국강병을 이루어내는 방법론인 것이다.

현대세계에서 짧은 시일 안에 세계가 놀라던 경제기적을 이루어 낸 히틀러나 스탈린 등 몇 안 되는 나라가 사용한 철권통치의 방법 론이 바로 이 방법론과 맞닿아 있는 것이다.

(2) 오자와 모택동의 방법론

병가의 이론도 법가의 이론과 마찬가지로 권위적이며 무서운 것

---

27) 앞의 책, 165쪽.

이다. 전쟁에서 지는 개인이나 가정이나 기업이나 국가는 아무런 권리도 주장할 수 없는 노예가 되기 때문이다. 이와 같은 노예들이 무슨 철학이 있겠으며, 있다 해도 그것을 어디에 쓰겠는가? 따라서 병법은 할 수 있는 가장 무자비한 방법을 가르친다. 그리고 할 수 있는 가장 염치없는 거짓과 속임수를 주저 없이 실제로 사용할 수 있도록 학문의 체계를 갖추어 설명한다.

전해지는 여러 병법서[28]들의 저자들은 마음의 영역보다는 사물의 영역에 치중했다. 즉, 군대의 병사들의 육체를 하나의 거대한 기계처럼 만들어 그의 군대전체를 전쟁기계로 만드는 것을 목적으로 했다. 그리고 역시 구체적인 사물의 영역인 땅을 활용하는 지리에 중점을 두고, 또한 역시 사물의 영역이 변화하는 때를 활용하는 방법에 치중했다.

당시 필자가 즐겨 읽었던 이들 병서들 중에서 유독 오자의 병법만은 이들 법가와 병가들의 방법론과 근본적으로 다른 차원의 것이었다. 오자는 군대의 구체적인 영역을 장악하기에 앞서 자연스럽게 병사들의 마음을 장악하려 했다. 다시 말해 추상적인 관념의 영역을 장악하려고 했다.

국가가 흥하고 망하는 것과 수많은 사람들의 생사가 결판나는 살벌한 전쟁터에서 추상관념을 주된 무기로 사용했다는 점에서 오자는 시대를 뛰어넘는 천재적인 전략가인 것이다.

법가와 그를 제외한 병가사상가들의 공통점은 인정사정없으며, 피도 눈물도 없는 무자비한 방법론인 신상필벌信賞必罰이다. 이 사상은 사물의 영역을 지배하는 원리를 사용한다.

피와 눈물이 있고 인정사정이 있다면, 그것은 인간의 마음의 영역

---

28) 병법서에는 병법칠서(兵法七書)와 비서삼종(秘書三種)이 있다. 병법칠서(兵法七書): 손자(孫子), 오자(吳子), 사마법(司馬法), 위료자(尉繚子), 육도(六韜), 삼략(三略), 이위공문대(李衛公問對)

에 영향력을 행사하는 것이다. 오자는 마음의 영역을 반영하는 매우 교묘한 전략을 가지고 있었다. 아래와 같은 오자병법 중 여사勵士의 한 부분에 그것이 잘 설명되어 있다.

왕께서는 지금까지 공이 있었던 자들을 모두 모아
마음에서 우러나오는 잔치를 베풀어주십시오.
그리고 공을 세우지 못한 사람에게는
이 자리에서 격려해주십시오.[29]

오자는 공이 있는 자는 향연을 베풀어 그들을 극진히 대우하고, 공이 없는 자는 벌을 주거나 무시하는 것이 아니라 격려하는 방법으로 그들이 다시 자발적으로 공을 세울 수 있도록 만든 것이다.

그는 모든 장병들의 마음을 장악하여 자발적으로 목숨으로 버리며 싸우게 한 것이다. 바로 이점에서 수많은 사람들이 죽고 다치는 전쟁을 예술로 승화시킨 것이라 해도 그다지 틀린 말은 아닐 것이다.

오자병법의 치병治兵[30]편에 오자의 이와 같은 핵심사상이 부자지병父子之兵이라는 말로 잘 설명되고 있다.

장군과 사병이 안위를 함께 하고, 하나로 굳게 뭉쳐 흩어지는 일이 없으며, 싸움터에서 피로를 느끼지 않고, 어떤 처지에 놓이든지 천하에 이를 대항할 자가 없는 군사를 가리켜 부자지병이라고 할 수

---

29) 군거유공 이진향지 무공이려지
　　君擧有功 而進饗之 無功而勵之
30) 여지안 여지위 기중가합이불가리 가용이불가피
　　투지소왕 천하막당 명왈부자지병
　　與之安 與之危 其衆可合 而不可離 可用而不可疲
　　投之所往 天下莫當 名曰父子之兵

있습니다.[31]

그는 전쟁터에 나간 야전군 총사령관이면서 전쟁터에서 병사들과 같은 옷을 입고, 같은 식사를 하며, 같은 곳에서 잠을 자며, 행군할 때도 말을 타지 않고 함께 걸었으며, 같은 장비와 군량미를 등에 짊어졌다. 그리고 병사들이 힘들어 하면 그 짐을 대신 짊어졌다. 또 병사들 중 상처가 곪으면 총사령관인 그가 친히 그 상처의 고름을 입을 빨아 고름을 없애며 치료를 해주었다.

오자에게 늘 따라다니는 다음과 같은 유명한 일화가 이 내용을 다시 한 번 확인해준다.

오기는 사병들을 순시하던 중 전쟁터에서 발에 부상을 입어 종기가 생겨 고통 받는 병사를 발견했다. 오기는 이 병사의 발에 난 종기의 고름을 친히 입으로 빨아 치료해주었다.

이 소문을 들은 그 병사의 어머니는 대성통곡을 하기 시작했다. 사람들이 병사의 어머니가 오기에게 고마워하기는커녕 대성통곡을 하는 이유를 몰라 그녀에게 그 이유를 물었다. 그랬더니 기상천외한 대답이 그녀의 입을 통해 나왔다.

그 병사의 아버지도 역시 오기의 부하였는데 그도 전장에서 부상을 입었었다는 것이다. 그때 오기가 그 아버지의 상처에 생긴 종기의 고름을 입으로 빨아 치료를 해주었다는 것이다. 총사령관이 직접 자신의 더러운 종기의 고름을 입으로 빨아 치료해준 것에 감격한 그 병사의 아버지는 전쟁터에서 그 은혜에 보답하기 위해 앞장서서 싸우다가 죽었다는 것이다.

그런데 그 아들마저 똑같은 경우가 되었다고 하니 그 아들 역시 전쟁터에서 물불을 안 가리고 싸울 것이 분명하며, 따라서 자신의

---

31) 오기(吳起), 오자병법(吳子兵法), 병법칠서, 權寧吉 編著, 海東文化社, 1963년, 127쪽.

아들은 이미 죽은 것과 마찬가지라는 것이다. 이제 남편에 이어 자식까지 잃게 생겼으니 세상천지에 믿고 살아갈 사람이 한사람도 없는 자신의 처지가 너무나 불쌍해 운다는 것이다.

국가의 존망을 다투며 수많은 사람들이 죽고 다치는 전쟁터의 야전군 총사령관이 병사를 대하는 행동이 이와 같다면, 그 총사령관의 지휘를 받는 장교와 하사관들이 하급병사들을 대하는 행동은 그보다 훨씬 더 극진할 것이다. 오자의 군대는 시대를 뛰어넘는 민주적이며 평등한 군대였다. 무엇보다도 이와 같은 민주적 리더는 조직원들에게 자발적인 행동을 이끌어낼 수 있는 것이다.

이것이야말로 철학에서는 관념론이며 경영학에서는 Y이론의 전형인 것이다. 다시 말해 오자는 추상적인 관념의 영역을 지배하는 원리로 병사들의 마음을 얻은 것이다.

필자는 모택동이 중국을 평정한 힘이었던 그의 팔로군이 바로 이 오자가 한 방식을 그대로 답습한 것에 지나지 않는다고 단언한다. 다시 말해 모택동은 오자처럼 전쟁이 구체적인 영역인 대포와 비행기와 탱크 등의 우수한 무기가 판가름 내는 것이 아니라, 눈에 보이지 않는 추상적 영역에 의해 지배된다고 믿었다는 점에서 실로 오자의 충실한 제자이다.

모택동은 오자처럼 적을 공략하는 일이 아니라 자신의 군대의 사병들의 마음을 완전히 장악하는 일에 가장 먼저 관심을 가졌다. 오자처럼 모택동과 그의 장교들도 사병들과 의식주에서 차별을 두지 않았다. 모택동은 한발 더 나아가 민간인들의 마음을 장악하는 일에도 병사들의 마음을 장악하는 일만큼 힘을 썼다. 이제 그는 오자병법을 게릴라전용으로 전환한 것이다.

이와 같이 탁월한 방법론은 장개석이 이끌었던 국부군 군대의 무능과 부정부패와는 대조적인 것이었다. 모택동이 권력은 총구에서 나온다고 자신 있게 말한 배경에는 이와 같이 병사들의 마음을 완벽하게 사로잡아 그들의 자발적인 지지를 얻어내는 오자의 관념론적 상생의 병법이 있었던 것이다.

마찬가지로 자동차 폐타이어를 잘라서 만든 신발을 신고 싸웠던 호지명의 베트남 군대가 세계 최강의 군사대국 미국을 패퇴시킨 그 불가사의한 사건에도 같은 원리가 작용되어 있다. 공산[32]베트남의 지도자들이 그들의 군대와 대중들의 마음을 철저하게 장악했기 때문인 것이다. 그들은 마음으로 물질을 이긴 것이다. 호지명도 결국 오자병법을 사용한 것이다.

이와 같은 관점에서 보면 모택동이나 호지명은 결코 마르크스주의자가 아니다. 마르크스의 유명한 정치경제학 비판 서문에 의하면 하부구조인 물질이 상부구조인 의식을 규정하는 것[33]이기 때문이다. 그러나 이 두 사람은 공히 상부구조인 마음과 정신으로 하부구조인 물질과 싸워 이긴 것이다. 즉, 관념론으로 유물론을 이긴 것이다. 이는 마르크스의 이론과는 완전히 반대되는 이론이다.

서양의 장군들은 과거나 현재나 추상적인 관념의 영역이 전쟁의

---

32) 같은 공산군이라도 이웃 캄보디아의 크메르 루즈 군대가 자국민을 대상으로 킬링필드의 대학살을 자행한 것과는 달리 월맹의 호지명 군대는 뚜렷한 대조를 이룬다.

33) 마르크스는 그의 경제학노트의 정치경제학 비판 서문에서 다음과 같은 토대/상부구조에 대해 설명했다.
"생산관계의 총체가 사회의 경제구조를 형성한다. 이것이 실제적인 기초인바, 이 기초 위에 하나의 법률적 및 정치적 상부구조가 세워지고 또한 이 기초에 대응하는 제사회의식의 형태가 존재하게 된다. 물질적 생활의 생산양식이 사회적·정치적 및 정신적 생활과정의 일반을 제약한다. 인간의 의식이 그들의 존재를 규정하는 것이 아니라 반대로 그들의 사회적 존재가 그들의 의식을 규정하는 것이다."
마르크스, 『경제학노트(정치경제학 비판 서문)』, 강호균 역, 이론과 실천, 1998년, 11쪽.

승패를 가른다는 인식이 별로 없는 것 같다. 단지 구체적인 사물의 영역에서 앞선 무기와 병력의 숫자와 풍부한 군수물자가 승패를 가른다고 생각하고 있는 것이다. 이는 전쟁술은 알아도 전쟁철학이 있다는 생각은 가지지 못한 어리석고 한심한 인식인 것이다. 그들은 여전히 완고한 유물론자로서 홉스와 마키아벨리의 제자인 것이다.

(3) 가능상태의 혁신방법

이제 한철학의 과정상의 상태 중 첫 번째인 가능상태가 공사현장이라는 현실에서 어떻게 주어지고 어떻게 그 다음 상태인 혼돈상태로 변혁했나를 알아보자.

가능상태는 무질서상태와 다르다. 서양철학의 문제는 가능상태와 혼돈상태 그리고 심지어는 무질서상태를 구분하지도 못하며 설명하지도 못한다는 점에 있다. 그리고 이를 뭉뚱그려서 혼돈(Chaos)이라고 부르거나 가능태[34]라고 부른다.

당시 필자에게 주어진 현장은 작업 중장비들이 멈추어 있었고 작업자들은 거의 일을 하지 않는 상태로서 현장의 역동성과 속도가 거의 다 사라진 상태였다. 그러나 이 상태는 어디까지나 살아 있는 생명체로서 가능상태인 정적상태靜的狀態였다. 서양의 철학은 이 같은 상태를 설명할 방법을 알지 못한다. 왜냐하면 그들에게는 물리적이거나 수학적인 차원에서 상태를 생각하기 때문이다. 그 물리적인 방법론이 뉴턴의 물리학이거나 아니면 양자역학적 방법이거나 차이가 있는 것은 아니다. 따라서 생명이 존재하는 정적상태라는 것은 서양철학에서는 처음부터 지금까지 상상조차 할 수 없는 상태인 것이다.

---

34) 아리스토텔레스는 가능태와 현실태를 과정으로 설명했다. 그러나 이 과정 안에는 과정이 전혀 없는 것이다. 최동환,『한철학2 - 통합과 통일』지혜의 나무, 2005년, 132~139쪽.

현장의 가장 큰 문제는 작업자들을 통솔하는 문제였다. 필자의 토목현장은 늘 인원이 변동되지만 대체로 한두 명의 반장과 10명 정도의 조장들로 이루어져 보통 2~300명 정도의 기능공들과 온갖 종류의 중장비들로 움직이고 있었다.

필자가 인수받은 기존의 조직의 반장과 조장들 중에는 간부로서 남보다 앞장서서 땀 흘려 일해야 한다는 관념이 없어 보이는 사람들이 적지 않게 있었다. 그들은 단지 현장 책임자와 현장 기능공들의 중간에서 서로의 의사소통을 중계하는 위치에 있을 뿐이었다.

그들은 오로지 자신의 직책을 유지하며 최대한 권한을 행사하되 아무런 책임을 지지 않으면서 서로에게 욕먹지 않으면서 운신하기 위해 모든 노력을 하는 모습이 필자에게 관찰되었다. 이들은 이른바 무책임하되 약은 사람들이며 또한 좋은 사람으로 위장한 무능한 사람들로 판단되었다. 이는 가장 역동적인 공사현장에서 볼 때 최악의 인적구성이었다.

동서고금을 통해 인간사회의 어느 곳에서든 그 조직의 대소와 상관없이 무책임하고 무능하며 교활한 중간지도자의 밑에서 온 힘을 다해 피와 땀과 눈물을 흘릴 일꾼은 아무도 없는 것이다. 어느 누구든 자신의 소중한 피와 땀과 눈물을 도둑맞고 싶어 할 사람은 한 사람도 없기 때문이다. 이런 사람들이 존재하는 조직에서는 역동성이 나타날 수 없다. 조직을 살아서 움직이게 하는 소통과 통합의 영역이라는 소중한 생명력을 이들이 사유화하여 그것으로 자신의 배를 채우고 자신의 지위를 유지하고 있기 때문에 정작 조직을 운영할 생명력은 존재할 수 없는 것이다.

이들이 책임져야 할 영역을 책임지지 않는다면 그 모든 책임은 당연히 책임자인 필자에게 돌아오게 되어 있다. 공사 책임자마저 책임을 지지 못하면 그 책임은 회사의 사장이 지게 되는 것이다. 사장마저 책임을 지지 못하면 주주가 그 책임을 지게 되는 것이다.

따라서 필자에게 그들 일부 중간간부들은 분명히 존재하지만 필요할 때는 전혀 존재하지 않는 유령과 같은 존재였다. 따라서 그들은 누가 그들의 상관이 되었든 그를 하루아침에 허수아비로 만들 것이 명약관화했다.

그리고 또 하나의 문제는 외국인 감독관과의 소통문제였다. 한국인 기술자들 중에는 그들과 소통이 잘 이루어지지 않는 경우가 종종 있었다. 외국어의 문제도 있었지만 그보다 더 근본적인 문제는 작업과정에서 반드시 공유해야 할 정보를 의도적으로 속이거나 숨김으로써 정보의 소통이 이루어지지 않는 가운데서 오는 불신이 감정싸움으로까지 비화하며 발생한다. 이것은 외국어를 잘하고 못하고의 문제가 아니라 사회의 관습과 개인의 문제였다.

이 두 가지 문제로 공사는 역동성과 속도를 잃고 거의 정지상태에 있었다. 또 일을 한다 해도 명령체계가 무너진 상태라 조직력이 사라져 공사현장의 작업자들과 중장비들은 할 일을 하지 못하고 여기저기에 멈추어 서서 놀고 있었다. 그리고 상상력과 판단력과 통찰력이 작용하지 못함으로써 그나마 해낸 일도 잘못해서 재작업을 하는 경우가 많았다.

하지만 회사는 현장의 기능공들에게 임금을 정확하게 지불하고 있었고, 인력과 공사장비도 충분했으며, 공자자재도 원활하게 공급되었다. 공사현장은 생명력을 잃은 무질서상태가 전혀 아니었다.

현장은 내부적으로 충분한 역동성과 속도를 발휘할 능력을 가지고 있었지만 그 능력을 외부로 나타나게 하는 기능이 마비된 것이었다. 이 현장은 회사전체의 심각한 두통거리였다.

4. 사우디아라비아에서 부활한 혼돈상태

필자는 필자에게 주어진 현장에서 상앙의 법가이론과 오자의 병가이론이라는 두 가지 방법을 동시에 이중적으로 사용했다. 즉, 상앙의 법가이론이라는 유물론적 상극의 방법론과 오자와 모택동의 관념론적 상생의 방법론을 한꺼번에 사용한 것이다. 즉 필자가 말하는 'XY이론'이었다.

이 방법으로 필자는 가능상태의 현장을 혼돈상태로 바꾼 것이다. 이 혼돈상태는 가능상태라는 정지상태가 혁신된 상태이다. 또한 장차 질서상태로 가지 직전의 상태이다.

하나의 상황에 하나의 이론만 적용한다면 다시 말해 엄격한 명령체계만을 적용한다거나, 서로의 마음을 통하는 따뜻한 방법만을 적용한다면 그 방법론은 결코 상태를 최적화할 수 없다. 그리고 그 의도가 아무리 좋다 해도 상태를 반드시 정지상태로 몰고 간다.

왜냐하면 이와 같은 단순한 방법론은 인간의 머리에서만 존재할 뿐 이 세상에 존재하는 살아 있는 역동적인 생명체로서의 그 어떤 존재자의 상태도 이와 같이 단순하게 존재하는 경우는 없기 때문이다. 필자는 현장을 인수하자마자 즉시 상앙의 방법론과 오자의 방법론을 동시에 사용하였다.

(1) 상앙의 방법론의 실행

필자는 현장을 인수하자마자 먼저 작업자들 중 가장 높은 총반장에게 작업지시를 내렸다. 그 총반장은 필자의 작업지시를 어겼다. 그리고 여러 가지 핑계를 대었다. 그는 필자가 내리는 작업지시를 수행할 만큼 그의 아래에 있는 조장들과 작업자들을 장악하지 못하고 있음이 분명한 것이었다. 그날 작업회의에서 필자는 그가 작업을 못 마쳤다는 보고를 듣고 그 자리에서 그를 해임시켰다.

작업회의에 참여했던 조장들은 상상도 못한 일에 귀를 의심했지만 필자는 같은 말을 두 번 하지 않았다. 필자가 토목 팀 전원에게 요구한 것은 그들 중 한사람도 빠짐없이 자기 일에 대해 전적으로 책임지는 책임자가 되는 것이었다. 현장에는 필자를 포함하여 단 한 명의 관리자도 필요하지 않았다.

필자는 그 자리에서 조장들에게 여러 가지 작업지시를 내렸다. 그리고 다음 작업회의에서 작업지시를 지키지 못한 조장들의 보고를 듣는 순간 그 자리에서 그들을 해임시켰다. 자신의 조원들을 장악하여 필자의 작업지시를 책임지고 수행할 능력이 없는 조장들은 전원 해임시켰다.

그리고 한편으로는 새로운 총반장을 임명했다. 그 인사는 아무도 상상하지 못한 매우 파격적인 것이었다. 즉, 군대로 말하자면 일반 사병을 하루아침에 대대大隊의 주임상사로 임명하는 식이었다. 아무런 직책을 가지지 않은 일반기능공을 하루아침에 총반장으로 임명했다.

그는 어느 날 자고 일어나니 갑자기 급여가 대폭적으로 뛰었고 상상도 못한 막강한 권력을 쥐게 되었다. 그러나 필자의 현장의 작업자들 중 그가 그만한 실력이 있다는 사실을 모르는 사람은 단 한 사람도 없었다. 그의 실력을 모르는 사람들은 오로지 현장사무실의 책상 앞에 앉아 있는 직원들뿐이었다.

그는 이미 오래 전부터 현장의 일꾼들을 사실상 실력으로 장악하고 있었지만, 전임 토목책임자들은 그를 알아보지 못했다. 기존의 무능력한 반장과 조장들은 직원들이 알지 못하게 뒤에서 그의 능력을 철저히 이용했을 뿐이었다. 필자가 그를 총반장으로 임명한 것은 일을 해낼 능력이 있는 사람이 그를 둘러싸고 있는 교활한 사람들에게서 더 이상 이용당하며 마음 고생하지 않고 소신껏 그리고 능력껏 일을 할 수 있도록 직접 일을 맡긴 것뿐이었다.

그와 의논해서 필자가 뽑은 조장들은 그와 비슷하게 모두 실력 있고 일에 미친 사람들뿐이었다. 그들은 스스로의 실력과 의욕으로 자신의 조원들을 완전히 장악할 수 있었다.

이제 필자를 포함하여 토목 팀 전체는 현장에서 자신의 맡은 바 임무에 최선을 다하여 좋은 결과를 보여주지 못한다면 자기 것이 될 수 있는 것이 아무것도 없다는 사실을 분명히 알게 되었다.

이제 교묘한 말재간으로 일꾼들이 열심히 일하며 흘린 피와 땀과 눈물을 중간에서 가로채 힘 안 드리고 자신의 것으로 만들려는 교활한 중간간부는 팀에서 단 한사람도 없게 되었다.

이제부터는 자기가 아니면 그 일이 안된다고 주장하거나, 자신이 현장 일에 크게 기여하고 있다는 주장하기 위해서는 말이나 태도가 아니라 일의 결과로 증명해야만 하게 된 것이다. 아무리 작은 것도 말이나 태도가 아니라 피와 땀과 눈물을 통해서 자기 일에 책임을 질 때만이 얻을 수 있다는 것이 우리의 상식이 된 것이다.

이제 현장은 그들 반장과 조장들이 앞장서서 미친 듯이 일하고 나머지 작업자들은 좋든 싫든 그들의 뒤를 따르는 상황이 되었다. 이제 필자가 내리는 작업지시에 대해서는 그 누구도 거부하거나 불평하는 사람이 없게 되었다. 필자가 내리는 작업지시는 즉각적으로 모든 일꾼들에게 가감 없이 전달되었다.

아무리 훌륭한 인적 자원과 시설과 장비를 가지고 있는 조직이라 해도 명령체계가 흔들린다면 그 조직은 단숨에 오합지졸이 되는 것이다. 오합지졸로 해낼 수 있는 일은 이 세상에 아무것도 없다. 명령체계야말로 조직체에 존재하는 가장 소중한 보물인 것이다.

필자의 작업지시는 작업자들에게 그것이 어떤 작업지시이든 절대로 번복되지 않는 것으로 인식돼 아무런 의심 없이 받아들여졌다. 그리고 작업지시는 무슨 일이 있더라도 반드시 시행되었다.

(2) 오자의 방법론의 실행

다른 한편으로 사용한 방법은 기능공들이 자발적으로 일을 해나갈 수 있도록 그들의 마음을 자연스럽게 얻는 방법이었다. 이것은 이순신 장군과 오자와 모택동이 사용한 방법이다.

예를 들면 토목 팀은 야간작업을 하는 경우가 많았다. 필자는 그 일에는 최대한 그들과 함께 했다. 우리는 야간에 모래바람이 날리는 어두컴컴한 사막의 공사장에 식사를 배달시켜 공사용 불빛아래에서 함께 먹었다. 그리고 밤늦게 일을 마치고 함께 돌아왔다. 야간작업 내내 우리는 별로 말이 없었지만 말없는 가운데 많은 대화가 조용히 마음속에서 오고갔다.

필자가 그들을 감시하기 위해 야간작업을 함께 하는 것이 아니라 어려움을 함께 하기 위해 야간작업을 한다는 사실을 그들이 깨닫기까지는 그리 오랜 시간이 걸리지 않았다.

그리고 그 현장에서 가장 힘든 작업을 하는 곳에는 언제나 필자가 함께 있었고, 때로는 그 가장 힘든 일의 맨 앞에서 필자가 직접 뛰어들어 일을 했다.

그곳은 직원과 기능공의 숙소가 분리되어 있었다. 오자가 병사들과 같은 식사를 하고 같은 숙소를 쓴 것처럼 필자도 그들과 함께 하고 싶었지만, 필자의 현장에서 그렇게 하기에는 현실적으로 무리가 있었다. 따라서 필자는 틈만 나면 기능공 숙소에 가서 그들과 함께 어울렸다.

또한 어느 현장이나 직원식당과 기능공식당은 분리되어 있었다. 필자는 가능하면 자주 기능공식당에서 식사를 했다. 필자가 기능공식당에 처음으로 나타나 식사를 하려 하자, 토목 팀의 반장과 조장들과 일반 작업자들은 그들의 눈앞에 지금까지 전혀 보지도 듣지도 못한 예기치 못한 일이 벌어진 것에 대해 혼란해하면서도 일제히 필자의 주위에 모여 함께 식사를 했다.

별 말은 없었어도 그 커다란 식당 안에 있던 기계 팀와 전기 팀 등의 다른 팀들의 기능공들은 그날 이후 토목 팀을 부러워하게 되었고 토목 팀은 필자를 자랑스러워했다. 그들은 자기가 소속한 팀에 자부심을 가지기 시작했다. 그들의 마음은 필자를 향해 열리고 있음을 필자는 느낄 수 있었다.

그리고 사우디아라비아의 일반가정에서는 개를 키우지 않지만 사막에는 들개들이 떼를 지어 돌아다닌다. 필자의 부하들은 한국에서 보신탕을 해먹던 관습이 있어서인지 필자에게 들개들을 잡아 보신탕을 해먹자는 제안을 해왔다.

사우디아라비아의 더위는 겪어보지 않은 사람들은 상상도 할 수 없는 것이다. 더위가 심할 때 종일 힘든 일을 하고나면 얼마나 땀을 흘렸는지 옷에 하얗게 소금이 묻어나올 정도였다. 당시 중동건설현장에서 일한 한국인 근로자들은 그야말로 뼈 빠지게 일을 한 것이다.

대체로 해외 공사현장의 식사는 우수한 편이다. 그러나 만족할 만큼 썩 우수하다고 볼 수는 없었다. 필자는 필자의 토목팀 대다수가 개고기를 먹고 싶어 한다면 그것을 먹는 일을 이해하려 했고 또한 먹도록 해주고 싶었다. 그리고 그 제안은 한국인의 문화35)로 볼 때

---

35) 한국인에게 개고기를 먹는 관습은 수천 년을 통해 내려온 문화의 일부이다. 우리가 사는 세계는 다원적 세계이며, 가치 또한 어떤 절대적 가치가 있는 것이 아니라 상대적이라는 가치상대주의는 폭넓은 지지를 얻고 있다.

정당한 가치36)가 있다고 판단했다.

단지 필자 한사람만 결심하고 책임을 진다면 우리 작업팀들 전원이 언제든 필요한 만큼 우리 한국인들이 언제나 삼복더위에 즐기던 보신탕을 사우디아라비아에서도 먹을 수 있게 되는 것이다. 현지인과의 문화적 차이가 문제가 되지만 우리가 조금만 조심한다면 문제가 될 것이 전혀 없었다.

필자는 들개를 잡자는 부하들의 제안을 받아들였다. 목수들이 만든 틀로 개를 잡으면 토목팀은 아무도 없는 사막에서 식당에서 가져온 온갖 양념으로 순 한국식으로 요리를 해먹었다. 모두가 먹고 싶은 만큼 원 없이 먹는 동안 고향에서 있었던 온갖 이야기들로 꽃을 피웠다.

그리고 적어도 그 순간만큼은 살인적인 더위와 고통스러운 노동과 끔찍스러운 외로움으로부터 해방될 수 있었다. 또한 개고기는 그누구도 챙겨주지 않는 작업자들의 건강에도 크게 이바지하는 바가 있었다.37) 필자는 그 때 토목 팀의 즐겁고 환한 표정을 잊지 못한다.

자신이 신봉하는 가치로 남이 신봉하는 가치를 멋대로 평가할 뿐 아니라 남이 신봉하는 가치를 부정하여 악으로 몰아갈 권리는 그 누구에게도 없다.

36) 가치절대주의는 가치의 기준이 불변한다고 주장한다. 그에 비해 가치상대주의에서는 가치의 기준이 주어진 상황에 따라 달라질 수 있다는 주장이다. 20세기 최대의 형이상학자인 하르트만은 선과 악이 아직도 무엇인지 모른다는 처음 듣는 주장을 들고 나온 사람은 니체뿐이었다고 말한다. 하르트만은 콜럼버스가 자신이 발견한 것이 무엇인지 몰랐듯 니체도 자신이 발견한 것이 무엇인지 알지 못했다고 말한다. 즉, 니체가 발견한 것은 가치상대주의였다는 것이다. 니콜라이 하르트만, 『윤리학』, 전원배 역, 원광대학교 출판국, 1979년, 1쪽, 78쪽.
니체는 선악에 대해 이렇게 말했다. "선악善惡이 무엇인가를 안다고 믿는 자, 스스로 칭찬이나 비난으로서 자화자찬하며 자기 자신을 선이라 말하는 자, 그것은 축군적(畜群的) 인간의 본능인 것이다." 니체, 『선악의 피안』, 박준택 역, 1985년, 박영사, 13쪽.
37) 채식이 반드시 권장되어야 하는 이유는 곡식을 키우는 것이 가축을 기르는 것보다 단위면적당 월등하게 많은 사람을 먹여 살릴 수 있다는 점이다. 또한 건강에도 채식이 좋다는 것은 이미 상식이다. 그러나 육식은 악이고 채

또한 필자는 토목 팀의 반장과 조장들과 따로 가끔 주말에 함께 인근 도시로 외출을 해서 그곳 특유의 양고기요리 케밥을 먹거나 가까운 산과 공원에 놀러가 즐거운 시간을 가졌다.

우리는 서로의 마음을 하나로 만드는 데 있어서 조금이라도 억지를 부리거나 속이거나 숨기는 것이 없었다. 하지만 이제 우리들에게 더 이상 마음의 간격은 남지 않았다. 그리고 누구도 필자를 권위주의적인 책임자로 보는 사람은 없었다.

우리는 그 끔찍한 사막의 공사장에서 철석같이 서로 믿고 의지하는 형제요 가족이었다. 이제 우리 팀의 추상적인 관념의 영역은 최적화된 것이다.

(3) 사우디아라비아에서 부활한 온힘의 영역

공사현장은 구체적인 사물의 영역과 추상적인 관념의 영역이 동

식은 선이라는 주장은 역사적으로 농경민족이 유목민족에 대해 상대적으로 우월하다는 농경민족의 위주의 부정성의 변증법에 불과하다. 유목민과 에스키모나 어업을 해야 먹고사는 남태평양의 원주민들을 육식을 주식으로 한다는 이유로 모두 악으로 간주하고, 농경민족인 인도인들이 채식을 한다고 그들을 상대적인 선으로 간주하는 것은 아무런 설득력도 없는 무지막지한 억지이다. 또한 같은 생명을 놓고 식물은 죽어도 되고 동물은 죽여서는 안 된다는 주장은 인간의 표면적인 감정에 큰 호소력이 있다. 그러나 생명의 가치를 놓고 식물과 동물로 나누어 이처럼 천지차이의 등급을 설정할 납득할 만한 객관적 근거는 어디에도 없다. 그리고 채식은 선이고 육식은 악이라는 농경민족 위주의 단순한 이분법은 반드시 생각해야 할 중요한 문제의 핵심을 보지 못하게 한다. 즉, 평생 피와 땀과 눈물을 흘려 일하고 그렇게 해서 얻은 것을 남에게 나누어 준 바가 없으며 오히려 남이 피와 땀과 눈물로 일한 열매에 의지해 살아온 사람이 채식만 했다고 그것이 도대체 무슨 의미가 있는가 하는 점이다. 식물이든 동물이든 남의 생명을 희생시켜야 인간의 생명이 유지되는 것이라면 인간은 남의 생명을 희생한 만큼 가치가 있는 삶을 살지 않으면 안 된다. 스스로 피와 땀과 눈물로 열심히 일하여 그 성과를 꼭 필요한 사람에게 나누어주는 재세이화와 홍익인간을 이루는 일이야말로 진정한 의미가 있는 것으로서 우리가 마음에 늘 담고 생각해야 할 문제의 핵심일 것이다.

시에 존재하는 곳이다. 그리고 서로 다른 이 두 가지의 영역을 소통시키고 통합시키는 영역이 존재하지 않으면 이 두 영역은 분리되어 버린다. 그 경우 공사는 무질서상태가 되는 것이다.

인간의 경우도 마찬가지이다. 한 인간이 구체적인 영역인 몸과 추상적인 영역이 분리되면 그 인간이 가진 생명체로서의 역동성과 속도는 사라져버리고 식물인간이 되거나 죽게 되는 것이다. 인간도 마음과 몸의 경계면에 이 쌍방을 하나로 소통하고 통합하는 영역이 존재할 때 비로소 생명체로서의 기본적인 역동성과 속도의 근원이 되는 영역을 가지게 되는 것이다.

우리는 이제부터 이와 같은 소통과 통합의 영역을 '온힘'이라고 부르기로 하자. 그리고 그렇게 해서 하나를 이룬 전체를 '온'이라고 부르기로 하자. 이렇게 하나인 '온'이 되지 않은 상태에서는 생명력은 조금도 기대할 수 없다.

당시의 현장에는 장비와 자재와 노동력은 충분했지만 이들을 제대로 움직여 최적화하는 통제력이 없었다. 필자는 그것을 상앙의 법가이론을 적용하여 최적화했다. 과학적 지식체계인 설계도면과 시방서에 따른 작업방법은 교육에 의해서 최적화가 가능했다.

그리고 이 모든 것을 가능하게 하는 힘은 자유로운 대화와 의욕에서 나오는 것이지만, 우리에게는 그러한 관념의 영역이 모두 음성화되고 무력화되어 있었다. 필자는 이 영역을 오자와 모택동의 병법으로 최적화할 수 있었다.

그리고 이 구체적인 영역과 추상적인 영역을 소통시키고 통합하는 온힘의 영역은 필자와 토목 팀원들 간의 믿음으로 상징되었다. 우리는 행동을 통한 활동에 의해 이 믿음의 영역을 창조해 나가기 시작했다.

필자가 해임한 토목 팀의 중간간부들 중에는 언어를 통한 의사소통이 매우 원활한 사람들도 있었다. 그러나 그들 중에는 스스로는 행동을 하지 않고 언어를 통한 대화를 통해 행동을 대신하는 방법론에 능통한 사람들도 있었다. 문제는, 그들은 그 원활한 추상적인 영역에서의 의사소통능력과 실제적인 구체적인 영역에서의 실천이 반비례했다는 사실이다.

따라서 그들의 의사소통능력은 믿음이라고 하는 소통과 통합을 담당하는 온힘의 영역을 다른 수단도 아닌 의사소통, 즉 대화를 사용하여 결정적으로 파괴하고 있었다.

그들은 소통과 통합의 영역을 장악하여 개인적인 이익을 위해 사용함으로써 팀 전체가 사용해야 할 소통과 통합의 온힘의 영역이 파괴된 것이었다.

최근의 철학자들은 의사소통, 즉 대화를 강조하는 것을 흔히 본다. 그들의 주장은 마치 대화만이 통합의 길인 듯하다. 그러나 중요한 것은 온힘, 즉 추상적 영역과 구체적 영역을 소통하고 통합하는 영역의 능력이다. 이것은 곧 위대한 믿음인 것이다.

이 위대한 믿음은 의사소통 즉 대화만으로는 아무리 노력해도 얻어지는 것이 아니다. 믿음은 올바른 행동을 통해 얻어진다. 이 위대한 믿음의 영역은 끊임없는 대화를 통해 올바른 행동을 유도하고 그 올바른 행동이 쌓여 온힘의 영역이 형성됨으로써 얻어진다.

필자가 새로 임명한 간부들은 대부분 언어를 통한 의사소통능력은 낮았다. 그들은 오랜 세월동안 공사현장에서 잔뼈가 굵은 퉁명스럽고 무뚝뚝한 사나이들이었다.

그러나 필자와 그들은 언어와 실천으로 소통을 했고 그럼으로써 그 어떤 말로도 파괴할 수 없는 믿음의 영역을 구축했다. 그들은 맡은 일에 절대적으로 책임을 졌다. 필자는 그들을 위해 필자가 할 수 있는 최선을 다했다. 필자와 그들은 믿음이라는 소통과 통합의 온힘영역을 자발적으로 창조했고 끝까지 그 믿음을 지켜냈다.

이 위대한 믿음의 영역이야말로 우리들에게는 신성불가침의 영역이었다. 그리고 우리의 모든 것을 가능하게 한 위대한 영역이었다.

(4) 공사현장의 문화적 충돌

현장의 또 다른 문제였던 영국인 감독관과의 소통문제는 치명적인 것이었다. 말하자면 우리 회사의 고객은 사우디아라비아의 당국이었고 컨설턴트회사는 그 당국을 대리한 전문 기술자집단이었다. 그 컨설턴트회사와 불화를 빚는다는 것은 곧 종업원이 고객을 무시하고 박대하는 것과 같은 것이라고 보면 틀림없을 것이다.

우리 현장의 일부 기술직원들은 공사과정에 감독관들 모르게 무엇을 하거나 잘못된 것을 숨기려는 경향이 매우 강했다. 그것은 한마디로 거짓의 문제였다. 회사입장에서 볼 때 이 같은 행동은 종업원이 고객을 속이는 것과 조금도 다를 것이 없는 것이다.

그런데 우리 한국 사회에서 생각하는 거짓말에 대한 인식과 서양인들이 생각하는 거짓말에 대한 인식은 전혀 다른 것이었다. 우리는 비교적 거짓말에 대해 관대하지만 그들은 거짓말에 대해 우리로서는 상상하기 어려울 정도로 극히 심한 증오심을 가지고 있었다.

서양인에게 거짓인 위僞는 곧 악惡이며 또한 추醜라는 사실에 대해 한국인들은 너무나 무지하다. 이 문제는 그야말로 문화적인 충돌로서 근본적인 사고의 틀의 차이가 충돌로 나타난 것이었다.

필자는 현장을 나갈 때 가능한 한 감독관과 함께 했다. 대체로 필자가 그의 차를 타든가 아니면 그가 필자의 차를 타든가 둘 중의 하나였다. 필자는 그들에게 숨길 것이 아무것도 없었다. 필자는 미숙했지만 그 대신 일을 이루려는 정성이라는 큰 재산이 있음을 그들에게 행동으로 보여주었다.

그는 필자와 함께 불과 한 달 만에 현장의 구석구석이 어떻게 혁신되고 있는지 모두 확인했다. 필자와 그는 모든 현장정보를 거의 완전히 함께 공유했다.

그는 전임자들에게는 그토록 까다롭게 굴던 공사서류에 대해서 전혀 다른 태도를 보였다. 필자가 그에게 올리는 공사서류를 보지도 않고 사인할 정도였다. 왜냐하면 서류의 내용은 이미 모두 그가 직접 눈으로 보고 알고 있는 것이기 때문이었다. 필자가 감독관에게 올리는 공사서류는 결국 공사를 한 만큼 돈을 달라는 요청서이며 그 서류가 결재되면 한국의 본사에 입금되는 것이다. 대단히 근본적인 과정인 것이다.

이로써 감독관들과 토목부서를 가로막던 장벽은 눈 녹듯 사라지고 원활한 소통과 통합이 이루어지기 시작했다. 이때부터 감독관들은 오히려 필자보다 더 현장 일에 관심과 애정을 가지기 시작했다. 일에 대해 아마추어가 아니라 프로라면 자신의 일에 애정을 가지지 않는 프로는 단 한사람도 없을 것이다. 그도 역시 자신의 일에 열정을 가진 프로였던 것이다. 그는 이제 가능하면 필자를 도와주려고 애를 썼다. 실제로 그는 엄청난 일들을 음으로 양으로 도와주었다. 이제는 그들과 역동적인 통합이 이루어진 것이었다.

한 가지 예를 들면 우리가 했던 공사는 지하에 대량의 기름을 저장하는 콘크리트 시설을 만드는 것이었다. 따라서 우리가 하는 주된 일은 지하 깊숙이 콘크리트 구조물을 만들어 그 구조물 속에 거대한 기름 탱크들을 놓는 일이었다.

우리의 현장의 지하는 단단한 암반이어서 기름 탱크를 놓아야 할 콘크리트 구조물의 자리를 파는 과정에서 대량의 바위들을 폭파하고 또 흙을 파야 했다. 그 파헤친 바위와 흙들을 모아놓은 곳은 마치

산처럼 거대하였다.

문제는 이 엄청난 양의 바위와 흙을 덤프트럭으로 1시간 거리의 사토장에 운반해서 버려야 하는 일이었다. 이 일은 각종 중장비가 투입되어 6개월 이상 일을 해야 끝나는 작업이었다.

이 일에는 비용도 많이 들지만 대단히 민감한 시설들이 존재하는 시설들 안에서 장기간 덤프트럭으로 엄청난 양의 바위와 흙을 나르는 과정에서 여러 가지 까다로운 문제들이 생길 소지가 많았다. 따라서 공사기간은 훨씬 더 길어질 가능성이 있었고, 내외적으로 원치 않는 여러 가지 난감한 상황에 봉착할 가능성도 많이 있었다.

필자는 궁리 끝에 감독관들에게 현장의 둘레에 거대한 성벽을 공짜로 쌓아주겠다는 계획을 발표했다. 그리고 그 계획을 도면으로 보여주었다.

그 성벽은 우리나라 서울의 강동구에 있는 한성백제의 풍납토성을 마음속으로 그려보면 쉽게 상상이 되리라 믿는다. 즉, 현장의 주위를 토성으로 둥그렇게 둘러싸 유사시 폭격에 대비해 현장을 한 번 더 보호해주는 역할을 하게 해주겠다는 제안이었다.

그 성벽의 재료는 물론 필자의 두통거리인 그 엄청난 량의 바위들과 흙이었다. 막대한 공사비를 들여 힘들게 내다 버려야 할 바위와 흙으로 현장의 주위에 쌓아 성벽의 골격을 만들고 그 위를 매우 두껍게 흙으로 덮어 토성土城을 만드는 것이 필자가 제안한 성벽이었다.

그들은 필자의 제안에 담긴 필자의 숨은 전략을 잘 알고 있었지만, 그것이 모두에게 이롭다는 사실을 인식했다. 그리고 필자의 제안을 기꺼이 승인해주었다.

바위와 흙을 쌓아놓은 곳에서 현장까지의 거리는 덤프트럭으로 단지 5분 정도의 시간이면 충분했다. 필자로서는 6개월 이상 걸려

치워야 할 산더미 같은 흙과 바위를 단지 1개월 정도에 걸쳐 모두 해치우는 효과가 있었다. 공사비용은 10분의 1도 들지 않았다. 이 일은 너무나 쉽고 간단해 일이라고 할 것도 없었다.

이와 같은 일은 우리 회사와 컨설턴트 회사와 사우디아라비아 당국 모두에게 함께 좋은 일이었다. 그러나 이와 같은 현장에서의 설계변경은 공사현장에서는 결코 말처럼 쉬운 일이 아니었다. 이 일은 필자와 컨설턴트회사의 감독관이 서로 깊은 신뢰를 바탕으로 의기투합하지 못했다면 결코 이루어질 수 없는 일이었다.

그는 이 일 하나만으로도 우리 회사에 막대한 이익을 남겨준 것이다. 그들과 함께 일하는 동안 그들이 이런 식으로 우리가 큰 이익을 볼 수 있도록 도와준 것은 한 두건이 아니었다. 그는 필자가 회사에 공헌할 수 있도록 실로 많은 것을 도와주었다.

5. 사우디아라비아에서 부활한 질서상태

이제 현장의 치명적인 문제였던 감독관은 더 이상 현장의 장애물이 아니라 가장 유능한 조언자요 협력자가 되었다. 그리고 무너졌던 작업조직은 강력한 조직으로 다시 태어났다. 이 강력한 조직은 역동적으로 일을 하기 시작했다.

필자에게서 나가는 명령체계는 확고했다. 그들의 마음은 필자의 마음과 막힘없이 원활하게 소통하고 있었다. 이제 현장은 모든 대립상태를 끝내고 명실 공히 하나의 전체로 통합된 조직이 되어 역동적으로 움직이기 시작했다. 우리 한겨레공동체의 특징인 역동성이 유감없이 눈앞에서 나타나 움직이고 있었다. 불과 한 달 정도의 시간 동안 이와 같은 급격한 변화와 개혁이 일어났다.

영국인 감독관들은 그들이 직접 본 이 급격한 변화에 놀라워했다. 당시 필자가 20대 후반이었던 미숙한 기술자였던 것과는 달리 담당 감독관은 현장경험이 풍부하고 노련한 50대의 영국인기술자였다. 그는 필자가 하고 있는 일이 어떤 효과를 나타내고 있는가를 직접 보았다. 그리고 필자가 그에게 속이거나 숨기는 것이 단 하나도 없다는 사실도 알았다. 그는 전폭적으로 필자를 신뢰했으며 그것은 바로 총감독관의 신뢰로 이어졌다.

당시 한국 사회에 만연하던 계급관념이 거의 없던 영국인 총감독과 토목담당감독은 일개 사원으로 임시책임자에 불과했던 필자를 현장의 토목책임자로 인정했다. 진흥기업의 현장 총책임자와 본사에서도 회사의 크나큰 두통거리였던 현장이 단기간에 정상화되는 것을 보고 필자를 책임자로 인정했다.

이제 필자는 명실 공히 임시책임자가 아니라 정식책임자가 되었다. 필자는 뜻밖에 정식책임자가 됨으로써 다소 무리하게 시작한 철학적 실험을 정상적으로 차분하게 끝까지 진행할 수 있었다.

필자는 결정적인 기회를 얻은 것이다. 즉, 천부경, 삼일신고, 366사 등 우리의 경전들을 해설하고 한사상과 한철학의 체계를 세울 수 있는 철학적 실험을 할 소중한 기회를 얻은 것이다. 지금 생각해도 참으로 고마운 일이었다.

(1) 공사현장에서 부활한 한민족의 역동성

이제 토목팀은 사물의 영역과 추상의 영역 그리고 그 경계면에 존재하는 온힘의 영역이 모두 최적화되어 혼돈상태에서 질서상태로 대혁신을 일으키게 되었다.

혼돈상태는 XY이론이 적용된 상태이다. 즉, 구체적인 사물의 영역과 추상적인 관념의 영역이 하나의 전체를 이룬 상태이다. 이 상태가 질서상태로 혁신을 일으키는 과정은 지금까지 동서고금의 지식계에 알려진 바가 전혀 없는 것이다. 혼돈상태와 질서상태는 전혀 다른 차원의 내부적 구조를 가지고 있다.

질서상태는 혼돈상태의 내부적 구조 위를 다시 공적영역과 사적영역으로 나누는 내부적 구조를 가지는 것이다. 쉽게 말하면 질서상태는 태풍의 눈과 같은 공적영역을 중심으로 외부에 태풍의 역동성이 나타나는 사적영역이 결합한 상태이다.

필자와 간부들은 공적영역의 구성원이 되고 일반작업자들은 사적영역이 되면서 이 양자가 하나가 되어 역동적으로 움직이는 상태가 된 것이다. 사적영역인 일반기능공들은 주어진 일이 팀 간에 긴밀하게 연결되어 일이 끊어지지 않고 계속적으로 지속되도록 가장 효과적인 방법으로 움직이고 있었다. 필요한 때에 필요한 기술과 인력과 자재와 중장비가 지원되었고 그들은 모두 전체 작업의 과정에 차질이 없도록 최선을 다해 자신의 임무를 완수했다.

따라서 처음에는 여기저기서 놀고 있던 중장비들은 이제 서 있을 시간이 없을 정도로 쉴 새 없이 움직였고, 조용하던 현장은 중장비들이 움직이는 소리와 흙먼지로 가득했다. 그리고 작업자들은 자발적으로 일을 하고 있었다.

사적영역이 역동적이기 위해 먼저 필요한 것은 자율적이어야 한다. 그리고 사적영역이 자율적이기 위해서는 공적영역이 뒷받침해 주어야 하는 것이다.

필자와 간부들이 움직이는 공적영역은 조용하고 냉정하고 철저했다. 가장 중요한 것은 공적영역이 사적영역에게 자존심과 자부심을 제공해주어야 한다는 것이다. 그렇게 되기 위해서는 필자 스스로가 토목팀 전체의 자존심과 자부심의 중심이 되어야 했다.

그 바탕 위에 공적영역은 사적영역이 역동적으로 움직일 수 있도록 상상력과 판단력과 통찰력을 제공하는 역할을 한 것이다. 상상력은 명확한 공사계획과 목적의 제시이며, 판단력은 정확한 작업지시와 철저한 확인작업이며, 통찰력은 공사과정 전체를 살펴보고 공사의 흐름을 언제나 파악하고 또한 문제가 발생할 것을 미리 제거하는 것이며, 예상치 않은 문제가 발생했을 때 그 문제가 더 커지지 않도록 즉시 해결하는 것이다. 이 공적영역은 스스로는 고요하고 움직이지 않는 가운데 역동적이며 또한 자율적인 사적영역의 중심이 되는 영역인 것이다.

이 공적영역은 당시로서는 인식이 어려운 부분으로 필자는 이 영역의 중심이 되는 일을 당시에 매우 당황스럽게 받아들였다. 왜냐하면 당시 필자가 읽은 제자백가설과 역경의 어느 곳에도 이와 같이 가능상태에서 혼돈상태로 혁신을 하고 또 혼돈상태에서 질서상태로 혁신하는 이론이 없었기 때문이다.

가령 중국철학의 최고봉인 역경은 64괘를 설명하는 책이다. 이 64괘는 필자가 예로든 태풍의 역동적이며 자율적인 부분을 설명한다. 그런데 역경에는 태풍의 눈에 해당하는 공적영역에 대한 설명이 없는 것이다. 그렇다면 이 태풍의 눈에 해당하는 공적영역을 동양철학에서는 무어라 말하는가? 이 부분이 곧 태극인 것이다. 이 부분은 우리 한겨레공동체의 고유한 경전인 366사(참전계경)[38]이 설명하는 것이다.

이른바 한철학에서 설명하는 공적영역과 사적영역은 태극과 64괘의 전체적인 관계이다. 그러나 역경은 사적영역만 설명한 뿐 공적영역과의 관계에 대해서는 아무런 설명이 없는 것이다.

---

38) 366사(참전계경)의 팔강령(八綱領)은 태극과 팔괘를 설명한다. 이 부분은 마지막 장에서 통일변증법으로 설명한다. 최동환 해설, 『366사(참전계경)』, 지혜의 나무, 2000년.

따라서 64괘만 존재하는 현존하는 역경易經을 최고의 진리로 받아들인다면 그것은 필연적으로 현상계의 원리만이 모든 것이 되는 것이며, 그 현상을 있게 한 본체계의 영역은 무시할 수밖에 없는 것이다.

중국인의 지식체계의 최고봉인 역경이 그러할 때 나머지 제자백가설이 이 부분을 설명하기를 기대하기는 어려운 것이다. 따라서 동양의 여러 철학은 공적영역에 대해 개인적이며 애매모호하고 추상적이며 신비적인 표현은 있었어도, 이처럼 현실상황에서 실제적으로 체험하는 차원의 설명은 그 어디에도 없었다.

동양철학은 현상계와 본체계 다시 말해 공적영역과 사적영역이 하나의 전체로 설명할 길을 잃어버린 것이다. 이와 같은 상태에서 사적영역이 역동성을 갖게 만드는 공적영역을 발견하고 그 내부를 설명하기는 불가능한 것이다.

그러나 이 역동적인 사적영역의 중심에서 시공간을 초월한 부동不動의 영역인 공적영역이야말로 지금까지 모든 동서양의 철학이 모두 설명하려 했지만 제대로 설명하지 못하고 얼버무린 현상계의 중심인 본체계이다.

즉, 아리스토텔레스가 말한 부동不動의 원동자原動者인 것이며 칸트의 물자체이다. 그리고 유교의 이理이며, 불교의 공空이며, 도교의 무위無爲라고 말해지는 그것이다. 또한 이 상태에 도달한 것을 도통이나 해탈의 경지라고 이해되기도 했다.

그러나 이들은 모두 일종의 추상적인 관념의 영역에서 이루어지는 신비적이고 유토피아적인 상태를 묘사했지 현실에서 이루어지는 과정의 한 상태로서의 현실상태, 즉 질서상태의 중심인 공적영역이라는 점을 설명하지는 못했다.

필자는 귀국한 다음 천부경, 삼일신고, 366사 등의 한국고유의 경전에서 이 부분에 대한 자세한 설명을 만났다. 필자는 이 경전들을 읽을 때마다 한국인으로 태어난 것에 대해 마음속 깊이 감사한 마음이 생긴다.

우리 민족은 민족공동체 단위에서 이 경지에 도달한 것이다. 아침에 태양이 떠오르기 전의 상태를 혼돈상태로 보고 아침에 떠오르는 태양을 질서상태로 설정했다. 즉, 질서상태에서 질서를 처음으로 일으키는 시동자始動者가 가장 중요한 것이다. 이 세계의 역동성力動性의 중심에 서서 질서를 처음 일으키는 시동자始動者가 곧 아침에 떠오르는 태양인 것이다.

우리 민족은 이 역동적力動的인 질서의 시동자始動者의 상태로 국가이름과 수도이름 그리고 영웅들의 이름을 지었다. 즉, 조선, 고구려, 백제, 신라가 바로 아침에 떠오르는 태양을 상징한다. 수도이름인 신시, 아사달, 소부리, 서라벌, 서울 등도 마찬가지이다. 그리고 영웅인 단군, 동명왕, 박혁거세 등도 마찬가지이다.[39] 이 질서상태의 시동자始動者로서의 아침에 떠오르는 태양을 순수한 우리말로 새밝이라고 한다.

이 상태를 우리의 조상들은 성통광명性通光明이라고 불렀다. 그리고 우리의 역사에서 우리 한겨레공동체 자체가 질서상태를 연 아침의 태양으로서의 시동자始動者가 된 사건을 곧 개천開天이라고 부른 것이다.

이 질서상태는 신비롭고 애매모호하고 유토피아적인 상태가 결코 아니다. 이는 현실에서 반복 가능한 역동성과 속도를 가진 상태이다. 살아 있는 생명체로서 강력한 역동성과 빠른 속도를 가진 질서상태의 존재자는 개인이든 기업이든 국가든 부패腐敗할 시간이 없다. 강

---

39) 최동환, 「새밝론」, 『한철학2 - 통합과 통일』, 지혜의 나무, 2005년, 216~229쪽.

력한 생명력을 가지고 있기 때문이다.

필자는 이 이론을 에어컨을 만드는 대기업에 컨설팅하여 에어컨을 질서상태로 만드는 일에 성공했다. 이 부분은 뒤에서 다시 자세히 설명하겠지만, 이 이론은 경영, 행정, 사회, 정치 그리고 인문과학과 자연과학 어디에나 적용이 가능한 것이다.

즉, 질서상태는 누구나 현실에서 반복 가능한 상태이다. 그러나 이 질서상태의 비밀은 인도지나어를 사용하는 중국의 지나족에게는 전해지지 않고 알타이어를 사용하는 우리 한겨레공동체의 고유한 경전인 천부경, 삼일신고, 366사(참전계경)에만 비전秘傳되었다.

(2) 공적영역의 원리

지금까지 동서양의 지식계에서 신비로운 영역으로 알려진 이 공적영역은 움직이지 않는 가운데 사적영역이 최적화된 역동성을 갖도록 만들어주는 역할을 한다. 우리는 불과 200~300명의 작업공동체였지만, 나름대로의 인간적 조직체로서의 공적영역과 사적영역을 분명히 가지고 있었다.

공적영역은 기본적으로 그 중심에 자부심과 자존심이 있다. 공적영역이 이것을 잃으면 사적영역의 역동성을 이루는 가장 큰 동력을 잃는 것이다. 우리 토목팀은 살아 있는 인간적 조직체로서 언제나 마음의 감정들이 복잡하게 엉켜서 움직이고 있었다. 그것은 나름대로의 문화로 최적화되어 나타나야 했다. 그리고 그것을 최적화하는 일은 공적영역에서 해야만 하는 것이다.

또한 토목 팀은 구체적인 구조물을 규격에 맞게 만들기 위한 과학기술과 그것을 뒷받침하는 각종 데이터 등의 과학적 지식체계가 필요하다. 이를 최적화하는 것은 공적영역이다.

그리고 토목팀은 살아 있는 인간으로서 각종 욕망의 움직임이 복잡하게 엉켜서 움직이고 있었다. 그것을 역동성으로 최적화하기 위해서는 상상력과 판단력과 통찰력이 필요한 것이다.

우리의 고대국가가 이 공적영역을 아침에 떠오르는 태양을 상징하여 역대 국가의 이름과 수도와 영웅의 이름을 사용한 것은 의미심장하다. 즉, 새밝이라는 이름이 그것이다. 이는 새벽과 같은 말로서 아침에 떠오르는 태양을 상징한다. 조선이라는 이름 또한 바로 이것이다. 우리 조상들은 아침에 떠오르는 태양 새밝을 삼족오라는 그림으로 표현했다. 이것이야말로 역동성의 대한민국(Dynamic Korea)에 알맞은 이미지가 아닌가 한다.

우리나라의 월드컵 길거리응원단의 상의가 붉은 색으로 정해질 때 그 색이 너무 강한 것과 이념문제 등으로 말이 있었지만, 결국 붉은 색으로 정해졌고 그것은 이제 굳어진 것 같다.

그런데 이 붉은 색은 우연인지 모르겠지만 아침에 떠오르는 태양의 색을 상징한다. 그리고 이 붉은 색이 의미하는 새밝은 개천과 조선들을 의미하는 질서상태로서 우리민족의 역동성을 상징한다고 보아도 무리가 없는 것이다. 실제로 길거리응원단이 보여준 것은 우리민족의 역동성이며, 그것이 아침에 떠오르는 태양의 역동성이었기 때문이다.

외국인들이 조선朝鮮을 조용한 아침의 나라로 번역한 것은 틀린 것이 아니다. 우리나라는 역동성이 가득한 나라로 매우 시끄럽고 때로는 어지럽기까지 하다. 그러나 그 모습을 잘 관찰해보면 그 역동성의 중심은 고요한 아침의 태양과 같은 것이다.

즉, 아침에 떠오르는 태양은 아무런 소리와 냄새와 맛이 없다. 그러나 대자연의 역동성을 처음으로 일으키는 시동자始動者가 아침에 떠오르는 태양인 것이다. 이 태양의 모습을 우리는 순수한 우리말로 새밝이라 했고, 이를 한자로 고쳐 쓰면 조선朝鮮이 되는 것이다. 우리의 조상들이 왜 아침에 떠오르는 태양으로 나라의 이름과 수도의 이름, 영웅들의 이름, 행사의 이름을 상징했는지는 이제 명확해진 것이다.

아침의 태양은 공적영역으로 조용하지만 그 공적영역이 움직이는 사적영역은 결코 조용하지 않다. 눈에 보이는 사적영역으로서의 우리나라는 다른 어느 나라보다 역동적이며 또한 시끄러운 것이다. 그것이 정상적인 것이다. 그러나 그 중심은 고요하다.

(3) 사적영역의 원리

사적영역은 조직체에 내재된 역동성과 속도가 외계의 시공간을 만나며 현실에서 실제적으로 역동성과 속도를 일으키는 직접적인 영역이다. 이 영역은 사물의 영역으로서의 객체(조직체의 몸)와 추상의 영역으로서의 객관(조직체의 마음) 그리고 이 양자를 통일하는 외적통일영역이 있다.

문화는 추상의 영역인 객관에서 나타난다. 과학기술은 구체의 영역인 객체에서 나타난다. 이를 사용해 현장의 중장비와 자재와 인력이 만들어낸 조직체인 구조물을 만든다.

사적영역에서 가장 위대한 부분은 객관과 객체를 하나로 통일하는 외적통일영역이다. 필자가 연구한 바로는 우리 한겨레공동체의 일반대중들이 역사에서 보여준 장엄한 활동들은 대부분이 이 외적통일영역의 능력이었다.

가령 임진왜란 때 국가가 포기하고 국가기관이 텅 빈 무정부상태의 땅에서 의병들이 벌떼같이 일어나 왜적과 싸웠다. 이 경우 국가의 몸인 국토인 객체는 왜군의 관할로 떨어졌고, 국가의 마음인 국법인 객관은 우리 것이 아니라 왜군의 것이 통용되고 있었다. 그러나 국가의 몸인 국토와 국가의 마음인 국법은 그 경계면에 존재하며 이 양자를 소통하고 통합하는 백성들의 외적통일영역이 장악하는 것이다.

우리의 역사에서는 국가의 정부가 공적영역의 역할을 못한다고 한겨레공동체의 공적영역이 제 역할을 못하는 것은 아니다. 정권이 제 역할을 하면 한겨레공동체의 공적영역과 일치하는 것이지만, 제 역할을 못하면 정권의 공적영역과 한겨레공동체의 공적영역은 별개의 것으로 움직이는 것이다. 바로 이 점이 다른 민족과 한민족이 크게 다른 점이다. 즉, 우리 한겨레공동체를 특징짓는 중요한 부분이 바로 이 외적통일영역에 있는 것이다.

이제 현장의 작업자들은 스스로 질서상태를 만들 줄 알았고 그것을 실제로 만들어냈다. 작업자들은 외적통일영역을 사용하는 방법을 경험으로 알고 있었던 것이다.

필자는 현장을 가능상태에서 혼돈상태로 만들고 혼돈상태의 구체적 영역을 상앙의 법가이론으로 최적화하고, 추상적 영역을 오기의 병법으로 최적화하고 이 양자를 소통하고 통합하는 믿음의 영역을 최적화했다. 그러자 필자를 중심으로 간부들은 자신들도 모르게 공적영역에 자리 잡았고 작업자들은 스스로 사적영역을 만들어 제 역할을 하기 시작한 것이다. 즉, 외적통일영역을 활성화하여 현장의 몸과 마음을 소통하고 통합하여 하나로 만들고 그들 전체가 공적영역을 중심으로 강력한 역동성과 빠른 속도로 움직이기 시작한 것이다.

지금까지 동서양의 어느 철학자들도 알지 못한 이 위대한 질서상태의 원리를 그들은 경험으로 알았고 그것을 필자 앞에서 만들어 보여준 것이다.

필자의 현장에서 필자와 함께한 작업자들은 대부분 시골 출신의 한국인다운 한국인으로서 한국인이 수천 년 동안 역사를 살아오며 지켜온 그 지혜를 고스란히 가지고 있었던 사람들이었다.

(4) 공사현장에서 부활한 인간성과 자유의지

오자와 모택동의 병법의 목표는 자신의 병사들의 마음을 완전하게 얻는 것이었다. 그럼으로써 병사들이 자발적으로 목숨을 버리며 싸우게 만드는 방법론이었다. 하지만 오자나 모택동은 냉정한 전략가로서 지성에 의지할 뿐 인간성[40]을 사용하지 못했다.

관념론자들이 구체적인 사물의 영역을 무시하고 추상적인 영역인 마음과 그 자체인 이성으로 인간과 만물을 설명할 때 그 주장들은 듣기에는 그럴 듯하다. 그러나 그것은 현실에서 좋게 보면 실현 불가능한 허풍이며 나쁘게 보면 추악한 위선이 되는 것이다.

유물론자들이 추상적인 영역을 무시하고 구체적인 사물의 영역의 중심인 지성을 바탕으로 한 과학으로 인간과 만물을 설명할 때 그것은 현실성이 있다. 그러나 이 경우는 인간을 물건 취급하는 것으로서 인간성에 대한 모독에 불과한 것이다.

우리 한국인들은 처음부터 이 같은 관념론자들이나 유물론자들의 말을 불쾌한 것으로 받아들이며 신뢰하지 않는다. 대신 사물의 그 자체인 지성과 추상의 그 자체인 이성을 통합한 전체영역의 중심인 인간성을 신뢰하는 것이다.

그것은 따분한 대학의 강의실이나 산속의 수도장이 아니라 실제로 세상 사람들이 살아가는 현장에 가서 직접 사람들과 부딪쳐보면

---

40) 이성은 추상적인 영역을 지배하며, 지성은 구체적인 영역을 지배한다. 인간성은 이 이성과 지성을 통일한 것으로서 구체적인 사물의 영역과 추상적인 관념을 영역을 통일체로 움직여 행동을 하게 한다.

즉시 감지가 되는 것이다.

공사현장에서 일을 할 당시 필자는 20대 후반에서 30대 초반 사이였다. 그러나 필자의 팀원들은 거의 다 필자보다 10년에서 20년 혹은 그 이상의 연상들이었다. 그분들은 사회생활에서 산전수전 다 겪으며 소위 많이 배우고, 돈 많고, 힘 있는 사람들로부터 무수히 속아본 쓰라린 경험이 있는 사람들이었다.

그들은 언어로 이루어진 의사소통을 그다지 믿지 않았다. 의사소통이 아무리 원활하게 이루어진다고 해도 그것과 행동으로 나타나는 것과는 별개의 것이라는 사실에 대해 세상살이를 해본 사람이면 누구나 안다. 차라리 언어로 이루어지지 않는다 해도 행동으로 이루어지는 소통을 그들은 원하는 것이다. 왜냐하면 행동 안에는 추상과 구체가 통합되어 존재하기 때문이다.

필자가 작업자들에게 가장 공을 들인 부분은 정성을 통해 이들이 강한 자부심과 자존심을 갖도록 하는 일이었다. 마음속에 자존심과 자부심이 없는 사람들은 그가 아무리 부자이고 귀한 지위에 있다 해도 자발적으로 행동할 자유의지와 인간성이 전혀 없다. 그들은 부귀영화를 가지고 있다 해도 자유의지 없이 속박된 삶을 사는 노예인 것이다.

그러나 자존심과 자부심이 있는 사람은 그가 어떤 위치에 있다 해도 자발적으로 움직인다. 그는 이미 자유의지와 인간성이 있기 때문이다. 같은 일을 같은 사람이 해도 노예로서 하는 것과 주인으로서 하는 일은 근본적인 차이가 있는 것이다. 그것은 싫은데 억지로 하는 일과 좋아서 자발적으로 하는 일과의 차이인 것이다.

다시 말하면 강력한 역동성과 빠른 속도를 일으키는 사적영역의 중심에 존재하는 공적영역은 반드시 자유의지와 인간성을 바탕으로 하는 것이다. 그리고 공적영역은 당연하게도 자존심과 자부심의 원천이 되는 것이다. 이제 우리 팀은 시키지 않아도 자발적으로 일을 찾아서 하게 되었다.

(5) 대립의 중심으로서의 공적영역

살아 있는 질서상태의 모든 존재자는 내부에 대립을 가지고 있다. 당연히 필자의 팀의 내부에도 심한 대립이 있었다. 그 대립은 출신 지역이나 세대별, 직종별 등 여러 형태로 나타났다. 그리고 그 대립의 쌍방은 항상 필자에게 중재를 요구했다.

만일 필자가 그 대립을 중재함에 있어 부동의 영역인 공적영역에서 조금이라도 벗어나 사사로운 마음을 가지고 대한다면 즉시 심각한 문제가 발생되는 것을 감지할 수 있었다. 다시 말하면 필자는 필자의 작업팀 내에서 발생하는 그 어떤 대립에도 절대무사絶代無私와 절대공정絶對公正해야 한다는 것을 요구받고 있었다.

필자는 이 대립하는 양자를 모두 긍정하고 또한 그들로부터 모두 긍정을 얻어내어야 그들의 움직이지 않는 중심이 될 수 있는 것이다. 필자는 이제부터 이 움직이지 않는 중심을 '한'이라고 부르겠다. 이 '한'이 사적영역에 대하여 절대무사와 절대공정의 위치에서 확고하게 존재할 때에 한하여 사적영역이 강력한 역동성을 가지고 빠른 속도로 움직일 수 있는 근원이 되어 줄 수 있는 것이다.

만일 필자의 작업팀 내에서 일어나는 일에서 공정함을 잃고 사사로운 마음으로 어느 한편에 이익을 주고 다른 한편에 불리함을 준다면 그것은 한쪽만 긍정하고 다른 쪽은 부정하는 것이 된다. 이 경우 필자가 긍정을 하여 이익을 얻은 쪽에서는 좋겠지만, 부정당하여 불리함을 얻은 쪽에서는 필자를 지도자로 보는 것이 아니라, 대립하는 적대세력과 한패로 간주하게 되는 것이다. 그것은 질서상태의 중심이 되는 지도력의 상실을 뜻하는 것이며, 동시에 팀의 단결이 깨지고 두 패로 나뉘어 서로 증오하고 분열하게 됨을 의미하는 것이 되는 것이었다.

만일 필자가 이 대립하는 쌍방을 모두 부정하거나 그들이 필자를 모두 부정한다면 필자는 그들의 중심에서 '한'의 역할을 절대로 할 수 없는 것이다. 이 경우 그들의 역동성은 사라지고 현장은 가능상태로 돌아갈 것이다.

'한'은 질서상태에서 공적영역의 중심이 되어 사적영역을 움직이는 움직이지 않는 중심이 되어줄 때 비로소 존재할 수 있음은 명백한 것이다. 그리고 '한'이 공적영역의 중심에서 사적영역의 어느 한쪽을 부정하던 아니면 양쪽을 모두 부정하던 그 경우 질서상태는 파괴되고 현장은 다시 혼돈상태나 가능상태 혹은 아예 무질서상태가 되어 회사는 파국적인 결과를 가질 수 있는 것이다.

이 모든 부정성은 존재자의 역동성을 파괴할 뿐 아니라 속도를 파괴하는 것이다. 생명을 가진 존재자에게 역동성과 속도가 파괴되는 것은 곧 죽음을 의미한다. 이제 우리는 한사상과 한철학에서 말하는 질서상태의 '한'에 대해 어느 정도는 알게 된 것이다. '한'은 질서의 중심에서 대립하는 쌍방을 긍정하고 또 긍정을 얻어낼 수 있을 때 '한'이 되는 것이다.

'한'이 긍정성이라는 사실은 이제 명백해졌다. '한'이 부정성일 때 살아 있는 생명체로서의 인간과 사회는 그 생명을 유지할 수 없는 것이다. '한'이 부정성인지 긍정성인지는 사유로 얻어지는 것이 아니라 실제세계에서 직접 실험을 통해 확인이 가능한 것이다.

이와 같은 질서상태의 이치는 아무리 작은 가정에도 적용되는 것이며, 아무리 거대한 기업과 국가에도 똑같이 적용되는 것이다. 조직을 이끄는 지도자가 요구받는 일은 언제 어디서나 동일하다.

예를 들면 조선시대 내내 국가지도자들은 우리의 민족 공동체를 양반과 상놈으로 편을 갈랐다. 또한 한반도의 일부 지방들에 대해 편을 갈라 차별을 가했다. 뿐만 아니라 주변국가도 중국은 상국으로 대접하고 여진과 일본은 오랑캐로 멸시하며 편을 갈았다. 그 결과 우리 한겨레공동체는 내부와 외부가 모두 분열되고 증오와 갈등을 일으킴으로서 내우외환으로 한시도 편할 날이 없으며 뻗어나가야 할 국력을 모두 소진하고 말았다.

그 상태에서는 사회의 중심에 '한'이 제 역할을 하지 못하며 질서 상태는 파괴되는 것이다. 따라서 이와 같은 시대에는 우리 민족의 특성인 역동성이 전면적으로 나타나지 못하게 된다.

필자의 현장은 많아야 수백 명의 작은 단위였지만 그 이치는 똑같 았다. 필자가 맞은 상황은 항상 대립을 내부에 가지고 있었다. 그러나 그 대립하는 쌍방 간에 그 누구도 부정할 수 없었다. 또한 이제부터는 아무리 필자 마음에 드는 사람도 마음대로 간부를 시킬 수 없었고, 아무리 마음에 안 드는 사람도 마음대로 해임시킬 수 없었다. 만일 필자가 사사롭게 권력을 사용하려 하면 필자가 만든 이 공동체는 당장 생명력을 잃어버리는 것이 즉시 감지되었다.

이미 이 작업공동체는 필자 개인의 것이 아니라 모두가 주인이 됨으로써 전체가 하나로 뭉쳐 살아 움직이는 역동적인 생명체가 된 것이다. 그리고 맡은 일을 가장 빠른 속도로 해낼 수 있는 최적화된 생명체가 된 것이다.

우리 한국인의 특징인 신바람, 신명은 살아서 움직이는 생명체로서 역동성이다. 이제는 필자가 그들이었고 그들이 또한 필자였다. 그들은 그야말로 모두가 주인이 되어 신바람이 나서 일을 하고 있었다. 그렇다! 이것이야말로 문자 그대로 신바람의 경지였고 신바람이야말로 필자가 말하는 역동성과 같은 뜻이되 다른 표현인 것이다.

이 신바람의 경지는 강력한 역동성을 가지고 빠른 속도로 정확하게 주어진 일을 해낼 수 있는 경지인 것이다.

이제 필자 개인은 공적인 권력 외에 아무런 사적인 권력도 없었지만 최강의 작업팀을 지휘하는 강력한 지휘관이 된 것이다. 그리고 우리 팀은 모든 주권이 모든 공동체의 구성원들에게 존재하는 상태, 즉 민주적인 상태가 된 것이다.

(6) 하나의 상태에서 다른 상태로의 혁신

사람은 누구나 자기가 진리라고 생각하는 이론이 하나씩 있다. 그것이 자신에게 주어진 모든 것을 재는 잣대가 된다. 그런 면에서 보면 모든 사람들은 사상가이다. 그런데 사람들은 자신이 잣대로 사용하는 이론과 전혀 상관없는 상태에서도 자신이 늘 사용하던 고정관념이라는 잣대를 사용하여 억지로라도 이해해보려고 한다.

어떤 경우에도 다른 사고의 틀을 사용하여 이해하려는 생각은 하지 못한다. 자신의 사고의 틀을 바꾼다는 것은 자신이라는 우주의 작동방법을 바꾸는 것이며 또한 새로운 우주와 정면으로 부딪치는 것이다. 그것은 자신에게는 천지개벽과 같은 것이다. 왜냐하면 궁극적으로 사고의 틀을 바꾼다는 것은 사고의 대상이 되는 세계 자체를 완전히 바꾸는 것이기 때문이다.

다시 말하면 어떤 사람에게 보이는 세계는 그 사람이 가지고 있는 고정관념이라는 사고의 틀이 만들어내는 세계에 지나지 않는다. 자신의 사고의 틀이 만들어내지 못하는 세계는 곧 그 사람에게 존재하지 않는 세계이다. 따라서 사고의 틀을 바꾼다는 것은 곧 새로운 우주를 만들어내는 것과 같다. 이것이 천지개벽이 아니고 무엇인가? 사람들은 물리적 세계가 뒤집어지는 것을 천지개벽이라고 두려워한다. 그러나 진정한 천지개벽은 자신의 사고의 틀을 바꾸는 것이다.

사람들은 사고의 틀을 바꾸는 천지개벽을 가장 무서워하는 것이다. 그 싫어하는 정도는 많이 배운 지식인일수록 더 심하며 더 고집불통이 되는 것이다.

필자도 마찬가지였다. 그러나 필자는 실험의 결과로 이미 주어진 상태가 필자가 아는 이론으로 이해할 수 있는 것이 아니라는 사실을 분명히 알고 있었다. 필자에게 이때처럼 당황스럽고 어지러운 경우는 없었다. 필자는 주어진 상태가 이미 다른 상태로 변혁했고, 새로운 상태에는 새로운 방법론이 필요하다는 사실을 확실하게 인식하지 못했다.

필자가 그 당시에 감지할 수 있었던 것은 이 작업공동체가 필자에게 강력하게 요구하는 것이었다. 즉, 어떤 경우에도 작업공동체의 통합을 유지하면서 질서를 이끄는 흔들리지 않는 중심이 되어달라는 것이었다. 이는 모든 대립을 통합하는 공적영역의 중심으로 '한'이 되어주기를 요구하는 것이다.

작업자들이 필자가 그 중심이 되도록 요구하는 것은 절대로 어겨서는 안 되는 지상명령至上命令이라는 사실을 필자는 분명히 감지할 수 있었다.

그러나 필자는 그 순간까지도 지금까지 사용했던 상앙과 오자의 방법을 버리지 못함으로써 많은 시행착오를 만들어냈다. 이 같이 과정철학에 대한 필자의 무식과 무능으로 야기된 문제들은 인생경험과 공사현장경험이 풍부한 필자의 총반장과 조장들이 중간에서 잘 감싸줌으로써 문제를 극소화極小化할 수 있었다. 지금 생각해도 참으로 고마운 분들이었다.

이제 진시황과 모택동이 사용한 법가와 오자병법은 필자의 현장에서는 그 효력을 다하고 더 이상 아무런 쓸모가 없는 허접스러운 쓰레기로 변했다. 이 이론은 하나만 사용한다면 살아 있는 생명체로서의 조직의 역동성을 죽이는 것이다. 그리고 둘 다 한꺼번에 사용한다면 단지 가능상태에서 혼돈상태까지의 혁신까지만 쓸모가 있다. 그 상태를 넘어 질서상태로 가면 이 두 가지의 복합적인 이론, 즉 XY이론은 전혀 다른 차원의 상태가 되는 것이다.

실제로도 진시황이나 모택동도 나름대로의 방법으로 혼돈상태를 극복하고 질서상태를 맞았다. 그러나 그들은 그들이 맞은 새로운 질서상태에 전혀 적응하지 못했다. 그들이 새로운 상태에도 그 이전에 사용하던 방법론을 그대로 사용했음은 명백한 것이다. 진시황의 통일중국이 곧 망한 이치가 바로 이 새로운 상태를 예측하지 못했고 이 새로운 상태를 이끌지 못했기 때문인 것이다.

모택동이 혁명에 성공하고도 계속 문화혁명을 일으켜 내부에 계급의 적을 만들어 그것을 부정하고 박멸하는 운동을 벌인 것은 현대의 중국사회에서 치명적인 문제가 되었다. 이 어리석음도 그가 하나의 상태에서 다른 상태로 혁신하는 이치를 전혀 알지 못했기 때문임도 명백하다. 히틀러와 레닌과 스탈린도 똑같은 실수를 저지른 것도 명백한 것이다. 아니 대부분의 정치가들과 경영자들과 행정가들의 실패에는 바로 이 어리석음이 있는 것이다.

즉, 하나의 단편적인 이론을 모든 상태에 적용할 수 있다는 미신과 주술이 그것이다. 지금까지 동서양의 모든 철학자들이 사용한 기존의 사고의 틀은 하나의 상태에서 다른 상태로 혁신하는 원리에 대해 아무것도 가르쳐주지 못한 것이다.

과거의 모든 제자백가들은 하나의 원리를 모든 상태에 적용하는 방법론을 사용한 것이다. 그 이론은 지금 운 좋게 맞았다 해도 그 다음상태에서는 반드시 틀리게 되는 것이다. 오늘날의 정치, 경영, 행정, 사회학을 비롯한 모든 학문도 이 점에 있어서는 다를 것이 하나도 없다. 기존의 모든 학문에는 과정이 전혀 없는 것이다. 그러나 대자연과 인간은 살아 있는 생명체로서 언제나 과정상에 존재하며 시시각각으로 스스로를 혁신하고 있는 것이다.

역사상 변화와 개혁에 성공한 혁명가들은 가능상태에서 혼돈상태를 거쳐 질서상태로 혁신하는 과정을 필연적으로 만난다. 그러나 혁명을 가르치는 책은 있어도 혁명에 성공한 다음에 주어지는 상태를 설명하는 이론가는 단 한 사람도 없었다.

혁명가들은 언제나 이룰 수 없는 유토피아를 꿈꾸며 혁명을 일으킨다. 그리고 아무 대책 없이 새로운 질서상태를 만나며 대부분 그 상태를 이해하지 못하고 실패한다.

혁명에 성공했다면 그들은 스스로 움직이지 않는 가운데 모든 움직임의 중심인 '한'이 되어야 한다. 즉, 질서상태의 중심이 되어야 한다. 그러나 지금까지의 혁명가들은 그들에게 주어진 새로운 상태를 이해하지 못했다. 그리고 지금까지 사용하던 방법대로 계속 부정하고 박멸할 증오의 대상인 적을 찾아 헤맨다. 그리고 그들은 필경은 만들지 않아야 했을 적들에 의해 부정되고 박멸되는 것으로 종말을 맞는다.

6. 사우디아라비아에서 부활한 통일상태

당시 필자에게 질서상태가 주어진 것은 필자가 의도한 것이 전혀 아니었다. 그것은 한겨레공동체의 고유한 사고의 틀을 가지고 우리의 우수한 심성과 능력을 잃지 않고 있던 필자 휘하의 작업자들이 스스로 만든 것이었다.

우리 토목팀은 자발적으로 움직이면서 그 누구도 흉내 낼 수 없는 무서운 역동성을 발휘했다. 바로 이것이 한국인이 가진 긍정성의 변증법이 보여주는 통합과 통일의 위력이었다.

이 역동적인 위력은 명령과 복종의 관계와는 완전히 다른 차원의 것이다. 엄밀하게 말하자면 이 관계는 역할분담의 관계이다. 책임자는 책임자의 역할에 충실한 것이며 말단의 작업자는 그가 맡은 역할에 충실한 관계인 것이다. 예를 들면 대통령과 노숙자의 차이는 단지 그 역할의 차이에 불과한 것이다. 그 역할에 상하는 있겠지만 귀천은 없는 것이다. 이 관계를 이해하지 못하는 사람은 우리나라에서 아무리 작은 조직의 책임자가 된다 해도 그는 그 조직을 성공적으로 이끌 수 없을 것이다.

역할분담의 관계는 겉으로는 상하관계이지만 사실상은 평등관계로서 인격에 있어서는 서로 간에 조금도 귀천이 없는 관계라는 사실이 무엇보다 중요한 것이다.

우리나라의 고질적인 문제는 옛날부터 과거제도를 통해 한번 과거시험에 통과하면 평생 지위와 명예를 보장받는 제도에 있었다. 이것은 명백하게 사농공상士農工商이라는 직업의 귀천이 존재하는 사회이다. 이것은 우리 사회를 일을 하여 그 성과로서 평가받는 사실상의 평등관계의 사회가 전혀 아닌 경직된 상하관계인 관료사회官僚社會로 만든 것이다. 바로 이것이 조선을 우리 한겨레공동체 역사상 최악의 약체사회로 만든 망국적인 직업윤리였다.

조직의 책임자가 된 사람이 바로 이 같은 뻔뻔한 직업윤리를 현장에서 조금이라도 내보이면 그 현장이라는 생명체는 즉시 생명을 잃고 가능상태로 되돌아가버리는 것이다.

당시 필자는 한국적 사고의 틀이 긍정성의 변증법이라는 것은 꿈에도 상상하지 못했고 질서상태가 무엇인지도 전혀 몰랐으며, 역동성에 대해서도 아는 바가 조금도 없었다. 따라서 질서상태를 만들자고 그분들에게 요구한 적이 전혀 없었다. 그러나 질서상태의 역동성은 아무도 시키지 않았지만 그분들이 자발적으로 자기조직화한 것이다.

바로 이것이 가깝게는 2002년 월드컵 길거리 응원과 IMF 때 금모으기에서 나타난 한겨레공동체가 전세계를 향해 보여준 역동적인 자기조직화의 능력이다. 그리고 멀리는 역사의 고비마다 어김없이 나타나는 우리의 강력한 역동성인 것이다. 이것이 그 어떤 관념론이나 신비주의도 보여주지 못했던 인간사회가 보여줄 수 있는 진정한 기적이다.

규모는 이들보다 작았지만 사우디아라비아의 공사현장에서 나타난 역동성은 우리의 역사에서 나타난 여러 예들의 역동성과 조금도 다른 것이 아니었다.

이렇게 나타난 질서상태는 좀 더 완벽한 통일상태로 만들어질 수 있는 것이다. 그러나 당시 필자는 실험의 결과로 나타난 상태에 대해 이해할 능력이 없었다.

따라서 작업자들이 자기조직화로 보여준 질서상태에서 한발 더 나아가 통일상태를 능동적으로 만들어 볼 생각조차 하지 못했다. 필자로서는 단지 과정의 흐름에 수동적으로 몸을 맡기며 눈앞에 나타나는 상태들을 관찰하는 정도에 그치고 말았다. 따라서 통일상태를 의식하지 못한 가운데 통일상태가 이루어지고 있었다.

필자가 이런 말을 숨기지 않고 하는 것은 독자들께서는 이처럼 소중한 기회가 현실에서 주어지면 꼭 통일상태를 만들어보라는 것이다. 우리나라의 가정과 기업들이 질서상태를 만들어내고 또 통일상태를 만들어낼 수 있다면, 우리나라가 세계 제1위의 국가가 되는 것은 결코 꿈이 아닐 것이다. 그리고 더 나아가 우리 한겨레공동체 전체가 머지않아 질서상태를 만들었을 때 국가를 이끄는 지도자들이 그 상태에 머물지 말고 통일상태를 만든다면 세계가 놀랄 통일상태의 역동성을 우리 한겨레공동체의 역사에서 다시 한 번 드러내 보여 줄 수 있을 것이다. 그 때 우리의 역사는 완전히 새로운 단계로 접어들 것이다.

제대로 된 통일상태란 이 경우 공적영역과 사적영역이 완전히 하나로 통일되도록 하는 과정을 말한다. 그럼으로써 최적화된 역동성과 속도를 갖는 상태이다. 이 방법론은 천부경·삼일신고와 함께 우리 한겨레공동체의 3대 경전으로 불리는 366사(참전계경)[41]에서 설명하는 팔강령의 원리[42]이다. 우리의 조상들은 이미 사회의 조직론에 대해 완벽한 방법론을 가지고 있었던 것이다. 이 부분은 이 책의 제7장의 통일변증법에서 다루겠다.

7. 사우디아라비아에서 부활한 성취상태와 완성상태

필자의 토목 팀들은 자기조직화에서 더 나아가 통일상태와 근접하게 상태를 이끌어가려는 노력을 명백하게 하고 있었다.

그 노력이 있었으므로 우리는 공사기간 내내 주어진 임무를 명쾌하게 완수할 수 있었고 어려웠던 공사를 우리 손으로 완전히 끝낼 수 있었다.

그 과정에서 우리는 미약하지만 나름대로의 성취상태에 도달할 수 있었다. 이 성취상태는 통일상태에서 더 나아가 완전한 조직체를 이루어 주어진 환경을 최적화하는 것이다. 우리는 완전치는 못했지

---

41) 최동환 해설, 『366사(참전계경)』, 지혜의 나무, 2000년.
42) 이 원리는 팔괘에 의미를 부여한 것으로서 자세한 내용은 필자가 해설한 『366사(참전계경)』과 『한철학2 - 통합과 통일』에서 다루었다. 그리고 간단한 내용은 뒤에서 다시 설명하므로 여기서는 생략한다.

만 우리에게 주어진 모든 임무를 성실하게 마침으로써 성취상태의 한 부분에 도달했고, 그 결과 팀원들은 국내에서 출발할 때 가졌던 꿈을 이룰 수 있었다. 즉, 주어진 공사를 최적화하고 대부분의 팀원들은 나름대로 원했던 돈을 벌었다.

간단히 설명하기에는 무리가 있지만 성취상태에서 얻은 과실을 제대로 사용하는 것이 완성상태이다. 즉, 각자에게 주어진 사회를 최적화하는 것이다. 그 부분은 우리 현장의 문제이기도 했지만 각자의 몫이기도 했다.

필자는 당시 토목팀이라는 사회를 최적화하는 일에는 주력하지 못했다. 그 일을 이루려는 홍익인간이라는 이념이 당시 필자에게는 없었기 때문이다. 그러나 주어진 범위 내에서 우리 모두가 노력하여 이 상태에 어느 정도는 근접하게 도달했다.

그리고 이 각자가 열심히 노력하여 얻은 과실인 돈으로 자신이 속한 최소단위의 사회인 가정을 최적화하는 일에 그들이 얼마나 완성을 했는지는 알 수 없다. 하지만 대부분의 팀원들은 그 돈으로 가족들을 부양함으로서 가정과 사회에 도움이 되었을 것이다. 그것이 그들이 오래 동안 흘린 피와 땀과 눈물이 결실인 나름대로의 완성상태인 것이다. 즉, 홍익인간의 한 부분인 것이다.

회사로서는 이렇게 해서 번 돈으로 세금을 내고 일자리를 새롭게 창출함으로써 사회에 도움이 되니 이것이 또한 회사로서의 완성상태의 테두리인 것이다.

필자로서도 4년 이상 그곳에서 일하고 얻은 성취상태의 결과인 체험이 바탕이 되어 우리의 경전들을 해설하고 한철학 시리즈와 한사상을 쓰고 있는 것이다. 또 그 때 번 돈으로 당시 어려웠던 집안살림을 도움으로써 해야 할 바를 할 수 있었고, 귀국 후에는 나머지 남은 돈으로 가정을 이룰 수 있었다.

8. 한단고기와 우리의 경전들과 한철학 그리고 한사상

필자가 설명하는 한사상은 한철학의 이론체계에 근거를 두고 있다. 그리고 한철학은 우리 한겨레의 고유한 경전인 천부경, 삼일신고, 366사(참전계경) 등에 그 근거를 두고 있다. 그리고 이 경전들은 한단고기에 실려 있거나 그에 대한 설명이 있다.

즉, 한단고기에는 천부경과 삼일신고와 단군팔조교를 비롯한 여러 경전의 원문이 실려 있고, 366사(참전계경)에 대한 설명이 있다. 그리고 우리의 고대국가인 한국, 배달국, 고조선의 잊힌 역사가 실려 있다.

한단고기桓檀古記43)는 해학海鶴 이기李沂 선생44)이 계연수桂延壽 선생45)에게 전했다. 그리고 1948년에 필사본 초판이 나왔다.46)

---

43) 주로 발해의 전적을 근거로 한 이 책은 고려 말 충신 행촌(杏村) 이암(李嵒) 선생이 편저한 단군세기와 이조 중종 때에 찬수관(撰修官)을 지낸 일십당 (一十堂) 이맥(李陌)이 찬한 태백일사를 운초 계연수선생이 1898년 합편저했다. 그리고 1911년 신라의 안함로(安含老)와 고려 말 원동중(元董仲)이 쓴 삼성기(三聖紀)를 각각 상하권으로 구분하여 합친 것과, 고려 말 학자 범장(范樟)의 북부여기(北夫餘紀) 상하(上下)와 가섭원부여기(迦葉原夫餘紀) 를 합편한 총 5권으로 이루어진 책이다. 계연수, 『환단고기』, 김은수 역, 가나출판사, 1985년, 12쪽.

44) 이기 선생은 구한말 을사오적을 총살하려다 발각되어 진도로 유배당했고 끝내 경술합방을 당할 것을 알고 절식節食 자결하고 말았던 애국투사이다 송호수, 『한민족의 뿌리사상』, 기린원, 1992년, 234쪽.

45) 계연수선생은 자(字)는 인경(仁卿) 호(號)를 운초(雲樵)라 했고, 황해도 선천 에서 출생했다. 상해임시정부의 정무령(政務領) 이상룡(李相龍) 선생 아래 에서 참획군정(參畫軍正)의 직에 있었다. 송호수, 『한민족의 뿌리사상』, 기 린원, 1992년, 71쪽.
계연수 선생의 최후에 대해 일본인 학자 오향청언(吾鄕淸言)은 "불세출의 사가(史家) 계연수는 침략사가들의 손에 납치되어 성스러운 아리나께(鴨綠 江)의 하중(河中)에 던져져 버렸다"고 했다. 또한 해동인물지에는 경신년(庚 申:1920)년에 만주에서 죽었다고 하였다. 송호수, 『한민족의 뿌리사상』, 기 린원, 1991년, 235쪽.

46) 계연수, 『환단고기』, 김은수역, 가나출판사, 1985년, 12쪽.

한단고기의 첫 장인 범례凡例는 계연수 선생은 독립투사인 홍범도洪範圖 장군과 오동진吳東振 선생이 자금을 대어 한단고기가 세상의 빛을 보았다는 사실을 설명한다. 우리 한겨레공동체의 중요한 특징 중 하나는 한겨레공동체의 정체성을 지키기 위하여 반드시 해야 할 일은 아무리 어렵고 험난한 조건에서도 중단 없이 진행된다는 것이다. 지금 이 시대에도 우리 한겨레공동체의 사상과 철학과 역사를 연구하고 올바로 회복하는 일은 쉽지 않다. 그러나 당시는 얼마나 형용하기 어려운 고통이 있었는가 하는 점을 이 시대의 우리가 감히 상상이나 할 수 있을까? 그분들에게는 누가 알아주느냐 아니냐는 단지 사치스러운 감정에 불과한 것이었다.

이 분들의 고귀한 피와 땀과 눈물로 전해진 한단고기에 의해 세계 제1위의 철학국가이며 문화국가가 되기 위한 바탕이 마련된 것이다.

이 한단고기는 다시 이유립 선생에 의해 1979년에 재판이 나온 바 있다. 그리고 이유립 선생이 이를 한글로 번역하려던 중 이 소식을 안 일본인 학자 녹도승(鹿島昇:가지마 노보루)이 1979년 이 책을 입수하여 일본으로 가져간 것이다.[47] 그리고 녹도승은 1982년 7월 일본어로 번역한 한단고기를 발간한다. 그는 한단고기의 내용을 일본 위주로 번역하고 설명했다. 가령 일본의 신도神道가 세계 종교의 뿌리와 줄기이며 나머지 동서양의 종교는 그 가지에 불과하다는 식으로 설명하는 식이었다.

우리나라에서는 녹도승이 한단고기를 일어로 번역한 다음 해인 1983년[48]에야 비로소 처음으로 한글로 번역된 한단고기가 출판되었다.

---

47) 녹도승는 1979년 가을, 자유사 대표 박창암 씨 댁에서 한단고기를 건네받았다고 말함. 金吟燉『홍익인간과 한단고기』, 裕豊出版社, 1995년, 11쪽.
48) 환단고기는 1983년부터 네 사람들이 저마다 따로 번역해 내었고……. 안호상, 『겨레역사 6000년』, 기린원, 1992년, 20쪽.

계연수 선생께서 단군굴에서 어렵게 책을 엮어 독립군의 군자금으로 출판된 한단고기를 우리가 한글로 번역하기 전에 일본인 학자에 녹도승에 의해 일제시대도 아닌 1980년대에 일본인의 입장에서 일본인이 유리하도록 일어로 번역된 것이다. 이 대목에 이르러서는 참으로 가슴이 무너지는 크나큰 아픔을 느끼게 된다. 어찌 우리 한겨레공동체의 만년지대계가 달려 있고 우리의 정신과 역사가 담긴 책에 대해 우리나라의 학계와 지도층들은 이토록 무심했던가?

녹도승이 번역한 한단고기에는 이 책을 번역하는 3년간 작업을 후원하고 추천한 인물들이 소개되어 있다. 놀라운 것은 당시 일본의 현직 총리대신인 나카소네(中曾根 康弘)를 비롯하여 일본사회를 이끄는 지도층 인사 1040명의 이름이 망라되어 있다.[49]

당시 한단고기를 일어로 번역한 녹도승은 그 책을 우리나라의 32개 대학교와 6개의 신문사와 8개의 도서관과 12개의 종교 및 민족단체에 보냈다.[50] 그러나 이 책을 받은 학계와 지도층에서는 오늘날까지도 뚜렷한 반응이 없는 것이다.

필자는 한단고기를 우리에게서 가져가 우리보다 먼저 자국어로 번역한 녹도승과 이를 후원하고 추천한 당시 일본의 현직총리 나카소네를 비롯한 일본의 많은 지도층 인물들을 비난하거나 폄하하고 싶은 마음이 조금도 없다. 그들은 적어도 일본의 지도층으로서 일본의 국익을 위해 깊이 생각하고 멀리 바라보고 행동했기 때문이다.

하나를 보면 열을 알 수 있는 것이다. 이와 같이 일본을 위하는 인물들을 지도층으로 가진 일본이 세계 제2위의 경제대국이 되는 것은 이상할 것이 없다.

그러나 우리가 이들 일본의 지도층을 부러워할 필요는 조금도 없

---

49) 金呤燉. 『홍익인간과 한단고기』, 裕豊出版社, 1995년, 13쪽.
50) 앞의 책, 13쪽

다. 우리나라는 역사적으로 일본과 비교가 되지 않게 크게 생각하고 멀리 바라보는 훌륭한 인물들이 언제나 많이 있어왔다. 또한 지금도 우리나라에는 이 같은 훌륭한 인물들이 일본보다 훨씬 더 많이 있다고 생각한다. 문제가 있다면 단지 그 훌륭한 인물들을 세상 사람들이 알아보지 못할 따름이라고 생각한다.

그리고 아직 우리나라에서 우리의 정신과 역사를 지도층에서 받아들이는 일이 전면적으로 일어나지 않는 것은 한단고기와 같은 역사서와 천부경, 삼일신고, 366사(참전계경)와 같은 우리의 고유한 경전들과 한사상과 한철학이 거의 알려지지 않았기 때문일 것이다.

일본인 학자 오향청언吾鄕淸言은 '아세아의 지보至寶 한단고기'라는 제목으로 '역사와 현대'라는 일본월간잡지 1980년 8월호에서 소개했다. 그는 "삼국사기는 관찬사官撰史 같고, 삼국유사는 중 일연이 지은 것으로 불교 빛깔이 강하다. 그러나 한단고기는 …… 조선고대의 비록이요 일한日韓 두 민족의 지보至寶로서 …… 거기엔 한겨레의 우주관과 신관이 들어 있어, 그것은 철학책이요 종교책인 동시에, 또 문화책으로서도 독자적인 지위를 갖고 있다."[51]고 말했다. 참으로 천번 만번 옳은 말이다. 그러나 우리나라의 학계에서는 한단고기의 존재를 철저하게 무시하고 침묵을 지켰다.

이 책은 우리 한겨레공동체가 장대한 역사를 통해 수많은 성인들과 현철들이 축적해 온 지식의 보물창고이며, 가깝게는 구한말 항일 독립투사들의 고귀한 피와 땀과 눈물이 배어 있는 책이다. 이러한 책을 번역하고 세상에 알리는 기회를 1980년대에 다른 나라 사람도 아닌 일본인 녹도승(鹿島昇:가지마 노보루)에게 빼앗기고도 그것을 안타까워하거나 원통해하는 사람조차도 드문 실정인 것이다. 아니 무엇을 빼앗겼는지조차도 세상에는 알려지지 않는 것이다.

---

51) 안호상, 『겨레역사 6000년』, 1992년, 기린원, 20쪽 재인용.

이 역시 우리나라의 지식인들에게 한단고기가 전하는 우리의 정신과 역사가 아직 거의 알려지지 않은 것이 가장 큰 이유일 것이다. 우리나라 지식인들이 일본의 지식인들만 못할 리 있겠는가?

우리나라에서는 고려와 조선 이래 나라의 지도층들이 엉뚱한 일을 일삼더라도 백성들은 나라의 진정한 주인으로서 해야 할 바를 다 했다.

마찬가지로 한단고기가 나타나자 지도층에서 일어나지 않던 운동이 대중들에게서 일어나기 시작했다. 한단고기라는 같은 책을 놓고 일본과는 전혀 반대의 층에서 받아들인 것이다. 일본은 최고지도층들이 발 벗고 나섰고 우리는 일반대중들에게 큰 반응을 일으킨 것이다.

1980년대부터 우리나라에서 일어난 대중들의 폭발적인 관심이 지도층과 제도권 학계에 자연스럽게 소통되고 통합되어 정상적인 국가의 힘으로 나타나지 못하고 있는 것은 한겨레공동체 전체로 볼 때 매우 낭비적이다. 정상적으로 소통되어야 할 힘이 제대로 흐르지 못하고 막혀있을 때 그 힘은 항상 왜곡되고 뒤틀리기 마련이다. 우리가 이처럼 어렵게 주어진 소중한 기회를 무한정 낭비할 만큼 여유가 있는 것일까?

1911년 묻혀 있던 이 한단고기를 편찬한 계연수 선생은 다음 경신년(1980)이 되거든 공개하라[52]고 했다 한다. 계연수 선생이 한단고기를 공개할 년도를 1980년으로 못을 박아 지정한 이유가 무엇인지에 대해서 우리는 자세히 알지 못한다.

그러나 1980년대는 우리 한겨레공동체가 단군 이래 가장 역동적인 시대였음은 분명한 것이다. 정치적·사회적으로도 1980년대는 대

---

52) 한단고기는 다음 경신년(1980)이 되거든 세상에 내놓으라는 말을 운초가 했다고 함<단단학회 李裕岦 云>. 송호수, 『한민족의 뿌리사상』, 기린원, 1991년, 43쪽.

단히 역동적인 시대였다. 특히 당시 해외건설현장은 가장 건설적으로, 생산적으로 역동적이었다는 사실이 중요하다.

필자는 1980년에 건설회사에 입사하여 1981년부터 해외건설현장에서 일을 했고 1985년에 해외 건설현장에서 돌아와 현장에서 얻은 숙제를 해결하기 위해 여러 가지 책을 읽고 있었다. 그 때 계연수 선생의 한단고기의 번역본이 때마침 세상에 나타나 필자의 손에 놓이게 되었다.

필자는 이 한단고기를 읽고 또 읽으면서 그동안 우리의 역사와 정신에 대한 인식이 근본적으로 잘못되었었다는 사실을 알았다. 이는 필자로서는 경천동지할 혁명적인 변화였다.

그 순간부터 열국지가 있던 자리는 순수한 우리의 역사와 사상을 설명하는 한단고기가 대신 차지하게 되었고, 한단고기의 한 자 한 자를 읽고 또 읽었다. 그리고 한단고기에서 소개된 우리 한겨레공동체의 고유한 경전들에 대해 수집할 수 있는 자료를 모두 수집해서 수없이 거듭하여 읽기 시작했다.

필자를 가장 감동시킨 것은 한단고기에 담겨 있는 천부경天符經과 삼일신고三一神誥이다. 그리고 한단고기 안에는 없지만 따로 전해지는 366사(참전계경)[53]이다. 이 책들을 읽는 순간 해외 공사현장에서 제자백가들의 이론이 순식간에 무의미하게 된 이유를 발견하게 되었다. 이 세권의 경전을 우리 한겨레공동체의 삼대경전이라고 말하는 것이다. 이 경전은 우리의 조상들이 제작하고 전한 최고의 경전들이다.

이 경전들은 필자가 읽은 그 때까지의 그 어떤 책과도 다른 차원의 진리를 설명하고 있었다. 너무나 독창적이고 독보적이지만 지금

---

53) 한단고기의 저자 계연수 선생이 366사(참전계경)를 한단고기 안에 포함시킬 수 없었던 가장 큰 이유는 이 경전의 부피가 한단고기의 전체부피만큼이나 크기 때문이 아닌가 생각한다.

까지의 그 어떤 것들도 그 안에서는 부분이 되고 마는 놀라운 내용을 담고 있었다.

필자는 이 경전들에서 필자가 사우디아라비아에서 겪은 경험이 고스란히 설명된다는 사실에 놀랐다. 그리고 그때부터 필자가 겪은 체험을 실마리로 해서 우리의 경전들이 알려주는 무궁무진한 진리의 세계를 새롭게 알게 되었다.

한단고기에는 천부경과 삼일신고의 원문 이외에도 366사(참전계경)에 대한 개략과 단군팔조교, 어아가, 중일경, 천지인경, 신지비사, 개물교화경, 삼신일체경, 원방각경, 구서, 다물흥방가54)라는 경전들이 마치 역사의 한 구절처럼 비밀스럽게 숨어 있었다.

필자는 이 경전들 중 아직 세상에 알려지지 않았던 경전들을 찾아내는 작업을 하게 되었다. 그리고 이 모든 경전들을 해설하는 일까지 하게 되었다. 그 과정에서 한철학의 이론체계가 분명히 서게 되고 그것은 한철학 시리즈로 이어지는 것이다. 그리고 그 한철학의 이론은 한겨레공동체 안에 서 함께 더불어 사는 살아 있는 한사상으로 확인되는 것이다.

한마디로 말하자면 천부경, 삼일신고, 366사(참전계경)는 철저하게 사대주의에 젖어 있던 필자를 한사상과 한철학에 깊숙이 젖어들게 만든 시발점을 제공한 책이다.

사대주의는 한겨레의 역사와 정신을 부정하고 중국의 역사와 정신을 긍정하는 것이다. 그리고 배타적 민족주의는 무조건 우리나라의 역사와 정신을 긍정하고 주변국의 역사와 정신을 부정하는 것이다. 이 양자는 모두 한겨레공동체를 자살로 몰고 가는 정신적 핵폭탄과 같다.

그런데 만일 한단고기를 일본에서 번역한 것처럼 필자가 해온 우

---

54) 이 경전들은 필자가 해설한 천부경의 부록에 본문과 해설이 실려 있다.

리의 경전을 해설하는 작업과 그 경전에서 찾아진 이론을 한철학과 한사상으로 발전시키는 일이 일본에서 진행되었다면 어떠했을까?

그렇다면 필자가 해설한 우리 한겨레의 삼대경전인 천부경과 삼일신고와 366사(참전계경)은 물론 단군팔조교, 어아가, 중일경, 천지인경, 신지비사, 개물교화경, 삼신일체경, 원방각경, 구서, 다물흥방가 등도 모두 일본민족의 경전으로 둔갑했을 것이다.

일본의 근대화이후 그들이 가장 목마르게 필요로 하던 것이 바로 이것인 것이다. 그러나 무사도의 저자 니토베 이나조는

> 일본청년들이 과학 분야의 연구에서는 세계적인 명성을 떨치고 있음에도 불구하고 철학 분야에서는 아무런 공헌도 세우지 못한 원인은 무사도의 교육제도가 형이상학적 학문의 훈련을 소홀히 해왔기 때문이다.[55]"

라고 했다. 일본인 최대의 약점은 철학분야에 대한 상상력과 판단력과 통찰력이 부족하다는 것임을 다른 사람도 아닌 무사도의 저자 니토베 이나조가 고백하고 있는 것이다.

그들은 세계 제1위를 내다보는 세계 제2위의 경제대국으로 세계적인 대학들과 연구소들을 가지고 있다. 그리고 한단고기를 우리보다 먼저 자국어로 번역하여 보급했지만, 한단고기 안에 담긴 경전들의 철학원리에 대해서는 조금도 접근하지 못하고 있는 것이다.

일제 식민지시대의 가장 큰 피해 중 하나는 이같이 철학적으로 무능한 일본인들이 세운 각급 학교에서 그 무능한 일본인 선생과 교수들에게 우리 한국인 학생들이 철학을 배웠다는 점이다. 기술적인 영역은 도움이 되었겠지만 철학을 그들에게 배웠다는 것은 그야말로

---

55) 니토베 이나조, 『일본의 무사도』, 양경미·권만규 역, 생각의 나무, 2005, 191쪽.

우리 한국인의 무한한 상상력과 판단력과 통찰력을 파괴하고 바보로 만든 것이나 다름없다.

따라서 일본인들은 한단고기를 일본어로 번역하여 보급하는 일에 그토록 열성이었지만 그 한단고기 안에서 역사만 중점적으로 보았다. 그들은 한단고기 안에 존재하는 경전을 연구하고 그것을 철학과 사상으로 발전시키는 일에는 적어도 아직까지는 그 어떤 움직임도 보여주지 못했다.

그러나 만일 일본에서 누군가가 한단고기안의 천부경, 삼일신고, 366사 등의 경전들을 해설하고 그것을 철학과 사상으로 발전시키는 사람이 있었다면, 아시아와 세계의 철학은 일본을 중심으로 새롭게 전개되었을 것이다. 왜냐하면 이 일이야 말로 일본의 현직 총리대신을 비롯한 많은 지도층 인사들이 대대적인 추천과 찬조가 있었을 것이기 때문이다.

그리고 일본인들은 그렇게 해서 만들어진 철학과 사상을 적극적으로 우리나라의 대학과 신문사와 사회단체 등에 홍보했을 것이다. 그 결과 우리는 일본인에게서 우리의 고유한 철학과 사상을 거꾸로 배워야 했을 것이다.

그리고 역동성의 대한민국(Dynamic Korea)은 역동성의 일본(Dynamic Japan)이 되었을지도 모른다. 그리고 우리가 이루려고 하는 시대적 목표인 아시아의 중심(The hub of Asia)은 이미 일본이 되어 있었을 것이다.

그러나 다행스럽게도 1980년대 이래 지금까지 일본 안에서 그와 같은 움직임은 전혀 일어나지 않았다. 우리는 한단고기 안의 경전들을 이해하고 그것을 한철학과 한사상으로 발전시키는 일에 있어서 일 년이 백 년과 같이 빠르게 변화하는 이 격변의 시기에 무려 20년을 번 것이다.

그러나 풍부한 자금과 세련된 학자들을 동양에서 가장 많이 가지고 있는 일본이 지금처럼 계속 수수방관하고 있을 것으로는 본다면 그것은 너무나 어리석은 일이 될 것이다. 또한 하루가 다르게 발전하며 모든 면에서 세계1위의 국가가 될 것으로 세계인이 믿고 있는 중국 또한 이 일에 조용히 있으리라고 보는 것은 어리석다.

그리고 그 어리석음이 계속된다면 우리가 세계 제1위의 철학대국과 문화대국이 되고 나아가 세계 제1위의 경제대국이 되고 정치대국이 되는 일은 우리에게서 영원히 멀어질 수도 있을 것이다. 이는 다시 한 번 우리 한민족의 역사에 돌이킬 수 없는 천추의 한을 남기는 일이 되지 않을까?

9. 결론

필자가 사우디아라비아의 사막의 공사현장에서 겪은 체험은 곧 만물이 가지는 전체과정에 대한 상태들의 원리와 조금도 다를 것이 없는 것이다. 다음의 <표 1-1>은 필자가 설명한 내용을 간단하게 요약한 것이다.

이 표에서 소개된 다섯 가지의 상태와 도표에는 나타나 있지 않는 무질서상태에 대해 눈에 익혀두면 앞으로 진행될 내용을 이해하는 일에 매우 큰 도움이 될 것이다.

그리고 필자가 현장에서 겪은 체험은 누구나 스스로가 처해있는 상황을 처리해 나가는 과정에서 언제든 겪을 수 있는 일반적인 것이다. 다만 필자의 경우 미리 준비한 이론을 현장에서 직접 적용하는 철학적 실험을 했고 그럼으로써 나타난 설명이 안 되는 새로운 상태에 대해 오랜 동안 연구를 했다.

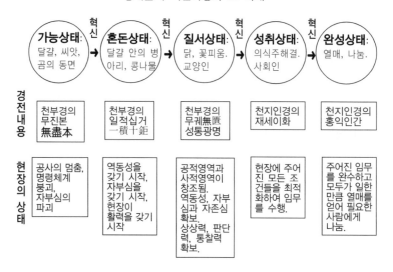

〈표 1-1〉 사우디아라비아 현장에서 진행된 전체과정과
상태들의 혁신과정과 그 이해

가능상태: 달걀, 씨앗, 곰의 동면	혁신 →	**혼돈상태:** 달걀 안의 병아리, 콩나물	혁신 →	**질서상태:** 닭, 꽃피움. 교양인	혁신 →	**성취상태:** 의식주해결. 사회인	혁신 →	**완성상태:** 열매, 나눔.

경전내용	천부경의 무진본 無盡本	천부경의 일적십거 一積十鉅	천부경의 무궤無匱 성통광명	천지인경의 재세이화	천지인경의 홍익인간
현장의 상태	공사의 멈춤, 명령체계 붕괴, 자부심의 파괴	역동성을 갖기 시작, 자부심을 갖기 시작, 현장이 활력을 갖기 시작	공적영역과 사적영역이 창조됨. 역동성, 자부심과 자존심 확보. 상상력, 판단력, 통찰력 확보.	현장에 주어진 모든 조건들을 최적화하여 임무를 수행.	주어진 임무를 완수하고 모두가 일한 만큼 열매를 얻어 필요한 사람에게 나눔.

    그리고 그 연구에서 드러난 옛날 우리의 조상들의 철학을 지금까
지 없었던 새로운 이론으로 체계를 갖추어 설명할 수 있었다는 점에
서 새로운 의의가 있을 것이다.

    한사상은 살아 있는 생명체가 가진 역동성을 설명한다. 이 한사상
이 전 세계에서 가장 우수한 대학에서 가장 뛰어난 인재들의 연구를
통해 세상에 드러날 수 있는 것이었다면 이미 서구나 미국 또는 일
본에서 오래 전에 먼저 나타났을 것이다.

    또는 한사상이 신통한 능력을 가진 사람들이 평생 동안 산속의 수
도장에서 수도를 함으로써 얻어질 수 있는 성질의 것이라면 지난 삼
천 년 동안 인도나 중국에서 이미 여러 번 출현했을 것이다.

    그러나 한사상은 이와 같은 일반적인 통념과는 전혀 다른 곳에서
다른 사람들에 의해 나타난 것이다. 즉, 학자나 수도자들이 아니라

사우디아라비아의 사막에서 피와 땀과 눈물로 열심히 일하던 한국인 노동자들에게서 출현한 것이다.

마찬가지로 우리의 조상들께서 전해주신 한사상은 학자들의 학문을 위한 학문이나 수도자들의 사유를 위한 사유를 통해 형성된 것이 결코 아닌 것이다. 한사상은 오랜 세월동안 일반백성들과 지도자가 하나로 뭉쳐 함께 피와 땀과 눈물로 역사를 만들어가는 진지한 현실 속의 과정에서 스스로가 스스로를 최적화하며 이루어낸 실제적인 사상인 것이다. 이점이 한사상이 기존의 동서양의 철학과 근본적으로 다른 점이다.

1980년대의 중동의 사막에서 평생을 건설현장에서 집단적으로 일을 해온 숙련된 한국인 노동자들과 함께 수년간 피와 땀과 눈물을 흘리며 일할 수 있었던 기회야말로 우리 민족의 역동성을 직접 체험할 수 있는 다시 찾기 어려운 황금의 기회였다.

필자는 한사상을 단지 머리로 사유하는 것이 아니라 몸과 마음으로 직접 체험할 수 있는 가장 적절한 시대에, 가장 적절한 장소에서, 가장 적절한 사람들과 함께 일할 수 있었던 행운의 기회를 얻었던 것이다. 필자는 그 기회를 소중하게 생각했고 그곳에서 얻은 결과를 무엇보다 귀중한 보물로 생각했다.

필자는 사우디아라비아에서 작업자들과 함께 하나로 뭉쳐 땀과 눈물을 흘리는 힘겨운 과정에서 그분들이 만들어서 보여준 살아서 움직이는 한사상을 체험했다.

그러나 체험을 통해 알고 있는 것과 그것을 체계를 갖추어 누구나 알 수 있도록 한사상과 한철학으로 설명하는 일은 전혀 다른 차원의 일이었다. 필자가 이 한사상을 체계적으로 연구하고 설명하는 과정에서 누군가 미리 앞서간 스승이 있어 단 한마디만 살짝 귀띔해 줄 수만 있었어도 필자의 연구기간은 상당기간 단축될 수 있었을 것이다. 만약 살아계신 분 중에서 누군가 먼저 한사상의 핵심을 안 분이 계셨다면 필자는 할 수 있는 모든 정성을 다하여 배움을 청했을 것이다. 그러나 살아계신 분들 중에서는 스승을 찾지 못했다.

하지만 다행스럽게도 필자에게 한사상과 한철학의 체계적인 이론을 책을 통해 가르쳐주신 분들은 많이 계셨다. 그분들은 우리 한민족의 고유한 경전인 천부경, 삼일신고,366사를 만들고 전해주신 한인, 한웅, 왕검할아버지와 또한 우리 한민족의 고유한 십수 권의 경전을 남겨주신 여러 현철賢哲들 그리고 난랑비서문鸞郞碑序文을 남겨주신 최치원崔致遠 선생, 그리고 한단고기를 전해주신 계연수 선생 등이었다.

필자는 한사상을 체계적으로 설명하기 위해 이 세상에서 가장 위대한 스승을 가장 많이 모시는 행운을 얻었다. 필자가 한국에서 태어나 한국인으로 살아가지 못했다면 이분들 중 단 한 분도 만나지 못했을 것이다.

아는 것과 설명하는 것은 근본적인 차이가 있다. 물론 아는 것도 어렵지만 단순히 아는 것과 설명하기 위해 누구나 이해할 수 있는 이론체계를 갖추는 것과의 차이는 너무도 큰 것이었다.

이 일은 사우디아라비아의 체험을 바탕으로 우리의 경전들을 길잡이삼아 오랜 세월동안 혼자서 연구하며 수많은 시행착오를 겪어나가는 과정에서 하나하나 이론체계를 만들어 나가야 하는 어려운 작업을 필요로 했다. 그러나 그 연구가 어떤 어려움이 있더라도 기어이 하고 싶은 일이었고, 그 연구 장소가 아무리 고통스러워도 기꺼이 머물 수 있는 장소였다.

누구나 알 수 있도록 명백한 이론으로 체계를 갖추어 설명할 수 없는 혼자만의 체험을 어찌 아는 것이라고 말할 수 있겠는가?

제2장

문화:

한사상과 한류

■ **필자는 어떤 개인과** 가정과 기업과 국가가 모든 면에서 모자람이 전혀 없이 우수한 점만 있다고 주장한다면 그 존재에 대해 조금도 주저하지 않고 사기꾼이며 협잡꾼이라고 단정 짓겠다.

누구나 우수한 점이 있으면 그만큼 모자란 점이 있기 마련이다. 따라서 서로가 자신의 나은 점으로 상대의 모자란 점을 채워주면서 함께 더불어 살아가는 것이 인간사회의 보편적인 도리인 것이다. 오랜 옛날 우리의 조상들은 밤하늘의 별들을 이렇게 그려냈다.

> 너희들은 저 총총하게 널려 있는 별들을 보아라. 그 별의 수가 다함이 없으며 크고 작고 어둡고 밝으며 고통스럽고 즐거운 것이 모두 같은 것이 없느니라.[1]

하늘의 별들과 인간사회는 다르지 않다. 따라서 우리 한국인들은 하늘에 자기만의 별이 있다고 믿어왔다. 수많은 사람들이 하늘의 별처럼 각각 그 능력과 소질이 크고 작고 어둡고 밝으며 고통스럽고 즐거운 것이 모두 다르다. 하늘의 별들이 하나의 규격에 따라 똑같은 크기와 밝기를 가진 것들이라면 누가 그러한 하늘을 올려다보고 싶을 것인가?

---

1) 최동환 해설, 『삼일신고』, 지혜의 나무, 2000년, 392~414쪽.

하늘의 수많은 별들은 서로가 모두 다양한 차이를 가지고 있으면서 하나의 전체를 조직하는 것처럼 인간사회의 개인들도 각각 주어진 자리가 있고 자기 몫의 해야 할 역할과 능력이 각각 다양하고 다르다.

한사상은 하늘의 별들이 비록 작고, 어둡고, 고통스럽다 해도 그어느 하나도 버리지 않고 전체를 이루듯, 인간사회의 어느 한 부분의 사람들도 버리지 않고 그들이 능력을 발휘할 수 있도록 하나로 뭉쳐 함께 더불어 사는 역동적인 사상이다.

그리고 이와 같은 삶이 만들어내는 총체적인 모습이 곧 우리의 문화이다. 이 한사상이 문화와 문화상품이 되어 아시아로 세계로 뻗어나갈 때 그것이 한류이다.

한사상은 서로 다른 모든 존재들을 하나로 통합하여 생명을 가지고 과정에 참여하게 하는 상태로 시작한다. 이 기본적인 상태를 순수한 우리말로 '온'이라고 한다. 서로 다른 다양한 존재들은 크게 나누어 두 개의 대립적인 관계를 가지고 하나의 전체를 이룬다. 따라서 서로 더불어 사는 사회의 기본적인 틀은 대립되는 쌍방을 하나의 전체로 최적화할 필요가 있다. '온'은 쌍방을 연결하고 통합함으로써 최적화된 상태를 의미한다.

세계 경영학계의 거두인 피터 드러커는 연결의 중요성을 이렇게 설명했다.

'오직 연결'이라는 말은 영국의 위대한 소설가 포스터(1878~1970)의 줄기찬 충고였다. 그것은 위대한 소설가의 비결이었다. 그것은 위대한 예술가의 비결이었을 뿐 아니라 마찬가지로 위대한 과학자들인 다윈, 보어, 아인슈타인의 비결이기도 했다. 연결시킬 수 있는 능력에 관한 한 그들의 수준이란 천부적인 것으로서 우리들이 천재라고 부르는 그런 신비의 일부분일지도 모른다.[2]

피터 드러커가 말하는 천재들의 천부적인 공통점이 연결의 능력에 있다는 말은 그야말로 천재들의 비밀을 잘 설명하는 말이다. 그러나 단지 연결만으로는 진정한 천재를 설명하기에는 부족하다. 연결을 넘어 함께 조화를 이루어 통합할 수 있을 때 비로소 지금까지 전혀 알지 못했던 새로운 세계가 창조되는 것이라는 사실을 피터 드러커는 알지 못했다.

우리에게 필요한 것은 개인과 가정과 기업이 천재가 되는 길이다. 그러나 그보다 더 필요한 것은 한겨레공동체 전체가 천재가 되는 길이다. 천재란 곧 통합의 달인이고 그 달인이 만들어내는 것은 기본적으로 통합적인 '온'이라는 상태이다.

이 '온'은 대립하는 쌍방을 통합함으로써 생명력과 평화를 이루는 기본적인 상태이다. 이 상태를 만들지 않고는 생명력과 평화를 만들어내기는 불가능하다. 이 장은 이 부분에 대해 설명할 것이다.

그리고 문화를 고정된 무엇으로 보는 것은 이미 죽은 문화를 박제한 것이다. 문화는 삶의 총체적인 모습으로 시시각각 변하는 것이다. 문화를 국가 간의 승패를 결정짓는 산업으로 간주하면 할수록 문화의 겉모습보다는 문화의 본연의 모습에 충실할 필요가 있다. 본질적인 부분에 충실한 나라가 상업적인 경쟁에서도 이길 것이기 때문이다.

일찍이 백범白凡 김구金九선생은 오직 사랑과 평화와 문화로 인류 전체가 의좋고 즐겁게 사는 일을 하자고 주장했다. 그것은 공상이 아니며 아무도 이 일을 하는 자가 없기에 우리가 하자고 했다.3)

---

2) 피터 드러커, 『자본주의 이후의 사회』, 이재규 역, 한국경제신문사, 1994년, 283쪽.
3) 내가 원하는 우리 민족의 사업은 결코 세계를 무력으로 정복하거나 지배하려는 것이 아니다. 오직 사랑과 평화의 문화로 우리 스스로 잘살고 인류 전체가 의좋게 즐겁게 살도록 하는 일을 하자는 것이다. 어느 민족도 일찍 그러한 일을 한 이가 없었으니 그것은 공상이라고 하지 말라. 일찍이 아무도

민족의 지도자이자 선각자인 백범 선생은 이미 오래 전 이 시대의 젊은이들이 해야 할 일을 문화를 중심으로 설명한 것이다. 지금 이 시대는 백범 선생이 일찍이 예견한 이 일을 하는 시대이다.

그리고 어느 문화든 그것은 가능상태와 혼돈상태와 질서상태와 성취상태와 완성상태와 무질서상태 중 하나에 속해 있다. 따라서 문화를 논할 때는 정확하게 어느 상태의 문화를 논한다는 언급이 먼저 있어야 하는 것이다.

학문의 세계에 있어서 하나의 이론으로 모든 상태를 설명할 수 있는 알라딘의 램프와 같은 만능이론은 이 세상에 존재하지 않는다. 필자는 그 같은 마법적인 방법론을 미신이며 주술이라고 말하는 것이다. 문화도 마찬가지이다.

우리가 일반적인 문화에 대해 논한다면 질서상태를 기준으로 할 때 쉽게 이해할 수 있을 것이다. 질서상태에서는 공적영역과 사적영역이 존재하는데, 우리가 소위 문화적 창의력이라는 것은 바로 공적영역이 가진 특별한 능력이다.

공적영역이 인간에게 뇌와 의식의 역할을 하는 머리라면 몸과 마음의 역할을 하는 영역은 사적영역이다. 사적영역에서 마음의 역할을 하는 영역이 곧 문화의 영역이며, 몸의 역할을 하는 영역이 곧 과학기술의 영역이다.

이제 우리는 문화를 하나의 명백한 영역 안에 담고, 그 반대편의 과학기술의 영역과 그 중심의 공적영역과 연관 지어 전체적으로 볼 수 있게 되었다. 최소한 질서상태의 문화에 한해서는 큰 틀에서 볼 수 있게 된 것이다.

우리가 제대로 된 가치체계를 만들어 동서와 남북과 동북아와 아

한 자가 없길래 우리가 하자는 것이다. 이 큰 일은 하늘이 우리를 위하여 남겨 놓으신 것임을 깨달을 때에 우리 민족은 비로소 제 길을 찾고 제 일을 알아본 것이다. 김구, 『백범일지』, 학민사, 1997년, 372쪽.

시아를 통합하고 통일하여 아시아의 중심(The hub of Asia)되는 일은 많은 자금과 인력이 필요한 것도 아니다. 그러나 아무나 하고 싶다고 할 수 있는 일이 결코 아니다.

오늘을 사는 우리 한겨레공동체는 이 모든 요건을 모두 두루두루 갖추고 있다. 우리 한겨레가 그동안 참기 어려운 고통을 겪으며 오늘까지 존재해온 것은 바로 이 꿈 같은 꿈을 현실에서 실현하기 위해서가 아니었을까?

한 시대의 민족공동체가 이처럼 성취할 수 있는 세계사적 일들을 많이 가지고 있기도 어려운 것이다. 참으로 피가 끓어오르고 맥박이 세차게 뛰며 가슴이 벅차오르는 감격스러운 시대를 우리 한국인들은 만들어나가고 있는 것이다.

이 장은 서로 대립하는 쌍방을 통합하여 하나의 전체를 이루는 근본원리를 순수한 우리 말 '온'으로 설명할 것이다. 그리고 하나의 전체 안에 대립하는 두 개의 영역의 경계면에 존재하며 서로를 소통하고 통합하는 영역인 '온힘'을 자세히 다룬다. 그리고 한류란 우리 한겨레공동체가 한사상을 문화로 표현하는 한 방식이다.

10. 온

순수한 우리말 '온'은 100을 의미한다. 그리고 그 100의 내부는 대립하는 한 쌍이 존재한다. 고대 한국인과 고대 알타이어족들은 대립하는 쌍방을 하나로 묶어 전체를 단 100개의 테두리로 묶어 인식했다.[4]

---

4) 우리 고대 한국인과 알타이어족들의 신화에는 전체를 음과 양을 합한 것으로 본다. 알타이어족의 언어에서 음은 감이라 하고 양은 밝이라 한다. 전체를 100으로 볼 때 음은 45이며 양은 55이다. 이 비율이 의미하는 바는 매

이로써 고대 한국인들은 확인 가능한 세계는 물론이고 상상으로 가능한 모든 것을 100이라는 숫자로 한 번에 묶어 정리할 수 있었다. 이 100으로 압축된 전체를 순수한 우리말로 표현하자면 한마디로 '온'5)이다.

주어진 세계의 전체를 100이라는 숫자로 규정하면 그 세계는 간단하게 인간의 사고의 틀 안에 들어온다. '온'은 곧 자신만의 우주를 확정하는 사고의 틀인 것이다.

그리고 아무리 원시적인 사회에서도 과학적인 지식체계와 문화적인 가치체계가 하나의 전체를 이루고 있다. 즉, 사물의 영역은 과학적인 지식체계로 최적화되며, 추상의 영역은 문화적 가치체계로 최적화되는 것이다. 이를 다른 말로 하면 문명과 문화라고 할 수 있다. 서양식 방식으로는 이 양자는 대립적인 관계이지만 한사상에서 있어서 이 양자는 통합적 관계이다.

이 같은 관계에서 고대 알타이어족은 과학적 지식체계로 설명되는 세계를 45로 표현하고 문화적 가치체계로 설명되는 세계를 55로 설명했다. 따라서 이 두 개의 세계의 합은 100 다시 말해 '온'이다. 물론 이 세계는 아직 공적영역과 사적영역이 자리 잡지 않은 혼돈상태이다.

이와 같이 세계를 100으로 보는 사고의 틀은 우리의 경전들에서 가장 기본적인 바탕이 된다. 그리고 몽골족을 비롯한 알타이어족들의 신화에서 이 수식의 체계가 그대로 표현된다. 이 시대의 문제의 해결방법은 오히려 고대 알타이어족에게 있었고 고대 알타이어족들

우 근본적인 것인데, 그 설명은 앞으로 본문에서 여러 차례 다른 예를 들어 하게 된다.

5) 즉, 백성(百姓)이라면 나라 안의 모든 국민이 된다. 백령(百靈)이라면 모든 신령이며, 백약(百藥)이라면 모든 약을 말한다. 온에 대한 좀 더 자세하고 체계적인 설명은 필자의 책 『한철학1 - 생명이냐 자살이냐』의 제1장 온 (25~55쪽)을 참고하기 바란다.

중 이 문제의 해결방법을 체계화하여 설명한 사람들이 우리의 고대 국가를 세운 조상들인 것이다. 이는 실로 만 년이 넘는 세월동안 축적된 지식인 것이며 또한 우리에게 육화된 관습인 것이다.

역동성이란 이와 같이 대립하는 쌍방을 하나의 전체로 최적화하여 통합한 '온'의 상태가 아니고서는 나타나지 않는다. 지금까지는 동서양의 철학에서는 이처럼 대립하는 쌍방을 하나로 통합하는 철학이론이 존재하지 않는다. 그러나 알타이어족의 신화와 우리의 고대경전 그리고 우리 한국 사회에서는 통합적 사고의 산물이 도처에 널려있다.

어느 민족이든 그 민족의 사고의 틀이 가장 잘 나타나는 부분은 의식주일 것이다. 그 중에서도 특히 먹는 습관은 어려서부터 입맛이 각인되기 때문에 이를 바꾸기는 어려운 것이다. 따라서 우리의 밥상에는 다른 민족에게는 찾을 수 없는 한국인만의 사고의 틀의 바탕인 '온'이 잘 나타나 있다.

우리는 우리의 생활 도처에서 발견되는 이러한 현상들을 당연한 것으로 보고 넘기지만 이는 결코 당연한 것이 아니다. 이는 인간과 우주에 내재된 본성이며, 모든 인류가 공통적으로 표현하고 싶어 하는 심리적 단일성이다.

그러나 실제로 이것을 철학이론으로 확립하고 이를 현실에서 사용함으로서 살아 있는 사상으로서의 한사상이 되고 또한 그것이 한류문화로 표현되는 경우는 전 세계에서도 그 사례를 찾기가 어려운 우리만의 현상인 것이다.

'온'은 그 자체가 과정을 가능하게 하는 혼돈상태이며 또한 XY이론이 자체적으로 적용된 상태이기도 하다. 이 상태에서 질서상태로 혁신하며 그 외의 상태들의 바탕이 된다. 여기서는 주로 대립하는 쌍방을 최적화하여 통합하는 혼돈상태를 위주로 살펴보겠지만 필요에 따라서는 질서상태도 설명할 것이다. 그리고 내용의 진행에 따라 전체과정을 쉽게 살펴보는 기회도 마련할 것이다.

(1) 밥상과 한사상

서양이나 중국음식은 한 번에 하나의 음식이 나오고 그것을 먹으면 식당의 종업원이 기다리고 있다가 다음 코스의 음식을 내오는 코스식이다. 이것은 하나의 상황에 하나의 원리만을 인정하는 그들의 철학과 깊은 관계가 있는 것이다.

한국인은 이 같은 방식과는 완전히 반대의 사고의 틀을 가지고 있다. 한국의 밥상은 한꺼번에 밥과 국과 반찬이 모두 갖추어진다.

일반적으로 밥상에는 3첩, 5첩, 7첩, 9첩, 12첩 반상이 있다. 3첩 반상6)은 서민용이며, 5첩 반상7)은 여유 있는 서민용이며, 7첩 반상8)은 여염집의 신랑, 색시상이며, 9첩 반상은 반가집의 최고 상차림이며, 12첩 반상은 궁중의 수랏상의 차림이었다.9)

일반 서민들의 밥상이라도 3첩 반상으로 그 안에는 밥과 국, 김치, 장 외에 3가지 반찬은 기본으로 있는 것이다. 이것은 밥과 국과 반

---

6) 3첩 반상은 밥, 국, 김치, 장 외에 3가지 찬품을 내는 밥상이며 첩수에 들어가는 음식은 생채 또는 숙채 한 종류, 구이 또는 조림 한 종류, 장아찌 또는 젓갈 한 종류를 선택한다. 김숙희·장문정·조미숙·정혜경·오세영·장영애, 『식생활의 문화적이해』, 신광출판사, 1998년, 230쪽.

7) 5첩 반상은 밥, 국, 김치, 찌개 외에 다섯 가지 찬품을 내는 밥상이며 첩수에 들어가는 음식은 생채 또는 숙채 중에서 한 종류, 구이 한종류, 조림 한 종류, 전 한 종류, 마른 찬 또는 젓갈 중에서 한 종류를 차린다. 앞의 책, 230쪽.

8) 7첩 반상은 밥, 국, 김치, 장, 조치, 찜 외에 일곱 가지 찬품을 내는 밥상이다. 첩 수에 들어가는 음식으로는 생체 한 종류, 구이 한 종류, 조림 한 종류, 전 한 종류, 장아찌나 마른 찬이나 젓갈 중에서 한 종류를 선택하고, 회나 편육에서 한 종류를 선택하면 된다. 앞의 책, 230쪽.

9) 앞의 책, 230쪽.

찬들과 같이 서로 다른 여러 영역들이 하나의 전체가 된 온의 모습이다.

즉, 밥과 국과 반찬들은 전체를 이루면서 각각이 부분으로서 서로에게 관계 지워져 있다. 한국인의 밥상을 이루는 전체에서 부분만으로는 의미가 없다. 가령 밥상위의 김치나 간장 하나만으로 어디에 쓸 것인가? 밥상 위의 모든 부분들이 서로 관계를 맺어 하나의 전체가 될 때 비로소 전체적인 '온'으로서 밥상이 의미를 갖는 것이다.

그러나 중국인의 일상 식사는 판(飯:밥)과 차이(菜:요리)로 구성된다. 우리의 반찬이 밥을 먹기 위해 준비되는 것인데 비해, 중국의 차이는 그 자체로서 하나의 독립된 음식으로 다루어진다.[10) 이는 밥상을 대하는 사고의 틀이 우리와는 근본적으로 다르다는 것을 말해준다.

이 밥상이라는 전체의 안에는 대립하는 한 쌍의 개념들이 있는 것이다. 그리고 주객主客의 원리가 있는 것이다. 다른 나라의 식사 테이블에는 우리의 밥상같이 조화된 전체의 개념이 없다.

① 밥상 안에 집합하는 동서양철학

밥상전체를 크게 구분해서 생각하자면 마른 것들과 젖은 것들로 나누어 생각할 수 있을 것이다. 젖은 것은 국과 탕과 찌개, 간장, 물김치 등이 될 것이며, 그에 대해 상대적으로 마른 것은 밥과 구이와 조림과 장아찌 등이 될 것이다. 이는 밥상위에서 마른 것들과 젖은 것들이 한 쌍이 되어 대립하고 있는 것이다.

이 경우 마른 것과 젖은 것의 구분은 상대적이다. 가령 북악산이 남산보다 높다고 할 때 그것은 어디까지나 상대적이다. 북악산은 남산보다 높을 뿐 설악산이나 한라산 또는 백두산보다 낮은 것이다. 또 우리 집 형광등보다 가로등이 더 밝다고 할 때도 마찬가지로 상

---

10) 국제한국학회, 『실크로드와 한국문화』, 소나무, 1999년, 283쪽.

대적이다. 가로등보다는 축구경기장의 야간조명설비가 더 밝고 그 보다는 태양이 더 밝은 것이다. 우리는 하늘을 마른 것으로 생각하고 땅을 이에 상대적으로 젖은 것으로 생각한다. 그러나 태풍이 가득한 하늘도 마른 것인가? 사막의 메마른 땅도 젖은 것인가?

밥상 위를 마른 것과 젖은 것으로 구분하는 것도 이처럼 상대적이며 이는 절대적인 것이 아니다.

인간은 근본적으로 동물과는 달리 자연을 직접적으로 대면하지 않는다. 즉 우리가 경험하는 자연물들은 상징체계를 통해 간접적으로 우리에게 전달된다. 이 상징체계는 단순한 이원론으로 구성되어 있다. 레비스트로스는 인간의 정신에 의해 제문화諸文化가 창출된다고 보면서, 문화의 상징체계들을 창출해내는 인간의 정신은 궁극적으로는 상당히 단순한 이원적 논리구조를 가지고 있다고 말한다.

레비스트로스는 동일한 상징적 대립 – 문화 對 자연, 聖 對 俗, 남성 對 여성, 왼쪽 對 오른쪽, 해 對 달 등 – 이 모든 분화들을 주도한다[11]고 보았다. 레비스트로스는 매우 중요한 부분을 옳게 본 것이다.

이처럼 상대적인 관점에서 볼 때 밥상위의 마른 것은 양陽, 젖은 것은 음陰으로 상징될 수 있다. 이것은 어디까지나 밥상위의 것들을 자연상태로 받아들이는 것이 아니라 상징화하여 받아들이는 것이다. 이렇게 보면 양陽은 곧 하늘이며 마음을 상징하고, 음陰은 땅이며 몸을 상징한다. 마음은 추상적이며 관념론으로 상징되고, 몸은 구체적이며 유물론으로 상징된다. 그리고 지금까지의 동서양의 철학에서는 대체로 양과 하늘 그리고 마음과 추상은 선善, 음과 땅 그리고 몸과 구체는 악惡으로 상징되어왔다.

우리 한국인의 밥상을 이렇게 상징적으로 구분하면 지금까지 동

---

11) 로저 키징, 『현대문화인류학』, 전경수 역, 현음사, 1988년, 451쪽.

서양의 모든 철학자의 학설이 우리의 밥상이 내포하는 상징성이 설명하는 철학원리 안에 모두 포함되는 것을 볼 수 있다.

서양철학에 상대적 선악론의 근원을 제공한 짜라투스트라가 한국의 밥상을 보면 밥상 위를 선악이라는 두 패로 나누지 않고는 못 배길 것이다. 그는 밥상 위의 마른 것들을 선이라고 하고 젖은 것들을 악이라고 단호하게 규정할 것이다. 이를테면 짜라투스트라에게는 젖은 것인 국과 탕과 찌개, 간장, 물김치국은 악이며, 밥과 구이와 조림과 장아찌밥은 선이 되는 것이다. 그 다음 그는 밥상위의 마른 것은 젖은 것을 이길 것이라고 말할 것이다.

플라톤이라면 한국의 밥상위의 마른 것을 이데아로 규정하고 젖은 것을 동굴안의 죄수로 규정할 것이다. 그리고 할 수 있는 모든 방법을 동원해 밥상 위의 마른 것인 밥과 구이와 조림과 장아찌를 찬양할 것이다. 그리고 젖은 것인 국과 탕과 찌개, 간장, 물김치를 비난할 것이다.

마르크스라면 구체적 영역의 생활이 추상적 영역의 의식을 결정한다고 생각하므로 한국의 밥상 위를 보고 짜라투스트라나 플라톤과는 반대로 규정할 것이다. 즉, "젖은 것은 마른 것을 규정한다!"라고 말할 것이다.

니체는 추상적영역의 중심인 신을 죽었다고 말하고 구체적 영역의 힘의 의지를 참으로 보았다. 따라서 그는 이렇게 말할 것이다. 즉, "모든 마른 것은 죽었다. 이제 우리는 젖은 것이 살기를 원한다."[12] 즉, 니체에게는 밥과 구이와 조림과 장아찌 등은 죽은 것이므로 국과 탕과 찌개, 간장, 물김치등 하고만 살기를 원하는 것이다.

우리나라의 지역차별주의자라면 어떻게 하든 영남과 호남을 분리시켜 싸움을 붙이지 않고는 견디지 못한다. 따라서 그들은 그럴듯한

---

12) 모든 신은 죽었다. 이제 우리는 초인이 살기를 원한다.

도포를 걸치고 큰 삿갓을 쓴 다음 바람에 수염을 휘날리며 거대한 허풍과 위선을 숨김 채 신비롭게 출현할 것이다. 그리고 밥상을 영호남으로 분리하면서 다소 아리송한 표정을 지으며 이렇게 말할 것이다.

"영남 칠십 개 주는 밥과 구이와 조림과 장아찌이므로 인재들의 창고와 같은 곳이며, 호남지방은 국과 탕과 찌개, 간장, 물김치이므로 역적과 간사한 사람들의 소굴이다!"[13]

간단히 예를 든 바와 같이 대체로 지금까지의 동서양 철학자들은 밥상 안에 마른 것들과 젖은 것들이 조화를 이루어 평화롭게 어울려 있는 것을 도저히 참고 보지 못한다. 따라서 그들은 가지가지의 그럴듯한 교묘한 말을 지어내어 밥상을 둘로 분열시켜 한쪽만 진선미眞善美라고 하고 다른 쪽은 거짓이며 악이며 추한 것이라고 편을 갈라놓아야만 마음이 편해질 것이다. 이들은 말하자면 밥상 위를 편을 갈라 서로 이간시키고 싸우게 만드는 것이다. 그들은 명백하게 증오와 대립과 갈등과 파괴를 가르친 것이다.

그러나 자고로 우리 한국의 어른들은 밥상 앞에서 음식을 가려서 먹는 아이들이 없도록 엄격하게 키워왔다. 우리의 조상들은 조화와 통합을 하루에 세 번씩 밥을 먹을 때마다 가르친 것이다.

---

13) 정감록 류의 책인 삼한삼림비기에서는 이렇게 말한다.
"영남지방 칠십 개 주는 땅이 두텁고 산이 수려하여 인재들의 창고와 같은 곳이며, 호남지방은 산이 거슬러 달리는 까닭에 역적과 간사한 무리들의 소굴이므로 나라의 권한을 쥔 사람들은 호남지방 사람들을 쓰기를 즐겨하지 말라."고 말한다. 그리고 이 책의 끝에서 이 내용은 신명존자가 지어 보원에게 전하고 이를 다시 도선에게 전했고 이를 낙산대사가 전했으며 그것을 자신이 전해 받아 명산에 깊이 감추며 훗날 성인이 이를 열어보기를 기다린다고 기록했다. 정감록에 대한 자세한 것은 필자의 책『한철학1 - 생명이냐 자살이냐』의 466~476쪽 한반도 내부의 온힘과 정감록 변증법을 참조 바람.

② 증오와 갈등을 통합과 통일로 전환하는 밥상안의 한사상

우리가 아는 위대한 철학자들의 모습은 우리 한국인의 밥상 앞에 서는 한없이 바보 같고 어린아이와 같이 유치해지고 만다.

그러나 이처럼 유치한 학설이 진리처럼 힘을 가질 때 그 사회는 반드시 둘로 분리되어 서로가 서로를 증오하고 대립하며 갈등해온 것이 지나온 인류의 역사이다.

한국인의 사고의 틀은 밥상에서 나타나듯 마른 것과 젖은 것으로 두 패로 나뉘어 서로를 부정하는 것이 아니라 전체를 이루는 각각이 하나로 통합되어 있다. 그중 어느 하나도 불필요하다고 버리는 것이 없다.

이는 지금까지 존재해온 동서양의 사고의 틀과는 완전히 다른 차원의 사고의 틀을 한국인은 밥상에서 보여주고 있는 것이다. 다시 말해 증오와 대립과 갈등을 생명력과 평화로 전환시킨 모습을 보여 준 것이다.

저명한 경영학자 피터 드러커가 쌍방을 최적화하는 정책이야말로 가장 이상적[14]이라고 말할 때 매우 어려운 이론 같이 보인다. 그러나 우리의 밥상을 보라! 젖은 것과 마른 것이 서로 잘 조화되어 최적화되어 있지 않은가? 드러커는 현재로서는 우리는 그러한 이론의 싹조차 찾아내지 못한 채로 있다[15]고 했지만 우리 한국인들은 우리의 밥상에서 이상적으로 조화된 그 이론을 하루에 세 번이나 만난다.

③ 밥상 안의 주主와 객客

한편 좀 더 주의 깊게 밥상을 잘 살펴본다면 밥상은 단순하게 상대적으로 이루어진 것이 아니라 주主와 객客으로 나뉘어 있음을 알

---

14) 피터 드러커, 『새로운 현실』, 김용국 역, 시사영어사, 1990년, 207쪽.
15) 피터 드러커, 『새로운 현실』, 김용국 역, 시사영어사, 1990년, 207쪽.

밥상 위의 한사상

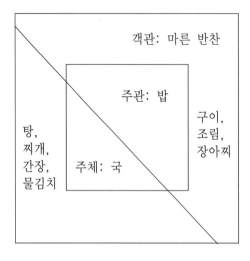

밥상 위의 질서상태

밥과 국이 각각
주관과 주체로
공적영역을 이룬다.

나머지 마른 반찬은
객관이 되고,
젖은 반찬은
객체가 된다.
이는 사적영역이 되는
상태를 상징한다.

수 있다.

즉, 밥과 국은 주主이고 반찬들은 객客인 것이다. 밥상 위에서 보듯 주객主客은 하나로 통일되어 전체를 조직하는 우주론宇宙論을 보여준다. 이 부분은 '온'이 만드는 혼돈상태를 넘어 질서상태를 설명한다.16)

즉, 밥과 국은 공적영역公的領域이 되고 반찬들은 사적영역私的領域17)을 상징하는 것이다. 이처럼 밥상은 그 자체로 하나의 살아 있는 통합과 통일적인 우주를 상위에 정확하게 재현시켜 놓은 것이다. 우리의 밥상은 얼마나 아름다운가?

---

16) 밥상 위에 젖은 것과 마른 것이 최적화된 상태 위에 밥과 국을 주主로 하고 반찬들을 객客으로 하는 이 모습은 천부도가 질서상태를 나타낼 때 중앙의 36+외부의 64=100이 되는 모습과 같다. 즉, 이 질서상태의 모습은 그 바탕에 45+55=100이라는 혼돈상태를 그 바탕에 깔고 있는 것이다.
17) 예를 들어 설명하자면 공적영역(公的領域)은 머리이며, 사적영역(私的領域)은 몸과 마음이다.

④ 숟가락과 젓가락이 표현하는 우주론과 행위예술

밥상이 설명되는 과정에서 숟가락과 젓가락이 함께 설명하지 않는다면 밥상을 이해하는 일에 중요한 부분이 빠진 것이 된다. 우리의 밥상은 숟가락과 젓가락이 있으므로 해서 최적화되는 것이다.

중국인의 경우 주로 젓가락을 사용하며 숟가락은 거의 쓰지 않는다. 면류麵類로 대표되는 그들의 주식으로 인해 숟가락 사용은 결코 보편적이지 않다. 밥을 먹는 남방의 경우 숟가락을 쓰지만 그것은 밥을 먹기 위해서가 아니라 탕을 먹기 위해 마련된다.[18] 일본인의 경우도 중국인처럼 젓가락만으로 식사를 해결한다. 일본인은 밥을 공기 째 들고 먹으며 국도 국그릇을 들고 마시며 건더기는 젓가락으로 건져 먹는다.

그러나 우리 한국인들은 중국과 일본과는 근본적으로 다르다. 우리는 숟가락과 젓가락을 함께 사용하는 것이다. 비록 걸인이라 해도 자신의 숟가락은 반드시 지닌다고 전해질 만큼 수저에 대한 용도는 절대적이었다.[19]

고대에는 손으로 먹는 방식이 동서양을 막론하고 일반적이었다. 로마인들은 모두 손으로 음식을 먹었다. 숟가락과 나이프와 포크는 유럽에서는 중세에서야 사용되었고 이때에는 귀족들이나 사용할 수 있었다.[20]

춘추시대(春秋時代: BC 770~403년) 문헌인 춘추좌씨전春秋左氏傳에

---

18) 국제한국학회, 『실크로드와 한국문화』, 소나무, 1999년, 283쪽.

19) 박인숙, 『은수저 개발에 관한 연구』, 숙명여대 석사학위논문, 1992년, 2쪽.

20) 당시 기독교 성직자들은 신이 만든 인간의 손가락만이 신이 주신 음식을 만질 가치가 있다고 주장하여 포크의 사용을 비난했다. 어떤 목사는 음식들에 손가락을 대지 않는 것은 신의 섭리에 대한 모독이라고 까지 주장했다. 또 악마가 포크를 가지고 있던 것도 포크 사용을 꺼린 이유다. 오늘날 포크 끝이 4개인 것은 3개인 악마의 포크와 같아지는 것을 피하기 위한 것이라고 한다. 박영수, 『유행 속에 숨어 있는 역사의 비밀』, 살림, 1998, 312쪽.

도 식사를 손으로 했다는 내용이 있는 것으로 보아, 그 당시까지도 손으로 식사를 했고, 젓가락은 일반 식사용이 아니었음을 짐작할 수 있다.[21] 그리고 의미심장하게도 중국의 상고시대에는 우리같이 숟가락과 젓가락을 사용하였다. 약 3500년 전 중국 은대(殷代: BC1700~1299년)의 유적에서 보이는 청동제의 젓가락과 숟가락[22]으로 보아 이미 은나라에서 숟가락과 젓가락이 등장한다.

일본의 중국인 민족학자 슈닷세이(周達生)는 한국인이 숟가락으로 밥과 탕·국·찌개를 먹고, 젓가락으로 다른 반찬을 먹는 습관은 고대 중국의 주례(周禮)에 나오는 예법과 매우 닮았다[23]고 한다.

이 은(殷)나라는 우리 한겨레와 같은 동이족이 세운나라라는 점에서 그들이 숟가락과 젓가락을 사용했다는 이 사실은 의미심장한 것이다. 일본에는 신라가 보내온 금속제 숟가락이 지금도 보존되고 있다.[24]

우리나라의 경우 숟가락은 고조선시대로부터 사용되었던 것으로 추측된다.[25] 청동기 시대의 만주 길림성 유적에서 뼈로 만든 숟가락이 출토된 바 있으며, 낙랑에서 청동숟가락이 발견되었다. 가장 오래된 것으로 황해도 황천 흑교역(黑橋驛) 동쪽의 출토품이 하나 전해지는데, 삼국시대 이전(초기금속문화기)의 것으로 여겨진다.[26]

5세기 후반 신라 금관총에서는 은제 세 잎과 금동제 한 잎이 선보였다. 봉의 크기는 3×4센티미터에 지나지 않지만, 당시 왕족이 은 숟가락을 쓴 것이 흥미롭다. 그러다 523년의 무령왕릉(武寧王陵)에서

---

21) 조경숙·이미혜, 「동서양 취식문화에 대한 고찰-포크와 나이프, 스푼 문화권」, 《한국조리학회지》 제9권 제1호, 2003년, 113쪽.
22) 신민배, 「젓가락과 일본 식문화의 관련성 연구」, 계명대 석사학위 논문, 1992년, 2쪽(상게서 113쪽 재인용).
23) 국제한국학회, 『실크로드와 한국문화』, 소나무, 1999년, 296쪽.
24) 정대성, 『일본으로 건너간 한국음식』, 김문길 역, 솔출판사, 2000년, 49쪽.
25) 박인숙, 『은수저 개발에 관한 연구 숙명여대 석사학위논문』, 1992년, 2쪽.
26) 앞의 책, 1992년, 6쪽.

세 잎의 구리 숟가락과 한 잎의 구리 젓가락이 동시에 출토되었다.[27]

동양 삼국 중에서 우리 한국인들만이 동양의 상고시대에 존재했던 문명권에서 사용하던 식사도구인 젓가락과 숟가락을 변치 않고 그대로 사용하고 있는 유일한 민족인 것이다. 우리 한겨레공동체의 구성원 전원이 매일같이 하루에 세 번 사용하는 숟가락과 젓가락은 살아서 숨 쉬고 있는 사라진 동양의 고대문명의 유물인 것이다.

우리 한국인들의 밥상은 전체적인 온이다. 그리고 밥과 국이라는 공적영역과 반찬이라는 사적영역이 엄격하게 분리된 상태의 질서의 세계이다.

숟가락은 밥상의 공적영역인 밥과 국을 먹기 위해 주로 사용한다. 그리고 젓가락은 밥상의 사적영역인 반찬들을 먹기 위해 사용한다.[28] 이는 한철학의 질서상태의 역동적인 우주론을 정확하게 현실에서 실현하고 있는 것이다.

예를 들어 말하자면 태풍의 중심인 태풍의 눈을 보라! 이 움직이지 않는 중심 부분인 공적영역은 밥과 국의 영역으로 숟가락이 담당한다. 그리고 움직이는 사적영역인 외부의 태풍은 반찬들의 영역으로 젓가락이 담당한다.

태풍은 태풍의 눈과 그 외부가 하나로 결합되어 하나의 생명체처럼 움직인다. 마찬가지로 숟가락과 젓가락은 이 통합적이고 통일적인 한국인의 밥상이라는 질서의 세계의 공적영역과 사적영역을 운영하는 복합적인 수단이다.

---

27) 김광언, 『한국의 부엌』, 대원사, 1998년, 179쪽.
28) 물론 젓가락으로 밥이나 국의 건더기를 먹는다 해서 아무도 문제를 삼는 사람은 없다. 그리고 숟가락으로 반찬을 떠먹어도 상관없다. 그리고 간장이나 물김치는 숟가락으로 먹는 것이기도 하다. 이와 같은 예외를 제외한 일반적인 방법을 말하는 것이다.

다른 예를 들자면 인간의 머리는 공적영역이고 몸과 마음은 사적영역이다. 밥상의 머리는 밥과 국이며 밥상의 몸과 마음은 반찬이다. 숟가락은 밥상 위의 머리의 영역을 주로 운영하고, 젓가락은 밥상 위의 몸과 마음의 영역을 운영하는 것이다.

우리가 매일 만나는 밥상위에서 숟가락과 젓가락이 움직이며 벌어지는 이 움직임은 그대로 우주의 공적영역과 사적영역이 하나로 움직이는 우주론을 그야말로 역동적으로 표현하는 것이다.

한겨레공동체의 일원이라면 누구나 이처럼 하루에 세 번씩 우주전체의 통합과 통일의 우주론을 행동으로 현란하게 재현하고 있다. 이는 밥을 먹는 것임과 동시에 현묘하게 설계된 우주론을 철학적 행동이나 종교적 의식 또는 행위예술로 역동적으로 나타내는 것과 같다.

우리는 아무 생각 없이 밥상과 숟가락과 젓가락을 매일 만나지만 조금만 생각하면서 살펴보면 그 안에는 동서양의 철학자들이 상상도 하지 못한 위대한 한사상이 살아서 숨 쉬고 있음을 알 수 있는 것이다.

(2) 비빔밥과 한사상

우리나라는 오래 전부터 농업을 했고 여러 가지 곡식과 벼농사를 지었다.[29] 한반도의 경우 기원전 3000~4000년 전 쌀의 품종이 이미 찰기가 있는 자포니카 종류로 밥을 해먹었다.[30] 쌀밥은 처음에는

---

[29] 우리나라 농경시대의 개시는 기원전 6~7세기경으로 거슬러 올라가나 부족연맹국가시기에 이르러 벼 중심의 농업국으로서의 기틀이 세워지게 되면서 곡물이 주식의 위치에 어육류, 채소류가 부식으로 자리 잡게 된다. 이 시기의 보편적인 곡물은 기장, 피, 조, 콩, 팥, 보리와 같은 잡곡이었다. 그러나 삼국시대에 이르러 벼농사가 일반화되었으며 이로 인해 쌀의 생산과 소비가 증가하였다. 김숙희·장문정·조미숙·정혜경·오세영·장영애, 『식생활의 문화적 이해』, 신광출판사, 1998년, 151쪽.
[30] 조경숙·이미혜, 「동서양 취식문화에 대한 고찰-포크와 나이프, 스푼 문화

상류층의 것이었고 조선시대까지도 쌀밥은 귀한 것이었다.

한국인이 먹는 밥은 빵과는 다르다. 밥은 곡식을 파괴하지 않고 껍질만 벗겨 원형 그대로 물에 넣고 끓여서 만든다. 밥은 여럿의 곡식 알갱이들이 하나의 전체를 이룬 온의 모습을 잃지 않고 있다. 즉 하나의 상태에서 다른 상태로 혁신하는 과정을 모습을 눈으로 확인할 수 있다.

밥 중에서의 가장 한국적인 것은 비빔밥이다. 비빔밥은 밥을 다시 여럿의 반찬과 섞어 하나의 전체를 조직한다는 점에서 조화된 온의 모습을 더 분명히 보여준다는 점에서 매우 한사상적이다. 비빔밥은 전주와 진주를 비롯하여 전국적으로 널리 애용되고 있다. 우리나라의 일반가정에서도 각종 반찬을 섞어서 고추장에 비벼먹는 비빔밥을 즐겨 만들어 먹는다.

비빔밥은 스스로 각종 양념을 원하는 만큼 넣어서 비벼먹음으로서 맛을 만드는 과정에 고객이 직접 참여하고 그럼으로써 맛의 다양성이 보장된다. 이 점에서 햄버거나 피자와 같이 맛을 만드는 과정에 고객이 완전히 배제되어 다양성과 참여성이 배제된 일률적인 공장식사고의 틀이 적용된 음식과는 근본적으로 다르다.

이 역시 다원적인 여럿이 하나의 전체인 온을 이루는 한사상이 잘 나타나 있다. 비빔밥에는 과정이 존재하며, 그 과정에 고객이 참여함으로서 맛의 개별화가 가능하여 다양성이 보장되는 것이다.

(3) 김치와 한사상

밥상은 하나의 전체이지만 그 부분들도 나름대로 하나의 전체를 이루고 있다. 이른바 프랙탈[31]의 원리가 그대로 적용되어 있는 것이

권」, ≪한국조리학회지≫ 제9권 제1호, 2003년, 115쪽.

다. 대표적인 것이 김치이다. 김치는 밥상 안의 여럿 중의 하나이지만 김치 역시 여럿이 모여 하나의 김치를 이룬다. 그런데 김치는 단순히 '온'만 설명하는 것이 아니라 한사상 전체를 설명하는 살아 있는 한사상의 과정론을 가장 잘 설명하고 있다. 따라서 김치가 가지고 있는 내용을 좀 자세하게 다루어봄으로써 전체적인 한사상의 전체를 이해하는 길잡이로 삼아보자.

① 김치 안에 존재하는 생명의 과정철학

김치종류만 보아도 깍두기, 나박김치, 열무김치, 포기김치, 통김치, 짠지, 풋김치, 오이김치, 소박이김치, 호박짠지, 동치미 등 각 지방과 집안에 따라 담가먹는 수많은 종류의 김치가 있다. 전국적으로 각기 다른 특색을 가진 김치의 수가 얼마나 많은지는 전문가도 알 수 없을 정도이다. 김치는 그 종류만으로도 온을 이루고 있는 것이다.

김치는 이미 세계적인 건강식품으로 떠올랐다. 미국의 건강 전문 월간잡지인 ≪헬스(Health Magazine)≫가 한국의 김치를 세계 5대 건강 음식으로 선정, 소개해 눈길을 모으고 있다. 이 잡지는 한국인들이 다양한 음식과 더불어 매년 1인당 평균 40 파운드씩 먹는 김치는 비타민 A, B, C 등 핵심 비타민이 풍부하고 유산균이라는 건강에 좋은 박테리아가 많아 소화를 돕는다고 평가했다.[32]

---

31) 프랙탈이란 만델브로트에 의해 만들어진 용어로서 부분이 전체를 닮는 자기 유사성을 설명한다.
32) 2006/03/25 일자 뉴욕 연합뉴스 이 잡지는 또 ▲올리브유는 심장병 예방에 좋고 ▲요거트는 면역성을 증진시키고 뼈를 튼튼하게 하며 ▲인도의 말린 콩인 렌틸은 단백질과 콜레스테롤을 낮춰주는 섬유질이 풍부하고 ▲콩은 암과 골다공증을 예방하는 데 좋다고 덧붙였다.
그런데 일본인의 식품으로 알려진 콩은 우리 한민족국가의 터전인 만주가 원산지이다. 그리고 콩나물과 된장과 간장 등 콩으로 만든 음식 또한 한국이 주종을 이루고 있다. 우리는 세계적인 우리의 것을 외국에게 빼앗기고 이미 김치는 문화상품으로서의 한류韓流가 되어 세계인에게 알려지고 있는 것이다. 우리나라 문헌에 나타난 김치의 기원은 고려시대 이규보(1168~1241)가 지은 동국이상국집의 가포육영家圃六詠조에 순무를 여름에는 장을 담그고(得醬), 겨울에는 소금에 절여(漬鹽) 월동용으로 먹었다는 기록[33]이 있다.

김치는 간장, 된장, 젓갈 그리고 술과 같은 발효기술이 최정상에 이른 민족이 아니고는 만들기가 불가능한 고도의 기술을 요하는 것이다. 지금의 김치의 전단계가 이미 삼국시대와 고려시대에 보이기 시작한다.[34]

조선시대에 딤채라는 용어가 나타나는 데 채소를 소금에 절이는 대신 소금물을 부어 국물이 많은 김치를 개발한 것으로 본다. 조선 후기 김치의 형태가 크게 변하면서 지금과 같이 맵고 맛도 좋고 다양한 김치로 발달한 것은 임진왜란을 전후하여 우리나라에 고추가 전래된 후부터이다.[35]

김치는 그 여럿이 단순하게 하나로 모인다고 김치가 되는 것이 절대로 아니다. 김치는 반드시 생명의 과정을 겪는다. 모든 재료가 하나의 전체가 되는 것은 한약의 탕약과 같다. 그러나 탕약은 끓이지만 김치는 끓이지 않고 모든 재료가 살아 있는 그대로 함께 하나의 전체를 이루어 발효과정을 겪는다.

있는 것이다.

33) 김숙희·장문정·조미숙·정혜경·오세영·장영애, 『식생활의 문화적 이해』, 신광출판사, 1998년, 159쪽.

34) 신라 신문왕 683년에는 왕비를 맞이하여 납채를 하는데 폐백음식으로 술, 쌀, 기름, 꿀, 장, 포, 해가 있는데 여기서 해는 젓갈과 김치류의 총칭으로 해석된다. 이와 같은 문헌으로 미루어 볼 때 삼국시대와 고려시대의 김치류는 지금의 장아찌류와 같은 것이었다고 볼 수 있다. 김숙희·장문정·조미숙·정혜경·오세영·장영애, 『식생활의 문화적 이해』, 신광출판사, 1998년, 150쪽.

35) 김숙희·장문정·조미숙·정혜경·오세영·장영애, 『식생활의 문화적 이해』, 신광출판사, 1998년, 150쪽.

김치가 인체에 필요한 각종 영양이 풍부하여 건강에 여러 가지 도움이 되고 또한 병을 고치는 효과가 있다고 하는 것은 생명의 역동적인 과정을 겪기 때문인 것이다. 이제 김치가 갖는 과정을 살펴보자.

준비된 무, 배추와 젓갈과 양념들은 단지 가능상태이다. 그것을 혼합하여 김치가 만들어졌다 해도 그것은 아직 혼돈상태이다. 이 혼돈상태의 김치가 숙성과정이라는 통합상태를 거쳐야 비로소 현실상태 즉 질서상태의 김치가 되는 것이다. 그리고 각종 재료가 가장 이상적으로 통일되어 최고의 맛을 낼 때가 통일상태이다.

그러나 지나치게 오래되어 못 먹을 정도로 시어지면 그것은 이미 김치로서의 과정에서 해체된 무질서상태의 김치가 되는 것이다.

그리고 숙성과정에서 무질서상태로 가는 시간을 최대한 연장하여 김치의 보존이 최적화를 이루었을 때 김치의 성취상태인 것이다. 과거에는 이 시간을 연장하는 방법으로 땅에 묻는 방법이 사용되었으나 오늘날은 김치냉장고가 편리하게 이 역할을 하게 되었다. 이 김치의 성취상태가 김치라는 생명체가 이루어내는 재세이화이다.

이렇게 해서 김치가 생명체로서 최적의 보존상태를 이루고 있다가 자신을 필요로 하는 인간에게 스스로를 내어줌으로써 인간은 이를 먹고 또한 스스로를 재세이화, 홍익인간하게 된다. 그리고 다시 새로운 생명체로서의 김치를 만들게 되는 것이다. 한사상의 역동적인 과정론을 이처럼 잘 보여주기도 어려운 것이다.

이처럼 한사상으로서의 김치는 한철학이 설명하는 가능상태와 혼돈상태와 질서상태와 성취상태와 완성상태 그리고 무질서상태까지 완전하게 가지고 그것을 생활에서 살아서 움직이는 한사상으로 활용하고 있다. 생명철학으로서의 한사상을 가진 민족만이 만들어낼 수 있고 또한 설명할 수 있는 대표적인 역동적인 식품이 바로 김치인 것이다.

② 김치 안에 존재하는 평화와 자유와 민주 그리고 번영과 평등

그동안 동서양의 철학은 김치가 살아있는 생명체로서 현실에서
보여주고 있는 여섯 가지 상태 중 단 한 가지의 상태도 제대로 설명
을 하지 못하는 무생명의 철학에 그친 것이다.

그러나 지금까지의 동서양의 철학이 전혀 설명하지 못하던 이 여
섯 가지의 상태가 갖는 전체과정에 대해 한국인들은 아무리 신경이
무딘 사람이라도 도저히 모를 수 없도록 생활 속에 녹아있는 한사상
으로 경험하고 있는 것이다.

살아 있는 생명체로서의 음식에는 포도주와 요구르트도 있다. 그
러나 포도주는 포도 하나만으로 만들고 요구르트는 우유 하나로만
만든다. 이는 공존을 불허하는 서양철학의 모순율을 만족시키는 것
이다.

김치는 여럿을 하나로 통합하고 통일하는 긍정성의 변증법이 그
안에 한사상으로 녹아 있다는 점에서 포도주와 요구르트와는 전혀
다른 사고의 틀이 활용되어 있다. 소위 휴젼(Fusion)이란 서로 다른
두 종류 이상의 것이 합해져 새로운 것이 되는 것을 말한다. 최근에
는 음식과 음악 등에 휴젼(Fusion)의 개념이 사용되고 있다. 그러나
한사상은 휴젼(Fusion)의 개념을 이미 오래 전에 넘어 생명의 과정철
학으로 발전시키고 있는 것이다.

요즈음 김치가 조류독감을 예방한다는 효능으로 전 세계적인 인
기를 끌고 있는 것은 바로 이와 같은 김치만이 갖는 전체성으로서의
온이 갖는 과정이 가진 특수한 효과인 것이다. 즉, 하나 하나만으로
는 없는 효능이 전체를 이루어 과정을 거치면 없던 효능이 창조되어
발현되는 것이다.

따라서 김치는 먹는 사상이 되는 것이다. 아니 이미 김치는 먹는 한사상이다. 그리고 영화와 노래와 춤과 함께 세계로 뻗어나가고 있는 또 하나의 문화상품으로서의 한류이다.

한국인들은 만사를 전체적이며 복합적이고 과정적으로 생각하고 활동한다. 이것은 우리에게는 당연한 것이지만 우리와 다른 동서양 사람들에게는 꿈도 꿀 수 없는 전혀 다른 차원의 사고의 틀이다. 그러나 모든 인류가 마음속 깊은 곳에서 갈망하는 바로 그것이다.

김치를 김치로만 판다면 그것은 얻을 수 있는 것의 100분의 1만 얻는 것이다. 그것은 물질로서의 김치만을 파는 것이 불과한 것이다.

그보다는 한국의 과학기술인 김치와 김치를 만들게 작용한 한국의 문화를 이중적으로 동시에 알릴 수 있는 것이다. 뿐만 아니라 이 과학기술과 문화를 통일하는 보이지 않는 공적영역으로서의 한국적 상상력과 판단력과 통찰력을 알릴 수 있는 기회를 포기하고 있는 것이다.

우리는 김치 안에 녹아 있는 역동적인 과정철학을 수학과 도형과 논리 그리고 실험데이터로 명백하게 표현할 수 있다. 그리고 김치에 녹아있는 과정철학의 상태들은 통합상태에서 평화가 그리고 질서상태에서 자유가, 통일상태에서 민주주의가 그리고 성취상태에서 번영이 마지막으로 완성상태에서 평등이라는 인류의 보편적 가치를 설명하는 사상체계[36]이다.

김치에 녹아 있는 한사상을 있는 그대로 설명할 수 있을 때 김치가 한국에서 발명될 수밖에 없었던 이유를 설명할 수 있을 것이다. 그럴 때 김치는 한갓 식품으로서의 한류가 아니다. 김치는 증오와 대립과 갈등을 평화의 통합과 통일로 이끌고 나아가 재세이화·홍익

---

36) 자유와 민주 그리고 번영과 평등에 대한 자세한 설명은 이 책 전체를 통해 하나 하나 다시 설명할 것이다.

인간으로 이끄는 한국인의 사상 한사상인 것이다.

김치를 파는 사람은 단순한 장사꾼이 아니라 김치를 통해 한사상을 전파하는 철학적 스승이 되어 줄 필요가 있는 것이다.

③ 간장·된장 등 발효식품과 한사상

김치에 적용된 생명의 과정철학은 간장과 된장에도 동일하게 적용된다. 우리의 조상들이 간장과 된장을 대하는 사고의 틀은 김치보다 더 오래되고 신중하게 다루어온 것 같다.

가령 간장과 된장을 담근 독에 새끼줄을 둘러 금줄을 치는 것은 인간이 아이를 낳을 때 금줄을 치는 것과 같은 개념이 사용된 것이다. 아이가 태어날 때는 혼돈상태이며 태어난 다음은 질서상태이다. 우리 한겨레공동체는 이 생명의 과정을 신성시해 이 과정에 잡인들이 접근하지 못하도록 대문에 금줄을 침으로써 막았던 것이다.

간장과 된장을 담그는 것도 혼돈상태에서 질서상태로의 혁신에 대한 사고의 틀이 있었기에 가능한 것이다.

혼돈상태에서 질서상태의 혁신은 역동성이 작용하는 것으로서 매우 예민하며 상처입기 쉬운 과정이다. 간장과 된장을 담은 독에 금줄을 치는 것은 이 생명의 과정을 보호하여 혁신이 일어나도록 만들려는 놀라운 슬기로움이 아닐 수 없는 것이다. 즉, 우리의 조상들은 간장과 된장을 생명으로 여겨 인간과 똑같이 혼돈상태와 질서상태를 겪는 것으로 여긴 것이다.

(4) 콩나물과 한사상

우리 한국인의 밥상에 콩나물이 빠진다면 그것은 무언가 대단히 섭섭하고 허전한 것이다. 우리는 콩나물로 나물을 만들어 먹고 국을 만들기도 하며 각종 찌개에 콩나물을 넣어 먹기도 한다. 심지어 콩나물밥을 만들어 먹기도 한다. 속설에 콩나물밥을 3년 해먹으면 부자가 된다는 말이 있을 정도로 콩나물밥은 영양도 많고 다른 반찬이 없어도 맛있게 먹을 수 있다.

콩나물은 밥상과 비빔밥과 김치와는 달리 살아 있는 생체적인 생명체로서 상태를 가지고 있다. 이는 대단히 중요한 차이이다. 생명체로서 콩나물은 혼돈상태에 존재하고 있다. 자연상태에서 혼돈상태는 잠시 동안만 존재하기 때문에 우리가 육안으로 혼돈상태를 관찰하기는 매우 어렵다. 콩나물은 이처럼 현실에서는 극히 보기 어려운 혼돈상태로 존재하지만 우리에게 이 콩나물은 매일같이 볼 수 있는 흔해빠진 것이다.

즉, 콩은 가능상태이며 콩줄기는 질서상태인데 콩나물은 콩도 아니고 콩줄기도 아닌 애매모호한 혼돈상태인 것이다. 혼돈상태는 그자체로 '온'의 상태이다. 콩나물은 생명체로서 우리의 육안으로 관찰되는 극히 희귀한 혼돈상태로서의 '온'의 상태인 것이다.

① 러일전쟁의 승패를 가른 콩나물

우리에게 콩나물은 너무나 흔해빠진 것이다. 그러나 이 넓고 넓은 지구상에서 역사를 통해 콩나물을 먹어온 민족은 우리 한겨레뿐이다. 물론 지금은 우리의 콩나물을 외국에서도 만들어서 팔고 있기는 하지만 그것은 극히 소규모이며 또한 어디까지나 그 종주국은 우리나라인 것이다. 콩나물은 우리민족만이 가지는 특수한 무엇인가를 설명할 수 있는 중요한 단서인 것이다.

콩과 콩나물의 차이는 상태의 차이이다. 즉, 콩은 가능상태이며 콩나물은 혼돈상태이다. 이 차이는 비타민 C의 유무라는 중요한 의미를 지니게 된다.

즉, 콩에는 비타민 C가 없지만 콩나물에는 비타민 C가 풍부하게 있다. 따라서 기나긴 겨울철에 콩나물은 비타민 C를 공급해주는 중요한 식품으로 우리 한겨레공동체가 가진 경쟁력중의 하나였다. 역사적으로 비타민 C는 전쟁에서 국가의 존폐를 결정짓는 역할을 하는 경우가 있었다. 실례를 들어보자.

청일전쟁에 승리한 일본은 만주와 한반도의 지배권을 놓고 러시아와 충돌하게 된다. 러시아는 당시 강대국으로 일본과는 국력이 비교가 안 되는 나라였다.

일본과 러시아는 압록강변의 용암포의 벌목권을 두고 직접 충돌하기 시작했다. 양국은 1904년 2월 서로에게 선전포고했다. 일본군은 쉽게 한반도와 만주를 장악했고 러시아군은 요동반도 남쪽 여순에서 고립되었다.

일본의 노기 마레스캐가 이끄는 제3군은 수차례에 걸친 203고지 공격에서 6만 명을 희생시키면서 1905년 1월 여순을 함락했다. 같은 해 3월 봉천에서 일본군 25만 명과 러시아군 32만 명이 대회전을 벌렸다. 이 전투에서 3월 1일에 일본군은 공격을 시작하여 3월 10일에 봉천을 점령했다.

그리고 러시아는 육전에서의 패배를 해전에서 회복하려 했으나 일본의 연합함대 사령관인 도고 헤이하찌로는 발트해를 출발하여 7개월간의 긴 항해 끝에 대한해협을 통과하는 로제스키벤스키의 발트함대를 5월 27일 오키노시마 근처에서 완전히 섬멸했다.

발트함대는 30척이 넘는 대함대였지만 선박은 구식이었고, 병사들도 주로 농민으로 이루어져 있었다. 게다가 3만 킬로미터에 이르는 긴 항해로 연료는 거의 떨어졌고 오합지졸인 병사도 지쳐 있었다.[37]

---

37) 이창위, 『우리 눈으로 본 일본제국 흥망사』, 궁리, 2005년, 53쪽.

그리고 일본군이 무려 6만 명의 자국병사를 희생시킨 여순전투는 러일전쟁의 분기점이라고 할 수 있다. 러시아군은 여순성을 봉쇄당하는 바람에 야채의 공급을 받지 못해 비타민 C의 부족으로 괴혈병에 걸려 큰 고통을 받았고 전력에 크나큰 손실을 받았다. 러시아군은 한겨울인 1월에 견디다 못해 일본군에게 항복을 하고 만다. 여기서 중요한 것은 항복시점이 채소가 없는 한겨울인 1월이라는 사실이다.

그런데 요동반도의 황해 쪽 끝자락에 위치한 여순항은 콩의 원산지인 만주의 항구도시로서 그곳을 방어하던 러시아군은 콩을 풍부하게 보유하고 있었다. 그러나 러시아군은 콩으로 콩나물을 만들면 비타민 C를 얻을 수 있다는 사실을 알지 못했다. 만일 당시 러시아군에게 콩나물을 만드는 기술이 있었다면 러시아군은 비타민 C의 부족으로 고통 받지 않았을 것이며 그토록 치욕적인 항복은 결코 하지 않았을 것이다.(물론 겨울에도 풍부한 비타민을 섭취할 수 있는 김치를 담그는 기술이 있었다면 더욱더 항복을 했을 리가 없었을 것이다.)

일본은 이 전쟁에서 전쟁비용 17억 엔 가운데 40%를 영국과 미국에서 모집한 외채로[38] 빌려 겨우 겨우 전쟁을 지원하며 버텼다. 그리고 여순 전투에서 일본군 6만 명이 전사하면서 사실상 패전의 길을 걷고 있었다.

만일 여순성의 러시아군이 비타민 C를 공급받아 건강한 몸으로 계속 방어했다면 일본군은 끔찍한 재정적 파탄과 더욱 더 감당하기 어려운 인명의 희생을 겪었어야 했을 것이며, 전쟁의 승리는 바라보기 어려운 것이 되었을 것이다.

러일전쟁의 승패를 가른 또 하나의 분기점인 발틱함대의 패배도

---

38) 요시노 마코토, 『동아시아속의 한일 2천 년사』, 한철호 역, 책과함께, 2005년, 284쪽.

마찬가지이다. 일본의 동맹국이었던 영국은 발틱함대가 수에즈운하를 통과하는 것을 거부했다. 따라서 발틱함대는 불운하게도 북해에서 아프리카를 돌아 동해에 이르는 기나긴 항해를 해야 했다. 그리고 그 항해기간에 비타민 C의 공급을 받지 못한 원인이 패전에 큰 원인으로 작용했을 것이다. 이 역시 콩나물을 배에서 재배하여 먹을 수 있었다면 전투의 양상이 달라질 수 있었던 사건이다.

러일전쟁의 승리는 일본이 군국주의로 나아가는 시발점이 되었다. 그리고 그 종말은 태평양전쟁이라는 기나긴 과정을 거쳐 히로시마와 나가사키의 원자폭탄투하로 끝이 났다. 만일 러일전쟁에서 러시아가 콩나물재배방법을 알았다면, 다시 말해 과정철학의 혼돈상태를 활용하는 방법을 알았다면 이 전쟁에서 지지 않았을 것이며, 이어지는 제정러시아의 멸망에도 큰 영향을 미쳤을 것이다. 그리고 조선의 국운에도 큰 영향을 미쳤을 것이다. 콩나물에 담긴 철학은 이렇게 결정적인 것이었다.

② 아리스토텔레스는 콩나물과 혼돈상태를 몰랐다!

이 같은 결과는 아리스토텔레스 이래 서양철학에서 혼돈상태가 실종되었기 때문에 콩나물이라는 혼돈상태의 식품을 만들 사고의 틀을 전혀 갖지 못한 데서 그 원인을 찾을 수 있다. 이는 과정이 가지는 역동성과 속도를 가지지 못하고 모든 것이 멈추어 있는 상태에서 모든 것을 바라보는 인도유럽식 정적靜的인 사고의 틀의 치명적 약점인 것이다. 콩나물을 만들어 먹기 위해서는 콩나물을 만들 수 있는 사고의 틀을 미리 가지고 있어야 하는 것이다. 콩나물을 만들 수 있는 사고의 틀이 없는 민족에게는 콩나물은 절대로 만들어지지 않는 것이다.

즉, 땅 속에 움으로 존재하며 콩도 아니고 콩줄기도 아닌 혼돈상태를 인위적으로 방안에서 만든 것이 콩나물이다. 같은 혼돈상태라도 가장 잘 자라 먹기에 적당한 상태가 통합상태이다. 콩나물이 햇빛을 본 순간부터 콩줄기를 만들고 콩꽃을 피우는 과정은 질서상태이다.

콩나물은 혼돈상태의 존재가 그 스스로 정체성을 가지고 인간에게 명백하게 인식된다. 콩나물은 반쯤은 콩이고 반쯤은 이미 싹이다. 물론 콩나물은 콩보다는 훨씬 더 자라있고 싹보다는 덜 자란 것이다. 콩나물이 그 자체로 콩나물이라는 정체성을 가지고 있다는 사실을 아무도 부정하지 못할 것이다.

아리스토텔레스는 과정상의 상태를 한국인이 볼 때는 한심하기 이를 데 없는 사고의 틀을 적용했다. 아리스토텔레스는 콩이라는 가능상태와 콩줄기라는 질서상태만으로 상태를 파악하려고 했다. 물론 그는 콩이라는 가능상태를 콩줄기라는 형상을 가지지 못한 유령적인 존재로 파악했다.[39] 그러나 한국인은 누구나 아리스토텔레스와는 달리 콩과 콩줄기 사이에 콩나물이라는 혼돈상태의 존재가 나름대로의 정체성을 가지고 존재한다는 사실을 안다.

콩나물은 콩나물로서의 질료와 형상 다시 말해 구체적인 영역과 추상적인 영역을 가진 '온'으로 존재하며 나름대로의 정체성을 가진다. 하물며 콩이 스스로 질료와 형상을 가지며 뚜렷한 정체성을 가지고 있다는 사실을 모를 수는 없는 것이다. 또한 콩줄기는 질서상태로 존재한다는 사실도 모를 수 없다.

지난 역사에서 한국인과 인도유럽인 그리고 지나인들은 똑같은 철학적 재료를 가지고 사유했지만 그 재료를 다르게 결합했다. 결국 고대 한국인만이 그 재료로 과정이 가능한 정상적인 결합을 한 것이

---

39) 아리스토텔레스가 혼돈상태를 파악하지 못함으로써 그의 논리학과 서양의 논리학이 파탄을 맞는 설명은 필자의 책 『한철학2 - 통합과 통일』에서 130~139쪽을 참고하기 바란다.

다. 바로 이 점이 동서양철학과 한국인의 철학인 한철학과의 근본적인 차이이다.

한국인들은 동네의 어린아이들도 동서양의 철학자들이 지난 3천년간 전혀 포착하지 못한 혼돈상태를 모를 수 없는 것이다. 우리 한국인들은 수천 년 전부터 콩나물이라는 혼돈상태를 늘 밥상 위에서 보고 그것을 늘 먹어온 것이다. 이는 한국인의 사고의 틀에는 혼돈상태가 필수불가결의 중요한 영역이기 때문이다.

따라서 혼돈상태가 설명하는 '온'은 우리에게 결코 낯선 상태가 아니라 생활의 일부로서 확인하며 살아온 것이다. 그러나 지난 삼천년간 아무리 위대한 동서양의 철학자라 해도 '온'은 도저히 상상조차 할 수 없는 매우 복잡다단한 상태였다.

이제 우리는 한사상의 전체과정에서 기본적인 바탕을 제공하는 온이 우리의 생활 속에서 나타난 실례들을 밥상, 비빔밥, 김치, 콩나물의 통해 알아보았다. 살아 있는 생명체로서 존재하기 위해서는 대립하는 쌍방을 통합하여 최적화된 조화를 이루어야만 한다.

그러나 기존의 철학은 대립하는 쌍방 중 한편은 선이며 나머지는 악이 된다. 이는 통합이 아니라 생명체의 역동성과 속도를 파괴함으로써 생명력을 갉아먹는 증오와 갈등만 일으키거나 또는 박제화 된 현상유지에 지나지 않는 것이다. 이러한 상태에서 생명체는 반드시 죽는 것이다.

우리의 식생활에서 언제나 함께하는 이들은 모두 대립하는 쌍방을 통합하여 절묘한 조화를 이루어 상태를 최적화하고 있는 것들이다. 그리고 콩나물과 같이 살아 있는 생명체로서 스스로 혼돈상태에 존재하고 있는 매우 희귀한 경우도 있었다.

우리는 우리의 식생활에서 늘 만나는 이들 안에 담긴 원리만 이해해도 기존의 동서양의 철학원리를 극복하고 새로운 사고의 틀을 가

질 수 있는 것이다. 또한 우리는 이들을 살펴보면서 단지 '온' 이 상
태로 나타나는 혼돈상태뿐 아니라 질서상태와 전체과정도 자연스럽
게 알아봄으로써 한사상의 전체적인 모습도 이들을 통해 알 수 있었
다.

11. 온힘

모든 대립의 경계영역에는 그 대립의 양자를 소통시키고 통합하
려는 영역이 존재한다. 필자는 이 영역에 '온'을 가능하게 하는 힘
이라는 의미에서 온힘이라는 이름을 새롭게 만들어 앞으로 사용하
겠다.

지난 삼천 년간 동서양의 철학이 통합과 통일의 긍정성의 변증법
을 만들지 못하고 증오와 대립과 갈등의 부정성의 변증법에 머물게
된 결정적인 이유가 바로 이 온힘의 영역을 인식하지 못했기 때문이
다. 생명체로서의 존재자가 역동성과 속도를 가지고 모든 과정을 진
행해 나갈 수 있게 하는 결정적인 능력은 대립하는 쌍방의 경계면에
존재하며 양자를 소통하고 통합하게 하는 온힘의 영역에게 있는 것
이다.

온힘의 영역은 생명을 가진 만물을 과정철학을 바탕으로 설명함
에 있어서 필수불가결한 요소이지만, 그동안 동서양철학에서 전혀
존재하지 않았던 영역이다.

그리고 이 온힘의 영역을 설명하기 위해 찾아볼 수 있는 사례를
기존의 학문에서는 찾을 수 없었다. 따라서 필자는 이해하기 쉬운
실례를 나름대로 몇 가지 찾아내어 소개하겠다.

(1) 자본주의와 온힘

마르크스는 자본은 축적된 노동[40]이라고 주장했다. 그리고 노동자는 자본을 생산하고, 자본은 노동자를 생산한다. 따라서 노동자는 자기 자신을 생산한다[41]고 주장했다.

마르크스는 대립하는 쌍방이 분리된 남으로서 또는 적으로서 부정하는 사회를 잘 그려냈다. 그러나 그것은 잘못된 사회의 한 단면이지 만물의 자연스러운 통합과 통일이 되도록 만드는 논리는 아닐 것이다.

생각해보면 자본은 놀랍게도 철두철미한 추상관념이다. 자본, 즉 화폐는 추상관념을 담고 있는 종이일 뿐이다. 이 시대의 화폐는 종이만도 아니다. 오늘날의 자본은 전자매체를 타고 전 세계를 돌아다니는 거대한 관념의 뭉치일 뿐이다. 이 관념에 의해서 구체적인 사물에 어떠한 가격이 매겨지더라도 그 사물에 변화가 생기는 것이 아니다. 그 변화는 단지 인간의 관념의 세계를 지배할 뿐이다.

우리는 국제적으로 테러사건이 일어나거나 국지적인 분쟁이 일어나면 마음에 충격을 받는다. 그리고 이로 인해 주식시장의 주가는 폭락하고 수십조에 해당하는 거대한 자본이 순식간에 허공으로 사라지는 것을 종종 본다. 이는 자본이 단지 추상관념이라는 사실을 잘 말해주는 것이다.

마르크스는 화폐는 신실함을 비신실함으로, 사랑을 미움으로, 덕을 패덕으로, 종을 주인으로, 어리석음을 오성으로, 오성을 어리석음으로 전환시킨다[42]고 생각했다. 이는 마르크스에게는 정당한 것이

---

40) 칼 마르크스, 『마르크스 경제학- 철학 수고』, 김태경 역, 이론과 실천, 1987년, 14쪽.
41) 앞의 책, 67쪽.
42) 칼 마르크스, 『마르크스 경제학- 철학 수고』, 김태경 역, 이론과 실천, 1987년, 118쪽.

다. 왜냐하면 마르크스는 구체적인 영역을 진선미로 보았고, 추상적인 영역은 위악추로 보았기 때문이다. 화폐는 추상적인 영역에 속하는 것이므로 그에게는 당연히 위악추가 되는 것이다.

반대로 헤겔은 추상적인 영역을 진선미로 생각했다. 헤겔과 마르크스의 철학은 전체는 서로가 구체적인 영역과 추상적인 영역이 진선미이고 반대편의 주장은 위악추라고 주장한 것이다.

이들의 철학은 오늘날 단지 미신이요 주술이 될 수밖에 없다. 그 이유는 이들의 철학은 추상적인 영역과 구체적인 영역의 경계면에 이 양자를 소통하고 통합하는 온힘의 영역이 있다는 사실에 대해 완전히 무지했기 때문이다. 따라서 이들의 이론은 현실과 동떨어진 주관적인 세계를 실제로 존재하는 세계로 착각한 것이다.

따라서 지금까지 철학은 사물과 노동력과 같은 구체적인 영역과 자본이라고 하는 순수관념과 같은 추상적인 영역은 서로 대립하고 부정하는 것으로 주장되어왔다.

자본주의는 자본이라는 추상적영역이 참일 것이며, 사회주의는 사물과 노동력이라는 구체적 영역이 참일 것이다. 이 양자는 서로를 부정하는 것이었다. 그러나 현실에서의 자본주의는 이와 같은 기존의 철학이론과는 전혀 다르게 작동하고 있다.

즉, 토지나 노동력이라는 구체적인 영역과 화폐라는 추상적인 영역의 경계면에는 이 양자를 통합하는 온힘이라는 영역이 명백하게 존재하고 있다.[43] 이 세상의 모든 자본주의는 바로 역동성의 기초적 영역인 온힘에 의해 소통되고 통합되지만, 이 명백한 사실을 인식하고 설명하는 철학자는 아직 아무도 없는 것이다.

만일 이 온힘이라는 눈에 보이지 않는 소통과 통합의 영역이 지금

---

43) 구체적인 영역= 토지나 노동력=45, 추상적인 영역= 화폐=45
온힘= 토지나 노동력과 화폐를 소통시키고 통합하는 영역 10
$100 = 45 + (45 + 10) = 45 + 55$

당장 붕괴한다면 지구상 존재하는 모든 자본주의국가의 자본주의는 순식간에 생명력을 잃고 곧바로 멸망하는 것이다.

왜냐하면 토지와 노동력 등 구체적인 영역과 자본이라는 추상적인 영역이 서로 소통되고 통합되지 못한다면 모든 거래는 파괴되고 자본주의는 수습할 수 없는 대혼란에 빠지게 될 것이기 때문이다.

그렇다면 자본주의에서 구체적인 영역과 추상적인 영역을 소통시키고 통합하는 온힘의 영역은 무엇으로 이루어졌는가라는 의문이 자연히 생길 것이다. 우리는 자본주의에서 살아가며 바로 그 온힘의 덕택에 살아가면서 이와 같은 근본적인 물음은 해본 적조차 없는 것이다.

이 온힘의 영역이 그 능력을 발휘하기 위해서는 먼저 구체적인 영역인 토지와 노동력 등이 나름대로 최적화되어야 한다. 그럼으로써 구체적인 영역에 믿음이라는 중심이 서 있어야 한다.

또한 추상적인 영역인 자본 또한 나름대로 최적화되어 있어야 한다. 그럼으로써 추상적인 영역에 믿음이라는 중심이 있어야 한다.

최종적으로 이 구체와 추상의 양 영역의 경계면에 존재하는 온힘의 영역이 구체적인 영역의 믿음과 추상적인 영역의 믿음을 하나로 소통시키고 통합할 수 있도록 최적화되어야 하는 것이다. 이 온힘의 영역의 믿음은 따로 위대한 믿음이라고 부른다.

마르크스는 자본은 노동과 그 생산물을 지배하는 통치권력[44]이라고 주장했다. 그것은 사실과 전혀 다르다.

자본주의는 생명체로서의 역동성과 속도의 근원이 온힘의 영역에 내재됨으로써 가장 결정적인 통치권력이 되는 것이다. 이것이 온힘이 가지고 있는 구체적영역과 추상적 영역을 소통하고 통합하는 눈

---

44) 칼 마르크스, 『마르크스 경제학- 철학 수고』, 김태경 역, 이론과 실천, 1987년, 26쪽.

에 보이지 않는 위대한 믿음인 것이다. 즉, 우리가 모르고 있었지만 이 눈에 보이지 않는 위대한 믿음이 가장 위대한 통치권력인 것이다.

(2) 남녀관계와 온힘

철학의 원리가 남녀관계와 명확한 상관관계가 있는가 하는 문제는 지금까지 얼버무려온 부분이 된다. 그러나 아무리 어려운 철학도 인간이라면 모두 겪는 단순한 남녀관계의 틀 안의 한 부분에 지나지 않는다. 그만큼 남녀관계는 기존의 철학과는 비교가 되지 않을 정도로 복잡하고 다단한 것이며 또한 실제적이다.

플라톤과 헤겔의 경우 남녀관계를 지배하는 영역은 추상적인 영역이라고 말한다. 그것을 이데아로 표현하든 사랑으로 표현하든 그 영역은 추상적 관념이외에 다른 것이 아니다.

이들이 추상적영역이 남녀관계를 지배한다고 말하는 순간 구체적인 육체의 영역을 부정하고 무시하는 부정성의 변증법을 말하는 것이다. 플라톤식 남녀관계는 플라토닉러브로 잘 알려진 것이다. 그것은 정신적인 결합이 육체적인 결합을 결정한다고 말할 것이다. 또는 육체적인 결합을 부정하고 정신적인 결합이 독립적으로 존재한다고 말할 것이다.

반대로 에피쿠로스와 마르크스의 경우 남녀관계를 지배하는 것은 구체적인 영역이라고 말한다. 그들은 육체적인 결합이 정신적인 결합을 결정한다고 주장하는 것이다. 또는 정신적인 결합을 부정하고 육체적인 결합이 독립적으로 존재한다고 말할 것이다.

이들의 주장은 인간의 마음이 선이고 몸이 악이라던가, 몸이 선이고 마음이 악이라던가 하는 것이다. 이는 결국 인간을 살아 있는 생명체로서 역동성과 속도를 가지고 과정을 진행하는 존재라고 보는 것이 아니라 단지 정지된 물건이나 추상관념으로 보게 만든다. 따라서 인간이 스스로 자신의 내부에 존재하는 마음과 몸을 이간시키고 싸움을 하게 만듦으로서 스스로가 자신이 가지고 있는 살아 있는 생명체로서의 역동성과 속도를 파괴하게 만든 것이다.

우리는 이러한 철학을 만든 사람들의 음산한 숨은 의도와 극히 의심스러운 목적이 무엇인지에 대해 따져볼 생각조차 하지 못한다.

남성상위니 여성상위니 하는 유치한 개념은 남녀가 서로를 이간시키고 싸움을 하게 만듦으로써 정상적으로 하나가 되는 길을 막는 것이다. 이는 남녀가 하나의 전체인 온이 되지 못하고 서로를 서로가 파괴하는 것이다.

남녀관계에서 육체가 중요한가 아니면 마음이 중요한가라는 의문자체가 이미 남녀 간의 본질에 대해 아무것도 모르는 자의 바보 같은 의문이 아닌가?

스스로가 스스로의 몸과 마음을 이간시키고 싸우게 만들며 파괴하는 어리석은 자가 아닌 다음에는 육체와 마음은 하나의 전체로 이중적으로 존재하는 것이다. 이 양자를 분리하여 서로를 부정하게 만드는 것은 과거의 철학자가 아닌 한 불가능한 것이다.

남녀관계의 문제는 이들이 가진 부정성의 사고의 틀과는 정반대로 어떻게 육체와 마음이 소통하여 하나로 통합되고 통일되는가 하는 긍정성의 사고의 틀이 근본적인 것이다.

그것은 육체와 마음의 경계면에 존재하는 이 양자를 소통하고 통합하는 온힘의 영역을 어떻게 사용하는가 하는 것이 핵심적 과제가 된다.

관념론에서는 육체를 무시하고 마음만의 사랑을 주장한다. 그러나 육체를 무시하고 마음을 아무리 소중한 것으로 생각해도 남녀관계에 있어서 그것은 어쩐지 허무한 것이다.

구체적인 영역을 진리의 영역으로 생각하는 과학이 지배하는 현대의 서구문명에서는 마음을 무시하므로 남녀관계의 중심은 곧 성교가 된다. 그러나 마음을 무시하고 육체관계를 중요시한다면 그것은 단지 자신과 상대방을 동시에 물건으로 취급하는 것밖에 되지 않는다.

이 경우 사람들은 짐승과 같다고 말한다. 그러나 짐승에게 마음이 없고 육체적인 영역만 있다는 증거는 어디에도 없다. 분명한 것은 마음 없이 육체만으로 이루어지는 남녀관계는 인간을 단지 물질로만 간주한다는 것이다. 이 경우는 짐승과 같은 것이 아니라 짐승보다 훨씬 못한 것으로 보는 것이 타당한 것이다.

남녀 간의 문제는 마음과 육체를 동시에 최적화하되, 이 양자의 경계면에 존재하면서 양자를 통합하는 온힘의 영역을 최적화할 수 있는가에 남녀관계의 성공과 실패의 여부가 결정되는 것이다. 내 자신의 몸과 마음을 하나로 통합한 전체를 이루고, 또한 상대방도 몸과 마음을 하나로 통합한 전체로서 대우하는 행동이 중요한 것이다.

즉, 남녀가 서로를 관념이나 물건이 아니라 인간으로 대우하는 것이 인간의 기본적인 본성이다. 그러나 지금까지 동서양의 철학은 인간을 둘로 쪼개 마음이나 육체 중 하나만 선택하라고 윽박질렀던 것이다.

남녀가 자신과 상대를 대할 때 마음이나 몸으로 분리해서 생각하는 것과 이 양자를 통합하여 행동으로 표현하는 것과의 차이는 근본적인 것이다. 이 근본적인 차이를 가능하게 하는 것이 통합의 영역인 온힘인 것이다.

한사상에서 말하는 남녀관계란 마음과 몸과 온힘의 영역이 모두 최적화되어 하나의 전체가 이루어지고 상대방도 또한 그렇게 될 때

이 양자의 통합이 이루어지는 역동성을 그 시작으로 한다.[45] 그 통합상태가 통일상태가 되고 다시 성취상태와 완성상태에 이르게 되는 것이다.

즉, 모든 개인은 몸과 마음을 하나로 통합하여 그만의 역동성과 속도로 그만의 인생을 만들어나간다. 마찬가지로 남녀는 하나의 살아있는 인간적 조직체가 되어 그들만의 역동성과 속도로 그들만의 역사를 만들어 나가는 것이다. 남자든 여자든 한 사람의 인간으로서 그 또는 그녀는 몸과 마음을 통합하고 통일하고 있는 역동적인 존재이다. 남자와 여자는 서로 부족한 것을 서로 채워주는 소중한 존재인 것이다. 따라서 이 양자가 하나로 통합하고 통일하여 서로를 성취하고 완성하는 기본동력이 남녀 간의 사랑인 것이다.

평생을 통해 단 한번만이라도 이성간의 사랑을 제대로 해본 사람이라면 지금까지의 동서양철학에서 해온 것처럼 스스로의 몸과 마음을 이간시켜 싸우게 만들거나, 남자와 여자를 서로 이간시키고 싸우게 하여 서로 대립하고 갈등하고 증오하는 철학을 만들지는 않았을 것이다. 또는 온힘의 영역을 무시함으로써 소극적인 대립을 만들지 않았을 것이다.

자신을 사랑하고 이성을 사랑할 수 없는 자들이 자신의 몸과 마음을 이간시키고 싸우고 파괴하며 또한 남녀를 이간시키고 싸우게 하여 파괴하는 것이 아니겠는가? 우리는 그들의 숨겨진 의도에 대해 생각조차 해본 일이 없는 것이다.

사랑하는 남녀가 함께 아름다운 소통과 통합으로 이루어내는 통일상태를 한 번도 경험해보지 않은 사람들은 그 기쁨과 만족으로 가득한 역동적인 상태를 조금도 이해하지 못한다. 사랑은 동적動的이

---

45) 구체적인 영역= 육체=45, 추상적인 영역=마음=45
온힘의 영역= 육체와 마음을 하나로 소통시키고 통합하는 영역=10
100=45+(45+10)=45+55

며 과정적過程的인 것이다. 그러나 지금까지의 동서양 철학은 정적靜的이며 고정적固定的인 것이다. 따라서 살아 있는 생명체로서의 역동성과 속도를 박제화한다. 특히 인도유럽어를 사용하는 민족들의 철학이 그러하다.

사랑이 가지는 역동적인 상태는 마음으로 몸을, 그리고 몸으로 마음을 부정하고 박멸하는 증오와 대립과 갈등의 부정성의 변증법을 진리로 착각하는 상태에서는 사랑이 가지는 역동성에 대해 꿈에서라도 상상할 수 없는 것이다.

남녀 간의 역동적인 사랑을 진정으로 이해하고 현실에서 실행할 수 있는 사람이라면, 한사상이 설명하는 역동적인 과정상에서 이루어지는 평화와 자유와 민주와 번영과 평등도 매우 쉽게 이해할 수 있는 것이다.

남녀 간의 사랑을 정적靜的이며, 고정적固定的으로 생각하는 사람은 사랑과 마찬가지로 동적動的이며, 과정적過程的인 상태로 존재하는 평화와 자유와 민주와 번영과 평등도 이해하기 어려운 것이다. 이들은 단지 철학자의 머릿속에서만 존재하는 억지관념이 아니라 현실에서 다시 말해 과정 안에서 살아 있는 생명체의 존재원리인 것이다.

이렇게 본다면 자신의 몸과 마음을 잘 이해하고, 남녀 간의 사랑을 잘 이해하는 사람이 한사상도 잘 이해할 수 있는 것이다.

그리고 그런 사람만이 전체 아시아인과 세계인이 마음속 깊은 곳으로부터 호응과 지지를 이끌어내는 역동성의 대한민국을 만들어낼 수 있을 것이며 또한 아시아와 세계의 중심을 만들어낼 수 있을 것이다. 또한 한사상이 바탕이 깔린 상품과 서비스를 창조할 수 있을 것이며 또한 한류를 창조할 수 있을 것이다. 그렇지 않겠는가?

(3) 이목지신移木之信

중국의 춘추전국시대에는 한 사람의 걸출한 인물이 천하의 판도를 완전히 바꾸는 일이 릴레이처럼 이어지는 역사였다. 그리고 춘추전국시대를 통틀어 가장 큰 사회적 변혁을 일으킨 인물은 상앙商鞅이었다. 그리고 그가 사용한 법가사상으로 인해 마침내 진시황이 춘추전국시대를 통일하게 된다.

이 엄청난 역사의 대전환은 소위 상앙이 사용한 이목지신移木之信이라는 간단한 현실적 방법론에서 시작되었다.

상앙은 진나라 진효공에게 발탁되어 좌서장左庶長이라는 높은 벼슬을 하게 된다. 그는 관직을 받자마자 제일 먼저 진나라의 함양시咸陽市의 남문南門에다 3장丈 길이의 나무를 세웠다. 한 관리로 하여금 그 나무를 지키게 하였다. 그 나무 곁엔 상앙이 백성들에게 알리는 다음과 같은 게시문이 붙어 있었다.

> 누구든지 이 나무를 북문北門으로 옮겨 세우는 자가 있으면 10금金의 상을 주리라.

그 게시문을 본 백성들은 많지만 그것을 실제로 옮기는 백성은 한 사람도 없었다. 옛날이나 지금이나 정부가 하는 말을 귀담아 듣는 백성은 거의 없기 때문이다. 상앙은 아무도 그 나무를 옮기는 백성이 없자, 50금金의 상금을 더 주겠다고 다시 써 붙이라고 그 관리에게 분부한다.

마침내 그 게시문을 본 한 백성은 나무를 뽑아 어깨에 메고 북문에 가서 세웠다. 이를 구경하는 백성들이 가득 모였다. 상앙은 그 백성에게 이렇게 말한다.

너는 참으로 훌륭한 백성이다. 이 50금金을 받아라. 나는 앞으로도 백성들에게 신용을 지킬 것이다.

백성들은 이후 상앙은 명령만 내리면 반드시 실행하는 사람이구나라고 믿게 되었다. 그 때 비로소 상앙은 새롭게 법령을 선포하였다.

그 법령은 도읍을 옮기는 천도에 대한 법과 지역을 현縣으로 구분하고, 토지를 개간하고, 세법을 고치고, 경제개발과 산업진흥의 법, 전쟁의 법, 즉 적의 목을 하나 벨 때마다 한 계급을 승진시키는 등의 법들이다. 그리고 다섯 집씩 서로 보호하고 열 집이 서로 감시하여 한 집이라도 부정이 있을 때 나머지 아홉 집이 고발하지 않으면 처벌하는 법이다.

그것이 역사상 유명한 상앙의 변법變法이었다. 바로 이 법이 현실화하면서 역사상 최초로 중국이 통일되는 것이다.

상앙의 이목지신移木之信은 단순히 나무를 옮겨 세운 것이 아니라 진나라의 정권이라는 추상적인 영역과 백성이라는 구체적인 영역의 경계면에 존재하는 소통시키고 통합하는 온힘의 영역을 새롭게 세운 것이다.[46]

추상적영역의 법과 제도가 구체적인 영역의 백성들과 하나의 전체가 되려면 그 경계면에 존재하는 온힘의 영역에 이 양자를 소통시키고 통합하게 하는 위대한 믿음이 확고하게 존재하고 있어야 한다.

따라서 용의주도한 상앙은 새로운 법을 발표하기 이전에 그 법과 백성을 소통시키고 통합하게 할 수 있는 온힘이라는 위대한 믿음의 영역부터 먼저 확보한 것이다. 상앙이 위대한 법철학자가 된 것은

---

46) 구체적인 영역= 백성 =45, 추상적인 영역= 국가=45
온힘= 백성과 국가를 소통하고 통합하는 영역=10
100= 45+(45+10)

그 법체계와 백성을 하나로 소통하고 통합하는 온힘의 영역의 중요성을 깨닫고 그것을 충분히 활용할 줄 알았기 때문이었다.

상앙이 이때 세운 온힘의 영역은 진나라가 천하를 통일한 후 망할 때까지 존립했다. 그러나 진나라가 망하자 그 누구도 진나라를 다시 세우려는 백성이 없었다.

바로 여기에서 상앙이 세운 이목지신移木之信의 허구가 만천하에 드러난 것이다. 대중들이 자발적으로 만들지 않고 정권이 인위적으로 만든 온힘의 영역은 나라가 위급하면 아무 소용이 없음이 역사적으로 증명된 것이다. 즉, 상앙이 만든 온힘의 영역은 강제로 만든 억지일 뿐 살아있는 생명체로서의 역동성과 속도를 제공할 능력이 전혀 없었던 것이다.

우리 한겨레공동체가 가지고 있는 온힘의 영역이 갖는 위대함은 바로 여기서부터 그 진가가 나타난다.

우리 한겨레공동체에게는 상앙商鞅과 같은 법학자가 인위적으로 온힘의 영역을 만들지 않아도 그보다 수천 배 아니 수만 배 강력한 온힘의 영역이 이미 공동체의 출발 당시부터 존재하는 것이다.

가령 고구려가 멸망하자 고구려를 다시 세우려는 부흥운동이 여기저기서 일어났다. 그리고 마침내 고구려의 유민인 대조영이 발해를 세우게 된다. 고구려라는 국가는 단지 추상적인 영역에 불과한 것이다. 고구려라는 국가가 갖는 추상적인 영역이 파괴되었다고 해서 한겨레공동체라는 생명체가 죽는 것은 전혀 아닌 것이다. 한겨레공동체는 고구려라는 국가와는 별도로 추상적인 영역과 구체적인 영역을 가지고 있었던 것이다.

백제도 마찬가지이다. 백제가 망하자 백제부흥운동이 요원의 불길처럼 일어났다. 그러나 아쉽게도 부흥군의 내부가 분열하여 무위로 돌아갔다. 마찬가지로 조선이 망한 다음에도 의병들이 벌떼같이 일어나 국내와 만주 등지에서 감동적인 활동을 하였다. 일제시대에는 3·1만세운동이 거국적으로 일어났다.

역사적으로 간단히 바라보아도 한겨레공동체의 온힘은 국가와 상관없이 언제나 건강하게 살아있음을 유감없이 보여준다.

정권과 국가는 한때이지만 한겨레공동체는 영원한 것이다. 따라서 한겨레공동체는 역사상 아무리 무능한 정권이 권력을 가진다 해도 온힘의 영역이 파괴된 적이 한 번도 없다.

그러나 이웃나라 일본의 경우는 이와 전혀 다르다. 그들의 경우 상대국가의 수도를 점령하면 그 나라의 백성들은 자동적으로 점령군에게 흡수되는 것이다. 임진왜란 때 일본인들은 수도인 서울을 점령하면 조선의 백성들이 자동적으로 흡수되는 것으로만 생각했다. 그러나 서울을 점령했음에도 전국 각지에서 그들로서는 상상도 하지 못한, 의병이라는 보지도 듣지도 못한 이상한 군대가 벌떼처럼 일어난 것이다. 당시 일본군들은 이 점은 전혀 예상하지 못한 것으로서 크게 낙담하고 당황한 것이다. 일본에는 존재하지 않던 온힘의 영역이 형편없이 약체로 생각했던 조선에는 이 세상에서 가장 강력한 형태로 존재하고 있었던 것이다.

이와 같이 강력한 소통과 통합의 역동성은 아무리 위대한 법철학자나 정치가라도 인위적으로 단기간에 만들 수 없다. 그것은 대중들 스스로 수천 년을 두고 쉬지 않고 만들어가는 것이기 때문이다.

우리 한겨레공동체에서 언제나 살아서 펄펄뛰는 이 온힘의 영역이 가진 가치는 무시되어왔다. 왜냐하면 지금까지의 철학은 온힘이 무엇인지에 대해 전혀 알지 못했고 또한 알려고 하지도 않았기 때문이다. 더 정확하게 말하면 우리 사회를 이리저리 찢고 분리시켜 서로를 부정하게 만듦으로써 증오하고 갈등하게 하여 우리의 온힘의 영역이 가진 역동성과 속도를 파괴하는 일을 지속적으로 만들어왔다.

(4) 주나라의 쇠퇴와 온힘의 파괴

고대세계의 역사를 통해 온힘의 영역이 갖는 중요성을 알아보자. 중국의 주나라는 그 이전의 전설적인 나라인 하나라와 은나라를 계승한 나라로서 사실상 중국의 역사다운 역사를 연 나라이다.

주나라는 그 수도가 호경鎬京에 있을 때를 서주西周라고 하고 동쪽의 낙양洛陽으로 수도를 옮겼을 때를 동주東周라고 구분하여 부른다.

호경鎬京을 수도로 할 때의 주나라는 명실 공히 천자국으로서 여러 제후국들을 통솔하고 나라 전체를 하나로 통합하고 통일한 상태로 존재할 수 있었다. 그러나 낙양洛陽으로 나라를 옮겼을 때는 주나라가 천자국으로서의 통합과 통일의 중심에 존재하는 위치를 잃었다. 대신 여러 제후들이 힘을 가지고 서로 천하의 패권을 다투는 소위 역사가들이 말하는 춘추전국시대라는 대혼란의 시대가 되는 것이다.

도대체 주나라가 이렇게 정치력을 상실하고 유명무실해진 원인은 무엇인가? 이 원인은 물론 주나라가 가지고 있던 소통과 통합의 온힘의 영역이 무력해졌기 때문인 것이다.

주나라가 온힘의 영역이 무력해진 결정적인 사건은 어처구니없는 희극과 같은 사건으로 인해 소통의 역할을 담당하던 봉화대烽火臺의 역할이 유명무실해져버린 일에서 기인한다.

즉, 주나라의 제12대 천자인 유왕幽王은 어리석고 난폭하여 충직한 신하들의 말을 듣지 않고 그들을 관직에서 물러나게 하든가 옥에 가두어버린다. 그리고 자신에게 비위를 잘 맞추고 듣기 좋은 말을 잘하는 사람들에게 국사의 중대한 일을 하는 자리에 앉힌다.

그리고 그는 국사는 돌보지 않고 전국에서 미인들을 불러다 주지

육림에 파묻혀 지낸다. 이때 포사褒似라는 경국지색傾國之色이라고 할 만한 미녀가 역사에 출현한다. 유왕幽王은 간신들과 미녀 포사褒似에게 빠져 기존의 왕비와 태자의 직위를 박탈하고 포사褒似를 왕비로 삼고 그녀에게서 나온 아들 백복伯服에게 태자의 지위를 주게 된다.

그런데 미인 포사에게는 매우 특이한 점이 있었다. 그녀는 한 번도 웃어본 적이 없는 것이다. 유왕은 어떡하던 그녀가 웃는 모습을 보기 위해 모든 노력을 다해도 소용이 없었다. 그런 사정을 잘 아는 간신이 기묘한 계책을 내놓는다.

즉, 천자는 천하에 급한 변고가 생겼을 때 봉화대에 불을 피워 연기를 올리고 북을 치면 모든 제후들이 지체 없이 군대를 이끌고 수도로 집결하게 하는 고유의 권한이 있었다.

바로 이 권한을 사용하여 봉화대에 불을 피워 연기를 올리고 북을 치면 천하의 제후들이 군대를 거느리고 황급히 모일 것이다. 이때 천자가 아무 일 없으니 그대들은 돌아가라고 말하면 그 모습이 얼마나 우습겠는가라는 것이다. 이 상황이라면 포사가 웃지 않을 수 없을 것이라는 것이 그 계책이었다. 그 간신은 유왕에게 요즈음 말로 하자면 사랑하는 여인의 사랑을 얻기 위한 이벤트를 인류역사상 가장 거창하게 벌이라고 꼬드겼던 것이다.

어리석은 유왕은 놀랍게도 그 일을 실제로 행동으로 옮겼다. 그리고 마침내 봉화가 올랐다. 그 봉화는 순식간에 주나라 전체의 봉화대에 불을 피우게 했다. 주나라의 봉화체계는 언어나 신호 또는 코드를 통한 의사소통으로서 완벽한 기능을 가지고 있었다. 이 봉화를 보고 놀란 제후들이 사면팔방에서 군대를 이끌고 황급히 수도로 집결했다.

그러나 와보니 아무 일도 없었고 천자인 유왕은 술에 취해 미녀 포사와 함께 어울려 있었다. 그리고 유왕은 그들에게 돌아가라는 명령을 내렸다.

이 순간 미녀 포사는 그 무서운 군대의 장병들이 바보가 되어 멍청스럽게 돌아가고, 근엄한 제후들이 투덜대며 돌아가는 모습을 보고 소리 높여 깔깔거리고 웃기 시작했다. 그 이벤트는 대성공을 거둔 것이었다.

그러나 바로 이 순간 포사의 깔깔거리는 웃음소리와 함께 주나라가 가지고 있던 군사력과 정권을 하나로 묶던 소통과 통합의 온힘의 영역은 완전히 파괴되어 허공으로 날아가게 된 것이다.

미녀 포사에 의해 왕비직에서 쫓겨난 신후申后에게는 제후국인 신申나라를 다스리는 아버지 신후申侯가 있었다. 신후申侯는 자신의 사위인 유왕이 자신의 딸과 손자를 내쫓은 일에 대해 절치부심하고 있었다. 그러나 그는 충신이었다. 그는 이 사건으로 민심이 유왕에게서 떠나는 것을 보고 정사를 올바르게 다스려달라고 상소문을 올렸다.

하지만 이 상소문을 보고 교만한 유왕은 노발대발하여 군대를 동원하여 신후申侯를 치려하였다. 다행히 이 정보를 먼저 입수한 신후申侯는 자신의 병력으로는 도저히 상대가 되지 않음을 알고 이웃의 서융西戎의 나라에 주나라를 함께 치자고 원병을 청하게 된다.

서융西戎의 강력한 군대와 신후申侯의 군대가 갑자기 주나라의 수도를 쳐들어오자 유왕은 천하의 제후들을 불러 모으기 위해 봉화대에 불을 올렸다. 그러나 천하의 제후들은 한 번 나이어린 여인네의 웃음거리가 된 것은 어쩔 수 없었지만, 두 번 다시 웃음거리가 되려고 하지는 않았다. 단 하나의 제후국에서도 군대를 보내지 않은 것이다.

주나라가 천하의 천자국으로서 가지고 있던 온힘이라는 소통과 통합의 영역이 완전히 사라졌음을 말해주는 역사적인 사건이 현실에서 나타난 것이다.

자신의 신하인 제후국 군대의 도움을 받지 못한 유왕은 포사와 아들 백복을 데리고 도망을 쳤으나, 서융의 군대를 만나 유왕과 백복은 그 자리에서 참살 당한다. 포사는 서융의 왕의 첩으로 전락하고 나중에는 자살한다.

돌아가지 않으려는 서융의 군대를 신후申侯가 꾀를 써서 가까스로 서융의 군대를 물리치고 유왕의 아들인 자신의 외손자를 제12대 천자인 평왕平王으로 옹립했다.

평왕平王은 이미 약탈당하고 민심을 잃어버린 호경鎬京을 버리고 동쪽의 낙양洛陽으로 수도를 옮겼다. 그러나 주나라가 한번 잃어버린 온힘, 즉 소통과 통합의 능력은 다시는 주나라로 돌아오지 못하고 역사는 제후들이 패권을 다투는 춘추전국시대가 되고 말았다.

주나라가 천자국이라는 사실은 추상적인 관념이다. 여러 제후들이 천하를 나누어 지배하며 권력과 재력을 가지고 있는 것은 구체적인 사실이다. 이 추상적인 관념과 구체적인 사실을 하나로 소통시키고 통합하는 온힘의 영역이 제대로 작동할 때 주나라는 천자국인 것이다. 이 온힘의 영역이 작동하지 않는다면 주나라는 다른 제후국보다 더 작은 영토를 가진 여러 나라 중 하나의 나라에 불과한 것이다.

온힘의 영역이 없이 추상적인 영역에서 아무리 최적화된 언어나 신호 또는 코드를 통한 의사소통이 이루어진다 해도 주나라가 천자국이 되는 것은 아닌 것이다. 그것은 봉화체계가 아무리 훌륭하게 작동을 한다 해도 그것을 보는 제후들이 믿음을 가지지 않는다면 아무런 소용이 없는 것과 마찬가지인 것이다.

이 위대한 믿음이야 말로 제후들의 권력과 재력의 힘을 주나라는 추상적인 천자의 나라가 하나가 되도록 소통시키고 통합하는 결

정적인 힘인 것이다. 이를 우리는 온힘이라 하는 것이다.[47)]

주어진 사회의 단위 크기가 크든 작든 진정한 권력이란 바로 이 온힘에 근거한다. 온힘이라는 역동성의 기초적 영역을 장악할 위대한 믿음을 잃은 지도자는 그가 누구든 진정한 권력을 잃고 그가 이끄는 사회의 역동성과 속도를 파괴하고 증오와 갈등으로 몰아간다. 그리고 부패와 무질서상태로 사라진다.

(5) 한겨레 공동체의 지역적 온힘의 영역

남한과 북한을 가로지르는 비무장지대(DMZ)는 남북한의 경계면을 이루면서 남북을 통합하는 영역으로서의 온힘을 설명한다. 이 비무장지대(DMZ)가 문자 그대로 무장을 하지 않은 비무장지대로서 남북한을 소통시키고 통합하는 영역이 될 때 남북통합은 이루어지는 것이다.

통일을 위한 준비가 충분히 되었을 때 이 지역에 통일도시를 만들어 남북한 주민의 직접 소통과 통합을 현실에서 행동으로 할 필요가 있다. 이 비무장지대안의 통일도시에서 남북한인이 자유롭게 살아감으로써 이 도시는 남북한 간의 위대한 믿음을 행동으로 축적할 수 있을 것이다. 통합과 통일은 이처럼 서로 직접적인 행동을 통해 서로의 간격을 좁혀나감으로써 불필요한 마찰 없이 자연스럽게 올 수 있을 것으로 본다.

또한 태백산에서 지리산을 가로지르는 백두대간은 영남과 호남의 경계면에 우뚝 서서 동서의 세력을 통합하는 영역으로서의 온힘을 설명한다. 이 백두대간이 영호남을 소통시키고 통합하는 영역이 될

---

47) 구체적인 영역= 주나라의 제후들 =45, 추상적인 영역= 국가=45
온힘= 주나라정권과 제후들을 소통하고 통합하는 영역으로서의 믿음의 영역 =10. 100= 45+(45+10)= 45+55

때 동서통합은 이루어지는 것이다.[48]

이를 위해서는 영남과 호남의 경계면에 영호남 통합도시를 여러 개 만들어 영호남인이 서로 소통하고 통합할 수 있는 생명체로서의 공간을 만들 필요가 있다.

이 영호남 통합도시를 만들자는 주장은 이론이 아니라 구체적인 정책이 담긴 전경시라는 이름으로 제안되었다. 동서화합을 위하여 전라도의 전자와 경상도의 경자를 합해 전경시라는 이름의 도시를 전라도와 경상도의 중간에 만들자는 전경광역시 프로젝트가 그것이다.[49]

또한 한반도 자체는 태평양세력과 유라시아 대륙세력의 경계면에 존재하며 그 자체가 온힘의 영역을 이루고 있다. 한반도가 통합과 통일을 이루어 하나가 될 때 태평양세력인 미국과 일본 그리고 유라시아세력인 중국과 러시아를 소통시키고 통합하는 영역이 될 수 있다. 이때 한반도를 중심으로 태평양세력과 유라시아세력은 통합될 수 있다.

이 모든 것이 가능해지는 것은 우리 한겨레공동체가 위치한 천혜의 지리적 이점 때문이다. 그리고 우리 공동체 안에 통합과 통일을

---

48) 영호남 통합의 경우 추상과 구체는 상대적인 것이므로 정하기가 어렵다. 그러나 서로 팽팽하게 대립하는 45:45의 비율임은 분명하다. 지역적으로 이 양자를 소통시키고 통합하는 영역은 백두대간이 남해의 바다와 만나는 지점까지일 것이다. 이 영호남의 경계면에 위치하는 온힘의 영역이 산맥과 강으로 되어 소통은 불통으로 통합은 분리의 역할을 해왔다. 이 영호남의 경계면을 소통과 통합의 영역으로 만드는 것이 영호남통합의 핵심인 것이다.

49) 전경시는 송재구 전 전남부지사에 의해 제안되었다. 즉, 경남에서 진주시, 사천시, 하동군, 남해군, 산청군 등 5개 시·군, 전남에서 여수시, 순천시, 광양시, 고흥군, 구례군의 5개 시·군으로 구성된다. 전경시는 국토의 균형 개발을 촉진하고 해양강국의 전진 기지를 구축하는 중요한 국가전략이 될 수 있다. 한편 망국적인 지역감정을 해소하는 최적의 방안이기도 하다. 송재구,『송재구의 전남부국론』, 다우출판사, 2002년, 80쪽.

가능하게 하는 한사상이 살아서 움직이고 있기 때문이다.

(6) 온힘의 역사

약 2700년 전 페르시아의 짜라투스트라는 대립하는 쌍방에서 한 쪽을 선이라고 하고 다른 한쪽을 악이라고 설정하고 선이 악을 이긴 다고 주장했다.[50] 이는 대립하는 쌍방에서 한쪽이 다른 한쪽을 증오 하고 부정하며 박멸하는 사고의 틀을 그가 처음으로 주장한 것이다. 여기서 문제가 되는 것은 선과 악이 대립하는 경계면에 이 양자를 통합하는 영역이 존재하지 않는다는 점이다.

그리고 짜라투스트라의 이 방법론은 플라톤의 이원론에 큰 영향 을 준다. 플라톤이 동굴안의 죄수와 이데아의 세계의 이분법은 짜라 투스트라에게서 발생한 사고의 틀과 다름이 없다. 그리고 화이트헤 드가 말했듯이 플라톤 이후의 서양철학은 플라톤의 각주에 지나지 않는 것이다. 마찬가지로 플라톤 이래 지금까지의 모든 서양철학에 서도 이 대립하는 쌍방을 소통하고 통합하는 영역은 존재하지 않는 다.

대립하는 쌍방, 즉 사물의 영역과 추상의 영역의 경계면에 존재하 는 영역은 우리 한국인의 고대경전인 천부경, 삼일신고, 366사(참전 계경)에서 발견되는 전혀 새로운 사고의 틀이다. 이 사고의 틀은 철 학사에서 짜라투스트라 이후 철학사에서 완전히 사라졌던 것이 처 음으로 발견된 것이다. 그리고 이 사고의 틀은 비록 희미하지만 서 양문명의 근원이라고 말해지는 수메르문명에서 그 모습을 드러낸다.

---

50) 짜라투스트라의 부정성의 변증법은 필자의 책 『한철학1 - 생명이냐 자살이 냐』의 197~207쪽 참조 바람.

① 수메르의 엔릴

4000~5000년 전에 존재했던 고대문명인 수메르문명에서는 대립하는 경계면에 이 양자를 통합하는 영역인 존재했음을 추정할 수 있다. 인류는 짜라투스트라 이전에는 이 영역을 사고의 틀로 사용했음을 말해주는 것이다.

새뮤엘 노마 크라이머는 수메르의 유적에서 발굴된 수많은 점토판을 해석한 바 있다. 그는 수메르에는 하늘의 신과 땅의 신과 대기의 신이 있었다고 증언했다. 여기서 대기의 신 엔릴은 하늘과 땅의 결합으로 태어난 자식으로 하늘과 땅의 경계면에 존재하는 신이다. 그리고 이 대기의 신이 땅에 결합하여 만물의 창조와 문명의 성립을 조직하게 했다는 것이다.

> 인간의 형상을 한 신들로 생각된 안(하늘)은 남성이었고, 키(땅)은 여성이었다. 그들의 결합으로 대기의 신 엔릴이 태어났다. 대기의 신 엔릴은 하늘과 땅을 갈랐다. 그리고 그의 아버지 안이 하늘을 갖고, 그는 그의 어머니인 땅을 가졌다. 엔릴과 그의 어머니의 결합으로 땅은 인간, 동물, 식물의 창조와 문명의 성립 등 우주의 조직화를 위한 무대가 되었다.[51]

수메르문명의 우주론은 짜라투스트라의 우주론과 명백하게 다른 것을 말하는 것이다. 수메르의 우주론은 대립하는 쌍방의 경계면에 이 쌍방을 통합하는 영역이 존재하여 만물의 창조와 문명의 조직을 가능하게 했음을 말한다.

즉, 구체적인 영역=땅=어머니=키=45
　　추상적인 영역=하늘=아버지=안=45

---

51) 새뮤엘 노마 크라이머, 『역사는 수메르에서 시작되었다』, 가람기획, 2000년, 125쪽.

온힘의 영역＝ 대기＝엔릴＝10

이 되는 것이다. 여기서 대기의 신 엔릴은 하늘과 땅을 소통하고 통합하는 대기의 영역을 담당하게 되는 것이다. 또한 대기를 영역을 지배한다는 것은 곧 땅의 표면을 지배하는 것이다. 따라서 엔릴이 땅을 가졌다는 말이 성립되는 것이다.[52]

그러나 짜라투스트라 이래 지금까지의 우주론은 대립하는 쌍방에서 한쪽이 다른 한쪽을 부정하고 박멸하게 하는 것이다. 즉, 짜라투스트라교의 선악론의 교리는 이렇게 정리되는 것이다.

> 선신과 악신은 경쟁적으로 자기의 세력을 발휘하여 인류의 역사와 우주의 만상이 전개된다고 한다. 그러므로 이 우주와 인간 세계는 두 신의 전장이라고 본다. 마지막에 가서는 선신과 악신이 최후의 대 전쟁을 하여서 필경 악신이 패망한다고 한다. 악신은 패망한 후에 지옥에 갇히고 선신은 승리를 얻어 천국을 통치한다. 지옥은 고생과 재앙으로 채운 곳이요, 천국은 평강과 행복으로 채운 곳이다.[53]

짜라투스트라교에 있어서 하늘은 선신을 상징하고 땅은 악신을 상징하는 것이다. 그리고 하늘의 선신이 땅의 악신을 부정하고 박멸하는 것이다.

---

52) 하늘이 땅으로부터 떨어져 나간 후에
　　땅이 하늘과 갈라진 후에
　　인간의 이름이 정해진 후에
　　(하늘의 신) 안은 하늘을 가졌고
　　(대기의 신) 엔릴은 땅을 가졌고
　　새뮤엘 노마 크라이머, 『역사는 수메르에서 시작되었다』, 가람기획, 2000년, 125쪽. <길가메시, 엔키두 그리고 지하세계>
53) 채필근, 『비교종교론』, 한국기독교서회, 1975년, 314쪽.

이 교리는 플라톤에게 그대로 복사되어 서양철학의 근원이 된다. 즉, 짜라투스트라의 하늘은 플라톤의 이데아의 세계이며, 짜라투스트라의 땅은 플라톤에게는 동굴의 세계가 되는 것이다.

그렇다면 이 논리는 서양에만 존재하는가? 그렇지 않다. 동양에서 플라톤만큼 영향력을 가진 역경을 해설하는 계사전繫辭傳은 이렇게 시작한다.

하늘은 존귀하고 땅은 비천하니, 건과 곤은 이와 같이 정해졌다. 만물은 서로 높고 낮게 갈라지어, 귀함과 천함의 자리 잡았다. 54)

천존지비　건곤정의　비고이진　귀천위의
天尊地卑　乾坤定矣　卑高以陳　貴賤位矣

역경의 본문과 그것의 해설서인 십익十翼이 일치하는 것은 아니다. 또한 이 문장이 십익十翼 중 첫 번째 해설서인 계사전을 대표하지도 않는다.

그러나 이 문장은 동양의 가치체계에 중요한 영향을 끼친 것은 분명한 것으로 보인다. 즉, 이 문장의 천존지비天尊地卑는 곧 동양의 관존민비官尊民卑사상과 남존여비男尊女卑의 사상의 배경으로 생각하게 하는 것이다. 그런데 과연 남자와 관리는 옳고, 선하고, 아름다운가?

짜라투스트라나 플라톤 그리고 역경의 계사전의 서두는 모두 하늘은 진선미이고 땅은 위악추이다. 그리고 가장 놀라운 것은 동서양의 철학에 모두 하늘과 땅의 경계면에 하늘과 땅을 소통하고 통합하는 영역이 공통적으로 사라지고 없다는 사실이다.

---

54) 沈仲濤,『中英對照易經』, 文化圖書公司, 七十五年, 271쪽.

그러나 바로 그 사라진 온힘의 영역이 이 모든 사상들보다 이전에 존재했던 수메르문명에 나타난 것이다. 100년 전만 해도 수메르문명이 존재했다는 사실을 아는 사람은 아무도 없었다. 그러나 이제 수메르문명이 서양문명의 모태라는 사실은 이미 명백하게 드러났다.

수메르문명은 명백하게 하늘과 땅을 하나의 전체로 통합하는 문명이었다. 그러나 바로 이 수메르문명에서 보이는 통합적인 사고의 틀이 수메르문명이후에는 동서양문명에서 모두 사라졌음을 알 수 있는 것이다.

그리고 수메르문명 이후 전 세계에서 완전히 사라진 것으로 보이는 이 통합적인 사고의 틀이 한국에서 그 이론을 설명하는 경전들과 그것이 적용된 한사상이 생활전반에 사용되고 있는 사실을 발견하게 되는 것이다.

수메르문명은 땅속에서 드러난 통합적 사고의 틀이 적용된 유물들을 보여주었다. 그러나 한국문명은 그 공동체 전체가 이 통합적인 사고의 틀을 지금 현재 생활전반에 한사상으로 사용하고 있는 것이다. 뿐만 아니라 그 이론이 통합적 사고에 그치지 않고 통합과 통일 나아가 성취상태와 완성상태까지 설명하는 경전인 천부경, 삼일신고, 366사(참전계경) 등을 완전하게 보존하고 있는 것이다.

한국문명은 곧 살아 있는 생명체로서의 고대문명의 유적이며 유물인 것이다. 나아가 미래문명의 원형이기도 한 것이다.

12. 새는 좌우의 날개만으로는 날지 못한다

어느 사회든 공동체의 생명력을 위협하는 각종 대립이 존재한다. 그 대립은 이념적, 지역적, 종교적 대립 등에서 두드러진다. 이 대립들은 서로 전혀 다른 모습을 하고 있지만 그 사고의 틀은 단지 하나일 뿐이다. 그 사고의 틀은 단순하다. 즉, 자신은 어떤 경우에도 선이며 자신과 대립하는 상대방은 악이 되는 것이다.

한겨레공동체 안의 각 분파와 파벌 중 하나의 이념을 한겨레공동체 전체의 이념으로 만들려는 일은 구조적으로 불가능할 뿐 아니라 위험한 것이다.

그 같은 시도는 그 반대 분파와 파벌의 결사적인 반발을 불어 일으킴으로써 결국 한겨레공동체 전체를 파괴하고 자살하게 만들게 하는 것이다.

우리에게서 극단적인 좌파나 우파 또는 극단적인 진보와 보수 그리고 맹목적인 지역주의와 근본주의적 종교가 공동체 전체의 생명력을 위협하는 무서운 존재가 되는 이유가 바로 이러한 점에 있는 것이다.

이들은 결코 한겨레공동체 전체의 이익과 미래의 운명에 대해 생각하는 법이 없다. 그들은 단지 지금 당장 자신들의 분파와 파벌의 이익만 생각하거나 대립하는 상대방을 공격하여 파멸시키는 일에만 열중한다.

따라서 이들의 언동과 행동의 공통점은 공동체 전체의 관점에 볼 때 철저하게 무책임한 것이다. 결국 살아 있는 생명체로서의 한겨레공동체 전체로 볼 때 이들은 결국 공동체를 자살로 몰고 가는 것 이외에 다른 것이 아니다.

지금 우리 한겨레공동체에게 절실하게 필요한 사람들은 공동체의 어느 한 부분의 이익을 대변하는 사람들이 아니라 공동체 전체의 주인 된 입장에서 생각하고 행동하는 책임 있는 사람들인 것이다.

지금 우리나라에 존재하는 대립 중 안타까운 대립 중 하나는 산업화세력과 민주화·정보화세력의 대립일 것이다. 이는 아날로그세대와 디지털세대의 대립과도 어느 정도는 맞물린다고 할 수 있다.

또한 우리나라에는 자유민주주의와 참여민주주의라는 두 가지의 민주주의가 대립을 하고 있다. 자유민주주의는 대부분의 민주주의가 발달한 대부분의 나라에서 채택하고 있다. 그러나 과거 권위주의 시대에 자유민주주의라는 이름의 민주주의가 행해짐으로써 권위주의와 자유민주주의를 동격으로 보는 시각이 폭넓게 나타났다. 특히 민주화가 이루어지고 난 후 군부독재에 저항했던 운동권 세력은 자유민주주의에 대한 대안으로 정치적 참여와 경제적 평등을 강조하는 참여민주주의에 매력을 느끼게 되었다.55)

결국 우리나라는 세계적으로 민주주의를 하는 나라들이 선호하지만 국내에서는 권위주의와 동격으로 불리는 자유민주주의의 선호세력이 존재한다. 그리고 그 반대편에는 정치적 참여와 경제적 평등을 주장하는 참여민주주의를 선호하는 세력이 존재한다.

그런데 한사상은 이 양자가 첨예하게 대립하고 있다는 자체가 이 양자는 통합될 수 있는 것이라는 사실을 알게 한다. 즉, 우리나라를 이만큼 만든 세력은 구체적인 사물의 영역을 최적화한 세력인 산업화세력이다. 소위 자유민주주의를 지지하지만 권위주의로 비판받는 세력들인 것이다.

그 반대편에 존재하는 참여민주주의 세력은 민주화세력이다. 그리고 산업화의 반대편에 존재하는 정보화시대의 세력이다. 정보화세력이란 추상적인 관념의 영역을 최적화한 세력이다. 이 양 세력은 또한 세대적으로 분리되어 있고 또한 보수와 진보로 나뉘어 있으며 사회를 양극화56)로 몰고 가는 경향이 있다.

---

55) 세종연구소, 한국의 국가전략 2020 -정치·사회, 2005년, (진미경 한국 사회 갈등의 평화적 관리 74쪽)
56) 양극화라는 용어는 서로 점점 달라지고 멀어진다는 의미로 사용된다. 철학에서는 볼 때 서로 모순되는 두 개의 명제가 동등한 권리로서 주장되는

이 양자는 대한민국이라는 생명체가 건강한 삶을 살기 위해 반드시 필요한 영역을 반으로 나누어 가지고 있는 것이다. 이들이 서로 너 죽고 나 살자는 부정성의 위력과 박멸의 의지를 불태운다면 생명체로서의 대한민국은 죽는 것이다.

이 대립은 세대 간의 대립이 되기 쉬우며 그것은 우리 한겨레공동체의 부모세대와 자식세대가 서로 이념으로 대립하며 적대시하는 결과를 낳는 것이다.

필자는 이와 똑같은 사고의 틀이 적용된 대립을 정감록을 이용하여 호남과 영남을 이간하고 싸우게 만들어 그 중간에서 이익을 취하려는 못된 지식인들을 『한철학1 생명이냐 자살이냐』의 정감록론에서 설명한 바가 있다.

한사상의 입장에서 본다면 우리 사회에 이와 같이 서로 다른 세력이 존재한다는 것은 그만큼 우리 사회가 건강하다는 증거이다. 그리고 이 두 세력의 증오와 갈등이 통합되고 통일될 때 소모적이고 부정적인 힘이 건설적이고 긍정적으로 바뀌면서 강력한 역동성으로 나타날 수 있는 것이다.

그런데 우리나라에서 이 대립이 갖는 정말로 심각한 문제는 이 양세력을 하나로 소통하고 통합하는 온힘의 세력이 힘을 가지지 못하고 잠재되어 있다는 점에 있다. 즉, 전체가 100일 때 똑같이 대립하는 45와 45의 경계면에 존재하는 10인 온힘의 영역이 해야 할 역할을 하지 못하고 있는 것이다.

양극성으로 가는 대립도 양극화로 볼 수 있다. 즉, 자석에서 S극과 N극이라는 양극이 대립하는 상태이다.
이 양극화는 이탈리아 경제학자인 파레토(V.Pareto)가 토지의 80%를 인구의 20%가 소유하는 부의 불균형으로부터 20:80의 비율이 다른 분야에서도 비슷하게 존재한다고 믿었던 것으로부터 유도된 사회적양극화의 개념과는 다른 것이다.

<표 2-1> 자유민주주의 지지세력과 참여민주주의 지지세력의 양극화

추상적인 관념의 영역

정보화, 민주화 세력:
정치적 참여와
경제적 평등 -
참여민주주의
소통과   지지, 진보세력,
통합   청년세력
영역의
잠재

산업화 세력:
권위주의,
자유민주주의 지지,
보수세력, 노장년세력

구체적인 사물영역

우리나라에서 첨예한 대립을 보이고 있는 양대세력은 그림과 같이 자유민주주의와 참여민주주의를 지지하는 세력으로 양극화를 이루고 있다.

이 대립은 산업시대를 최적화한 중장년층 세력과 정보화 시대를 최적화한 청년층의 진보세력이 서로 통합하지 못하고 양극화 현상을 일으키고 있다.

대립하는 한쪽이 다른 한쪽을 거짓과 악과 추함으로 몰아 적을 만든 다음 그 세력을 부정하고 박멸하는 것은 극히 비상시국에만 필요하다. 즉, 전쟁이나 일제강점, 군부독재와 같은 특수상황인 것이다. 이와 같은 비상시국에서는 적을 적으로 보고 그 적을 부정하고 박멸하는 의지는 정당한 것이다. 대중들을 노예의 상태로부터 벗어나게 하는 의로운 행동으로 이는 인간을 사랑하는 정당한 행동이며 나아가 진정한 애국자인 것이다.

그러나 이와 같은 비상시국의 특수한 상황 이외에는 온힘의 영역에서 대립의 쌍방을 소통하고 통합하여 공동체가 생명을 가진 조직체로서 역동성을 가지고 삶을 살 수 있도록 하는 웅장한 긍정성을 가진 사람들이야말로 정당하게 인간을 사랑하는 사람들이며 나아가 진정한 애국자이다.

지금은 평화시이며 건설에 필요한 소통과 통합의 온힘의 영역을 형성하는 긍정적인 사고의 틀을 가진 세력이 필요할 때인 것이다.

지금까지 우리나라에는 이상하게도 이 명백한 사실을 인식하는 사람이 드문 것이다.

주어진 상태에 따라서 인간을 사랑하는 정당한 행동과 애국자에 대한 해석은 완전히 달라지는 것이다. 전체 과정에서 상태는 여럿이며 그 상태마다 가치체계는 모두 다른 것이다. 우리는 하나의 가치를 모든 상태에 적용하려고 한 점에서 문제가 되는 것이다.

예를 들어보자. 우리 사회를 양극화하는 대립은 여러 종류가 있겠지만 그 중에서 특히 첨예한 문제가 되는 진보와 보수의 문제일 것이다.

이 문제에 대한 방법론으로 새는 '좌·우'의 날개로 난다는 주장이 있다. 이 주장은 미국의 흑인 제시 잭슨이 사회제도를 고치자는 주장에 우파들이 그를 좌파로 몰아세우자 그는 하늘을 나는 새도 좌우의 날개로 난다고 주장한 것에서 유래했다고 한다.[57] 이 비유는 대립하는 쌍방을 좌와 우의 날개로 상징화한 것이다.

리영희는 "8·15 이후 근 반세기 동안 이 나라는 오른 쪽은 신성하고 왼쪽은 악하다는 위대한 착각 속에서 살아 왔다."[58]고 주장한다. 따라서 이영희는 진실은 균형 잡힌 감각과 시각으로만 인식될 수 있다[59]고 말한다. 이 주장은 서로 모순되는 소위 오른 쪽과 왼쪽을 동등한 권리로서 대립시키는 방법론이다. 이 방법론은 지금까지의 철학에서 최선의 방법론이다.

따라서 리영희는 균형은 새의 두 날개처럼 좌와 우의 날개가 같은 기능을 다할 때의 상태이다. 그것은 자연의 법칙에 맞고, 인간사유의 가장 건전한 상태[60]라고 말하는 것이다.

---

57) 리영희, 『새는 '좌·우'의 날개로 난다』, 두레, 1994년, 16쪽.
58) 앞의 책, 16쪽.
59) 앞의 책, 머리말.
60) 앞의 책, 머리말.

이 짧은 내용은 지금까지 존재했던 철학이 보여줄 수 있는 최고의 진리를 함축한다. 그러나 이 비유가 자연의 법칙에 부합하고 인간사유의 가장 건전한 상태가 되기 위해서는 한 가지 중요한 부분이 추가되어야만 한다.

새의 좌우 날개는 소통과 통합의 영역이 필요한 것이다. 지금까지의 철학이 가진 한계가 곧 소통과 통합의 영역을 설정하지 못한 것이며. 그 때문에 과정을 만들지 못한 것이다.

즉, 지금까지의 철학은 대립하는 쌍방의 경계면에 이 양자를 소통하고 통합하는 '온힘'의 영역이 빠져 있다. 새가 좌우의 날개로 난다면 그 좌우의 날개를 소통하고 통합하는 영역이 빠져있는 것이다.

그렇다면 좌우의 날개를 소통하고 통합하면 자연의 법칙에 맞고, 인간사유의 가장 건전한 상태가 되는가? 성급한 사람들은 아직까지 그 누구도 극복하지 못한 철학의 한계가 극복되는 것에서 너무 기쁜 나머지 이 지점에서 만족을 하려 할 것이다.

그러나 한사상은 결코 이 지점에서 만족할 수 없다고 단호하게 말한다. 좌우의 날개와 몸통을 통합했을 때 겨우 혼돈상태를 만들 수 있게 되는 것에 불과하다. 다시 말해 한철학에서 이 부분은 XY이론이 적용됨으로써 한사상의 과정이 시작된 것에 불과하다.

한사상은 그 혼돈상태를 최적화함으로써 질서상태를 만들 수 있고 이때 비로소 공적영역과 사적영역이 나누어진다. 여기서 태풍의 눈이 공적영역이며 태풍이 사적영역이다. 즉, 이 질서상태에서 새는 머리라는 공적영역과 몸과 마음이라는 사적영역을 가지게 되는 것이다.

우리가 말하는 역동성은 질서상태의 사적영역에서 나타나는 것이다. 그리고 이 질서상태를 최적화하는 통일변증법을 적용할 때 사적영역과 공적영역이 하나가 되는 통일상태가 된다. 이때 비로소 성취상태로의 혁신이 가능하며 이는 자연을 최적화하는 상태이다. 이 상태가 다시 사회를 최적화하는 완성상태로 혁신할 수 있는 것이다.

여기서 성취상태와 완성상태를 재세이화·홍익인간이라고 말하는 것이다. 우리의 조상들이 나라를 세우며 바로 이 상태를 약속한 것이다.

우리의 조상들의 한철학은 지금까지의 철학을 넘어서 인간이 사유하고 행동할 수 있는 마지막 한계에까지 이미 도달해 있었던 것이다. 필자는 이 과정철학이야말로 자연의 법칙에 맞고 인간사유의 가장 건전한 상태라고 말하는 것이다. 그리고 지금까지의 철학의 사유와 태도를 넘어 한철학은 인간행동의 가장 건전한 상태를 말하고 있는 것이다.

새들도 나름대로 이 과정철학을 행동으로 옮기며 산다. 즉, 그들이 좌우의 날개를 소통과 통합하고, 나름대로의 공적영역인 머리를 사용하고 사적영역인 몸통과 마음을 역동적으로 움직임으로써 나름대로 자연을 최적화하고 사회를 최적화한다. 하물며 인간이 어찌 좌우의 날개만으로 만족할 수 있겠는가?

새는 하나의 날개로 날지 못할 뿐 아니라, 좌우의 날개만으로도 날지 못하는 것은 마찬가지이다. 왜냐하면 이 경우 역동성과 속도를 가지지 못하고 멈추어 있기 때문이다. 새는 역동성과 속도를 가질 때 비로소 나는 것이다.

이 자연스러운 진리는 좌파와 우파 그리고 보수와 진보의 이념대립에만 적용되는 것이 아니다. 모든 대립에 공통적으로 해당되는 것이다.

13. 한류와 한사상

세계의 경제적·정치적·문화적 중심이 동아시아로 옮겨지고 있는 과정에서 중국은 정치력과 군사력으로, 일본은 경제력으로 동북아시아와 동남아시아의 패권을 장악하려는 움직임이 두드러지고 있다.

우리나라가 동북아와 동남아에서 일본의 경제력과 중국의 정치력과 군사력과 경쟁하여 살아남고, 우리나라가 국가적 목표인 아시아의 중심(The hub of Asia)을 이루어낼 수 있는 유력한 영역이 문화라는 사실은 너무나 명백한 것이다.

한류는 일본의 경제력과 중국의 군사·정치력과 아시아에서 대항하는 한국의 직접적인 문화적 행동력이다.

그러나 문화라고 해서 우리나라가 일본과 중국보다 월등하게 우월한 것은 결코 아니다. 다만 일본은 주어진 기회를 잃었고, 중국은 아직 문화 분야에 적극적으로 뛰어들지 않고 있을 따름이다. 일본은 언제든 자신들의 실패를 만회할 수 있고, 중국은 언제든지 문화 분야의 중요성을 깨닫고 이 분야로 뛰어들 수 있다. 우리가 문화의 분야에서 이 두 나라가 넘보지 못할 만큼 확고한 토대를 이루지 못한 상태에서 이런 날이 온다면 그 때 우리는 다시없는 절호의 기회를 잃게 될 것이다.

지금 우리에게 주어진 기회는 아슬아슬한 틈새에 가냘프게 존재하고 있을 뿐이다. 그러나 이 아슬아슬한 틈새야말로 우리 민족의 놓칠 수 없는 승부처이다.

동아시아는 하나의 거대한 생명체로서 각각의 나라들은 각각 존엄성을 가지고 자유롭게 살아가며 스스로를 성취하고 완성하려는 나름대로의 가치를 가지고 있다. 그리고 동아시아의 모든 나라들은 자율적으로 하나의 통합된 동아시아공동체를 이루려는 공동적인 가치를 가지고 있다. 이 가치에 순응하는 나라는 이 지역의 중심이 될 수 있지만 이 가치에 역행하는 나라는 결코 이 지역에서 지도력을 발휘할 수 없을 것이다.

이제 한국에게 기회가 주어진 것은 명백하다. 한국은 일본과 달리 식민지국가였고 아시아에서 가장 못사는 나라였다. 그러나 한국은 세계에서 가장 빠른 속도로 경제성장을 이루어내어 세계적인 경제력을 가지게 되었다. 이는 모든 핍박받던 세계의 약소국들에게 우리도 한국처럼 되지 못할 이유가 없다는 생각을 심어주었고 그들에게 성취해야 할 목표가 되어주었다.

우리가 6·25의 폐허 속에서 지금의 경제기적을 이룰 수 있었던 배경에는 새마을 운동이 있었다. 우리의 농촌이 1960~1970년대의 근대화 과정에서 역동성을 가질 수 있게 했던 새마을운동은 이제 이들 나라들이 우리와 같이 발전할 수 있게 해주는 목표로서의 또 하나의 중요한 한류가 되고 있다.

그리고 이들 국가에게 한국은 이미 산업 구조적으로 일본을 대체할 수 있는 절대적으로 필요한 나라가 되고 있다.

그리고 한국은 아시아와 세계의 약소국들과 개발도상국들에게 현재 없는 것을 앞으로 있도록 만들어주는 상상력의 근원이 되어주고 있는 것이다. 이들 나라들이 태풍의 역동적 부분으로 사적영역이라면 우리는 태풍의 눈으로서 공적영역이 되고 있는 것이다. 르몽드지는 한국의 한류열풍을 이렇게 설명한다.

중국과 일본은 물론, 말레이시아, 베트남 등의 수백만 명의 아시아인들이 한국에서 제작된 비디오 게임을 하거나 한국 드라마를 매일 저녁 시청하고 있다고 아시아의 한류 열풍을 소개하고 아시아인들이 한국의 대중문화에 대해 열광하는 이유에 대해서도 짚고 있다. 한국의 대중문화는 '미국화라고 여겨지는 것에 대해 순응적이지 않은' 아시아에서 미국적이지도 일본적이지도 않은 새로운 '퓨전문화'로 아시아인들의 마음을 사로잡고 있다는 분석이다.[61]

우리는 이미 아시아에서 상상력을 제공하는 나라가 된 것이다. 그리고 우리는 이미 아시아의 새로운 과학기술과 문화를 만들고 있는 중이다.

그리고 우리는 역동성의 한국(Dynamic Korea)을 이미 역동성의 아시아(Dynamic Asia)로 만들고 있는 중이다. 이 작업은 크게 볼 때 아시아라는 거대한 생명체가 스스로를 자율적으로 변화시키는 작업이며 또한 아무도 막지 못할 거대한 흐름인 것이다. 한류란 이 흐름의 가장 앞에서 행동으로 달려가는 자이다.

(1) 통합과 통일의 능력과 한류

한류가 아시아에서 힘을 갖는 일과 홍콩의 운명이 불가분의 관계에 있다는 사실은 잘 알려지지 않고 있다.

홍콩은 지난 100년간 동양과 서양을 통합하는 문화의 상징이었다. 아시아인들은 홍콩을 통해 서양을 만났고, 서양인들은 홍콩을 통해 아시아와 만났다. 홍콩은 동서의 문화를 통합하는 중요한 역할을 하고 있었다. 그러나 홍콩이 중국에게 반환됨으로써 아시아를 대표하는 동서문화를 통합하는 중심점이 사라지게 된 것이다. 그리고 역시 동양과 서양의 문화를 통합하는 문화를 나름대로 발전시켜온 한국이 그 빈틈을 메우고 아시아에서 동서문화 통합의 새로운 중심점으로 두각을 나타내기 시작한 것이다.

---

61) 르몽드, 2006년 6월 5일과 6일자 연속보도, 해외홍보원 김선옥 전문위원
(http://www.news.go.kr 2006.6.7)

제인 케이건 UCLA 대중문화·예술연구소장은 영화 <올드 보이>가 2004년 베니스 영화제에서 감독상을 수상하면서 아시아 영화의 중심지가 홍콩에서 한국으로 확실하게 옮겨졌다[62]고 상징적으로 말한다.

우리나라와 홍콩과는 동서통합이라는 공통점이 있지만 다른 점이 적지 않다. 홍콩은 중국문화와 서양문화를 통합했다. 그러나 우리나라의 한류는 중국의 유교와 도교 그리고 인도의 불교 그리고 서양의 기독교까지 모든 종교적 가치를 통합하고 있다. 또한, 자본주의와 사회주의도 우리나라에서는 공개적으로 토론되고 또 나름대로의 방식으로 대립하고 있다.

이와 같은 거대한 문화적 다양성과 통합의 힘은 홍콩이 가졌던 것과 비교가 되지 않는 광범위한 것이며 또한 대단히 역동적인 것이다. 그리고 홍콩과 달리 자동차와 선박 등의 중공업과 반도체와 가전제품과 IT산업이라는 든든한 과학기술의 산업을 가지고 있다.

그리고 이 모든 것을 하나로 뭉쳐서 통합하게 하는 한사상이 존재하고 있다. 한국은 어느새 아시아의 역할모델이 되었고 한류는 그 바탕 위에서 아시아에 두각을 나타내고 있는 것이다.

(2) 한국인의 천진난만한 웃음

일본의 문화산업이 석권하던 아시아에서 한류영화의 주인공들과 가수들이 맹위를 떨치며 아시아문화시장을 석권하는 직접적인 이유 중 하나는 그들의 천진난만한 미소이다. 이미 전한시대의 동방삭은 우리 민족의 웃음에 대해 다음과 같이 설명하고 있다.[63]

---

62) 《중앙일보》, 오종수 기자, 2006. 6. 29.
63) 동방삭, 『신이경』, 김지선 역, 살림, 1997, 234쪽.

동방에 어떤 사람들이 사는데
남자들은 모두 붉은 옷에
흰 띠를 두르고 검은 갓을 쓰고 있고
……
거짓말을 하지 않고 배시시 웃기만 하니
언뜻 그들을 보면 마치 바보와 같다.
(세속에서 선인을 바보와 같다고 한 것은 이를 두고 하는 말이다)[64]

오늘날 아시아인들의 마음을 들뜨게 하는 한류스타들의 그 천진한 미소에 대해 이미 전한시대의 동방삭이 "거짓말을 하지 않고 배시시 웃기만 하니 언뜻 그들을 보면 마치 바보와 같다."는 식으로 설명하고 있는 것이다.

일본인들에게는 밝은 미소가 없다. 대신 불필요하게 심각하며 경직되어 있다. 중국인들의 웃음을 보라! 그들의 웃음은 그들의 속마음과 다르게 과장된 웃음임이 한눈에 드러난다.

백제의 미소로 알려진 7세기 백제시대의 서산 마애삼존불과 안동의 하회탈 그리고 신라여인의 미소로 알려진 경주 영묘사터에서 발굴된 얼굴무늬수막새를 보라. 동방삭이 말한 고대한국인의 웃음이 바로 여기에 있다. 이 웃음은 곧 우리 한겨레공동체의 마음인 것이다.

천진난만한 표정과 웃음은 곧 천진난만한 개인의 마음이다. 그리고 그 개인의 마음은 한겨레공동체 전체의 천진난만한 마음이기도 하다.

---

64) 東方有人焉 男皆朱衣鎬帶玄冠 女皆采衣
   동방유인언 남개주의호대현관 여개채의
   不妄言과과而笑 倉卒見之 如癡(俗云善人如癡, 此之謂也)
   불망언과과이소 창졸견지 여치(속운선인여치, 차지위야)

안동 하회탈

백제의 미소로 알려진
7세기 백제시대의 서산 마애 삼존불

한국의 미소

경주 영묘사터에서 발굴된 얼굴무늬수막새

또한 살아 있는 생명체로서의 역동적인 사회가 아니면 이와 같은 웃음은 결코 나타나지 않는 것이다. 문화와 문화상품으로서의 한류가 갖는 경쟁력 중 하나는 우리의 한국인이 보여주는 자연스럽고도 천진한 웃음에 있는 것이다. 이를 드러내 놓고 자신 있게 활짝 웃는 그 웃음은 일본과 중국에는 없는 것이다. 이 웃음하나만으로도 아시아인들을 마음을 설레게 하기에는 충분한 것이다.

왜 우리 한국인에게만 고대로부터 이와 같은 천진난만한 마음이 존재할 수 있었는가? 그것은 각주에 소개된 단군팔조교65)를 한번만

---

65) 단군팔조교檀君八條敎
-제1조-
하늘의 법法은 오직 하나요, 그 문門이 둘이 아니다. 너희는 오로지 순수한 정성이 하나 같아야 하며, 이로써 너희의 중심에서 하나님을 뵙게 되리라.
천범유일 불이궐문 이유순성일 이심내조천
天範惟一 弗二厥門 爾惟純誠一 爾心乃朝天
-제2조-
하늘의 법은 언제나 하나이고, 사람의 마음 또한 이와 같은 것이다. 스스로를 살펴서 마음을 바로 하면 이로써 다른 사람의 마음에도 미치게 되는 것이다. 다른 사람을 교화하여 하늘의 법에 부합되게 할 수 있다면 나아가 만방에 베풀어질 수 있는 것이다.
천범항일 인심동 추기병심 이급인심 인심유화 즉합천범 내용어우만방

읽어보면 단군 이래 우리 한겨레공동체의 선량하고 따뜻한 인간적인 풍속이 어떻게 만들어진 것인지를 알 수 있다. 따라서 그렇게 사랑이 가득한 사회에서 살아온 사람들이 천진난만하지 않을 수 없다

天範恒一 人心惟同 推己秉心 以及人心 人心惟和 亦合天範 乃用御于萬邦
-제3조-
너희가 태어남은 오로지 부모님으로부터 연유하였으며, 부모님은 하늘에서 강림하셨도다. 오로지 부모님을 바르게 모시는 것이 하나님을 바르게 모시는 것이며, 이것이 나라에까지 미치니 충성과 효도이라. 이 도道로써 부지런히 힘써 정도正道를 이룬다면 하늘이 무너진다 해도 반드시 먼저 벗어나리라.
이생유친친강자천 유경이친내극경천 이급우방국시내충효
爾生惟親親降自天 惟敬爾親乃克敬天 以及于邦國是乃忠孝
이극체시도 천유붕 필선탈면
爾剋體是道 天有崩 必先脫免
-제4조 -
하늘을 나는 새와 땅을 다니는 짐승도 짝이 있고, 다 떨어진 신발도 짝이 있나니 너희들 사내와 계집은 서로 화합하여 원한하는 일이 없게 하고, 질투함이 없게 하고, 음탕함도 없게 하라.
금수유쌍 폐리유대 이남녀 이화 무원무투무음
禽獸有雙 弊履有對 爾男女 以和 無怨無妬無淫
-제5조-
너희들은 열손가락을 깨물어 보아라. 손가락이 크든 작든 똑같이 아프지 아니한가? 서로 사랑하되 헐뜯음이 없고, 서로 도와주되 서로 다툼이 없다면 가정도 나라도 모두 부흥하리라.
이작십지 통무대소 이상애 무서참 호우 무상잔 가국이흥
爾嚙十指 痛無大小 爾相愛 無胥讒 互佑 無相殘 家國以興
-제6조-
너희는 소와 말을 보아라. 그들도 서로 먹이를 나누어 먹지 아니한가? 너희는 서로 양보하고, 서로 빼앗는 일 없이 함께 일하며, 서로 훔치는 일이 없어야 가정과 나라가 충실하여 번성하게 되리라.
이관우마 유분궐추 이호양 무서분 공작 무상도 국가이은
爾觀牛馬 猶分厥芻 爾互讓 無胥奪 共作 無相盜 國家以殷
-제7조-
너희는 호랑이를 보아라. 힘세고 난폭하여 신령스럽지 못하더니 스스로 천박하게 되었도다. 너희는 사납고 날뛰지 말 것이며, 사람을 해치는 일이 없도록 할 것이며, 항상 하늘의 법에 따라 만물을 사랑하거라. 너희는 남이 기울어질 때 붙들어 주되 모욕을 줌이 없도록 하여라. 너희가 만일 이를 어긴다면 하나님의 보살핌을 받지 못하여 네몸과 가정이 함께 망하게 되리라.
이관우호 강포불령 내작얼 이무걸목이장성 무상인 항준천범극애물
爾觀于虎 彊暴不靈 乃作孽 爾無桀驁以 性 無傷人 恒遵天範克愛物
이부경 무능약 제휼 무모비 이유월궐즉 영부득신우 신가이운
爾扶傾 無陵弱 濟恤 無侮卑 爾有越厥則 永不得神佑 身家以殞
-제8조-
너희가 만일 논의 벼에 불을 질러 벼들의 씨가 멸하면 신神과 인간이 함께 노여워하게 될 것이다. 너희가 이를 숨기고자 아무리 두껍게 싼다 해도 그 향기는 반드시 새어 나올 것이다. 너희는 항상 성품을 공경스럽게 지니되 간사함을 감추거나, 악함을 숨김이 없어야 하며, 화를 일으킬 마음도 두지 말아서 하나님을 공경하고, 사람들과 친근하게 지내면 너희는 이로서 복록이 무궁하리라. 너희 오가五加와 64민은 이 뜻을 받들어 공경할지어다.
이여유충화우화전 화가장진멸 신인이노 이수후포 궐향필누
爾如有衝火于禾田 禾稼將殄滅 神人以怒 爾雖厚包 厥香必漏
이경지이성 무회특 무은악 무장화심 극경우천 친우민
爾敬持彛性 無懷慝 無隱惡 無藏禍心 克敬于天 親于民
이내복록무궁 이오가중기흠재

는 사실을 알 수 있다.

그리고 부여 때에는 나라에서 법으로 태교를 시행하게 했다. 이를 공양태모지법公養胎母之法66)이라 했다. 즉, 백성에 대한 교화는 어머니 뱃속에 있을 때부터 시작하는 것이다. 교육을 세상에 태어난 다음에 한다면 이미 늦었다는 것이다. 우리나라가 교육에 관해 세계적으로 열성인 것은 잘 알려져 있지만 옛날 부여 때는 이처럼 국가의 법으로 태아 때부터 태교를 하도록 한 것이다. 이 같은 나라에서 아기를 가진 어머니가 위태로운 지경에 빠지는 일은 있을 수 없는 일이었을 것이다. 이 법이야말로 우리 한겨레공동체가 가지고 있는 한 사상의 상징과 같은 것이다.

부여의 국력은 바로 이 법을 기반으로 하고 있음을 말해주는 것이다. 그리고 고구려와 백제는 모두 부여에서 나온 나라임을 생각할 때 우리 한겨레공동체의 국력은 또한 이 법에 적지 않게 의지하고 있음을 알 수 있다. 사람을 올바로 교육하는 것이 국력의 바탕이다. 그 교육을 어머니 뱃속에 있을 때부터 시작하도록 했으니 우리나라에서 인재가 끊임없이 나오는 것은 또한 이 법에 의지하는 바가 큰 것이다.

그리고 이 법은 부여 이후 풍속이 된다. 그러나 우리 한국인의 가정은 지금도 너나없이 알게 모르게 태교를 하고 있다. 그럼으로써 우리 한겨레공동체의 모든 구성원들은 어머니 뱃속에서부터 부모의 관심과 사랑을 듬뿍 받고 세상에 나온 것이다.

세상에 나와서도 이 세상에서 가장 강한 사랑으로 뭉쳐진 가족애 속에서 성장하는 것이다. 사랑을 충분히 받은 사람만이 남에게 사랑을 줄 수 있다. 그 점에서 한국인은 가장 풍부한 사랑을 받음으로써 가장 풍부하게 남에게 사랑을 나누어 줄 수 있는 것이다. 더 할 수

---

66) 계연수, 『한단고기』, 임승국 역, 정신세계사, 1986년, 126쪽.

없이 뜨거운 사랑을 받으며 성장한 한국인들은 천진난만한 마음과 풍부한 사랑을 가질 수밖에 없도록 프로그램 되어 있는 것이다.

이는 다른 나라에서는 찾아보기 어려운 성인과 현자를 길러내는 우리만의 풍속이다. 우리에게 존재하는 그 천진난만한 마음은 민족 공동체 차원에서의 가장 중요한 가치체계에 의해 발생한 것이다.

일본인과 중국인들의 표정에서 이처럼 밝고 천진난만한 한국인의 미소가 나타나게 하는 일은 적어도 앞으로 천 년간은 불가능한 것이다. 이 미소가 공장에서 자동차나 전자제품을 만들듯 쉽게 만들어질 수 있는 것이라면 아마 일본인이 먼저 만들어 그것을 상품화해서 아시아와 전 세계를 향해 팔았을 것이다.

그러나 이 미소는 공산품이 아니다. 그것은 수천 년을 두고 그와 같이 부여의 공양태모지법公養胎母之法의 태교와 단군팔조교가 설명하는 더 할 수 없이 인간적인 풍속으로 천진난만하게 살아온 민족이 아니면 그 미소가 얼굴에 나타나지 않는 것이다.

고대로부터 유명했던 우리의 천진난만한 웃음은 그 질곡의 역사를 거쳐 오면서도 우리 사회의 마음 안에 아직도 건강하게 문화로 살아있는 것이다. 이 문화야말로 피라미드나 만리장성과 비교할 수 없는 보배로운 것이다.

문화란 이처럼 일조일석에 공산품처럼 생산되는 것이 아니다. 수천 년을 두고 총체적인 삶속에 자연스럽게 만들어지는 것이다.

(3) 춤과 노래 그리고 해학

개인의 천진난만한 마음과 그 사회의 천진난만한 마음은 표정으로만 나타나는 것이 아니다. 그것이 본격적으로 표현된 모습은 역시 우리의 역동적인 춤과 노래이다. 이 부분이 모든 것을 정적靜的이고 고체화固體化하는 인도유럽어를 사용하는 민족들과 우리 한겨레공동체와 근본적으로 다른 점이다.

어떤 이유로 아시아시장에서 우리의 한류스타들이 춤과 노래로 아시아인들의 마음을 그토록 빼앗을 수가 있었는가? 그들이 서양식 춤을 추었기 때문이라면 서양인들이 아시아의 문화시장을 석권했을 것이나 서양인들은 그렇게 하지 못했다.

우리가 다른 아시아인들보다 잘 살기 때문이라면 일본이야말로 우리와 비교가 안 되는 막강한 경제대국으로서 아시아의 문화시장을 지배해야 마땅한 것이다. 그러나 아시아의 문화시장은 경제력만으로 장악할 수 있는 것이 아니라고 말해주고 있다.

그것이 무엇인가? 우리 한겨레공동체는 노래와 춤을 이미 고조선시대 이래 지금까지 즐겨왔음을 여러 가지 역사서들이 설명하고 있다. 오늘날 한류의 노래와 춤은 이미 수천 년 동안을 갈고 닦은 결과로 이루어진 것이다.

그것은 예濊의 무천舞天, 가락의 계락(禊洛:제천의식), 백제의 소도蘇塗, 부여의 영고迎鼓, 고구려의 동맹東盟[67] 등에서 널리 행해지던 것이다. 이 제천의식에서 공통적인 것은 바로 술 마시고 노래와 춤을 즐기는 것이었다. 즉, 음주가무飮酒歌舞[68]이다.

---

67) 능화, 「조선무속고」, 삼성출판사, 한국사상전집4 『한국의 민속종교사상』, 1983, 551쪽.
68) ① 영고(迎鼓)
　　삼국지 위서 동이전 부여국조에서는 음력 정월에 하늘에 제사지내고 나라 사람들이 크게 모여 음주가무(飮酒歌舞)하니 이름하여 영고라고 한다. 이때에는 형벌과 옥사를 중단하고 죄수를 풀어준다.
　　以殷正月祭天 國中大會 連日 飮酒歌舞 名曰迎鼓 於是時 斷刑獄解囚徒
　　② 동맹(東盟)
　　후한서에서는 고구려의 동맹東盟에 대하여 이렇게 설명한다. 10월에 하늘에 제사하고 사람들이 크게 모이니 이를 동맹이라 한다.
　　以十月祭天大會 名曰東盟
　　③ 무천(舞天)

그리고 고려의 팔관회는 바로 이 전통을 이어받은 것이지 불교의 의식이 아닌 것이다. 최남선은 팔관회에 대해 이렇게 설명한다.

> 팔관회라는 글자는 불교에서 빌려 온 것인데, 실상은 '밝의 뉘'의 음상사(音相似)한 것을 취하였을 따름으로서 신라, 고려의 팔관회는 불교와는 아무런 관계가 없는 옛날 밝의 뉘의 유풍(遺風)을 지키는 것이었습니다.[69]

팔관회가 밝의 뉘[70]로서 박혁거세 또는 불구내弗矩內 또는 볽근 뉘, 광명이세光明理世라는 같은 의미로 '아침에 떠오르는 태양이 밝히는 세계'를 상징하는 국가적인 대행사였다는 것이다.

결국 이 모든 행사는 '아침에 떠오르는 태양'이 상징하는 질서상태인 것이다. 그리고 우리 한겨레공동체의 춤과 노래는 질서상태의 사적영역이 상징하는 역동성인 것이다.

이와 같은 대부분의 행사는 10월에 행해졌고, 그 행사는 마을마다 동제洞祭의 형태로 끊임없이 이어져 지금도 행해지고 있다. 동제洞祭는 산신제, 서낭제등으로 불리는 것인데 그 역사를 고대의 제천의식으로 거슬러 갈 수 있는 것이다.

위지동이전 예조濊傳에는 늘 10월절이면 하늘에 제사하고, 밤낮으로 음주가무(飮酒歌舞)를 한다. 이를 무천(舞天)이라고 한다.
常用十月節祭天 晝夜飮酒歌舞 名之爲舞天

69) 최남선, 『조선상식문답』, 삼성문화재단, 1974년, 149쪽.
70) 이 밝의 뉘의 행사 중에는 1년에 한 번씩 하느님에게 제례를 드리고 이 기회에 국가민족 전체에 관한 대사를 회의 결정하는 것이 특히 중대한 것인데 이 대제를 옛날 부여국에서는 영고, 고구려에서는 동맹, 예국에서는 무천이라고 하는 것처럼 따로 이름 지어 쓰기도 하였지만 보통으로는 그것을 밝의 뉘라고 일컬었으니 대게 광명이 세계에 있는 듯한 모임이라는 뜻이며, 이 제사에 무수한 등을 켜서 광명이 세상에 가득하게 함은 또한 천상광명계를 표상하는 것이었습니다.
최남선, 『조선상식문답』, 삼성문화재단, 1974년, 148쪽.

오늘날 월드컵 응원과 한류스타들의 춤과 노래에서 보여주는 역동성의 연원은 이처럼 수천 년을 두고 내려온 제천의식을 비롯하여 각종 행사에서 음주가무를 통해 갈고 닦여진 것이다.

<표 2-2> 2002년과 2006년 월드컵 군중의 공적영역과 사적영역

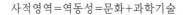

사적영역＝역동성＝문화＋과학기술

과학기술＝ 시청 앞 광장을 비롯한 대규모 군중이 모여서 응원할 수 있는 공간 그리고 그 공간에서 군중들이 모여 축구를 볼 수 있는 대형 전광판 등의 시설과 이를 운영하는 능력.

문화＝ 단군 이래 예의 무천, 가락의 계락(禊洛: 제천의식), 백제의 소도, 부여의 영고, 고구려의 동맹 그리고 고려의 팔관회 등 체천의식을 통해 대규모의 군중이 모여 노래하고 춤추던 문화 그리고 해방 후 민주화를 통해 대중들이 만들어낸 길거리문화

공적영역＝ 자존심과 자부심 그리고 인간성과 자유의지.
상상력＝ 붉은 악마. 치우천왕.
판단력＝ 군중 스스로 질서를 만들고 유지.
통찰력＝ 처음 소규모 군중이 모여 대규모가 되고 역동성을 발휘해 움직이고 또한 해산하는 전체과정을 군중들 스스로가 통찰해 운영함.

이는 질서상태의 사회에서 질서상태의 인간들만이 보여줄 수 있는 역동성이다. 부정성의 변증법은 과정을 파괴한다. 그리고 인간을 불안하고 공포 속에서 벗어나지 못하게 하며 결국 염세주의와 허무주의에 빠지게 하는 것이다. 이러한 상태에서 결코 나올 수 없는 것이 우리 한겨레의 자연스러운 춤과 노래이다.

(4) 멋을 아는 민족이 미래를 지배한다!

우리말 멋은 외국어로 번역하기가 불가능하다. 왜냐하면 우리말 멋에는 우리만의 사고의 틀이 만들어낸 대표적인 말이기 때문이다. 멋은 질서상태의 중심인 공적영역 안에서 상상력과 판단력과 통찰력이 활성화되고 사적영역에 역동성을 가지면서 잘 어우러질 때 나타날 수 있는 것이다. 잘 어우러진다는 것은 멋과 같은 의미로 '어울림'이라고 표현하기도 한다.

생각해보라. 지난 삼천 년간 동서양의 철학은 몸과 마음 다시 말해 유물론과 관념론을 하나로 통합한다는 사고의 틀을 전혀 가지지 못했다.

지금까지의 동서양철학과 같이 몸이 마음을 그리고 마음이 몸을 증오하고 부정하고 박멸하는 사고의 틀을 가진 사람들에게서 멋이란 절대로 상상이 되지 않는 것이다. 도대체 몸과 마음이 싸우고 있는 이 사람들에게서 몸과 마음을 통합하고 통일하는 역동적인 질서상태가 어떻게 상상이 되겠는가?

그리고 질서상태에서 공적영역과 사적영역이 멋지게 조화되며 드러나는 세련된 멋이 나타날 수 있겠는가? 한국적 미학의 핵심은 곧 질서상태인 것이며 그것을 우리는 멋이라고 하는 것이다.

그러나 외국인들이 상상조차 되지 않는 그 한국인의 멋이라고 하는 것을 시와 소설과 그림과 춤과 노래 그리고 영화와 게임으로 표현할 수 있겠는가?

한국인은 세계지도에서 잘 보이지도 않을 정도로 작으며 또 세계적인 강대국들이 각축하는 한 가운데에서 그들의 수도 없는 외침을 모두 물리치고 그들과 함께 어깨를 겨누며 세계가 보란 듯이 가장 빠른 속도로 번영해온 사람들이다.

이 당찬 한국인들이 인간이라면 누구나 공감하고 지지하는 진정한 가치인 평화와 자유와 민주와 번영과 평등을 스스로 이루면서 그것을 시와 소설과 그림과 춤과 노래 그리고 영화와 게임으로 표현하는 그 모습에 누군들 공감과 호응을 하지 않을 수 있겠는가? 이 한국인의 자부심과 자존심에 가득한 당당하고 떳떳한 모습이야말로 질서상태의 모습이며 이것을 멋있다고 말하는 것이다.

미래는 문화가 경제와 정치와 하나가 된다. 그렇다면 우리는 이렇게 말할 수도 있다. 멋을 아는 민족이 미래를 지배한다!

(5) 한韓과 한恨

우리의 노래와 춤은 우리가 열심히 피와 땀과 눈물로 일하고 나서 그 수확을 기쁘게 나누는 것이 그 근본바탕에 깔려 있다. 따라서 노래와 춤은 열심히 일한 사람들과 그들이 만든 사회의 욕망이 즐겁고 기쁘게 잘 나타나 표현되는 것이다.

그러나 이와 같은 한겨레공동체의 밝고 역동적인 사회적 생명력이 부정성의 변증법에 의해 부정당하고 박멸당할 때 한겨레공동체의 몸과 마음의 중심인 한韓은 상처를 입고 공동체의 마음에 한恨으로 남고 만다.

한恨은 우리 한겨레공동체가 끊임없이 추구하는 욕망이 더 이상 진행될 수 없을 때 일어나는 것이다. 즉, 역동성이 완전히 파괴되었을 때 나타난다. 그러나 사랑을 가져보지 못한 사람이 사랑을 잃어버린 고통이 무엇인지 알지 못하듯 원래 역동성이 없는 사회는 한恨이 무엇인지도 모른다. 즉, 역동성이 살아서 움직이는 생명체로서의 사회가 그 역동성을 잃었을 때 그 사회는 비로소 한恨이 맺히는 것이다.

아시아인들이 우리의 문화와 문화상품에서 느끼는 것은 자신들의 사회에는 단지 가능상태로 남아 있지만 마음속 깊은 곳에서 너무나 소중하게 받아들여지는 평화와 자유와 번영과 평등의 최고 가치들이다. 이 가치들은 우리만 가지고 싶은 것은 아니다. 아시아인 전체가 그것을 원하는 것이며 전 세계인이 모두 원하는 것이다.

14. 결론

예를 들자면 태풍의 역동적인 영역이 질서상태의 사적영역이다. 그리고 태풍의 눈인 중심은 곧 공적영역이다. 또한 아침에 떠오르는 태양이 공적영역이며 그 태양이 비추는 세상이 사적영역이다.

이 사적영역을 흔히 현상계라고 하며 또한 역경에서는 64괘라고 한다. 공적영역은 흔히 태극이라고 하며 36으로 표현한다.

생명체가 질서상태로 존재할 때 현상계로서의 사적영역은 맹렬히 움직이는 역동성의 영역이다. 이 역동성의 중심에는 공적영역이 있으며 공적영역은 곧 인간성을 표현한다.

이 인간성은 소리, 색, 냄새, 맛, 성욕, 투쟁욕이라는 여섯 가지 욕망으로 표현된다. 우리 한겨레공동체는 이 여섯 가지의 욕망을 갈고 닦아 세련된 행동으로 표현한다. 그것이 오늘날 한류韓流로 나타나는 것이다.

즉, 소리라는 욕망은 곧 한류에 있어서 음악이다. 색은 한류에 있어서 디자인과 미술이다. 냄새는 한류에 있어서 화장품 산업으로 나타난다. 맛은 곧 김치와 장醬, 불고기 등으로 나타난다. 성욕은 각종 문학과 예술의 전 분야에서 빠질 수 없는 부분이다. 투쟁욕은 한국 무술로 상징된다. 영화는 이 여섯 가지가 통합된 종합예술이라고 할 수 있다.

외국인들을 상대로 관심 있는 한국문화항목에 대한 관심도를 조사해본 결과, 전반적으로 '한국음식(21.8%)'과 한국의 영화/드라마(16%). 한국무술(태권도, 13.5%)인 것으로 나타났다.[71]

이는 곧 이 여섯 가지 욕망 중에서 맛을 가장 중요한 관심의 대상으로 본 것이다. 그 다음이 영화로 이는 종합예술이다. 또한 한국무술(태권도)은 투쟁욕에 해당한다.(한국무술과 태권도는 제4장에서 다룬다.)

우리는 이 여섯 가지의 욕망을 장대한 역사를 통해 가장 세련된 형태로 잘 발전시켰고 그것이 오늘날 한류가 되고 있다.

우리는 고대의 무덤이나 유물에서만 우리의 고유한 무엇이 있는 것으로 생각하기 쉽다. 그러나 한겨레공동체의 어디에서나 찾을 수 있는 생활에서 살아 있는 고대유물로서 살아있는 한사상을 발견할 수 있다. 그리고 그것은 이미 고대의 유물이 아니라 석유나 금보다 더 값진 미래의 자원으로서의 한사상인 것이다.

---

71) 문화관광부, 「국가브랜드 연구소 문화를 통한 국가브랜드가치 재고전략 보고서 요약본」, 2003년 12월, 53쪽.

제3장

교육과 국가경영:

홍익인간의 한국 경영

▌ 우리는 지금까지 만물과 만사는 결국 과정이라는 사실을 여러 가지 관점으로 살펴보았다. 국가경영도 또한 과정 이외에 다른 것이 아닐 것이다.

전체과정에서 국가나 사회마다 주어진 상태는 모두 다른 것이다. 그 주어진 상태에 맞추어 그것에 적당한 교육과 경제와 정치를 베풀어 그 상태를 최적화하는 것이 곧 국가경영인 것이다. 이 장에서는 이것을 이루는 방법론을 다루게 된다.

이 방법론을 찾아가기 위해서는 먼저 우리나라가 과연 역동성의 대한민국(Dynamic Korea)이 될 만한 역사적인 근거가 있는가를 살펴볼 필요가 있다. 그 중심은 홍익인간이 될 것이다. 그리고 우리의 역사에 홍익인간의 근거가 있다면 아시아의 중심(The hub of Asia)이 되기 위해 교육과 경제와 정치 분야를 어떻게 최적화할 것인가를 한사상의 입장에서 살펴볼 필요가 있다.

전체 과정의 최종적인 상태가 완성상태이며, 그것은 곧 홍익인간이다. 『25시』의 작가이자 시인이며 정교회 신부인 게오르규는 우리의 홍익인간에 대해 이렇게 설명했다.

단군은 민족의 왕이며 아버지이며 주인이다. 그가 한국민족에게 내린 헌법은 한마디로 요약된다. 그것은 홍익인간이다. 가능한 한

많은 사람에게 복을 주는 일이다. 그 이후 한국인은 다른 종교를 받아들였지만 단군의 법은 변함없이 5천여 년 동안 계속 유지되고 있다. 왜냐하면 단군의 법은 어떠한 신앙과도 모순이 되지 않기 때문이다. 그것은 결국 모든 종교나 철학의 이상적인 형태로 '최대한의 인간을 위한 최대한의 행복' 또는 모든 인류를 위한 행복과 평화이다.[1]

1970년 희랍정교회의 고위직 성직자로 추대된 신부이기도 한 게오르규가 보는 한국과 홍익인간에 대한 이해는 한국인 못지않게 객관적이고 정확하다.

홍익인간은 또한 국가경영이 도달할 수 있는 최종적인 목표이다. 따라서 홍익인간에 대해 이 장에서는 좀 더 자세히 살펴볼 것이다.

15. 역동성의 한겨레공동체

19세기 중엽 우리나라를 찾아온 프랑스인 신부 샤를르 달레 (Claude Charles Dallet)는 당시 한국인을 이렇게 묘사했다.

> 조선 사람의 커나란 미덕은 인류애人類愛 법칙을 선천적으로 존중하고 나날이 실행하는 것이다. …… 동포감정은 혈족관계와 조합의 한계를 넘어서 확대되어간다. 상호부조와 타인에 대한 후대는 이 나라 국민의 특징인데, 솔직히 말하여, 그런 특성은 조선 사람을 우리 현대 문명의 이기주의에 물든 여러 국민들보다 훨씬 우위에 서게 하는 것이다.[2]

---

1) C.V. 게오르규, 『한국찬가』, 민희식 역, 범서출판사, 1984년, 19~20쪽.
2) 샤롤르 달레, 『조선교회사서론』, 정기수 역, 탐구당, 1975년, 249쪽.

19세기에 우리나라에 찾아온 프랑스인 신부는 우리 사회가 가진 인류애와 상호부조의 정신과 타인에 대한 후대에 대해 감동하고 있다. 그는 당시 우리 선조들이 남의 일을 자기 일처럼 알고 돕는 것을 의무로 알고 있는 모습에 큰 감동을 받고 있다. 가령 혼례나 상례를 친척과 이웃이 모든 힘을 다해 도와주고, 화재나 홍수로 집을 잃으면 모두가 나서서 집을 지어주는 모습에 찬탄하고 있다. 그리고 손님 대접은 누구나 신성한 의무로 여기고, 식사할 때 온 사람에게 밥 주기를 거절한다는 것은 부끄러운 일을 넘어 잘못된 것으로 간주되는 것에 경탄한다. 또한 누구든 여행할 때는 단지 지팡이와 담뱃대와 약간의 돈만 있으면 어디에서고 잠을 잘 집이 있고 식사를 할 수 있음에 놀란다.

이와 같은 모습은 우리가 보지 못하는 우리의 사회의 관습을 잘 설명한다. 이 같은 풍습은 하루아침에 생겨난 것이 아니며 하루아침에 사라지는 것도 아니다. 이와 같은 인류애와 상호부조의 정신과 타인에 대한 후대는 수천 년을 통하여 우리 사회에 뿌리 깊게 내려 있는 역동성의 한사상이다.

혹 사람들 중에는 이와 같은 우리의 풍습이 유불선의 교화로 인한 것이 아닌가라고 생각할 수도 있을 것이다. 그러나 이와 같은 한국인의 풍습은 유불선이 들어오기 수천 년 전부터 원래적으로 존재하던 것이다.

중국의 고대문헌인 산해경에는 고대의 우리나라를 군자의 나라라고 부르는 기사가 있다. 즉, "군자의 나라가 북방에 있다. 그들은 의관을 정제히 하고 칼을 차고 있다."[3] 또한 공자가 살고 싶어 했던 나라가 곧 조선이라는 기록이 있다.

---

3) 군자국재기북의관대 君子國在其北 衣冠帶劍 (산해경 제9권 해외동경(海外東經)

구이(九夷)는 동이이고 동이는 기자조선(箕子朝鮮)⁴⁾으로 풍속이 어질고 오래 살며 공자가 가서 살고자 했던 곳이 바로 이곳이다.⁵⁾

고대의 중국인들이 우리의 조상들을 군자君子로 받들고 우리나라의 풍속이 어질다고 한 것은 다름 아닌 우리 민족이 가지고 있는 인간중심의 사고의 틀을 잘 이해한 것이다.

고대세계에서 우리가 중국으로부터 배운 것이 아니라 오히려 중국이 우리에게서 배우려고 했다는 것이다.

동방삭은 신이경神異經⁶⁾에서 이 부분을 다음과 같이 설명했다.

동방에 어떤 사람들이 사는데
남자들은 모두 붉은 옷에
흰 띠를 두르고 검은 갓을 쓰고 있고
여자들은 모두 빛깔 있는 옷을 입고 있다.
남녀의 아름다운 자태가 사랑스럽기는 하지만
항상 떨어져 앉아 서로를 범하지 않고
칭찬하여 헐뜯지 않는다.
남에게 환란이 있는 것을 보면 자기 목숨을 던지면서
구해주니 이름을 선善이라고 한다.⁷⁾

---

4) 기자(箕子)는 은(殷)나라의 신하로서 폭군 주(紂)에게 바른 정치를 간하다가 감옥에 갇혔다. 마침 주(周)나라가 은나라를 멸하자 기자는 주무왕에 의해 석방되었지만 기자는 이를 부끄럽게 여겨 조선으로 망명했다. 여기서 기자조선(箕子朝鮮)은 그 실체가 학계에 이견이 분분하다. 그러나 윤내현은 갑골문과 고문헌, 청동기명문, 고고학자료 등을 통해 기자의 이동로를 추적한 결과 기자가 조선지역으로 망명한 것은 사실이지만 고조선의 통치자가 된 적은 없으며 고조선 변방의 제후가 되었을 가능성이 있다고 했다. 윤내현, 『고조선 연구』, 일지사, 1995년, 44쪽.

5) 九夷東夷也 箕子之封國俗人而壽 夫子欲居者此也 (四庫全書 子部 雜家類 雜考之屬 名義考 眷五)

6) 동방삭, 『신이경』, 김지선 역, 살림, 1997, 234쪽.

7) 東方有人焉 男皆朱衣鎬帶玄冠 女皆采衣

고대한국은 남녀 간에 예의와 분별이 분명하고 서로를 칭찬하고 헐뜯지 않는 아름다운 풍속을 가지고 있었다. 특히 남이 환란에 빠졌을 때 목숨을 걸고 구해준다는 것이다. 남이 환란이 있다는 것은 그 남의 중심에 계신 하나님이 환란이 있음과 같은 것이다. 따라서 자신의 목숨을 던지며 그 하나님을 구하는 것이다. 이것을 선善이라 하는 것이다. 이것이야말로 진정으로 인간을 사랑하는 한사상(韓思想: Hanism)인 것이다.

오늘날도 위험에 빠진 가족이나 이웃을 구하기 위해 자신의 목숨을 버리는 우리 사회의 인류애로서의 한사상은 우리 사회의 신문과 방송에서 어렵지 않게 볼 수 있는 일이다. 그러나 이와 같은 인본주의는 동서고금의 철학과 사상에 없는 것이다. 그리고 현실적으로도 다른 사회에서는 찾아보기 어려운 현상이라는 사실에 대해 정작 우리는 알지 못한다.

오늘날 우리나라의 지하철에서 선로에 사람이 떨어져 목숨이 위험할 때 자신의 목숨을 걸고 위험에 빠진 사람을 구하는 일을 보는 것이 어려운 일이 아니다. 이와 같이 남이 위험에 빠졌을 때 자신의 목숨을 돌보지 않고 그를 구하는 우리나라의 한사상은 동방삭이 찬탄하듯 이미 수천 년을 두고 존재해온 것이다.

그러나 가장 가까운 나라 일본만 해도 지하철의 선로에 사람이 떨어져 목숨이 위험해도 누구나 구하려 하지 않는다. 그저 보고만 있는 것이다.

동방유인언 남개주의호대현관 여개채의
男女便轉可愛 恒分坐而不相犯 相譽而不相毁
남녀경전가애 항분좌이불상범 상예이불상훼
見人有患 投死救之 名曰善 (俗云士人)
견인유환 투사구지 명왈선 (속운사인)
一名敬(俗云敬謹) 一名美(俗云美人)
일명경(속운경근) 일명미(속운미인)

2001년 1월 26일, 일본 도쿄의 지하철 역구내에서 일본에 유학중인 이수현 씨가 철로에 떨어진 취객을 구하려다 자신의 목숨을 잃은 사건이 발생했다. 이 사건은 일본의 각 신문들과 미국의 워싱턴 포스트지 등에 소개되며 세계적인 화제를 일으켰다. 지나의 전한 시대의 동방삭이 우리민족을 보고 놀라워하며 쓴 기사와 조금도 다르지 않은 기사를 그 엄청난 시공간의 차이를 무시하고 오늘날 일본과 미국의 신문이 놀라운 눈으로 바라보며 기사화하고 있는 것이다.[8]

그런데 2006년 4월 21 똑같은 일이 똑같은 장소에서 다시 일어났다. "젊은 여성이 선로에 떨어져 한쪽 다리가 침목 아래에 빠진 채 신음하고 있었다. 역 구내에는 일본인 20명 정도가 있었지만 모두가 웅성거리며 지켜만 볼 뿐이었다." 일본인들은 자발적으로 행동하는 인본주의가 무엇인지 모르는 것이다.

이때 한국인 유학생 신현구 씨는 "전동차가 오는 방향을 한번 쳐다본 뒤 재빨리 아래로 뛰어 내려가 이 여성을 플랫폼 위쪽으로 밀어 올렸다."[9]

위대한 한국의 한사상이 한국의 청년 이수현 씨에 이어 신현구 씨에 의해 다시 그 모습을 일본에서 드러낸 것이다.

일제시대에 일본이 우리나라의 모든 대중들을 노예화하는 불의를 보고 감연히 목숨을 던져 대의를 밝힌 이봉창 의사와 윤봉길 의사 그리고 안중근 의사를 보고 중국인들은 너무도 놀라워했다. 중국에는 한국과 같이 모든 백성들이 환란에 빠졌을 때 이를 구하기 위해 자신의 목숨을 초개와 같이 버리는 위대한 한사상으로 행동하는 의사義士들이 없었기 때문이다.

---

8) 최동환, 『한철학1 - 생명이냐 자살이냐』, 지혜의 나무, 2004년, 188쪽.
9) 도쿄 박중언 특파원, 인터넷 한겨레신문, 2006. 5. 24.

그런데 우리는 우리 사회에서 이와 같은 일이 흔하게 벌어지므로 다른 나라도 당연히 이와 같은 가치체계를 가지고 있을 것으로 생각하거나 최소한 비슷한 점이라도 있을 것으로 생각한다. 그러나 그것은 전혀 아니다. 우리와 같은 알타이어족이며 DNA도 가장 비슷한 민족이 사는 가장 가까운 나라 일본의 예를 들어보자.

강항 선생은 300년 전 일본사회에 주자학을 전해주면서 일본사회가 숭상하는 가치체계에 대하여 일본현지에서 보고 느낀 것을 이렇게 설명한다.

> 분함 김에 서로 엉켜 싸우다가 상대를 죽여 버리고 다시 쫓아가서 목을 베어버리고 배를 갈라 헤쳐 버리면 모두들 혀를 널름거리며 떠들어 댑니다. "장부야, 장부! 사내대장부야!" 하고 치하해마지 않으며, 그의 자손을 보고선 "저 애가 죽음을 무릅쓰고 덤빈 그 사람의 아들이야!" 하며 서로 사위를 삼고 며느리를 삼으려 드는 자들이 수두룩하게 나섭니다.[10]

일본인과 우리는 고대에는 한솥밥을 먹던 가장 가까운 친척이다. 그들의 무의식 깊은 곳에는 반드시 우리가 가지고 있는 풍속과 똑같은 것이 있을 것이다. 그런데 어떻게 해서 이처럼 전혀 다른 풍속을 가지게 되었을까?

일본인이 "장부야, 장부! 사내대장부야!"라고 존경하는 사람의 용기는 우리 한겨레공동체의 관점에서는 용기가 아니라 악惡이다. 남의 생명을 분한 김에 빼앗고 그것도 모자라 그로 인해 목숨을 잃은 사람의 시체를 그토록 잔인하게 모욕하는 것은 인간본성에 대한 근본적인 반역이고 모독인 것이다. 우리 한국 사회에서 이것은 악惡

---

10) 강항, 『간양록(看羊錄)』, 이을호 역, 서해문집, 2005년, 40쪽.

중에서도 가장 큰 흉악凶惡이다.

남을 악으로 몰아세우고 그 악을 부정하고 박멸하는 일은 아무리 악하고 어리석은 사람이라 할지라도 언제나 누구든 할 수 있는 일이다. 물론 남을 악으로 몰아세운다고 자신이 선이 되는 것은 결코 아닌 것이다. 또한 적으로 몰아세울 사람이 있어야 동지가 확보되는 것도 아닌 것이다.

진정한 선은 남을 악으로 몰아세우거나 적을 만드는 것이 아니다. 그와는 반대로 남이 환란이 빠져 생명이 위태로울 때 자신의 생명을 버리면서 남의 생명을 구해주는 인간의 본성에서 선이 나타나는 것이다. 우리 한겨레공동체에서는 이 같은 한사상적인 선이 상식으로 통했다. 따라서 이를 선인善人이라는 호칭으로 불렀던 것이다. 이는 곧 고구려의 선배나 조의나 신라의 화랑과 같은 말이다. 우리 고대 한국인들의 정신세계는 이처럼 현실에서 살아서 움직이는 역동성을 갖는다는 점에서 그리스와 인도의 정적인 철학과 근본적으로 차이가 있다.

그러나 인간은 일본인이나 한국인이나 또 그 어느 민족이나 다를 것이 조금도 없다. 특히 일본인은 우리 민족과 한 갈래이다. 일본인들이 이수현 씨와 신현구 씨에게 감동하는 것은 그들의 집합적 무의식 속에 명백하게 존재하지만 그동안 완전히 잊혔던 그들의 한사상이 깨어났기 때문일 것이다.

일본에 전해진 우리나라의 한류韓流 중 가장 고귀한 수준의 한류는 다름 아닌 이 시대 대한민국의 진정한 선인善人인 이수현 씨와 신현구 씨가 전한 우리 사회의 인류애로서의 한사상이다.

바로 이것이 우리 한겨레공동체가 아시아인과 세계인들의 마음속 깊은 곳으로부터 호응과 지지를 얻을 수 있는 참다운 바탕이다.

이 인본주의는 유불선에서 배운 것이 아니라 유불선이 들어오기

전에 우리 한겨레 공동체 안에 이미 존재하던 것이며 지금도 변함없이 존재하고 있는 것이다.

이들이 보여준 인본주의말로 역동성의 대한민국(Dynamic Korea)의 참된 주인공으로서 아시아의 중심(The hub of Asia)을 이루어낼 진정한 지도력이다. 우리는 그것을 일본과 아시아와 세계에 보여준 것이다. 이런 인물들이 일본인 그리고 아시아인과 세계인의 마음속 깊은 곳으로부터 공감과 지지를 얻어 진심으로 서로 협력하면서 참다운 미래를 창조하도록 만드는 것이다.

바로 이 모습을 외국인인 달래와 동방삭 그리고 일본과 미국의 언론들이 시대를 초월하여 공통적으로 발견한 것이다. 이 인본주의가 이처럼 우연하게 간헐적으로 나타나는 것이 아니라 우리 사회에 전면적으로 드러나게 하는 교육과 행정에 국가가 앞장서야 하는 것이다. 이미 우리나라는 바로 그 일을 위해 우리의 건국이념이자 교육법 제1조인 홍익인간의 이념이 존재하고 있다. 다만 훌륭한 조상들이 애써서 만든 이 금과옥조가 지금 이 시대의 우리에게는 장식품처럼 박제화되어 있다는 점이 문제인 것이다.

(1) 백범 김구 선생과 고운 최치원 선생의 만남과 홍익인간

백범 선생이 사사로운 이기심을 조금도 가지지 않고 한겨레공동체의 대의에 대해 한겨레공동체의 대의에 입각해서 말하고 행동한 소수의 인물 중 한 분이라는 사실에 반대할 사람이 있을까?

백범 선생은 진정한 세계의 평화가 우리나라에서, 우리나라로 말미암아 세계에 실현되기를 원한다. 홍익인간弘益人間이라는 우리 국조 단군의 이상理想이 이것이라고 믿는다고 설파한다.[11]

---

11) 지금 인류에게 부족한 것은 무력도 아니오, 경제력도 아니다. 자연과학의

이 내용은 우리의 건국이념이자 교육이념인 홍익인간을 설명하는 우리의 사상체계로 역동성의 대한민국(Dynamic Korea)을 만들고 역동성의 아시아(Dynamic Asia)로 발전시키자는 것이다. 그리고 이때 비로소 우리가 진정한 아시아의 중심(Dynamic Asia)이 될 수 있을 것이며 세계의 중심이 될 수 있다는 말과 조금도 다르지 않다.

그리고 백범선생은 우리 국조 단군의 이상理想을 홍익인간弘益人間이라고 명문화 하여 남긴 분이라는 점에서 홍익인간의 연구역사에 새로운 한 줄을 추가했다는 새로운 의미가 있다.

뿐만이 아니다. 이 문장에는 우리 한국정신이 남긴 무려 1000년의 공백을 백범선생이 깨고 있다는 사실을 알려지지 않고 있다. 즉,

인류가 현재 불행한 근본 이유는 인의가 부족하고,
자비가 부족하고, 사랑이 부족한 이유이다.[12]

는 구절이다. 여기서 백범 선생은 인의仁義와 자비慈悲와 사랑을 설명했으며 이 세 가지 마음만 발달하면 당시의 물질력으로도 온 인류가 살아가기에 넉넉하다고 말했다.

여기서 백범 선생은 신라의 대학자 고운 최치원 선생의 난랑비서문鸞郎碑序文[13]의 내용에 담긴 핵심을 다시금 대한민국의 건국 당시

힘은 아무리 많아도 좋으나 인류 전체로 보면 현재의 자연과학만 가지고도 편안히 살아가기에 넉넉하다. 인류가 현재 불행한 근본 이유는 인의가 부족하고, 자비가 부족하고, 사랑이 부족한 이유이다.
이 마음만 발달이 되면 현재의 물질력으로도 20억이 살아가기에 넉넉하다. 인류가 이 정신을 배양하는 것은 오직 문화이다. 나는 우리나라가 남의 것을 모방하는 나라가 되지 말고 이러한 높고 새로운 문화의 근원이 되고 목표가 되고 모범이 되기 바란다. 그래서 진정한 세계의 평화가 우리나라에서, 우리나라로 말미암아 세계에 실현되기를 원한다. 홍익인간(弘益人間)이라는 우리 국조 단군의 이상(理想)이 이것이라고 믿는다. 김구, 『백범일지』, 학민사, 1997, 377쪽.
12) 김구, 『백범일지』, 학민사, 1997년, 377쪽.

에 재현하고 있는 것이다. 고운선생의 난랑비서문鸞郎碑序文은 다음과 같다.

> 우리나라에 현묘한 도가 있으니 이를 풍류라 한다.
> 이 가르침의 기원에 대해서는 신사에 자세히 실려 있으며
> 이는 실로 유불선삼교를 포함하여 대중을 교화하는 가르침이었다.
> 그리하여 집으로 들어오면 부모에게 효도하고
> 나가서는 나라에 충성하는 것은 공자의 가르침과 같고,
> 또 그 무위의 일에 처하고 말없는 가르침을 행하는 것은
> 노자의 가르침과 같으며,
> 모든 악한 일을 만들지 않고 착한 일만을 받들어 행함은
> 석가의 가르침과 같다.14)

이 난랑비서鸞郎碑序야말로 우리 한겨레공동체가 역사를 통해 축적해온 문화적 깊이가 무엇인가를 잘 말해준다. 우리 한겨레공동체에게는 이미 유불선의 가르침이 존재했다는 것이다. 그럼으로써 유불선을 쉽게 받아들이고 역사를 통해 우리의 공동체 안에서 유불선삼교를 보살피며 키워왔다. 이는 눈에 보이지 않는 것이지만 우리

---

13) 崔致遠鸞郎碑序曰
　　고운난랑비서왈
　　國有玄妙之道 曰 風流 設敎之源 備詳神史
　　국유현묘지도 왈 풍류 설교지원 비상선사
　　實內包含三敎 接化群生
　　실내포함삼교 접화군생
　　且如入則孝於家 出則忠於國 魯司寇之旨也
　　차여입즉효어가 출즉충어국 노사구지지야
　　處無爲之事 行不言之敎 周柱史之宗也
　　처무위지사 행불언지교 주주사지종야
　　諸惡莫作 諸善奉行 竺乾太子之化也
　　제악막작 제선봉행 축건태자지화야
14)『삼국사기』,「신라본기」, 진흥왕 편.

의 강력한 문화적 경쟁력인 것이다.

바로 이 내용을 백범 선생은 인의仁義와 자비慈悲와 사랑으로 설명하며 이것만 있으면 온 인류가 평화롭게 살기에 부족함이 없다고 말했다. 고운 최치원 선생15)께서 난랑비서에서 설명하는 이 세 가지 이념을 담은 우리의 고유한 사상이야말로 백범 선생은 문화의 핵심으로 보고 또한 홍익인간의 이념에 도달하는 길로 본 것이다.

신라의 고운 선생 이래 사라진 우리의 사상을 백범 선생이 다시 살려내어 대한민국의 건국당시에 국민의 교육이념으로 설명하고 있는 것이다.

여기서 우리는 한발자국만 더 나아가보면 신라에서 고구려까지 관통하는 정신의 흐름을 잡을 수 있다. 그것은 평양의 대동강변에 있는 을밀대를 지은 을밀선인이 남긴 다물흥방가이다. 을밀선인은 고운 선생만큼이나 우리의 역사와 현실에서 유명한 분이다. 을밀선인은 그의 다물흥방가에서 이렇게 말한다.

다물은 나라를 일으킴이니
스스로 존귀함은 무위로 일을 함이며
흥방은 말없이 행하는 가르침이다.
진명이 크게 일어나 성을 통하여 광명에 도달함이여
들어가서 효도하고 나가서 충성함이다.
광명은 모든 선을 행하지 않음이 없고
효와 충성은 모든 악을 일체 짓지 않음이라.16)

---

15) 고운 선생은 또한 천부경(天符經)을 옛 비석에서 발견하여 그것을 한문으로 옮긴 장본인이기도 하다는 점에서 우리 정신의 맥을 잇는 중요한 위치에 있다. "최치원은 역시 일찍이 신지의 전문(篆文)을 옛 비석에서 보고 이를 다시 첩(帖)으로 만들어 세상에 전하게 된 것이다." 『한단고기』, 태백일사 소도경전본훈.

16) 최동환 해설, 『천부경』, 지혜의 나무, 2000년, 430~433쪽.

고운 선생의 난랑비서문鸞郎碑序文과 을밀선인의 다물흥방가는 완전히 같은 취지의 내용을 설명하고 있음을 알 수 있는 것이다. 놀랍게도 바로 이 내용을 백범 선생께서 현대에 되살리고 있는 것이다. 그리고 "우리 민족이 주연배우로 세계의 무대에 등장할 날이 눈앞에 보이지 아니 하는가?" 라고 묻고 있다.

이제 필자는 한 가지만 더 욕심을 내겠다. 독자들께서 다소 지루하더라도 조금만 참아주기를 바란다. 이 다물흥방가의 내용에는 다음과 같은 글귀가 있다.

> 지나간 것은 법이 되고, 새로운 것은 존중한다.
> 따라서 지나간 법은 새로 생김도 없고 멸해짐도 없으며
> 새로운 것은 귀할 것도 천할 것도 없다.
> 인간의 내부에 하늘과 땅이 있고
> 그 중심에 하나님이 있음이며
> 인간의 마음과 신은 본래 하나이다.

는 내용에서 인간의 내부에 하늘과 땅이 있고 그 중심에 하나님이 있다는 인중천지위일人中天地爲一은 천부경天符經 81자 중 다섯 글자인 인중천지일人中天地一과 동일한 글귀이다.

이로써 백범 선생이 되살린 인의仁義와 자비慈悲와 사랑은 신라의 최치원 선생과 고구려의 을밀선인은 물론 천부경天符經을 전해주신 단군에 이르는 유구한 우리 민족의 정신활동과 연결되고 있는 것임을 알 수 있다.

그런데 지금까지의 설명에 한 가지 이상한 점이 없는가? 왜 백범 선생은 유불선 삼교에서 선仙을 뺐는가? 즉, 인의仁義는 유교의 가르침이고 자비慈悲는 불교의 가르침이다. 사랑은 무엇인가? 이것은 기독교의 가르침이 아닌가?

백범 선생은 대한민국 건국 당시에 도교 대신 기독교의 가르침을 대신 포함함으로써 고구려의 을밀선인과 신라의 고운 선생이 남긴 유불선 삼교를 포함하는 우리의 고유한 한사상을 유교와 불교와 기독교를 포함하는 한사상으로 바꾸어놓고 있는 것이다.

우리는 을밀선인과 고운 선생이 궁극적으로 말하고자 하는 것이 고구려와 신라라는 나라의 역동적인 지도력이라는 사실을 이제 알 수 있을 것이다. 나라 안에 존재하는 모든 사상을 존중하고 원래 있던 고유한 한사상을 중심으로 전체가 하나가 되는 거대한 포용력을 바탕으로 하는 국가경영을 말하고 있는 것이다.

백범 선생은 고운 선생 이후 1000년이 넘는 공백을 깨고 매우 중요한 전환점을 제시한 것이다. 백범 선생의 그 거대한 포부는 유교와 불교와 기독교를 한사상 안에 충분한 공간을 마련해주고 있는 것이다.

특히 백범 선생은 기독교에게 처음으로 우리 한겨레 공동체 안에 공간을 마련해주고 있다. 아무리 어리석은 천치라도 자기가 믿는 종교와 사상이 이 세상에서 가장 좋은 것이라고 주장하는 일에는 아무런 어려움도 없다. 그러나 아무리 위대한 성인이라 해도 자신이 신봉하지 않는 종교와 사상을 인정하고 그것의 좋은 점을 만천하의 사람들에게 공공연하게 말하는 거대한 포용력을 가지기는 거의 불가능에 가까운 일이다. 바로 그 거대한 포용력이 우리나라에서는 고구려와 신라와 대한민국에서 지속적으로 발생한 것이다.

백범 선생은 고구려와 신라에 이어 대한민국에서 을밀선인과 고운 선생이 말한 그 거대한 포용력을 바탕으로 한 역동적인 지도력을 보여주고 있는 것이다. 독립운동에 전 인생을 바쳐 싸울 수 있었던 이면에는 단군과 을밀선인과 고운 선생을 계승하는 이 같은 위대한 한사상이 있었다는 사실을 알게 하는 것이다.

우리나라에서 나타나는 국가경영의 강력한 지도력은 고구려의 을밀선인 때와 신라의 고운 선생 때와 대한민국의 백범 선생 때와 동일한 것임을 이 세 분은 시공을 초월하여 말하고 있다. 우리나라의 국가경영의 지도력은 바로 이와 같은 웅장하기 이를 데 없는 포용력에서 나오는 것이다.

"지나간 것은 법이 되고, 새로운 것은 존중한다."고 을밀선인이 말한 것은 우리의 한사상을 중심으로 하여 모든 새로운 종교와 사상을 존중하자는 것이다. 이것이야말로 우리의 한겨레공동체 전체가 역동성을 갖게 하는 근본적인 힘인 것이다.

오늘날 남의 종교와 사상을 적으로 삼아야 자신의 종교와 사상에 대한 정체성을 만들 수 있는 어리석고 유치한 사람들에게는 차마 부끄러워 얼굴을 들지 못하게 하는 큰 가르침이 아닌가? 백범 선생의 웅장한 포용력은 다음의 글을 읽으면 충분히 이해가 갈 것이다.

> 나는 우리나라의 청년 남녀가 모두 과거의 조그맣고 좁은 생각을 버리고 우리 민족의 큰 사명에 눈을 떠서 제 마음을 닦고 제 힘을 기르기로 낙을 삼기 바란다. 젊은 사람들이 모두 이 정신을 가지고 이 방향으로 힘을 쓸진대 30년이 못하여 우리 민족은 괄목상대(刮目相對: 눈을 비비고 다시 봄)하게 될 것을 나는 확신하는 바이다.[17]

바로 이와 같은 마음이 난랑비서의 핵심이며 다물흥방가의 핵심이며 나아가 천부경, 삼일신고, 366사의 핵심이다.

이 웅장한 긍정성을 바탕으로 한 포용력이야말로 우리 한겨레공동체가 그 험난한 역사를 살아오며 만난萬難을 돌파하여 지금에 이른 비결이며 또한 우리민족의 역동성이 가진 비밀인 것이다.

---

17) 김구, 『백범일지』, 학민사, 1997년, 372쪽.

우리나라의 청년 남녀가 각각 자신이 속한 분파와 파벌의 조그맣
고 좁은 생각에서 출발하는 옹졸한 부정성을 버리고 우리 민족의 거
대한 긍정성과 큰 사명에 눈을 뜨자는 것이다. 그리고 하나로 뭉쳐
통합하고 통일하자는 것이다. 이와 같은 거대한 뜻을 전개할 수 있
는 사상이 곧 한사상인 것이다.

이와 같은 웅장한 긍정성을 바탕으로 한 포용력의 한사상이 아니
면서 유교와 불교와 기독교를 포함하는 우리 고유의 정신이라고 말
할 수 있겠는가? 이 같은 거대한 포용력을 가지지 못한 한국인이면
서 감히 천부경·삼일신고·366사 그리고 한사상과 한철학을 입에 담
을 수 있겠는가?

(2) 강력한 문화경쟁력으로서의 유불선과 기독교

가까이는 백범 선생에서부터 신라시대의 고운 선생과 고구려의
을밀선인에 이르기까지 모두 한마음으로 한목소리로 말한 것은 우
리의 고유한 정신을 중심으로 하여 새로 들어온 모든 정신은 존중함
으로서 다양성의 사회를 보장하고 이들을 하나로 뭉쳐 통합하고 통
일하자는 역동성의 한사상인 것이다. 이것이 또한 천부경, 삼일신고,
366사(참전계경)의 근본바탕임은 물론이다.

오늘날 아시아에서 한류가 강력한 힘을 발휘하는 배경에는 다름
아닌 우리 사회가 키워온 타문화와의 통합적인 능력에 있다.

일본과 중국은 당연하게 유교와 불교적 가치를 공유한다. 그리고
베트남과 태국도 유교적 가치는 양국 국민생활의 기본 가치로 깊게
뿌리내려 있다. 말레이시아는 인종적으로 중국화교의 비중이 30%
정도[18]이다. 따라서 말레이시아의 대부분이 이슬람교를 믿지만 한

18) 통일연구원, 『동북아 문화공동체의 동아시아 지역 확대방안을 위한 기초연

국의 한류가 유행될 수 있는 것이다. 같은 회교국인 인도네시아도 중국화교들의 역할이 매우 큰 것이다.

오늘날 문화의 힘은 곧 국력이라고 할 때 이는 모두 우리의 내부에 존재하는 유불선이라는 종교적 가치가 우리나라의 국력의 중요한 부분으로 작용하고 있음을 보여주는 것이다.

그리고 백범 선생 이후 우리가 사는 이 시대는 유불선 이외에 새로운 종교적 가치를 하나 더 추가할 수 있게 되었다. 가장 최근에 받아들인 기독교도 우리 공동체 전체에서 볼 때는 유불선과 조금도 다름없이 소중한 우리 모두의 문화적 재산인 것이다. 필자에게 고운 선생께서 남긴 난랑비서문鸞郎碑序文에 한 줄을 더 보태도록 허락이 된다면

하나님을 모시고 사랑을 실천하는 것은 이스라엘의 스승[19]의 가르침이다.

라는 글을 추가하고 싶다. 바이블의 에베소서 4:6을 살펴보면 그 이유가 어렵지 않게 나타난다.

구』, 2004년, viii쪽.

19) 이스라엘 스승은 곧 예수를 지칭한다. 고운 선생은 공자나 노자나 석가의 이름을 부르지 않고 공직에 있었던 직책을 부름으로써 모두를 극진하게 대우하려 했다. 즉, 한 종교의 창시자의 이름을 함부로 부르는 것은 한국식 예절에 맞지 않기 때문이다. 바로 이런 부분이 고운 선생의 빛나는 점이며 오늘날 우리가 본받아야 할 교훈이다.

필자도 이를 따라 예수에 대해 가능한 한 높은 존칭을 사용하고 싶지만 예수는 공직에 있었던 적이 없었다. 따라서 예수 생전 당시에 이스라엘에서 일반적으로 예수를 지칭했던 선생이라는 용어를 사용해야 할 것이다. 그리고 선생에 대해 우리가 가장 존경하는 우리식 존칭으로 스승을 사용하고, 예수가 이스라엘 출신이므로 '이스라엘의 스승'이라는 존칭으로 대신했다. 가령 고운 선생이 불교의 석가를 축건태자라고 부른 것은 인도의 한 왕국의 태자 출신이라고 존칭한 것이다. 필자가 이스라엘의 스승이라고 부른 것도 이와 같은 것이다.

하나님은 하나시니 곧 만유의 아버지시라 만유위에 계시고 만유를 통일하시고 만유 가운데 계시도다.(엡 4:6)

바이블의 엡 4:6의 내용과 우리 한겨레의 고유한 경전인 삼일신고 제2장 일신(하나님 하느님)의 내용을 비교해보자.

삼일신고三一神誥 제2장 일신一神 (하나님·하느님)

하나님은 그 위로는 아무도 없는 자리에 계신다.
큰 덕과 큰 지혜와 큰 힘으로
하늘을 내시고, 수 없는 세계를 주관하시고
많고 많은 물건을 창조하셨다.
그 일은 너무도 세밀하여
먼지 하나도 빠져나가지 못하고
밝고도 밝으며 신령스럽고도 신령스러우며
감히 이름과 그 수량을 셀 수 없다.
소리와 기를 다하여 원을 세우고 기도를 하면
반드시 하나님을 친히 인식할 수 있다.
스스로의 본바탕에서 하나님의 씨앗을 구할 수 있으니
너의 머리 골에 하나님이 내려와 계시니라.[20]

그 위로 아무도 없는 하나님을 모신다는 점에서 우리의 삼일신고와 바이블은 일치한다. 바로 이와 같은 이유가 우리가 일본과 중국과 달리 기독교를 쉽게 받아들인 이유인 것이다.

삼일신고의 제2장 일신一神의 일一은 한 또는 하나이고 신神은 님이다. 일신一神은 곧 한님 또는 하나님·하느님의 한자표현인 것이다.

---

20) 최동환 해설, 『삼일신고』 개정판, 지혜의 나무, 2000년, 273~337쪽.

이 같은 내용은 조선 선조宣祖때의 시인 노계蘆溪(1561-1642)의 노계가사 중에 '하ᄂᆞ님'이라는 단어를 사용한 기록이 나타난다.

時時로 머리드러 北辰을 바라보고
눔모ᄅᆞᆫ 눈물을 天一方의 디이ᄂᆞ다
一生에 품은 뜻을 비옵ᄂᆞ다 하ᄂᆞ님아 21)

[해석]
때때로 머리를 들어 북쪽임금 계신 곳을 바라보고
남모르는 눈물을 하늘 한쪽에 떨어뜨리는 도다
일생에 품은 뜻을 비옵니다 하나님이시여

이 문장은 400년 전에 훈민정음으로 쓰인 것이다. 삼일신고의 일신一神이나, 366사의 천신天神 그리고 노계가사의 하ᄂᆞ님은 모두 우리 한겨레공동체의 순수한 하나님·하느님이며 또한 최고의 존재인 것이다.

구한말 우리나라에 온 기독교선교사들은 이 하나님·하느님이라는 용어를 사용하지 않고서는 선교가 불가능할 정도였다. 바로 그 이유로 기독교는 하나님·하느님이라는 용어를 사용하였다.22)

구한말 우리나라에 온 기독교 선교사들은 기독교의 최고가치인 유일신사상이 우리 한겨레 공동체 안에 이미 하느님이라는 용어와 개념에 있음을 분명하게 인식하고 사용한 것이다.

또한 기독교에서 가장 중요한 가치는 사랑일 것이다. 우리의 고유한 가치체계의 사랑과 기독교의 사랑이 얼마나 비슷한 것인지 살펴

---

21) 박인로, 『노계가사』, 1636년 목판본, 박성의 주해, 정음사, 1975년, 117쪽.
22) 최동환 해설, 『삼일신고』 개정판, 지혜의 나무, 2000년, 273~337쪽.

보자. 요한1서 4:16에는 다음과 같은 내용이 있다.

> 하나님은 사랑이시라. 사랑 안에 거하는 자는 하나님 앞에 거하고
> 하나님도 그 안에 거하시니라.(요1 4:16)

또 사랑에 대한 기독교의 관점을 보여주는 예를 요한 1서에서 하
나 더 들어보자.

> 사랑하는 자들아 우리가 서로 사랑하자. 사랑은 하나님께 속한 것
> 이니 사랑하는 자마다 하나님께로 나서 하나님을 알고 사랑하지
> 않는 자는 하나님을 알지 못하나니 이는 하나님은 사랑이심이라.
> (요1 4:7~9)

기독교가 사랑의 종교라는 것은 이 내용으로만 보아도 명백하다.
이 사랑에 대한 내용은 우리의 경전에 그대로 나타난다. 366사(참전
계경).[23]에서는 제3강령이 곧 사랑愛이다.

한국인에게 사랑이 논해지기 위해서는 반드시 그 이전에 믿음이
그 바탕에 가득한 상태로 존재하고 있어야만 한다. 한국인에게는 믿
음이라는 바탕 없이 사랑이 논해질 수 없다. 그 믿음은 366사의 제2
강령 믿음信에서 설명된다.

그리고 그 믿음이 논해지기 위해서는 반드시 그 이전에 366사의
제1강령인 정성誠이 그 바탕에 가득한 상태로 존재하고 있어야 한
다.

즉, 한국인에게는 정성을 다하여 정성이 가득하게 되었을 때, 비
로소 믿음이 생기고 믿음을 다하여 믿음이 가득하게 되었을 때 비로

---

23) 최동환 해설, 『366사(참전계경)』, 지혜의 나무, 2000년, 233쪽.

소 사랑이 생겨나는 것이다. 따라서 한국인의 사랑을 이해하기 위해서는 반드시 정성과 믿음을 충분할 만큼 쌓아야 하는 것이다. 여기에도 엄정한 과정철학의 원리가 내재되어 있다.

그리고 사랑에 대한 내용만으로도 366사는 제3강령 사랑愛에서 제96사事~제145사事에 이르는 풍부한 분량으로 설명하고 있다. 이 방대한 사랑에 대한 설명을 여기서 모두 설명할 수는 없으므로 그 중 하나인 제96사事인 용서(恕)의 내용을 소개하면 다음과 같다.

> 용서한다는 것은 사랑으로부터 비롯되며
> 자애로움으로부터 일어나는 마음이요,
> 어진 마음에서 결정되어
> 참지 못하는 마음을 참을 수 있도록 돌이키는 것이다.[24]

우리 한국인들에게 사랑이란 곧 참지 못할 것을 용서하는 일이다. 그 참지 못할 것을 참을 수 있게 하는 것은 그 이전에 이미 할 수 있는 모든 정성을 다한 상태이며 또한 이룰 수 있는 모든 믿음을 갖추었기 때문에 가능한 것이다.

이 불가사의한 사랑의 위력에 대한 우리 한국인들은 누구나 이해하고 있다. 왜냐하면 한국인 가정에서 부모의 사랑이란 바로 이처럼 자식이 어떤 잘못을 하더라도 모두 용서해주는 것임을 모르는 자식은 거의 없기 때문이다. 그러나 다른 나라의 부모와 자식에게도 이같은 무조건적 사랑이 존재하는 것은 아닐 것이다.

바로 이 사실! 사랑은 곧 도저히 용서할 수 없는 것을 용서하는 것이라는 이 가르침에 바이블에서 설명하는 사랑은 상당히 부합된다. 그리고 사랑은 내리 사랑이라는 사실은 단군왕검께서 전해주신

---

24) 최동환 해설, 『366사(참전계경)』, 지혜의 나무, 2000년.

단군팔조교에서 잘 나타난다.

-제3조-

너희가 태어남은 오로지 부모님으로부터 연유하였으며, 부모님은
하늘에서 강림하셨도다. 오로지 부모님을 바르게 모시는 것이 하
나님을 바르게 모시는 것이며, 이것이 나라에까지 미치니 충성과
효도이다. 이 도道로써 부지런히 힘써 정도正道를 이룬다면 하늘이
무너진다 해도 반드시 먼저 벗어나리라.[25]

이 단군팔조교의 제3조는 '하늘이 무너져도 솟아날 길이 있다'는
우리 속담의 원전이 되는 내용이다. 그 내용은 우리의 조상은 하늘
에서 강림하셨고 우리의 부모는 곧 그 조상님들에게서 유래했다는
내용이다. 이른바 천손강림사상天孫降臨思想이다.

우리는 알지 못하는 가운데 더 이상 클 수 없는 사랑을 입고 있다
는 내용이다. 그러나 우리는 그 사랑을 알지 못한다는 것이다. 이 내
용은 바이블에서 말하는 사랑과 상당부분 서로 부합이 되고 있다.

우리 한겨레공동체에 하나님을 모시는 일은 한겨레공동체가 시작
하면서부터 처음부터 있었다. 그리고 사랑이라는 가치도 이처럼 우
리에게 근본적으로 있던 것이다.

우리가 일본과 중국과 달리 기독교를 쉽게 받아들인 이유가 바로
이런 곳에 있는 것이다. 이미 존재하던 것이므로 쉽게 받아들인 것
이다.

그리고 매우 중요한 것은 장차 우리의 한국인의 한사상이 별 다른

---

25) 이생유친친강자천 유경이친내극경천 이급우방국시내충효
   爾生惟親親降自天 惟敬爾親乃克敬天 以及于邦國是乃忠孝
   이극체시도 천유붕 필선탈면
   爾剋體是道 天有崩 必先脫免
   최동환 해설, 『천부경』, 지혜의 나무, 2000년, 417쪽.

마찰 없이 유럽과 미국 등의 기독교권에 알려질 수 있는 이유 역시 바로 이와 같은 점에 있는 것이다.

이제 우리 한겨레공동체 안에서 기독교는 유불선에 이어 갖게 된 문화적 경쟁력이다. 우리 한겨레공동체가 지난 100년간 많은 노력을 기우려 양성한 기독교는 이제 우리 한겨레공동체가 좀 더 강력한 문화적 경쟁력이 되어줄 수 있게 된 것이다. 이와 같은 상태는 장대한 역사를 가지고 다른 모든 문화를 모두 받아들여 그것을 이해하고 전체로 구성하고자 부단하게 노력하는 한사상을 가진 민족이 아니고는 얻을 수 없는 경쟁력인 것이다.

우리 한겨레공동체의 강력한 역동성으로서의 유불선과 기독교의 중심에는 공적영역으로서의 우리의 고유한 한사상이 존재하고 있는 것이다. 공적영역은 눈에 보이지 않고 움직임도 없는 것이다. 그러나 그 보이지 않는 것이 보이는 것의 중심이 되고, 움직임이 없는 것이 움직임의 중심이 된다는 사실을 우리는 이미 여러 차례 확인했다.

또한 백범 선생과 고운 선생과 을밀선인이 보여준 한사상의 거대한 포용력은 단지 종교에 국한하는 것이 아닌 것이다. 모든 사상과 지역에 대해 모두 포용하는 위대한 지도력을 말하는 것이다.

즉, 동서와 남북 그리고 좌파와 우파 나아가 세계의 해양세력과 대륙세력까지를 모두 아우르는 위대한 지도력의 탄생을 이 분들은 이미 고구려와 신라 그리고 대한민국의 출발당시에 일관되게 예고한 것이다.

한사상을 진정으로 이해하고 이를 행동으로 옮길 수 있는 사람들이 정규교육을 통해 우리 사회에 충분히 배출될 때 비로소 역동성의 대한민국(Dynamic Korea)의 중심이 될 수 있고, 시대적 목표인 아시아의 중심(The hub of Asia)을 이룰 수 있을 것이다.

16. 역동성의 대한민국(Dynamic Korea)의 이념 홍익인간

질서상태에서 역동성은 사적영역이며, 그 중심에 공적영역이 있다. 이 질서상태는 성취상태인 재세이화와 완성상태인 홍익인간을 향한다. 결국 역동성의 대한민국의 최종적인 이념은 홍익인간인 것이다. 우리는 이미 이 홍익인간을 건국이념을 삼고 우리나라 최초의 국가를 출범시켰고 대한민국의 교육법 제1조로 삼았다.

지금까지 역동성의 대한민국(Dynamic Korea)의 이념인 홍익인간을 설명한 출처와 내용을 알아보자.

(1) 홍익인간의 출처

① 천지인경天地人經26)

천지인경은 단군조선의 11세 단군 도해道奚님이 남긴 경전이다. 한단고기의 단군세기에 의하면 이 경전은 혹시 유실될까 두려워 돌에 새겨 후세에 전한 경전이다. 이 경전은 단 65자로 이루어진 경전이되 천부경, 삼일신고, 366사의 핵심을 모두 담고 있다.

이 경전의 마지막 구절이 일신강충一神降衷 성통광명性通光明 재세이화在世理化 홍익인간弘益人間이라는 16개 글자이다. 여기서 일신강충一神降衷이란 곧 모든 조직체의 중심에 존재하는 '한'이다. 그리고 우리 한겨레가 모셔오던 하나님(하느님)이다.

성통광명性通光明이란 곧 질서상태로서 자유의 가치가 드러난다. 또한 재세이화在世理化란 성취상태로서 자연을 최적화한 상태로서 번영이라는 가치가 드러난다. 홍익인간弘益人間은 완성상태로서 사회를 최적화한 상태이며 평등이라는 가치가 드러난다.

---

26) 최동환 해설, 『천부경』, 지혜의 나무, 2000년, 400~402쪽.

② 삼신일체경三神一體經27)

삼신일체경은 고구려의 을지문덕 장군이 남긴 경전으로 90개의 글자로 이루어졌다. 이 경전의 마지막 구절에는

매일같이 이루고자 하는 생각은 재세이화를 이루고자하는 목표이니 항상 감식촉을 가다듬어 홍익인간을 하기 위함이다.28)

라는 구절이 있다. 이는 재세이화를 이룸으로써 홍익인간을 할 수 있다는 과정의 논리가 잘 설명되어 있다. 이 경전은 삼일신고와 밀접하게 연관되어 있다.

③ 삼일신고三一神誥29)

삼일신고는 한웅천제께서 만드신 경전으로 366개의 글자로 만들어졌다. 이 경전의 마지막 구절은 성통공완시性通功完是이다.

여기서 성통性通이란 천지인경에서 설명하는 일신강충一神降衷 성통광명性通光明 을 모두 포함하는 말이며, 공완功完은 재세이화在世理化 홍익인간弘益人間을 한마디로 축약한 말이다.

④ 중일경中一經30)

중일경은 고조선의 3세 단군 가륵님께서 전한 경전이다. 그 내용에는 홍익상면弘益相勉이라는 내용이 있다. 이는 홍익인간을 서로 힘쓴다는 내용이다.

또한 이 경전에는 성기成己·자유自由31)·개물 開物32)·평등平等이

---

27) 최동환 해설, 『천부경』, 지혜의 나무, 2000년, 410~412쪽
28) 要在日求念標在世理化 靜修境途弘益人間也
29) 최동환 해설, 『삼일신고』, 지혜의 나무, 2000년.
30) 최동환 해설, 『천부경』, 지혜의 나무, 2000년, 421~424쪽.
31) 필자가 이 책에서 자유의지라고 표현한 것은 중일경의 자유와 같은 것이

라 하여 스스로를 이루고, 자유를 얻으며, 번영을 이루고, 평등을 이룬다는 구절이 있다.

여기서 성기成己＝일신강충一神降衷이며, 자유自由＝성통광명性通光明이며, 개물開物＝재세이화在世理化이며, 평등平等＝홍익인간弘益人間이다.

성기成己는 자신의 중심에 하나님이 내려와 계심으로써 자신이 이루어져 있다는 것이다. 자유自由란 자신이 혼돈상태에서 벗어나 질서상태에 존재하는 순간 그 질서상태의 공적영역은 자신의 질서의 시동자始動者로서 아침의 태양과 같은 광명한 것이다. 그 공적영역의 중심에 '한'이 존재하니 이는 순수이성이다. 이 순수이성인 하나님이 태양같이 광명한 질서의 시동자始動者의 중심에 존재하여 두루 미치니 그것이 성통광명이다.

개물開物이란 스스로 질서상태를 이룬 다음 자연을 최적화함으로써 의식주와 문화에 필요한 물자를 얻는 것이다. 이것을 재세이화在世理化라고 하는 것이다.

평등平等이란 자연을 최적화하여 물자가 풍요로워졌다면 사회를 최적화하여 그 풍요로움이 모든 사회의 구성원에서 평등하게 돌아갈 수 있도록 사회를 최적화하는 것이다. 이것이 홍익인간弘益人間이다.

홍익상면弘益相勉이란 바로 이 평등平等을 서로가 힘쓴다는 것이다. 단군 도해님이 설명한 일신강충一神降衷·성통광명性通光明·재세

다. 필자가 이 경전의 자유를 그대로 사용하지 않는 이유는 오늘날의 자유는 의지와 대립되는 것으로서 추상적인 영역의 그 자체를 의미하기 때문이다. 그러나 우리의 고유한 사상에 있어서의 자유란 오늘날의 자유와 의지를 통일한 것이다. 따라서 필자는 자유의지라는 용어를 사용한다.

32) 필자가 이 책에서 사용하는 번영이라는 용어는 중일경의 개물(開物)과 같은 내용이다. 그러나 개물이라는 용어는 일반인들에게 알아듣기가 어려워 알기 쉬운 번영이라는 용어를 사용한 것이다.

이화在世理化 · 홍익인간弘益人間은 단군 가륵님의 중일경에서 말한 성기成己 · 자유自由 · 개물開物 · 평등平等을 다시 알기 쉽게 설명한 것이다.

그런데 우리의 조상들께서는 성기成己 · 자유自由 · 개물開物 · 평등平等이라는 용어를 폭넓게 사용한 것으로 보인다. 즉, 한단고기의 고구려국 본기에서 연개소문은 이윽고 뜻을 얻어 행하니 만법을 위한 공적인 도를 성기成己 · 자유自由 · 개물開物 · 평등平等으로 했다.[33]

이 역시 일신강충一神降衷 성통광명性通光明 재세이화在世理化 홍익인간弘益人間이며, 삼일신고의 마지막 글자인 성통공완性通功完과 같은 말인 것이다. 이는 모두 전체과정에서 최종적인 과정이 홍익인간인 것이다.

이외에도 우리의 고유한 경전들은 홍익인간을 설명하고 있지만 이 정도만으로도 충분함으로 여기서 그치겠다. 천부경, 삼일신고, 366사 이외에도 우리의 고유한 경전은 십수 권에 달한다.

⑤ 일연의 삼국유사

고려의 승려 일연이 남긴 삼국유사는 다음과 같이 적고 있다.

> 고기에 이르기를, 옛날에 한국에 서자 한웅이 있었는데, 자주 천하의 일에 뜻을 두고 인간세상을 탐하였다. 아버지 한인이 아들의 뜻을 알고 삼위태백을 내려다보니 가히 홍익인간 할 만한지라 이에 천부인 세 개를 주어 내려가 다스리게 하였다.
> 한웅이 삼천무리를 이끌고 태백산 신단수 아래로 내려가니 이를 신시라 하고 이분이 한웅천왕이라 한다. 한웅은 풍백 · 우사 · 운사를 거느리고 주곡 · 주명 · 주병 · 주형 · 주선악 등 인간세상의 360여 가

---

33) 소문기득지행 만법위공지도 성기 자유 개물 평등
   蘇文旣得志行 萬法爲公之道 成己 自由 開物 平等

지 일을 주재하면서 세상에 머물며 교화하였다. 뒤에 환웅이 웅녀와 혼인하여 단군왕검을 낳았고, 단군이 중국 요임금과 같은 시기에 평양에 도읍하고 조선을 세웠다.

이 기록은 재세이화在世理化와 홍익인간弘益人間이 명문화되어 나타난다. 그리고 흔히 무심코 지나쳤던 인간세상의 360여 가지 일을 주재하면서 세상에 머물며 교화하였다는 내용은 좀 더 깊게 주목할 만하다. 즉, 여기서 말하는 360여 가지 일이란 북애北崖의 규원사화에 의하면

> 신시씨, 즉 배달국 한웅천제께서 세상을 다스리신 것이 오래되었으며 치우천제, 고시, 신지, 주인씨가 어울리어 인간의 366사를 다스리었다.

는 기록을 남기고 있다. 여기서 우리가 알 수 있는 것은 삼국유사에서 말하는 360여사餘事란 곧 366사事를 말하는 것임을 알 수 있는 것이다. 마찬가지로 발해의 대야발의 단기고사와 발해의 임아상의 삼일신고 천궁훈의 주해에서도 366사事라고 명문화되어 나타난다.[34]

여기서 말하는 366사事란 천부경, 삼일신고와 함께 우리 한민족의 삼대경전으로 불리는 366사事로서 흔히 참전계경으로도 불리는 경전이다.

필자가 이 책에서 설명한 통일변증법 팔강령八綱領은 바로 이 366사라는 경전에 담겨 있는 내용이다.

뿐만 아니라 삼일신고는 366개의 글자로 이루어진 경전이라는 점

---

34) 최동환 해설, 『366사(참전계경)』, 도서출판 삼일, 1997년, 69~73쪽.

에서 366사에서 설명하는 366개의 가르침을 366개의 글자로 설명한다. 그 366개의 글자의 마지막 문구가 곧 성통공완시性通功完是이다. 단군도해의 천지인경에서 설명하는 일신강충一神降衷 성통광명性通光明 재세이화在世理化 홍익인간弘益人間이 곧 삼일신고의 성통공완인 것이며, 단군 가륵님의 중일경에서 설명한 성기成己·자유自由·개물開物·평등平等도 성통공완을 설명한 것이다.

바로 이 366개의 글자로 이루어진 삼일신고의 성통공완을 설명하는 경전이 366사인 것이다. 이 경전의 핵심도 다름 아닌 성통공완이며 그 성통공완의 전체과정에서 최종적인 과정이 곧 홍익인간인 것이다.

이 경전들과 기록들은 우리의 조상들이 명백하게 국가의 경영이론으로 사용했으며 또한 교육의 이념으로 사용해온 것이다. 이 경전들의 내용은 너무나 세련된 것이어서 오늘날 보아도 조금도 어색하지 않다. 그리고 오늘날 사용한다 해도 그 이론은 가장 현실적이며 효과적인 것이다.

(2) 홍익인간과 대한민국의 교육이념

우리나라가 교육법 제1조로 홍익인간의 이념을 확정한 것은 우리 한겨레공동체로서는 만세에 자랑스러운 일이다. 그 일은 언제부터 시작했으며 그 과정은 어떠한 것인가?

① 해방 직후

1945년 8월 15일 광복과 동시에 미군정이 실시되자, 이 해 11월 23일 미군정청은 교육계와 학계의 권위자 100명을 초청하여 조선교육심의회를 구성하고 민주주의에 토대를 둔 우리나라 교육이념과

제도 및 방향을 협의 결정하였다. 교육이념으로 홍익인간이 채택된 것은 교육심의회 제4차 전체회의에서였는데, 제1분과 위원장이었던 안재홍이 보고한 내용은 "홍익인간은 건국이념에 기基하여 인격이 완전하고 애국정신이 투철한 민주주의 공민公民을 양성함을 근본이 념으로 함"35)이었다.

② 1949년 12월 31일
1949년 12월 31일 이 날 법률 제86호로 제정, 공표된 <교육법> 제1조에 우리나라 교육의 근본이념을

> 교육은 홍익인간의 이념 아래 모든 국민으로 하여금 인격을 완성하고, 자주적 생활능력과 공민으로서의 자질을 구유하게 하여, 민주국가 발전에 봉사하며 인류공영의 이상실현에 기여하게 함을 목적으로 한다.36)

라고 천명하였다. 마침내 홍익인간이 우리나라 교육이념을 대표하는 말이 되었다. 당시 문교부가 홍익인간을 교육이념으로 다시 채택하게 된 동기도

> 홍익인간은 우리나라 건국이념이기는 하나 결코 편협하고 고루한 이념의 표현이 아니라, 인류공영이라는 뜻으로 민주주의 기본정신과 완전히 부합되는 이념이다. 홍익인간은 우리 민족정신의 정수이며 일면 기독교의 박애정신, 유교의 인, 그리고 불교의 자비심과도 상통되는 전 인류의 이상이기 때문이다.37)

---

35) 손인수, 『한국인의 가치관』, 문음사, 1984년, 363쪽.
36) 앞의 책, 366쪽.
37) 앞의 책, 366쪽.

라고 하였다. 홍익인간을 교육이념으로 제청한 백낙준白樂濬에 의하면, 그는 홍익인간을 우리의 민족적 이상이라고 보았다. 즉,

> 홍익인간은 …… 우리의 민족적 이상을 말하고, 이 이상을 우리가 먼저 체득할 것과 후생에게 가르치자는 것은 결코 자족자만이나 독존독생이나 고립배타를 의미하는 것이 아니요, 실은 우리의 교육이념인 홍익인간의 정신을 구현시키자는 것입니다.[38]

라고 하였다. 대한민국이 홍익인간을 교육법 제1조로 정할 때 분명히 인식한 것은 홍익인간이 우리민족의 이상이라는 사실이었다. 그리고 이 이상은 유교와 불교와 기독교의 기본정신과 상통하며 민주주의의 기본정신과 완전하게 부합한다고 본 것이다.

우리 대한민국의 건국당시 교육법 제1조를 홍익인간으로 정한 선각자들은 고구려의 을밀선인과 신라의 고운선생과 백범선생과 똑같이 국가경영에 있어서 웅장한 긍정성을 바탕으로 한 포용력을 사용한 것이다.

대한민국의 출발에는 우리민족이 출발할 당시에 존재했던 천부경, 삼일신고, 366사(참전계경)에 담긴 국가경영의 핵심으로서의 웅장한 포용력인 홍익인간이 그대로 담겨 있는 것이다.

17. 역동성의 대한민국(Dynamic Korea)의 교육과 한사상

우리 한겨레공동체의 교육의 최고이념을 홍익인간으로 설정한 것은 우리 대한민국 건국당시 선각자들의 위대한 공적이다. 그리고 이

---

38) 앞의 책, 367쪽.

제 우리가 천부경, 삼일신고, 366사와 한철학 그리고 한사상을 통해 분명히 알게 된 것은 홍익인간은 우리 한철학과 한사상이 설명하는 과정철학에서 있어서 최종적인 단계의 상태라는 것이다.

따라서 이 최고의 이념에 도달하기 위해서는 그 이전에 가능상태와 혼돈상태와 질서상태와 성취상태가 반드시 필요한 것이다. 따라서 역동성의 대한민국(Dynamic Korea)이 충분한 내실을 만들고 나아가 아시아의 중심(The hub of Asia)이 되기 위해서는 먼저 교육철학이 필요한 것이다. 이 시대는 이미 동아시아의 시대이므로 아시아의 중심(The hub of Asia)은 곧 세계의 중심인 것이다.

따라서 우리의 교육철학의 최고이념은 홍익인간인 것이다. 홍익인간에 도달하기 위한 전체과정은 우리가 세계의 중심이 되기 위해 충분한 내용을 담고 있다. 우리는 그 내용으로 우리 대한민국이 세계의 중심이 될 수 있는 교육철학을 만들 수 있을 것이다.

(1) 지성 위주의 서양식 교육의 문제점

지성知性은 인과성因果性이 지배하는 사물의 영역에 대처하고 다스리는 수단을 인간에 준다. 지성은 무의미한 지각을 일거에 직관으로 전환시킨다. 그러나 지성은 조금도 사고하지 않는다. 지성은 계산적이며 부정적이다. 따라서 베르그송은 지성은 유동적인 것을 싫어하고 자기가 접촉하는 모든 것을 고체화시킨다고 주장하는 것이다. 지성은 과학적 지식체계를 운영하는 일에 중심이 된다. 서양의 교육은 이 지성에 초점이 맞추어져 있다.

또한 서양철학의 사고의 틀은 지성과 이성을 통일한 인간성에 대해서는 상상조차 하지 못하는 차원의 것이 되는 것이다. 서양식 교육이 길러내는 지성인知性人이란 이처럼 생명이 없는 냉정하고 부정성을 바탕으로 한 인간을 길러내는 것이다.

서양식 지성 위주의 교육은 상상력과 판단력과 통찰력을 결정적으로 파괴한다. 지성은 삶에 맹목적이고, 부정적이며, 생각하지 않고 계산에 열중하며, 번식에 집착하기 때문이다.[39]

우리는 이와 같은 지성인知性人을 양산하는 교육에서 인간성을 갖추고 자유의지로 행동하는 인본주의적 교육으로 전환해야 하는 것이다.

(2) 과정적 역동성의 교육의 필요성

인간과 대자연은 과정이외에 다른 것이 아니다. 따라서 우리는 과정 전체를 한 번에 보고 그 과정의 내부에 존재하는 상태들을 이해할 수 있어야 한다. 그리고 그 과정의 최종적인 상태인 홍익인간을 이해할 수 있어야 한다.

그럼으로써 자신이 처해있는 상태를 최적화하여 다음 상태로 혁신할 수 있는 것이다. 따라서 교육은 곧 과정인 것이다.

그렇다면 우리 대한민국의 교육은 어떤 전망을 가지고 계획되고 있을까? 한국의 국가전략 2020이라는 책자에서 정치·사회편 제3장은 교육과 인적자원의 선진화라는 제목의 내용이 있다. 그 첫 구절은 다음과 같다.

21세기 지식기반사회의 국가경쟁력은 인적자원과 그 인적자원이 가지고 있는 새로운 '지식과 기술'의 활용으로부터 창출된다.[40]

---

39) 최동환, 『한철학2 - 통합과 통일』, 지혜의 나무, 2005년, 238~239쪽.
40) 장창원, 세종연구소 교육과 인적자원의 선진화 한국의 국가전략2020 정치·사회, 2005년, 101쪽.

는 것이다. 빠른 속도로 변화하고 있는 지식과 기술을 국가가 대응하는 방법에 따라 국가경쟁력이 결정된다는 것이다. 그래서 다양한 인적자원에 대해서 그 역량에 맞는 지식과 기술을 적절한 시기에 습득하여 사용할 수 있게 하는 일이 중요하다는 것이다. 그래서

> 확고한 경쟁력을 갖춘 선도적 지식·기술국가로 조속히 진입하도록 주도하는 부문이 교육과 인적자원이다.[41]

라고 주장하고 있다. 여기서 기술이란 국가의 몸인 객체를 최적화하고 가장 유용하게 사용하게 할 수 있는 능력이다. 지식이란 국가의 마음인 객관을 최적화하고 가장 유용하게 사용할 수 있게 하는 능력이다.

이 기술과 지식은 서로 반대편에서 대립하며 국가의 사적영역을 최적화할 수 있게 하는 것이다. 따라서 이 사적영역이 지식과 기술로서 적절한 때에 맞추어 사용될 수 있을 때 사적영역은 역동성을 가지게 되는 것이다. 그럼으로써 이 역동성이 제 때에 정확하게 나타남으로써 선도적인 지식·기술국가가 이루어진다는 점에서 교육과 인적자원에 관한 적절한 설명을 한 것이다.

그런데 이 내용은 사적영역에 관한 부분이다. 그 사적영역이 사적영역이기 위해 필요한 공적영역이 이 장에는 빠져 있다. 즉, 지식과 기술을 사용할 수 있게 하는 상상력과 판단력과 통찰력이 빠진 것이다. 상상력과 판단력과 통찰력이 충분하게 마련되지 않은 상태에서 지식과 기술이 창의력을 발휘할 수 없다는 사실은 명확하다.

그렇다면 어디에서 어떻게 상상력과 판단력과 통찰력을 가져와야 하는 것일까? 기술과 지식이 마련되면 자동적으로 이들이 생겨나는

---

41) 장창원, 세종연구소 교육과 인적자원의 선진화 한국의 국가전략2020 정치·사회, 2005년, 101쪽.

것은 전혀 아닌 것이다.

다시 말해 공적영역이 제공하는 상상력과 판단력과 통찰력만이 치열한 경쟁에서 살아남을 수 있는 방법론을 제공한다고 보아도 아무런 무리가 없을 것 같다. 결국 진정한 의미의 선도적 지식·기술 국가는 공적영역의 상상력과 판단력과 통찰력의 힘에 의해 결정되는 것이다. 이 상상력과 판단력과 통찰력의 힘은 올바른 철학과 사상만이 마련해 줄 수 있는 것이다.

그리고 앞에서 소개한 교육과 인적자원의 선진화라는 보고서의 내용은 사적영역으로서의 기술과 지식을 설명했다. 이는 공적영역이 아직 없는 혼돈상태에 해당하는 것인지 아니면 질서상태의 사적영역만 설명한 것인지에 대한 설명이 없다.

따라서 이는 어느 상태에든 일괄적으로 적용할 수 있는 이론으로 보이는 것이다. 우리는 이미 학문의 세계에 있어서 하나의 이론만으로 모든 상태에 적용이 가능한 마법의 반지와 같은 이론은 존재하지 않는다는 사실을 안다. 따라서 상상력과 판단력과 통찰력에 대한 고려가 없는 교육과 인적자원의 선진화는 기대하기 어려운 것이다.

개인마다, 사회마다, 국가마다 놓여 있는 상태가 다르다. 가장 훌륭한 교육은 현재 주어진 상태를 최적화하는 교육이다. 그럼으로써 주어진 상태에서 그 다음의 상태로 혁신할 수 있다. 가령 가능상태에 주어진 존재자에게 홍익인간이라는 최고의 이념을 아무리 가르쳐보아야 그 최고의 이념이 그 존재자에게서 발현될 까닭이 없는 것이다.

지금 부정성의 변증법만이 진리라고 생각하는 서구사람들에게 홍익인간의 위대한 이론을 아무리 공을 들여 설명해보아도 그것은 문자 그대로 소귀에 경 읽기에 불과한 것이다.

그들에게는 부정성의 변증법 중 가장 탁월한 이론을 한사상 안에서 설명하여 그것에서부터 교육을 시작하는 것이 효과적인 것이다. 교육도 과정 이외에 다른 것이 아닌 것이다.

결국 우리 한국인이 건국이념으로 삼았고 교육이념으로 삼았던 홍익인간이란 이 모든 것이 이루어지는 상태를 말하는 것이다.

우리의 역사는 이와 같은 전체적인 과정철학을 아는 분들이 나라를 세웠고 그 진리를 천부경, 삼일신고, 366사에 담아 전해주신 것이다. 그리고 많은 성인과 현철들이 역사 속에서 직접 우리 민족을 홍익인간의 길로 이끈 것이다.

(3) 교육과 역동성의 대한민국(Dynamic Korea)

칸트는 나름대로 판단력을 중시하고 판단력을 이해하고 사용하는 단계에 도달하는 것이 학교교육으로는 불가능하다고 말했다. 즉,

> 판단력은 소위 천부天賦의 기지機智가 갖는 특수한 것이라서 그것의 결핍을 어떠한 학교 교육도 보충할 수가 없다. 학교교육은 열등한 사람에게 다른 사람의 통찰로부터 빌려온 규칙을 많이 수여하고 그래서 말하자면 주입시킬 수 있지만 그런 규칙을 정당하게 사용하는 능력은 학도 자신이 가져야 하기 때문이다.[42]

맞는 말이다. 그러나 우리는 우리 민족이 사용해온 교육철학에서 판단력뿐 아니라 상상력과 통찰력 등의 능력을 갖게 하는 것을 기본 목표로 삼고 있다.

우리는 학교교육을 통해 이 상상력과 판단력과 통찰력을 길러주어야 하는 것이다. 이는 지식을 주입하는 주입식이 아니라 그들 스

---

42) 칸트, 『순수이성비판』, B165.

스로 가지고 있는 능력들이 발현되고 다듬어질 수 있도록 환경을 마련해주고 이끌어주어야 하는 것이다. 왜냐하면 이것들이 곧 공적영역에 존재하는 인간성을 기반으로 하는 것이기 때문이다. 공적영역이 활성화될 때 사적영역의 역동성이 역동적으로 움직일 수 있기 때문이다.

다시 말해 역동성의 대한민국(Dynamic Korea)을 움직일 수 있는 능력은 미래의 지도자들이 공적영역에서 인간성을 확보하고 자유의지를 발동하여 상상력과 판단력과 통찰력을 사적영역인 일반대중에서 공급할 수 있어야만 하는 것이다.

그리고 국가와 각종 조직체들이 어떤 상태에 놓여 있더라도 그 상태를 최적화하여 최종적으로 재세이화와 홍익인간에 도달할 수 있도록 운영할 수 있는 자질을 갖추어야 하는 것이다.

그리고 이 능력을 사용할 수 있는 지도자를 교육을 통해 양성하지 못한다면 어디에서 구할 것인가? 구체적인 영역에서 단 하나의 증거도 보여주지 못하는 허풍과 위선이 가득한 신비주의자에게 이 능력을 구할 것인가? 아니면 어느 수상스러운 미래의 구세주에게서 이 능력을 구할 것인가?

이러한 인물들은 반드시 평범한 일반대중들 가운데에서 국가의 정규교육을 통해 양성된 사람들에게서 나타나야 하는 것이다. 그리고 필요한 모든 곳에 언제든 공급될 수 있어야 하는 것이다. 이것이야말로 한국의 국가전략의 핵심이 되어야 하지 않겠는가?

그리고 우리가 아시아의 중심(The hub of Asia) 나아가 세계의 중심이 되기 위해서는 한국인뿐 아니라 아시아와 세계 여러 나라의 인재를 우리 손으로 한사상에 의해 길러날 때 가능하다. 그들을 교육시켜 그들의 나라에서 한사상으로 그들의 나라를 질서상태로 만들고 또한 재세이화 홍익인간을 할 수 있도록 만들어 줄 때 비로소 그들의 협력에 의해 우리가 아시아의 중심이 될 수 있다. 우리 한국의 한사상은 긍정성의 변증법이며 그것은 남 잘되게 하는 길이 우리가 잘사는 길이라고 말하는 것이다.

그들로 하여금 그들의 나라에서 재세이화 홍익인간을 이루도록 도와주는 일이 곧 스승의 나라인 우리가 해야 할 일인 것이다. 이 일은 이는 지난날 서구의 영국과 프랑스가 했지만 실패한 일이다. 그리고 지금 미국이 하고 있지만 성공할 것으로 보이지 않으며 경제 대국 일본은 시도조차 하지 못한 일이다. 근본적으로 그들에게는 긍정성의 변증법이라는 것이 없었기 때문이다. 그들은 꿈도 꾸지 못할 근본적인 성공을 할 수 있는 기회를 가졌었지만 그것을 놓친 것이다.

생각해보라! 아시아를 움직이는 인재, 세계를 움직이는 인재들을 우리가 우리의 한사상으로 키워내 그들 나라에서 재세이화 홍익인간을 하도록 하지 못한다면 도대체 무슨 힘이 있어 우리가 아시아와 세계의 중심이 될 수 있겠는가? 힘은 곧 사람이며 특히 인재들인 것이다. 교육한국이 곧 우리를 아시아와 세계의 중심으로 만드는 중심적인 힘인 것이다. 장차 한겨레공동체가 가진 교육의 힘은 진실로 우리를 위대하게 만들 것이다.

18. 역동성의 대한민국(Dynamic Korea)의 경제와 한사상

세계적인 역동성과 속도의 경제력을 가진 우리나라에서 공산품의 수출이 차지하는 영역은 막대하다. 그러나 우리는 공산품을 만드는 과학기술은 발달했지만 그와 짝을 이루는 문화는 거의 사장된 상태로 활용이 되지 않고 있다.

공산품이 제대로 팔리기 위해서는 물건만 잘 만든다고 잘 팔리는 것이 아니다. 그 반대편에 존재하는 문화적인 영역을 무엇으로 어떻게 채우는가가 그 공산품의 가치를 결정하는 것이다. 명품과 가짜의 차이는 그 구체적인 영역의 품질에서가 아니라 추상적인 영역에서의 가치에서의 차이인 것이다.

가령 오리온 초코파이는 러시아에서 큰 호평을 받고 있다. 그 배경에는 구체적인 사실로서의 품질과 가격이 있으며 그 반대편에는 그것을 가능하게 만든 한국적 문화가 있다. 이 양자의 중심에는 이 모든 것을 가능하게 한 공적영역이 존재하는 것이다. 이 공적영역이 상상력과 판단력과 통찰력의 영역이다. 이 세 영역들이 제 역할을 할 때 하나의 상품으로서의 초코파이는 러시아시장에서 역동성을 가진 생명체로서 러시아사회에 살아서 움직이게 되는 것이다.

특히 러시아에서 초코파이 등 한국의 상품들이 강력한 생명을 갖게 된 것은 한사상의 높은 단계인 통일변증법을 사용한 결과이다.

즉, 러시아가 IMF라는 위기를 맞고 있을 때 외국기업들은 거의 모두 철수했지만 우리나라의 여러 기업들은 끝까지 남아 영업을 했다. 따라서 우리나라 기업인들은 러시아인들에게 우리의 상품을 통해 정성을 쌓았고 그 정성을 바탕으로 신뢰를 쌓았으며 결국은 사랑을 얻는 일에 성공한 것이다. 이로써 살아 있는 생명체로서의 우리의 상품은 화禍를 입는 일 없이 일을 함으로써 자신의 기업의 고용자들을 구제할 수 있게 되었다. 그럼으로써 사랑을 이룬 만큼 복을 받고, 신뢰를 쌓은 만큼 보답을 받고, 정성을 쌓은 만큼 응함을 얻은 것이다.

이것은 한사상의 통일변증법이 그대로 적용되어 현실화된 것이다. 오리온제과를 비롯한 우리의 여러 기업들은 통일변증법을 몰랐겠지만 그것을 역동적으로 사용한 것이다.

이는 이미 한국인에게는 육화된 보이지 않는 한국의 한사상이 상품이 되어 우리에게 돈을 벌어주고 또한 우리 한국인의 상상력을 러시아인들에게 공유하게 하고 있다는 사실을 알 수 있게 한다.

결국 우리는 하나의 상품도 하나의 생명과 같이 과정상에서 어느 한 상태를 이루고 있다는 사실에 눈을 뜰 수 있는 것이다. 당연하게도 그 생명을 가진 상품은 생명을 가진 기업과 국가에서 만들어지며 또한 궁극적으로는 생명을 가진 개인에게서 만들어지는 것이다.

따라서 우리는 경제는 과정이라고 간단히 말해도 될 것 같다. 그 과정에서 현실적으로 역동성을 나타낼 수 있는 질서상태가 경제의 목표라고 말할 수 있는 것이다.

잘 팔리는 생명체로서의 상품을 만드는 기업과 국가 그리고 개인들이 질서상태에서 최적화된 역동성을 가지고 있을 때 그 상품 또한 최대한의 역동성을 갖출 수 있는 것이다. 그리고 이 상태를 다시 성취상태와 완성상태로 발전시켜나갈 수 있는 것이다.

그러나 지금까지의 경제학은 역동성이 일어나는 질서상태는 물론이고 그 이전의 혼돈상태도 만들 수 없는 경제학 이론을 내세웠다.

경제학 이론은 철학이론에서 가져올 수밖에 없다. 그런데 철학이론이 혼돈상태를 만들지 못하므로 경제학이론이 혼돈상태를 만들지 못하는 것은 당연한 것이다.

(1) 부정성의 변증법 위주의 경제학의 문제점

경제에 있어서 한쪽이 이익을 보면 그 이익은 반드시 그 이익을 본만큼 손해를 보는 것이다. 이는 대립하는 쌍방이 통합하는 모습이 아니라 이익을 얻는 쪽이 손해를 보는 쪽을 부정하고 박멸하는 양상을 띠게 된다. 이는 곧 제로섬게임[43]이다.

그 사회의 빈부간의 격차가 20:80의 비율에 근접하게 될 때 이 대립은 결코 지속 가능한 대립이 아닌 것이다. 이 비율만으로도 그 사회공동체는 이미 역동성과 속도를 잃은 것이다.

어느 사회가 생명력을 가지고 지속가능한 대립을 하면서 과정을 이룰 수 있는 최적화비율은 45:55이다. 이 비율을 만들 수 있을 때 비로소 혼돈상태가 되며 이는 다시 질서상태와 통일상태와 성취상태와 완성상태로의 과정을 바라볼 수 있는 것이다.

케인스와 더불어 20세기 전반의 대표적 경제학자로서 오스트리아의 재무장관을 지내고 미국 하버드 대학에서 교수로 있었던 슘페터가 창조적 파괴를 말했을 때, 그 이론은 명백한 부정성의 변증법이었다. 대립하는 쌍방 가운데 어느 한쪽이 다른 한쪽을 부정하고 박멸하는 전형적인 부정성의 변증법을 슘페터는 말한 것이다.

단지 그는 그 부정성을 창조적 파괴라는 괴상한 말로 바꾸어놓았다. 그는 창조적 파괴에 대해 경제사회학적 견해를 밝혀 이미 고전의 반열에 오른 그의 저서 『자본주의·사회주의·민주주의』에서 이렇게 설명했다.

> 자본주의 엔진을 가동시키며 그 운동을 계속시키는 기본적 충격은 자본주의 기업이 창조해내는 신소비재, 신생산방법 내지 신수송방법, 신시장, 신산업 조직형태에서 연유하는 것이다. 부단히 낡은 것을 파괴하고 새로운 것을 창조하여 끊임없이 내부에서 경제구조를 혁명화하는 바로 그 산업상의 돌연변이突然變異 - 생물학적 용어를 사용해도 좋다면 - 의 과정을 예증하는 것이다. 이 창조적 파

---

43) 이 제로섬 게임은 필자가 자주 강조하는 부정성의 변증법을 잘 설명하는 용어로서 경제학자 레스터 C.더로가 제로섬사회라는 책에서 사용한 용어이다. 그는 승자는 패자가 존재할 때만 존재할 수 있는 것이며, 노름에서 승리한 사람이 손에 넣은 만큼 패자는 잃어야 한다는 법칙으로 제로섬게임을 설명했다. 레스터 C. 더로, 『제로섬 사회』, 한마음사, 1999년, 29쪽.

괴의 과정이야말로 자본주의에 관해서의 본질적인 사실이다.[44]

슘페터는 자본주의의 엔진은 부단히 낡은 것을 파괴하고 새로운 것을 창조함으로써 가능하다고 주장한다. 즉, 기업이 창조해내는 신식소비재, 신식생산방법 내지 신식수송방법, 신식시장, 신식산업 조직형태가 참이며 선이며 아름다움이다. 구식소비재, 구식생산방법 내지 구식수송방법, 구식시장, 구식산업 조직형태는 거짓이며 악이며 추함이라는 것이다.[45]

슘페터가 말하는 자본주의의 엔진은 짜라투스트라 이래 전해진 전형적인 부정성의 변증법을 20세기에 이르러 경제사회학적으로 변형시킨 것에 지나지 않는 것이다.

슘페터가 주장하는 창조적 파괴는 케인즈에 반대하는 일단의 경제학자들인 미제스와 하이예크 그리고 프리드만 등에게 큰 영향을 미쳤고 이들의 주장은 오늘날 신자유주의를 뒷받침하는 학설이 되고 있다.

이 방법론의 문제는 우리가 다루어 온 과정상에서 혼돈상태조차도 만들 수 없는 이론이라는 점에 있다. 아니 혼돈상태를 파괴하는 부정성의 이론이 곧 창조적 파괴인 것이다.

혼돈상태가 되기 위해서는 부단히 구체적인 사물의 영역과 추상적인 관념의 영역 그리고 이 양자를 긍정적으로 소통하고 통합하는 온힘의 영역을 최적화하는 일에 있다.

한철학에서 구체적인 사물의 영역에 한하여 부정성은 허용된다. 그러나 이 부정성은 사물을 이루는 다섯 가지의 영역이 맞물리며 부정을 함으로서 최적화하는 것이지 슘페터의 주장처럼 무체계한 부

---

44) 슘페터, 『자본주의·사회주의·민주주의』, 이상구 역, 삼성출판사, 1977년, 133쪽.
45) 최동환, 『한철학1 - 생명이냐 자살이냐』, 지혜의 나무, 2004년, 239쪽.

정, 즉 그가 말하는 창조적 파괴는 아니다.

그리고 이러한 부정성의 반대편에는 반드시 그 부정성의 문제를 흡수할 수 있는 긍정성의 영역이 존재해야만 하는 것이다. 즉, 추상적인 관념의 영역이 그것이다. 또한 이 양자를 하나로 소통하고 통합하는 온힘의 영역이 있어야 하는 것이다.

슘페터는 이러한 전체적인 사고의 틀을 가지지 못한 상태에서 부정성의 위력과 박멸의 의지를 보인 것이다. 이 경우 이러한 부정성의 이론이 적용된 나라가 내란상태가 되지 않는다면 그것은 그 사회가 가진 보이지 않는 추상의 영역이 그만큼 건강하기 때문일 것이다.

따라서 슘페터의 창조적 파괴는 스파르타 이래의 제국주의가 갖는 문제와 같다. 즉, 제국주의가 내부와 외부에 부정하고 박멸하는 희생자를 확보하면서 계속해서 성장하다가 더 이상 희생자들을 억제할 수 없거나 희생자를 확보할 수 없을 때면 종말을 맞는다. 이는 암세포의 운명과 같은 것이다.

혼돈상태조차 만들지 못하는 경제학의 이론에 질서상태의 경제를 설명하기는 참으로 어려운 일이다. 그리고 궁극적으로 경제가 도달해야 할 목표인 성취상태는 더욱 더 그러하다.

성취상태는 끊임없이 대립하는 대상을 통합하고 통일함으로써 주어진 자원을 조금도 낭비함이 없이 지속적으로 발전할 수 있는 자본주의의 모델이다. 이 모델은 서양식 부정성의 변증법으로는 꿈에서도 상상조차 되지 못하는 것이다.

(2) 과정적 역동성의 경제의 필요성

국가도 하나의 생명체로서 과정을 갖는다. 그 국가안의 경제도 마찬가지로 과정을 겪는 것이다. 따라서 경제는 그 국가가 놓여 있는 경제적 상태에 따라 경제적 이론도 다른 것이 필요한 것이다.

즉, 혼돈상태를 이루기 위해서 경제 분야에서 필요한 이론이 있으며 혼돈상태를 이룬 다음에 혼돈상태를 최적화하기 위한 경제이론이 또한 필요할 것이다. 마찬가지로 질서상태를 이루기 위해서는 질서상태로 가기 위한 경제이론이 필요하며, 질서상태를 최적화하기 위한 경제이론이 필요하다.

또한 지금까지는 과학과 기술을 위주로 경제의 분야에서 다루었다. 그러나 경제란 문화와 불가분의 관계가 있음은 지금까지 전혀 고려되지 않았다. 그나마 문화조차도 추상의 영역이 아니라 구체적인 과학의 사고로 다루려 하고 있는 것이다.

가령 하나의 상품 안에도 과학기술과 문화가 통일체를 이루어 그 제품의 사적영역이 된다. 그리고 그 제품의 사적영역의 중심에는 전혀 보이지 않고 느껴지지도 않는 공적영역의 인간성과 자유의지가 상상력과 판단력과 통찰력으로 작동하고 있는 것이다. 이 보이지 않는 공적영역의 힘이 사적영역의 역동성의 원인이 되는 것이다.

이 사적영역과 공적영역의 통일체가 경제에서는 하나의 상품이다. 사적영역과 공적영역을 이루는 단 한부분만 소홀해도 그 상품은 역동성과 속도를 잃게 되는 것이며 그 상품은 질서상태에서 벗어나 혼돈상태나 가능상태 혹은 무질서상태가 되는 것이다.

이 상품은 핸드폰이나 냉장고 또는 조선소의 배나 건설회사의 건설현장이 될 수도 있다. 이 모든 상품이 그 겉은 달라도 그 상품에 적용되는 철학은 동일한 것이다. 여기서는 여러 상품이 서로 관계를 갖는 예를 한류韓流를 통해 살펴보자.

한류가 문화와 과학기술로 인한 산업을 하나로 통일하여 사적영역을 이루고 있다는 것은 필자가 이전에도 설명했을 것이다. 여기서는 아시아에서 한류가 문화와 과학기술로 인한 산업이 서로 협력관계를 이루고 있다는 사실을 살펴보자.

아시아에서 한류의 영향을 받고 있는 나라에서는 공산품의 수출이 함께 늘어나고 있는 것이 통계로 입증되고 있다. 즉,

> 일본, 중국, 대만, 홍콩, 싱가포르, 베트남 등 한류국과 한국과의 무역은 여타국가에 비해 훨씬 빠른 성장을 보이고 있다. 2000~2004년 사이에 한국의 전세계 수출증가율은 47.3%였음에 비해 한류국가에 대한 수출증가율은 66.7%로 훨씬 높게 나타나고 있다.[46] 중국, 베트남 등에서는 한류로 인한 우리나라의 인지도 증가로 우리나라의 휴대폰, 가전제품, 화장품 등의 제조업 제품들의 수출과 화장법, 헤어스타일, 또는 성형과 같은 서비스 산업적인 영향력이 확대되고 있다.[47]

고 한다. 이 통계가 설명하는 것은 우리의 문화가 활성화되고 있는 나라에서는 과학기술로 인한 산업도 활성화된다는 것이다. 그리고 우리는 좀 더 중요한 사실이 이들 나라에서 활성화 된다는 것을 안다. 그것은 우리 한겨레공동체의 인간성과 자유의지가 이들 나라에 활성화되는 것이다. 말하자면 우리 한겨레공동체의 꿈인 상상력이 이들 나라에서 공유되기 시작했다는 것이다.

그렇게 보면 일반적으로 질서상태의 경제를 움직이는 힘은 보이지 않는 상상력과 판단력과 통찰력인 것이다. 그것에 의해 사적영역의 문화와 과학기술로 인한 산업이 작동하는 것이다.

---

46) 경제사회연구회, 『한류의 경제적 효과 극대화 방안』, 2005년, 3쪽.
47) 앞의 책, 14쪽.

(3) 경제와 역동성의 대한민국(Dynamic Korea)

경제를 지금까지의 고정관념처럼 과학기술이 지배하는 물질의 영역에만 국한하여 생각하는 것은 어리석다. 경제를 이루는 영역은 그 반대편에 존재하는 가치체계가 지배하는 문화의 영역도 경제에서 중요한 영역인 것이다. 경제는 이 두 개의 영역을 통합한 것으로 생각하는 것이 옳을 것이다.

그렇다면 이 두 개의 영역을 통일하는 외적통일영역도 조금은 살펴볼 필요가 있다. 명민한 피터 드러커가 서드섹터(Third Sector)라고 부른 부분이 바로 이 영역이다. 즉, 사적영역을 자율적으로 움직일 수 있게 하는 영역이다. 피터 드러커는 이렇게 설명한다.

> 미국의 경우 그것은 서드 섹터, 즉 몇 천 몇 만의 비영리 의 비정부기관의 발달에 기인한다. 미국에서는 병원이나 학교의 대다수가 이 서드 섹터에 속하고 있다. …… 이들은 모두가 세금에 의하기보다는 주로 회비나 기부금으로 운영된다. 그리고 그것들 모두가 독립한 기관이며 대부분 자원봉사자에 의해 운영된다.[48]

1990년대 초 미국 안에는 거의 100만 개 가까운 비영리 기관이 사회부문에서 활동하고 있으며 그것은 돈으로 따지면 GNP의 10분의 1과 맞먹는다.[49] 그리고 비영리기관은 미국의 최대 고용자가 되었고 미국의 성인 두 사람 가운데 하나는 - 합해서 9000만 명쯤 된다 - 적어도 일주일에 3시간씩 무보수 스태프처럼 일을 한다.

---

48) 피터 드러커, 『새로운 현실』, 김용국 역, 시사영어사, 1990년, 237쪽.
49) 피터 드러커, 『자본주의 이후의 사회』, 이재규 역, 한국경제신문사, 1994, 260쪽.

예를 들면 비영리기관의 자원봉사자들은 교회나 병원을 위해 의료보호기관이나 적십자, 보이스카우트 또는 걸스카우트와 같은 지역사회활동, 구세군 또는 금주단체와 같은 재활활동, 구타당한 아내를 위한 보호소의 운영 그리고 슬럼가의 흑인청소년을 위한 교육활동 등을 한다는 것이다. 2000년 혹은 2010년 까지는 이러한 무보수 스태프로 활동하는 사람들의 숫자는 무려 1억 2천만 명으로 증가할 것이고 그들의 평균 봉사활동도 주당 5시간으로 늘어날 것이 틀림없다.[50]

명철한 피터 드러커가 눈여겨 본 이 서드섹터, 즉 제3의 영역은 한철학이 설명하는 외적통일영역이 발휘하는 능력이다. 피터 드러커는 현대미국에서 특별한 움직임으로 이를 파악했지만 이 영역은 질서상태를 이루는 모든 사회가 가지고 있는 영역이다. 한사상의 질서상태를 이해할 전체적인 사고의 틀을 가지지 못한 드러커가 이 영역을 찾아냈다는 것은 그 만큼 피터 드러커의 능력이 탁월하다는 것을 의미하는 것이다.

우리나라는 이 외적통일영역이 강력한 것으로는 전 세계에서 으뜸가는 나라이다. 이는 사적영역이 자율성을 갖기 위해 반드시 필요한 영역이다. 즉, 사회라는 인간적 조직체가 생명력을 갖기 위해 이 영역이 최적화되지 않으면 안 되는 것이다.

가령 2002년과 2006년 월드컵의 응원에서 그 수백만의 대중이 그 누구에 의해서도 강제되지 않고 스스로 자율성을 유지할 수 있었다는 것은 지난날의 철학에서 볼 때는 공포스러운 것이었다. 대중이 자율성을 가지고 움직이기 시작했기 때문이다. 그 대중의 자율성은 바로 이 외적통합영역이 스스로 최적화하면서 생겨난 것이다. 물론

---

50) 피터 드러커, 『자본주의 이후의 사회』, 이재규 역, 한국경제신문사, 1994, 261쪽.

그 중심에 공적영역이 존재하며 동력을 주었지만 대중들에게서 이 외적통합영역이 최적화되지 않으면 자율성이 나타나는 일은 불가능한 것이다.

역사적으로는 나라가 위급할 때 국가가 포기하고 달아나거나 아예 국가가 망해 없어진 땅에서 요원의 불길처럼 일어난 대중들이 군대를 조직하여 외적들과 싸운 그 힘의 영역이 바로 외적통일영역인 것이다.

지금도 국가에 대형 재난이 일어났을 때 우리나라의 대중들은 국가에 의존하지 않고 스스로 뭉쳐서 스스로의 힘으로 재난을 극복하는 것이다.

우리 한겨레공동체가 가지고 있는 보이지 않는 힘의 원천이 곧 외적통일영역인 것이다. 우리는 우리가 가진 이 영역의 힘이 얼마나 강력한 것인지를 생각해볼 사고의 틀을 잃어버린 것이다. 따라서 이 영역을 체계적으로 관리하고 국가의 힘으로 발전시킬 아무런 노력도 기우리지 않고 있는 것이다. 이는 경제에만 국한되는 문제는 아니지만 경제하나만 보더라도 이보다 더 큰 낭비는 없을 것이다.

또한 이 부분은 국가에만 해당하는 것이 아니다. 기업에게도 마찬가지인 것이다. 기업이 스스로 가지고 있는 잠재력 중에서 이보다 더 큰 잠재력을 찾기도 어려울 것이다. 대부분 기업이 망한 후에 이 외적통일영역이 나타나다가 제힘을 발휘하지 못하고 사라지는 경우를 간혹 본다. 그러나 평상시에 이 영역을 제대로 관리하여 그 기업이 강력한 경쟁력을 가지려는 보다 적극적인 방법론을 가질 필요가 있는 것이다.

경제가 뒷받침되지 않는 역동성의 대한민국(Dynamic Korea)은 상상도 할 수 없는 것이다. 물론 아시아의 중심(The hub of Asia)도 경제가 그 뒷받침이 될 때 가능하다.

19. 역동성의 대한민국(Dynamic Korea)의 정치와 한사상

한사상의 최종적인 상태는 곧 홍익인간이다. 이는 곧 완성상태이다. 그리고 홍익인간은 곧 평등이 이루어지는 상태이다.

평등이라는 이념은 인간사회가 가장 얻기 어려운 고귀한 이념인 것이다. 이것은 사회를 통합한 혼돈상태에서 평화의 기틀을 잡고 질서상태에서 교육이 이루어져 올바른 사람들이 출현하여 인간성과 자유의지를 발현시킨 다음 자연을 상대로 하여 경제를 일으켜 번영을 이룬 다음에야 바라볼 수 있는 이념이다.

(1) 부정성의 변증법적 정치의 문제점

지금까지의 철학자들은 마치 평화·자유·민주·번영·평등이 이루어지고 있거나 지금까지의 사고의 틀로 실현가능한 것처럼 생각해 왔다.

그러나 하나의 공동체가 대립하는 상태에서 상대를 증오하고 부정하는 동안 평화가 있을 수 있을까? 또 그러한 상태의 공동체가 자유롭다고 말 할 수 있을까? 하물며 그러한 상태에서 그 공동체의 주권이 국민에게 있다는 민주주의가 가능하다고 할 수 있을까? 그리고 그 같은 증오와 대립과 갈등상태에서 진정한 번영이 가능할 수 있을까?

이 모든 것이 가능할 때 비로소 도달할 수 있는 인간사회의 최고 가치가 곧 평등平等이다. 그러나 이 모든 것 중 단 하나도 이루어지지 못하는 악순환의 단계에 무슨 방법으로 평등에 도달하겠는가?

동서양의 대중들은 증오할 수 있는 적을 만들어 그 적을 부정하고 박멸하면 평화·자유·민주·번영·평등을 이룰 수 있다는 선동가들에게 수 없이 솟아왔다.

그러나 대중들이 소중한 피를 흘려가며 필사적으로 그 주어진 체제를 증오하고 부정하고 박멸했을 때 드러난 것은 그들이 달콤한 말로 유혹하던 유토피아가 아니었다. 그 세상은 단지 새로운 악과 적을 필요로 할 뿐 전과 조금도 다를 것이 없는 세상이었다.

(2) 과정적 역동성의 정치와 남북통일

남북통일은 단순한 남북한만의 문제가 아니라 세계적 중심이 되고 있는 동북아의 힘의 균형이 결정적으로 판가름 나는 세계사적인 문제이다.

지금 이 시점에서 우리가 가지고 있는 상상력과 판단력과 통찰력 그리고 융통성은 남북한이 평화통일이 될 때 우리를 둘러싼 해양세력과 대륙세력들 모두가 현실에서 불만 없는 이익을 얻을 수 있다는 사실을 충분히 설득할 수 있을 만큼 충분한 것이어야 하며 또한 그들 모두에게 전폭적인 지지를 얻을 수 있을 만큼 강력한 것이어야 한다.

즉, 미국과 일본과 기존의 관계를 유지하고 발전시키면서 중국과 러시아와도 서로에게 반드시 필요하고 협력적인 관계로 발전시켜나가는 것이 우리에게는 여러 가지 면에서 사활이 달린 중요한 문제인 것이다. 나아가 해양세력과 대륙세력의 대립을 한반도 안에서 역동적으로 통합할 수 있는 능력이야말로 우리가 획득해야 할 중요한 목표 중 하나 일 것이다.

지금 우리는 우리민족이 단군 이래 최대의 융성기를 맞아 세계로 뻗어나가고 있지만 한편으로는 6·25 직후의 폐허나 그에 준하는 고통스러운 상태로 돌아갈 가능성이 없다고 단정 짓기 어렵다.

오늘날 우리 한겨레공동체는 가장 희망적인 긍정적인 상태와 가장 비관적인 부정적인 상태를 이중적으로 가지고 있는 것이다. 따라서 우리 대한민국은 우리 한민족의 기나긴 역사를 통해 그 어느 때보다 위험한 상황을 비상한 지혜로 극복하고 희망찬 미래를 향해 약진해 나아가야 하는 엄중한 과정에 처해 있는 것이다.

<표 3-1> 통일과 과정

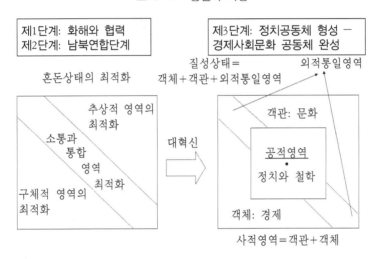

통일에 대한 논의는 노태우 정부와 김영삼 정부에서 단계적 통일에 대한 큰 윤곽이 대략 드러났다고 볼 수 있다. 즉, 3단계의 통일론이 그것이다. 정성장은 이를 제1단계는 화해와 협력의 단계이고, 제2단계는 남북연합의 단계이며 제3단계는 통일실현단계[51]로 정리한다.

<표 3-1>에서 보듯 우리가 앞으로 실현할 남북통일은 지금까지 우리가 다루어 온 과정철학과 조금도 다른 내용이 아니다. 이는 먼

---

51) 세종연구소, 한국의 국가전략 2020, 2005년 (정성장 남북연합의 형성 전략 41쪽)

저 혼돈상태를 형성하고 혼돈상태를 최적화한다음 질서상태로의 변혁을 하고 질서상태를 최적화한 다음 통일상태로 가는 것이다. 이 설명에서 각 상태를 최적화하는 방법은 따로 설명하지 않겠다. 이 부분은 이 책의 상태론에서 충분히 설명하며 또한 『한철학2 - 통합과 통일』에서 충분히 다루었기 때문이다. 결국 통일은 한철학과 한사상의 과정론이 그대로 이행되어가는 과정이라는 사실을 우리는 알 수 있는 것이다.

여기서는 지금까지의 통일론에 대해 간단히 생각해보자. 즉, 삼단계 통일론에서 제1단계인 대화와 화해와 협력을 살펴보자. 이 제1단계는 혼돈상태를 만들 수 있는 방법론으로 가장 중요한 부분이 되는 것이다. 우리가 살펴본 혼돈상태를 만드는 방법은 이중적인 방법이다. 즉, 구체적인 영역과 추상적인 영역 그리고 이 양자를 소통하고 통합하는 영역을 만들고 그것을 최적화하는 XY이론을 적용하는 것이다.

그런데 대화와 화해와 협력이 해당하는 영역은 추상적인 영역인 것이다. 이것은 마음이다. 말을 해서 서로의 마음을 소통한다는 것에 의미를 둘 수 있다. 그러나 이것만으로는 혼돈상태는 결코 만들어지지 않는다.

반드시 실천으로 증명되어 확인되어야만 하는 구체적인 영역이 빠진 것이다. 물론 추상적인 영역과 구체적인 영역을 소통하고 통합하는 '온힘'의 영역도 결정적으로 빠져 있다.

대화와 화해와 협력은 기존의 철학이 제시하는 사고의 틀에 의한다면 옳은 것일 수 있다. 대화란 추상적인 영역의 것으로서 아름다운 명분과 부드러운 대화와 유토피아적인 약속들은 많으면 많을수록 나쁠 것이 없다.

그러나 이와 같은 추상적인 영역의 것은 구체적인 영역과 함께 움직일 때 구체적인 사물의 영역이 움직인 만큼만 유효한 것이다. 구체적인 사물의 영역은 그 고유의 작동원리가 따로 있다. 구체적인 영역의 작동원리와 추상적인 영역의 작동원리는 완전히 반대의 것이다.

따라서 명분과 대화와 약속이라는 추상적인 영역의 것들은 반드시 구체적인 사물의 영역에서 증명이 되어야 하는 것이다.

구체와 추상은 불과 물같이 서로 어울리기 어려운 것이므로 이 쌍방의 경계면에 존재하는 소통과 통합의 영역으로서의 온힘의 영역이 필요한 것이다. 물론 온힘의 영역은 명분과 대화와 약속이라는 추상적인 영역의 것이 구체적인 영역에서 실제로 증명하는 만큼씩만 형성되어 나가는 것이다.

그리고 가장 중요한 것은 온힘의 영역을 확보하고 이를 최적화하는 것이다. 우리는 이 온힘이 가진 위대한 힘을 이미 살펴보았다. 이는 위대한 믿음이다. 믿음이되 행동으로서 축적하는 신뢰이며, 상호 간에 절대로 손상을 입혀서는 안 되는 신성불가침의 영역이다.

통일은 진정한 추진력은 이 온힘의 영역이 만드는 것이다. 이 온힘의 영역이 확고하게 만들어져 남북 간에 신뢰가 충분히 형성되지 않는 한 평화적 통일은 불가능한 것이다.

우리 한겨레공동체는 강대국들의 부정성에 의해 온힘의 영역이 파괴되어 남북으로 분단되었지만, 이를 회복하기 위해 우리 한겨레공동체가 우리 자신을 향해 다시 부정성이 사용한다는 것은 이치에 전혀 맞지 않는다. 강대국들에 의해 파괴된 우리 한겨레공동체의 온힘의 영역은 우리가 스스로 우리가 가진 긍정성에 의해 원래대로 회복할 때 진정한 통합과 통일은 이루어지는 것이다.

따라서 남북 간에 온힘의 영역을 확보하여 신뢰가 구축되는 일에는 시간이 걸린다 하더라도 그것은 결코 낭비가 아니다. 단지 자연스럽고 정당한 과정을 밟아나가는 것에 불과하다. 이 온힘의 영역, 즉 소통과 통합을 가능하게 하는 위대한 믿음이 확고하게 형성되는 과정 없이 다음 상태로 혁신하기는 불가능한 것이다.

제2단계인 소위 남북연합이라는 단계는 남북한이 이 온힘의 영역을 확보하고 그것을 가꾸어나가는 단계이다. 그런데 추상적인 영역과 구체적영역과 온힘의 영역을 각각 나누어 확보하고 이를 최적화하고 또한 이 세 영역을 하나로 통합하는 일은 이 세 영역의 특성을 충분히 이해하고 그에 대한 체계적인 대책을 세워야 하지만 그와 같은 것이 보이지 않는 것이다.

그리고 제3단계인 통일실현단계에서 정치공동체를 형성하고 경제와 사회와 문화의 공동체를 만드는 방안은 곧 질서상태를 설명하는 것이다. 이는 곧 공적영역은 정치공동체로 형성하고, 사적영역은 경제와 사회와 문화의 공동체를 형성하는 것이다.

여기에는 공적영역과 사적영역의 역할분담이 정확하게 나타나 있지 않다. 그리고 통일의 핵심적인 추진력은 남북의 민간인들이 자율적으로 형성하는 외적통일영역이 사실상 가장 중요한 것인데 이 부분을 어떻게 최적화할 것인지에 대해서는 대책이 없는 것이다.

물론 이 부분에 대해서는 필자가 『한철학2 - 통합과 통일』에서 테두리론[52]을 통해 설명한 질서상태의 세부적인 부분에 대한 충분한 이해가 반드시 필요할 것이다.

크게 보아 남북한의 통합적 공적영역은 남북한이 같은 상상력과 판단력과 통찰력을 공유하는 것이다. 이것은 정치의 영역임과 동시에 철학의 영역이다. 서로 다른 상상력과 판단력과 통찰력을 가지고 있다면 통일은 어떤 방법을 사용하든 불가능한 것이다. 이 남북한의

---

52) 필자의 책 『한철학2 - 통합과 통일』의 테두리론은 공적영역과 사적영역의 세밀한 부분까지 그 역할이 설명되어 있다.

공적영역을 준비하는 일은 지금부터 시작해도 다소 늦은 감이 있다. 가장 먼저 이 영역부터 만들어야 다른 영역도 시작될 수 있는 것이다.

그 다음 통일한국의 몸인 경제와 과학분야이다. 이 부분도 지금부터 준비가 필요할 것이다. 또한 문화와 사회역시 마찬가지이다. 그리고 통일한국이 진정한 하나가 되기 위해서는 통일변증법이 적용되어야 한다. 이 문제는 3단계 이후인 4단계가 되겠지만 이 부분도 지금부터 준비하는 것이 좋을 것이다.

물론 통일한국이 성취단계와 완성단계로 가야하는 것은 우리 한겨레공동체의 이념인 재세이화, 홍익인간을 제시하는 것이므로 이역시 반드시 이론으로 정립할 필요가 있다. 재세이화 홍익인간은 이미 고조선 때부터 만세를 향해 약속한 건국이념이므로 통일한국이 이를 계승하는 것은 당연하고 또한 필수적인 것이다.

그리고 우리는 우리에게 주어진 상태가 어떤 것인지를 정확히 알고 그 상태를 최적화함으로써 통일의 과정을 진전시켜 나갈 수 있다. 가령 현재 주어진 상태가 단지 혼돈상태도 아닌 애매한 상태에 불과한데도 무조건 최고의 상태인 완성상태의 방법을 사용한다면 어떻게 될까? 그 방법으로 완성상태라는 홍익인간의 상태를 이루기는 불가능한 것이다. 그리고 그 애매하게 주어진 현재의 상태마저도 최적화하기는 불가능한 것이다.

모든 것이 과정이듯 남북통일도 결국은 과정이외에 다른 것이 아니다.

(3) 정치와 역동성의 대한민국(Dynamic Korea)

평등은 홍익인간이라는 완성상태에서 얻어진다. 그리고 이 완성상태에 이르게 하는 분야가 정치이다.

결국 정치가 할 수 있는 최대의 역할이란 과정상에 일어나는 모든 상태를 모두 최적화하는 최종적인 조율자인 것이다. 따라서 정치란 가치체계와 과학적 지식체계의 통일체인 사적영역의 중심에 서서 스스로를 성취하고 완성하는 자인 것이다.

정치는 과정을 이루어내는 다른 모든 요소들을 모두 다 활성화시키는 상상력과 판단력과 통찰력을 발휘해야 하는 것이다. 그것이 홍익인간이라는 이상을 이루는 능력인 것이다.

결국 역동성의 대한민국(Dynamic Korea)으로 만들고, 아시아의 중심(The hub of Asia)을 이루는 최종적인 역할은 정치에 달려 있는 것이다.

20. 결론

우리는 이제 국가경영이란 결국 과정이라고 말할 수 있게 되었다. 사회마다 주어진 상태가 다른 것이다. 국가경영이란 그 주어진 상태에 맞게 교육과 경제와 정치를 최적화하여 다음 단계의 상태로 최적화는 것이다. 가장 위대한 역동성은 하나의 상태가 다음의 상태로 혁신하는 과정에서 나타나는 것이다.

이 모든 역동성은 최종적으로 홍익인간에 도달하는 목표를 갖는 것이며 그것이 곧 국가경영의 최종목표인 것이다. 또한 우리가 해야 할 아시아의 경영과 세계경영 또한 과정이외에 다른 것일 수 없는 것이다.

결국 우리는 돌고 돌아 다시 우리 한겨레공동체 최초의 국가를 출발시킬 당시의 건국이념과 대한민국을 처음으로 출발시킬 당시의 교육이념인 홍익인간으로 되돌아 온 것이다.

오늘날 우리가 말하는 역동성의 대한민국(Dynamic Korea)과 우리가 이루려고 하는 시대적 목표인 아시아의 중심(The hub of Asia)은 결국 홍익인간이라는 네 글자의 안에 포함되는 내용에 불과한 것이다.

그리고 우리는 홍익인간이 전체과정에 존재하는 여섯 가지 상태에서 마지막 상태인 완성상태라는 사실을 알았다. 이 완성상태로서의 홍익인간은 자신이 깨닫고 성취하여 얻은 것을 필요한 사람에 나누어주는 것이다.

이제 정리해보자. 사회 전체는 과정을 가지며 어떤 사회든 여섯 가지 과정인 가능상태와 혼돈상태와 질서상태와 성취상태와 완성상태 그리고 무질서상태라는 여섯 가지 상태 중 한 상태로 존재한다. 뿐만 아니라 그 사회의 구성원들 모두가 이 여섯 가지 상태 중 한 상태로 존재하고 있다.

그 사회가 어느 상태에 존재하든 그 상태가 최적화되어 그 다음상태로 혁신할 때 그 사회는 역동성과 속도를 갖는 것이다. 혁신하지 못하는 사회는 그 단위가 개인이든 가정이든 기업이든 국가든 인류이든 역동성과 속도를 잃고 조만간 무질서상태로 사라지는 것이다.

사회가 어떤 상태에 있던 건강하다는 것은 그 사회의 구성원들이 자신이 처한 상태를 최적화하고 다음상태로 혁신을 하고 있는 사회이다. 이 과정을 성공적으로 일으켜 스스로가 성취상태를 이루었을 때 자신이 얻은 것을 필요한 사람에게 나누어 주는 홍익인간을 함으로서 그 사람이 주어진 상태를 최적화하여 다음 상태로 혁신할 수 있게 한다면 그 사회는 매우 건강한 사회이다. 이것이 스스로를 완성상태에 이르게 하는 방법이며 또한 이 완성상태가 홍익인간인 것이다.

홍익인간이 과정의 마지막 단계로서 최종적인 완성을 한다는 것은 결국 자신이 이룬 모든 것을 남에게 나눔으로써 남들도 자신처럼 완성단계에 이르도록 사회전체에 평등의 역동성을 불어 일으키는 것이다. 진정한 역동성은 사회의 구성원들이 과정을 순환시키는 원동력으로서의 홍익인간에 있는 것이다.

우리는 한사상의 나라이며 홍익인간의 나라이다. 홍익인간은 누가 하자고 한다고 해지는 것이 아니다. 그러나 홍익인간의 나라는 우리가 강력한 역동성과 빠른 속도로 일을 하여 생긴 과실을 필요한 사람들에게 나누어 줌으로써 현실에서 얼마든지 만들 수 있는 유토피아이다. 지금까지 동서양의 철학자들이 자신의 머릿속에서만 존재했던 역동성과 속도가 제로상태로 화석화된 유토피아가 결코 아니다.

우리 사회가 가진 역동성과 속도는 아직 그 진정한 모습이 드러난 것이 아니다. 이제 겨우 드러나고 있는 중에 있는 것이다.

우리는 사회에 살아서 움직여야 할 홍익인간을 건국이념과 교육법 제1조로 가지고 있지만 사실상 홍익인간이 우리 사회에 살아서 움직이지는 못하고 박제화된 상태로 장식품이 되어 있는 것이다.

우리 한겨레공동체가 진실로 역동성의 대한민국(Dynamic Korea)이 되고 또한 아시아의 중심(The hub of Asia)이 되고 나아가 세계의 중심이 되는 길은 국가가 만들어 주는 것이 전혀 아니다.

홍익인간을 누가 앞장서서 말로 하자고 나서는 것이 전혀 아니다. 다시 말해 홍익인간은 어떤 경우에도 말로 하는 것이 아니다. 홍익인간은 행동으로 말을 하는 것이다. 즉, 자신이 평생을 통해 노력하여 성취한 소중한 것을 필요한 사람에게 나누어 줄 수 있는 사람에 한하여 단지 그것을 나누어 주는 행동을 통해서만 말을 할 수 있는 것이다.

홍익인간, 즉 완성상태는 그 이전에 혼돈상태와 질서상태와 성취상태를 거쳐서 이루어진다. 한 개인의 경우 대부분은 평생을 노력해야 겨우 남에게 나누어줄 만한 가치 있는 것을 만들 수 있다. 그러나 남을 부정하고 박멸하는 일은 이 과정 중 혼돈상태도 이루지 못한 무질서상태에서 아무런 시간과 노력 없이도 얼마든지 할 수 있는 것이다.

훌륭한 인물이 이루어 놓은 것을 부정하고 박멸하는 일은 아무리 어리석고 악한 사람도 순식간에 할 수 있다. 그러나 남에게 소중한 것을 나누어주기 위해서는 아무리 훌륭하고 선한 사람이 평생을 노력한다 해도 이루기 어려운 것이다. 이는 부정성과 긍정성의 차이이다.

대부분의 경우 차이가 얼마나 근본적인 것인지에 대해 냉철한 성찰을 하기가 어렵다. 그러나 이 차이가 사회의 미래와 생사를 결정하는 중요한 것이다.

즉, 남이 평생을 노력해 이룬 것을 간단히 부정하고 박멸하는 일이 마치 정의라도 되는 것 같이 통용되는 사회에서는 그 누구도 스스로 혼돈상태와 질서상태와 성취상태를 거쳐 완성상태, 즉 홍익인간을 이루려 하지 않을 것이다.

이 경우 남을 악으로 만들고 적으로 만들어 부정하고 박멸하는 일이 끝없이 악순환처럼 거듭되는 야비하고 비천한 사회가 되는 것은 당연한 귀결이 될 것이다.

홍익인간이 그 사회에서 가장 소중한 가치로 받아들여지는 일은 결코 아무나 하는 쉬운 일이 아닌 것이다. 이는 한사상이 전반적으로 이해되는 높은 수준의 사회에서만 가능한 일이다. 우리 한겨레공동체야말로 이 홍익인간을 최초의 국가가 개국하는 고대에 이미 만천하를 향해 약속한 사회이다.

한사상이 전면적인 교육을 통해 하루라도 빨리 모두에게 알려질 때 비로소 모두가 홍익인간의 가치를 이해할 수 있을 것이다. 그 때라야 그것이 무엇이든 평생 피와 땀과 눈물로 성취한 것을 필요한 사람에게 나누는 홍익인간을 하는 사람이 이 사회의 과정을 유지하게 하는 진정한 역동성이 되고 있음을 이해할 수 있는 것이다. 이들 긍정성의 세력이야말로 참다운 애국자이며 영웅이라는 사실을 대다수의 대중이 이해할 수 있는 것이다.

그 때 이와 같은 진정한 영웅을 교육을 통해 배출하는 교육자가 훌륭한 교육자로 존경받을 수 있는 것이며, 이 진정한 영웅을 영웅으로 대접하는 언론이 훌륭한 언론으로 존경받을 수 있는 것이다. 그리고 이 홍익인간이 사회에서 전면적으로 일어날 수 있도록 가장 훌륭한 홍익인간을 직접 행동으로 명백하게 보여준 사람이 훌륭한 정치인으로 존경받을 수 있는 것이다. 즉, 자발적으로 홍익인간을 함으로써 자기완성을 이루어낸 진정한 영웅이 다른 사람들의 자발적인 존경을 얻어내 영웅으로 존경받을 수 있는 사회가 홍익인간이 이루어지는 역동적인 사회인 것이다. 이와 같은 사회가 진정한 평등을 이룰 수 있는 사회이다.

그리고 마침내 이 홍익인간이 사회에 전면적으로 이루어질 때 진정한 의미에서 우리나라는 역동성의 대한민국(Dynamic Korea)이 되는 것이다. 그리고 아시아의 중심(The hub of Asia) 나아가 세계의 중심이 될 수 있는 것이다.

그리고 그 대한민국이 가장 행복한 사람들이 사는 행복한 나라이며, 가장 강한 사람들이 사는 강한 나라인 것이다.

제4장

사회:

증오와 갈등의 해법으로서의
한사상

■ **서구문명은** 유럽과 미국에서의 마녀사냥과 아메리카대륙의 인디언들의 몰살, 아프리카흑인의 납치와 노예화 그리고 세계 1, 2차 세계대전과 러시아혁명 등에서 수천만 명이 목숨을 잃거나 말로 표현 못할 고통을 야기 시켰다. 또한 오늘날 이슬람권과 서구문명의 충돌 등은 큰 고통을 만들어내고 있고 예측을 불허하는 문제가 되고 있다. 이러한 문제는 서양만의 문제가 아니라 전 인류적인 문제이다.

이와 같은 일들은 결코 우연하게 일어나는 것이 아니다. 이와 같은 비극들은 크고 작은 사회 안에서 대립하는 상대방에 대한 철저한 증오와 갈등이 그 사고의 틀 자체에 깔려 있을 때에 한해서 필연적으로 일어난다.

물고기의 눈은 물을 보지 못한다. 또한 물고기의 눈은 자신의 눈을 보지 못한다. 마찬가지로 인간은 자신이 사용하는 사고의 틀 밖의 것을 생각해내지 못한다. 인류가 지금까지 크고 작은 단위의 사회에서 일어나는 문제에 대해 사용해온 사고의 틀은 평화를 파괴하는 것으로 작용하는 것은 아닐까? 아니면 어떻게 똑같은 유형의 문제들이 각종 단위의 사회에서 끊임없이 반복해서 일어날 수 있는 것인지에 대해 우리는 한 번이라도 의심해본 적이 있는가? 우리는 작은 문제에 대해서는 냉철하게 분석하지만 정작 이처럼 근본적이고 중요한 문제는 문제로 설정조차 하지 못하는 것이다.

인류에게 사고의 틀을 제시하는 학문은 철학이다. 따라서 철학은 이 같은 문제에 대해 자성하고 그에 대한 근본적인 대책을 내놓아야 옳다. 그러나 철학이 근본적인 사고의 틀을 바꾸지 않은 상태에서 아무리 자성을 해보아야 그것은 그 사고의 틀 안에서 나올 수 있는 결과만을 산출할 것이다.

주위를 둘러보라! 거짓과 싸우고 있는 한 자신이 참되다고 믿는 저 거짓말쟁이는 자신이 왜 진짜 거짓말쟁이인지 알고 싶어 하지 않는다.

악과 싸우고 있는 한 자신이 선하다고 믿는 저 악인은 자신이 왜 진짜 악인인지 알고 싶어 하지 않는다.

추함과 싸우고 있는 한 자신이 아름답다고 믿는 저 추한 자는 자신이 왜 진짜 추한 사람인지 알고 싶어 하지 않는다.

개인의 경우 최악의 살인범이라 할지라도 그는 자신을 참되고 선하고 아름답다고 죽는 순간까지도 자신을 합리화한다. 미국 역사상 최악의 살인마인 크로리(Crowley)는 1931년 그의 여자 친구 집에서 체포되는 과정에서 150명의 경찰에 둘러싸여 1시간에 가까운 총격전 끝에 체포되었다. 경찰들은 그가 숨어 있는 집의 지붕을 뚫고 들어가 구멍을 뚫고 최루탄가스를 뿜어 넣고 위협했지만 그는 끝내 항복하지 않다가 경찰의 총에 맞고 쓰러졌다.

경찰이 그를 체포했을 때 그는 상처 속에서 흘러나오는 검붉은 피를 찍어 종이에 다음과 같이 썼다.

> 내 코트 속에는 떨리는 가슴이 있다. 하지만 그 가슴은 누구에게도 상처를 주고 싶어 하지 않는 아주 따스한 가슴이다.[1]

---

1) 송운석, 『인간관계의 이해』, 학현사, 2003년, 101쪽.

그가 체포되고 재판을 받은 후 전기의자에 앉아 죽을 때는 이보다 더 엄청난 자기합리화의 말을 남겼다. 즉,

> 내가 이 의자에 앉아서 죽어야 하는 이유는 무고한 사람을 죽여 살인죄를 저질렀기 때문이 아니요, 단지 내가 나를 보호하고자 하는 몸부림에 대한 사회가 준 대가이다.[2]

그는 경찰관이 길에서 자기를 검문한다는 이유 하나만으로 그 경찰관에게 총을 난사해 죽이고, 다시 죽음을 확인하기 위해 시체에 총을 쏘아댄 끔찍한 살인마였다. 그러나 그는 자신과 남의 평화와 자유 그리고 무엇보다 생명을 파괴한 자신의 행동이 평화와 자유를 위한 것이라고 말하고 있다.

그는 단지 한 사람의 개인일 뿐이다. 그러나 우리는 각종 단위의 사회집단들이 이와 똑같은 논리의 부정성의 변증법을 일상적으로 사용해왔고 그것을 각종 방법으로 정당화하고 미화해왔음을 역사를 통해 보고 있다.

개인과 달리 사회집단들의 행동은 역사를 통해 그 활동이 기록된다. 그리고 사회집단은 사회적 통념을 통해 인식한다. 역사에는 사회집단을 통해 크로리(Crowley)보다 수천 배, 수만 배 더 극악한 짓을 한 악당들을 정당화하고 미화한 기록으로 채워져 있다. 그리고 우리의 사회적인 통념 또한 이와 같은 악당들을 미화하고 있는 것이다. 인간의 역사와 사회적 통념이야말로 어느 면에서는 미신적이고 주술적인 신화인 것이다. 따라서 우리는 지금까지의 사고의 틀로는 증오와 갈등이 평화를 파괴하는 치명적인 문제라는 사실조차 인식할 방법이 거의 없는 것이다.

---

2) 송운석, 『인간관계의 이해』, 학현사, 2003년, 101쪽.

우리나라가 민주화 이후 새로운 나라를 건설하는 새로운 긍정성의 변증법을 사용할 수 있었다면 좀 더 훨씬 더 많은 것을 짧은 시간 안에 이룰 수 있었을 것이다. 그러나 새로운 나라를 건설하는 건설적인 철학, 즉 쌍방을 최적화하는 긍정성의 변증법은 지난 삼천년간 동서양의 철학에서는 없었다. 오히려 이 방법론은 우리 한겨레공동체에 온전하게 존재하고 있었다. 그것이 한사상인 것이다.

이 장에서는 증오와 갈등을 일으키는 부정성의 변증법의 문제를 예를 들어 설명하고 그것을 극복하는 한사상적의 긍정성의 변증법을 제시한다.

먼저 역사적으로 수없이 우리 한겨레공동체를 망친 것은 외국의 군대가 아니라 우리나라 남성들의 치졸한 시샘이었다는 것을 밝힐 것이다. 우리나라 남성들의 그 치졸한 시샘이 우리 한겨레공동체를 증오와 갈등으로 몰고 간 중요한 원인 중 하나이다.

그리고 세계적으로 증오와 갈등의 근원은 너 죽고 나 살자는 암세포와 같은 부정성의 변증법에 있다. 끝없는 부정과 박멸의 대상을 필요로 하지만 끝이 있을 수밖에 없으며, 결국은 자신도 죽고 마는 과정을 밟는 그 암세포 말이다.

그것은 스파르타에서 시작하여 로마와 유럽의 각국과 일본에 전해진다. 일본은 무사도와 정한론을 통해 우리나라와 동양에 이 군국주의 또는 제국주의를 사용했고 또한 일본을 통해 이것은 우리나라에도 전해져 악영향을 미쳤다.

여러 가지 각도에서 살펴본 이 증오와 갈등의 여러 가지 실례를 통해 우리가 인식하지 못했던 증오와 갈등의 원인을 살펴보고, 이 증오와 갈등의 해법으로서의 한사상이 얼마나 효과적인 것인가를 설명한다.

21. 증오와 갈등의 부정성의 변증법의 사례들

더불어 살자는 말은 누구나 하지만 정작 이를 실현할 수 있는 사상은 한국인의 사고의 틀만이 조직적으로 설명할 수 있는 것이다. 그러면 우리는 이렇게 물을 수 있다. 그토록 훌륭한 한사상과 한철학을 가지고 있는 한민족이 역사에서는 어째서 중요한 순간마다 졸렬한 부정성을 가진 인간들이 나타나 나라를 망쳤는가라고!

이 세상에서 가장 훌륭한 철학과 사상을 가진 우리 민족을 비참하게 만든 원흉이 어처구니없게도 우리나라 남성들의 치졸한 부정성인 시샘인 것이다. 우리는 가장 먼저 우리가 가지고 있는 이 시샘이라는 고질적인 문제부터 살펴보자.

그리고 단군조선과 스파르타를 비교함으로써 국가적 단위에서 평화의 긍정성의 변증법과 증오와 갈등의 부정성의 변증법을 살펴보고, 오늘날 유행하는 뉴 라이트와 뉴 레프트의 대립에서 보는 증오와 갈등의 부정성의 변증법을 살펴보고, 오래된 종교와 과학의 증오와 갈등의 문제를 심도 있게 살펴보자.

또한 증오와 갈등의 부정성의 변증법은 사회를 과거사의 노예가 되게 함으로써 끊임없이 증오와 갈등을 다시 생산하는 악순환을 가진다. 평화의 긍정성의 변증법은 과거를 융합하고 항상 미래를 향함으로서 평화를 끊임없이 재생산하는 구조를 가지고 있음을 살펴보자.

(1) 시샘론, 복통론腹痛論

온힘이 대립하는 양자를 하나로 통합하고 통일하는 긍정성의 근본이라면 그 반대는 무엇일까? 무엇이 통합과 통일을 이루고 있는 전체를 둘로 분열시키고 서로를 싸우게 만드는 것일까?

이는 물론 부정성의 변증법이라는 철학이론이다. 특히 우리나라의 역사에서 분열과 파괴를 일으켰던 가장 큰 원인이 되는 부정성의 변증법은 따로 있다.

우리는 흔히 여성들에게 시샘이 많다고 생각하고 남성들은 상대적으로 이 부분에 자유로운 것으로 알고 있다. 그러나 필자의 연구에 의하면 이 통념은 사실과 전혀 다르다. 이 같은 일반적 통념을 만들어 여성들이 시샘의 원천인 것처럼 만든 바로 그 조선시대에 남성들의 시샘이 가장 치열하게 나타나 나라를 멍들고 망치게 만들었다.

신채호 선생은 이를 새암이라고 하였다. 우리 한겨레공동체를 망치고 약화시킨 증오와 갈등의 원인을 새암으로 적시한 것이다. 새암과 비슷한 말로는 시샘, 시기, 질투 등이 있을 것이다. 필자는 이제부터 이 중에서 이 시대에 널리 사용되는 우리 순수한 우리말 시샘이라는 용어를 사용하겠다.

치명적인 증오와 갈등의 원인인 이 시샘은 주로 남성들에게서 나타나며, 그것은 가정과 기업과 국가를 파괴할 만큼 강력한 것이다. 우리는 우리나라 남성들의 시샘이 물리적 원자폭탄보다 더 치명적인 정신적 원자폭탄임을 먼저 의심하고 경계해야 하지 않는 한 우리 한겨레공동체에게 미래는 없다고 말할 수 있다.

신채호 선생은 "새암이란 재주 없는 놈이 재주 있는 놈을 미워하며, 공 없는 놈이 공 있는 놈을 싫어하여 죽이려 함이 새암이니라.[3]"라고 정의한다. 이는 곧 증오와 갈등의 그 자체가 되는 원인이다.

유명한 독립투사요 역사가다운 직설적인 정의이다. 필자는 이 새암, 즉 시샘에 대한 정의를 신채호 선생과는 좀 다르게 정의하고 싶

---

3) 신채호, 『꿈하늘』 송재소/강명관 편집, 동광출판사, 1990년, 25쪽.

다. 즉, "시샘이란 남이 행복하면 행복한 만큼 자신이 불행해진다고 생각하는 사람이 남을 불행하게 만드는 부정성이다. 그리고 자신이 행복하면 행복한 만큼 남이 불행해지지 않으면 안 되도록 만들려 하는 부정성이 또한 시샘이다." 시샘이야말로 다른 그 무엇보다도 더 무자비한 부정성의 위력을 가지고 있으며 흉악한 박멸의 의지가 내포되어 있는 것이다.

신채호 선생은 동명왕을 죽이려한 금와왕, 온조왕과 갈라선 비류를 비롯한 많은 예를 들며 삼국의 강성이 더 늘지 못함이 모두 시샘 때문이라고 설명한다.

그리고 삼국의 말엽부터 시샘은 더욱 기승을 부리니 백제의 의자왕의 군신이 서로 시샘하여 성충이며, 홍수이며, 계백과 같은 어진 신하 용감한 장수를 멀리하여 망함에 이르렀다. 또 고구려에서는 남생의 형제가 서로 시샘하여 평양이며, 국내성이며, 개모성과 같은 큰 성을 적국에 바쳐 비운에 빠졌다는 것이다.

그리고 복신은 만고의 명장이지만 풍왕의 시샘에 손바닥, 발바닥을 뚫리는 악형을 받아 백제 중흥의 사업이 꿈결로 돌아가 버렸다. 검모잠은 세상을 덮을 매서운 장수인데, 안승왕의 새암에 비참한 주검이 되어 고구려를 회복하는 다물의 큰 뜻이 이슬같이 사라졌다. 그리고 이 뒤부터는 더욱 시샘이 제 세상을 만났으니

고려 왕씨조나, 조선 이씨조는 모두 내 손에 공기 노는 듯하여 군신이 의심하며, 상하가 미워하며, 문무가 싸우며, 사색당파가 서로 잡아먹으며, 이백만 홍건적[4]을 쳐물린 정세운도 죽이며, 수십 년 해륙전에 드날리던 최영도 베며, 팔년 왜란에 바다를 진정하여 해왕이라는 이름을 가지던 이순신도 가두며, 일개 서생으로 가등청

---

4) 신채호의 『꿈하늘』에는 정세운이 물리친 홍건적 이백만이라고 했으나 일반적으로는 이십만으로 알려져 있음.

정을 부수고 함경도를 찾던 정문부도 죽이어, 드디어 금수강산에
비린내가 나도록 하였노라.[5]

라는 것이다. 이 시샘론은 오늘날 우리나라의 대중들에게 흔히 말
해지는 "배고픈 것은 참아도 배 아픈 것은 못 참는다"는 말과 일맥
상통한다. 필자는 이것을 복통론腹痛論이라고 부른다.

공적영역을 위해 열심히 일을 해서 긍정적인 업적을 이루려는 사
람은 드물지만 이들을 시샘하는 부정성을 가진 사람들은 부지기수
이니 이와 같은 사람들이 집단을 만들어 싸움을 시작하면 이 싸움에
누가 이기고 지는지는 불을 보듯 분명한 것이다.

한사상의 과정철학으로 살펴보면 영웅과 호걸이란 곧 생명체로서
의 민족공동체가 과정을 가능도록 만드는 긍정적인 인물이다. 가령
우리 한겨레공동체를 혼돈상태에서 질서상태로 혁신을 가능하게 한
사람이 있다면 그는 영웅인 것이다. 그리고 질서상태를 유지하게 하
는 사람이 있다면 그를 호걸이라고 부를 수 있을 것이다.

그렇다면 이 영웅과 호걸을 시샘하여 죽이려 하는 사람들은 곧 사
회의 몸과 마음을 분리시켜 이득을 얻는 부정성의 인물인 것이다.
따라서 영웅과 호걸을 시샘하는 자들은 결국 우리 사회의 역동성을
직접적으로 파괴하는 자들인 것이다. 즉, 사회의 역동성으로 사용될
힘을 자신의 사리사욕을 위해 낭비하게 하는 자인 것이다. 우리나라
의 역사에 출현한 영웅과 호걸들은 스스로를 성취하고 완성하기에
도 말 못할 고생을 하지만 그것보다 더 고통스러운 것은 주변에서
이와 같은 부정성의 시샘을 극복해야 한다는 점에 있다. 이것은 너
무 가혹한 짐이 아닐까?

영웅과 호걸은 사회의 교육과 경제와 정치의 근본적인 바탕이 되

---

5) 신채호, 『꿈하늘』, 송재소/강명관 편집, 동광출판사, 1990년, 26쪽

는 이 사적영역이 역동성을 갖도록 노력하는 자이고, 이를 시샘하는 자들은 이 영역을 부정성으로 파괴하여 혼돈상태나 가능상태 또는 무질서상태로 만드는 자들인 것이다.

우리의 역사에 다시는 이와 같은 시샘을 가진 치졸한 사람들이 역사를 더럽히지 않게 하는 방법은 단 하나뿐이다. 그것은 일반대중들이 그들이 하는 행동이 단지 더럽고 치사스러운 부정성의 시샘에 지나지 않다는 사실을 볼 수 있는 전체적인 안목을 길러야 하는 것이다. 그렇지 않고 일반대중에게 그 같은 부정성의 시샘이 명예를 얻고 재산을 얻는 방법으로 인식된다면 우리의 각 분야에서 나타나는 영웅과 호걸들은 나타나는 즉시 이들에게 희생될 것이며 그리 될 때 우리에게 희망은 조금도 없는 것이다.

우리는 이러한 치사한 자들의 부정성의 시샘을 잠재우고 대신 우리 공동체가 역동성과 속도를 가진 생명체가 될 수 있도록 노력하는 영웅과 호걸들에게 힘을 실어주어야 하는 것이다. 즉, 더러운 부정성의 시샘을 긍정성의 도움과 성원과 응원으로 전환할 때 우리 사회 전체가 살아 있는 생명체로서 역동성과 속도를 회복할 수 있을 것이다.

우리는 전 세계에 감동을 준 길거리 응원문화를 가지고 있다. 바로 이러한 행동이야말로 우리 사회를 파괴하는 부정성의 시샘을 긍정성의 역동성과 속도로 전환하는 힘이다. 이 역시 우리 한겨레공동체가 원래부터 가지고 있던 살아서 움직이는 한사상이지 외국에서 힘들게 배워온 학문에 의한 것이 전혀 아니다.

(2) 단군조선과 스파르타의 차이

서양문명은 아테네의 민주주의를 자랑하지만 그 이면에는 스파르타의 강압적인 체계를 암암리에 받아들였다. 오늘날에도 동서양의 강대국들은 너나없이 평화로운 민주주의를 주장하지만 그 이면에는 파괴적인 패권주의가 암암리에 깔려 있다.

오늘날 약소국들은 이 점에서 분노하는 것이며 또한 이러한 점에서 오늘날의 강대국들은 약소국들의 마음속 깊은 곳으로부터 호응과 지지를 얻어낼 수 있는 기회를 잃고 있다.

역사적으로 동양에서도 겉으로는 유교를 받아들이지만 안으로는 법가의 강압통치를 받아들인 것과 그 내용면에서 유사한 점이 있다.

스파르타의 특징은 부정하고 박멸할 악을 항상 필요로 했다는 점이다. 그들은 놀랍게도 민주주의 발상지라는 그리스 반도에서 노예를 거느린 유일한 민족이 되었다. 나라의 안에 적을 가진 국가는 반드시 외부에도 적을 만든다. 스파르타를 이어받은 로마제국이 내부에 가장 큰 적인 노예를 가졌고 동시에 로마의 국경선의 외부가 곧 적들과의 경계선이었다. 모든 제국이 모두 이와 대동소이한 것이다.

스파르타는 마치 새끼오리가 처음 본 주인을 각인하듯 서양문명의 모든 나라에게 각인 현상을 일으켰다. 스파르타의 정치체계를 플라톤이 그의 유명한 국가론에서 받아들인 것은 놀라운 일이 아니다. 그리고 로마제국과 대영제국과 프랑스제국과 독일의 제3제국과 일본제국이 나라의 안에 노예를 필요로 했다. 그리고 나라의 밖에도 적을 만들었다는 점에서 그들은 스파르타의 후예이지 아테네의 후예이기는 어렵다.

우리 한겨레공동체를 둘러싼 미국과 일본과 중국 그리고 러시아는 모두 스파르타의 후예들이라고 볼 수 있다. 미국은 인디언과 흑인들을 억압했고, 일본은 우리는 물론 아시아 전체에 고통을 주었다. 중국은 티베트와 중앙아시아 등의 여러 민족을 병탄했고, 러시아는 유라시아대륙을 가로질러 우리나라 근처까지 오는 동안 많은 민족을 병탄했다. 우리나라 주변의 국가들이 모두 내부에 치명적인 문제를 가지고 있는 제국들인 것이다. 이 같은 상황은 우리가 얼마나 냉정하고 엄정한 상황에 처해 있는가를 잘 말해주고 있으며 또한 우리가 얼마나 슬기로워야 하는가를 잘 말해주는 것이다.

일본은 서양문명을 받아들이면서 서양문명의 핵심이 바로 이 스파르식 부정성의 변증법이라는 사실을 재빨리 간파했다. 그리고 그들은 스파르타식 군대를 양성했다. 그리고 국내에는 부정하고 박멸해야 할 수백만의 천민계급인 부라쿠민(部落民)을 형성하고 외부에는 한국인과 중국인과 동남아인들을 부정하고 박멸하는 행동을 취했다. 부라쿠민은 일본의 국내에서 똑같은 일본어를 쓰며 같은 유전자를 가진 같은 일본인임에도 수세대에 걸쳐 부정당하고 박멸당해 온 수백만에 달하는 차별 집단이다. 이는 인도의 불가촉천민과 같은 것이다. 그들은 사회의 수요를 충족시켜주기 위하여 불교의 금기를 범하고 있는 사람들이다. 이들은 일본의 일반사람들과 섞여들려고 이곳저곳으로 이사를 다니지만 헛수고로 끝난다.[6] 일본사회는 이와 같은 부라쿠민(部落民)이나 가이진(外人)의 존재에 대해서는 일절 입을 열지 않는다. 이를 나카가미 겐지는 침묵의 공모라고 부르는 것이다. 오늘날 우리 대한민국의 문제도 일제의 식민지하에서 배운 부정성의 철학이 문제가 되는 것이다.

이 스파르타가 동서양에서 유행시킨 것은 평화가 아니라 증오와 갈등과 전쟁이라는 불치의 전염성 암이다. 이 암은 하나의 문명이 태어남과 동시에 몸과 마음 안에 자리 잡는다. 그리고 몸과 마음이 성장하면 그 만큼 암도 성장하면서 그 문명이 성인이 되어 바야흐로 자신을 성취하고 완성해야 할 때쯤이면 온몸이 암의 소굴이 되어 그

---

6) 기 소르망, 『20세기를 움직인 사상가들』<나카가미 겐지>, 강위석 역, 한국경제신문사, 1992년, 273쪽.

만 죽게 되는 것이다.

역사상 모든 제국의 전성기는 암으로서의 문명이 그 지역 안을 완전히 지배하게 된 시기이다. 이는 암세포가 더 이상 지배할 영역이 남아있지 않게 된 단계이기도 하다. 따라서 결국 암세포 자체도 죽어갈 수밖에 없는 단계로 넘어가게 되는 것이다. 너 죽고 나 살자는 것은 결국 너도 죽고 나도 죽는 결과밖에는 낳지 못하는 것이다.

제국의 역사는 이처럼 불치의 병에 걸린 환자의 인생과 다르지 않다. 이 불행한 자들은 스스로 평화가 파괴됨으로써 남의 평화도 파괴할 뿐 어느 경우에도 평화를 이루어낼 방법이 없는 것이다. 제국의 역사는 부정성의 변증법이 가진 성격을 알기 쉽게 잘 설명한다.

그러나 우리나라는 서양문명과 전혀 다른 각인현상을 가지고 있다. 이 점은 서양과 동양과 다른 알타이문명권의 핵심인 한국의 특징인 것이다.

한국은 처음 출발할 때 대립하는 양자에서 한쪽이 다른 쪽을 부정하고 박멸하거나 노예로 삼지 않았다. 그것이 삼국유사에서 고조선의 창업과정을 설명하는 단군설화에서 한웅과 웅녀의 결혼으로 단군이 탄생하는 설화에서 잘 나타난다.

고조선은 천손족天孫族으로 상징되는 선진문명인 한웅족이 중국 본토에서 만주지역으로 진출하여 세운 나라이다. 그러나 한웅족은 토착세력으로 지신족地神族으로 상징되는 웅녀족과 통합을 함으로써 하나의 생명체로서의 전체를 창조한다. 이 전체가 곧 단군왕검의 고조선이다.

이 방식은 부여의 왕자 주몽이 고구려 땅으로 쫓겨 와 그 땅의 선주민인 지방토호의 딸 소서노와 결혼을 통해 통합하고 통일하여 고구려를 건국하는 과정과 그 내용이 비슷하다. 또한 신라가 6부의 부족들과 하나로 통합하고 통일하여 국가를 이루는 방식도 기본적으로 다르지 않다. 우리의 고대국가들은 너도 살고 나도 살자는 긍정성의 변증법을 기본적으로 사용했다. 이것은 동서양의 다른 나라들과 출발부터 근본적으로 다른 것이다.

이와 같은 경우는 스파르타나 그의 후예인 서양문명권의 역사에서는 결코 있을 수 없는 일인 것이다. 만일 한웅족이 서양인들이라면 웅녀족은 부정되어 말살되거나 노예가 되었을 것이 틀림없는 것이다. 저 아메리카 대륙의 인디언들을 보라! 그리고 남미의 잉카나 마야제국의 후예들을 보라! 그리고 아프리카의 여러 나라들을 보라! 그들은 스파르타의 후예들에 의해 철저하게 부정되고 박멸되었다.

그러나 고조선과 그 후예들의 나라는 결코 그렇지 않았다. 고조선은 전쟁을 하지 않고 평화에 의해 긍정성의 변증법으로 9한을 통합과 통일하여 세운 나라이다. 고조선의 창업은 그 후 한겨레공동체가 세운 여러 나라들에게 각인현상이 되어 전해진다. 진정한 민주적 전통은 우리 한겨레공동체에 존재하는 것이다.

그리고 그 전통은 오늘날 우리 한국인들 모두의 마음 깊숙한 곳에 존재하는 것이다. 이는 강력하되 건강하고 평화롭고 행복한 문화인 것이다. 지금 아시아와 세계가 목마르게 갈구하는 것은 한겨레공동체의 바탕에 깔려 있는 통합과 통일의 문화인 것이다

(3) 한사상과 뉴 라이트·뉴 레프트

지난 역사에서 좌파와 우파는 동서양을 막론하고 부정성의 변증법을 서로에게 적용하여 너 죽고 나 살자는 행동을 해왔다. 그 와중에 인류는 각종 전쟁과 혁명과 혼란과 공포를 겪어야 했다.

오늘날은 뉴 라이트와 뉴 레프트가 이들의 자리를 대신 이어받았다. 왜 서양철학은 이처럼 조잡한 흑백논리를 끊임없이 단순하게 반

복하는가 하는 것은 이제 더 이상 의문도 아닐 것이다. 서양철학은 이미 플라톤과 에피쿠로스 이래 2500년간이나 이 같은 단순한 논리를 한도 끝도 없이 반복함으로써 증오와 갈등을 지속적으로 만들어 왔다.

우리는 구좌파와 구우파이든 아니면 신좌파와 신우파이든 또는 신사회주의이든 신자유주의이든 그것은 대립하는 양자를 하나의 전체를 만들 수 없다는 사실을 안다. 이는 한철학이 제시하는 전체과정에서 그 어떤 생명체로서의 역동성도 만들지 못하고 증오와 갈등을 일으키며 파괴와 파괴를 거듭하는 제로섬게임에 지나지 않는 것이다.

우리는 이제 구좌파와 구우파의 대립은 그대로 남겨둔 채 신좌파와 신우파가 서로에게 부정성의 변증법을 사용하는 모습을 보아야 한다. 우리는 이들이 서로가 자신은 진선미이며 상대는 위악추라고 주장하며, 상대를 부정하고 박멸하려는 그 증오와 갈등의 모습을 당분간 지루하게 지켜보아야만 한다.

이 대립은 근본적으로 통합과 통일을 증오와 갈등으로 만드는 것이다. 우리가 분명히 알 수 있는 것은 어떤 경우든 이들에게서 평화를 기대하기는 불가능한 것이다. 또한 한겨레공동체 전체의 자유와 번영과 평등을 기대하기는 처음부터 불가능한 것이다.

평화는 통합에서 시작되는 것이다. 그렇다면 통합은 어떻게 이루어질 수 있는 것인가? 우리가 순수한 한국인으로 돌아가 한사상의 사고의 틀에서 이들 뉴 라이트와 뉴 레프트를 보면 서양식 사고의 틀에서는 전혀 발견되지 않는 해결방법이 보이기 시작한다. 그것은 이들이 대립하는 경계면에 존재하는 온힘의 영역이다.

예를 들자면 우파전체를 이끄는 중심세력이 스스로 온힘의 영역이 되어 좌파와 우파를 소통하고 통합하는 역할을 한다면 통합과 통일은 가능할 것이다. 반대로 좌파전체를 이끄는 중심세력이 스스로 온힘이 되어도 그 결과는 동일할 것이다. 이때 비로소 좌우를 통합하여 하나가 된 전체는 생명력을 가지고 역동적으로 삶을 살기 시작하는 것이다.

서양식 사고로는 우파가 좌파를 또는 좌파가 우파를 부정하고 박멸하는 것을 선명한 노선이라고 찬양하는 것이다. 그것이 증오와 갈등의 부정성의 변증법이다. 대립하는 양 세력의 어느 한 편이 되어 다른 한편을 부정하고 박멸하는 단순한 방법론은 매우 알기 쉽고 명쾌하기 때문에 대중은 이 같은 사람들에게 쉽게 현혹되는 위험성을 안고 있다. 그러나 그들의 분파에서 보면 정당한 것도 국가 전체로 보면 지극이 이기적인 것이며 무책임한 것이다.

대립하는 쌍방이 상대를 적으로 만들어 부정하고 박멸함으로써 세상이 바로잡아지고 인간이 행복해진다면 우리가 사는 세상은 2700년 전 짜라투스트라의 시대에 유토피아가 되어 있을 것이다. 그리고 모든 인간은 그 유토피아에서 지고의 행복을 누리고 있을 것이다.

(4) 종교를 부정하고 박멸하는 철학과 과학

철학이 종교와 과학을 통합하고 통일하는 학문이라는 사실에 대해 말한 사람이 있는가? 20세기 최고의 수학자이자 철학자 중의 한 사람인 버트란드 레셀은 종교에 대해 말하기를

> 종교는 한마디로 두려움에서 생긴 질병이며 인류에게 말할 수 없는 불행을 가져다준 근원이다.[7]

---

7) 나는 종교에 대해 루크레티우스와 견해를 같이 한다. 나는 그것을 두려움에서 생겨난 질병, 인류에게 말할 수 없는 불행을 가져다준 근원이라고 본다.

라고 단정했다. 그는 종교가 올바른 교육을 방해하며, 종교로 인해 전쟁의 근본원인을 제거할 수 없다고 말한다. 그리고 황금시대의 문을 열기 위해 먼저 이 문을 막고 있는 종교라는 괴물부터 처치해야 한다[8]고 소리 높여 주장한다.

한마디로 말하자면 그는 너 죽고 나 살자는 증오심을 말한 것이다. 여기서 너는 종교이며 나는 과학이며 과학의 편에 선 철학이다. 러셀은 철학자로서 과학과 종교를 편 가르고 과학의 편에 서서 종교를 부정하고 박멸해야 할 대상으로 몰아세운 것이다. 바로 이것이 러셀의 머릿속에 자리 잡은 증오와 갈등의 사고의 틀이며, 서양철학의 사고의 틀이며, 서양문명의 사고의 틀이다. 러셀은 이렇게 말한다.

> 내가 바라는 세계는 독성과도 같은 집단적 적대감에서 해방된 세계, 만인의 행복은 투쟁이 아니라 협력에서 나올 수 있음을 깨달을 수 있는 세계이다.[9]

러셀의 주장은 우리가 여기까지 오는 동안 다루어온 한국인 고유의 사고의 틀인 온, 온힘, 한이 설명하는 함께 사는 지혜와는 비슷한 것으로 보이지만 그 내용은 근본적으로 다른 것이다.

그가 주장하는 집단적 적대감에서 해방된 세계를 만드는 방법은 종교라는 괴물을 부정하고 박멸하는 증오와 갈등의 방법을 통해서

러셀, 『나는 왜 기독교인이 아닌가』, 송은경 역, 사회평론, 1999년, 45쪽.
8) 종교는 우리의 아이들이 합리적 교육을 받는 것을 방해한다. 우리가 전쟁의 근본원인을 제거하는 것을 방해한다. 죄와 벌이라는 낡고 험악한 교리 대신에 과학이 뒷받침된 윤리를 가르치는 것을 방해한다. 인류는 이제 막 황금시대의 문턱에 서 있다고 할 수 있다. 그렇다고 한다면 먼저 이 문을 막고 있는 괴물부터 처치해야 하는데, 그 괴물이 바로 종교이다. 러셀, 『나는 왜 기독교인이 아닌가』, 송은경 역, 사회평론, 1999년, 64쪽.
9) 러셀, 『나는 왜 기독교인이 아닌가』, 송은경 역, 사회평론, 1999년, 14쪽.

이다. 그리고 그가 말하는 '투쟁이 아니라 협력에서 나오는 만인의 행복'이란 그가 대립하는 상대인 종교를 부정하고 박멸하고 나서 과학적 사고를 가진 사람들끼리 협력하는 것이다.

스파르타 이후 서양의 역사가 바로 이런 것이 아니었던가? 현 인류가 만들어가는 역사가 바로 이런 것이 아닌가? 짜라투스트라 이후 서양인의 사고의 틀에서 무엇이 달라졌으며 무엇이 진보한 것인가? 제국주의적 철학이 먼저인가 아니면 철학적 제국주의가 먼저인가?

도대체 서양에는 더불어 사는 논리인 긍정성의 변증법이 존재하지 않는다. 한사상은 이와 같이 너 죽고 나 살자는 부정성의 변증법적 사고의 틀을 너도 살고 나도 살자는 긍정성의 변증법적 사고의 틀로 전환하자는 것이다.

러셀은 기독교가 공산주의를 비난하는 것을 비웃는다. "공산주의가 인류에게 잔인하게 해악을 끼친 것은 기독교가 과거 인류에게 해악을 끼친 것과 똑같은 짓이라고 조목조목 반박한다."[10]

물론 필자는 과학을 비판하고 종교를 옹호하기 위해 이 글을 쓰는 것은 아니다. 서양의 철학과 과학이 가진 부정성의 변증법을 설명하기 위함이다. 유명한 러셀은

인간의 정서적인 발전, 형벌의 개선, 전쟁의 감소, 유색인종에 대

---

10) 기독교 호교론자들은 거의 습관적으로, 공산주의를 기독교와는 크게 다른 것으로 보면서 공산주의의 해악을 기독교 국민들이 누리고 있는 축복과 대비시킨다. 내가 볼 때 그것은 심각한 착각이다. 공산주의의 해악들은 '신앙의 시대' 기간에 기독교 내에 존재했던 해악과 같다. 게페우(1922~1935년 동안 존속했던 소련의 비밀경찰)가 종교 재판소와 다른 점은 양적인 측면 뿐이다. 게페우의 잔학행위들, 그것이 소련의 지적·도덕적 생명에 주는 피해는 과거 종교 재판가들이 득세할 때마다 저질렀던 것들과 똑같은 류이다. 공산주의자들도 역사를 날조하는데 교회도 르네상스 이전까지 똑같은 짓을 했다. 러셀, 『나는 왜 기독교인이 아닌가』, 송은경 역, 사회평론, 1999년, 290쪽.

한 처우 개선, 노예제도의 완화를 포함해 이 세계에서 단 한 걸음이라도 도덕적발전이 이루어질 때마다 세계적으로 조직화된 교회 세력의 끈덕진 반대에 부딪치지 않았던 경우는 한 번도 없었다. 교회들로 조직된 기독교는 이 세계의 도덕적 발전에 가장 큰 적이 되어 왔으며 지금 현재도 그러하다는 것을 나는 긴 심사숙고 끝에 말하는 바이다.[11]

라고 다소 처연하고 엄숙하게 주장한다. 그러나 이와 같은 주장은 보다 전체적 관점에 본다면 한마디로 부질없는 것이다. 물론 서양의 역사에서 종교가 보여준 문제점은 러셀을 비롯한 대다수의 철학자들을 분노하게 만들만큼 끔찍한 것이었음은 사실이다. 서양종교의 종교재판은 철학자나 과학자들로 하여금 치를 떨게 만들만큼 잔혹한 것이었다. 그리고 마녀재판은 여성들에게 엄청난 상처를 안겨준 것이었기도 했다. 그러나 러셀의 논리는 종교의 장점은 조금도 인정하지 않고 철저하게 외면하고 있다.

러셀은 마치 종교는 부정적인 면만 있고 과학은 긍정적인 면만 있는 것처럼 말하지만 현대과학도 문제점이 많기는 과거의 종교 못지 않다는 것을 러셀은 은폐하고 있다.

과학은 사물의 영역이라는 구체성을 탐구한다. 그리고 종교는 추상의 영역의 초월성을 파고든다.

과학과 종교의 다툼은 결국 추상적 관념의 영역이 진리인가 아니면 구체적인 사물의 영역이 진리인가를 놓고 다투어온 플라톤과 에피쿠로스 이래의 고전적인 다툼에서 조금이라도 벗어난 것이 아니다. 이 다툼의 핵심에는 구체와 추상이 함께 공존할 수 없다는 기존 서양철학의 근본원칙이 바탕이 된다.

---

11) 러셀, 『나는 왜 기독교인이 아닌가』, 송은경 역, 사회평론, 1999년, 39쪽.

서양문명은 종교와 과학이 서로 함께 하늘을 이고 존재할 수 없는 존재로 설정하여 공존을 허락하지 않을 기세로 지금까지 한 치의 양보도 없이 싸우고 있다.

서양철학은 과학을 배경으로 종교에 대해 대항해왔으며, 과학과 함께 종교에 대해 치열한 증오와 적대감을 드러내고 있다. 과학이 발달하고 그 과학에 의지하여 만든 철학에 자신감을 얻은 철학자들은 종교를 갈수록 강하게 비판하고 부정하고 있다.

이는 철학이 스스로의 지위를 내팽개치는 것과 다르지 않다. 철학은 과학과 종교를 하나로 뭉치게 하여 통합하는 입장에 서야만 한다는 사실을 철학은 한 번도 깨달은 적이 없다.

마르크스는 신학神學은 자신이 설명해야 할 것을 하나의 사실로서 곧 역사의 형식으로 가정한다[12]고 주장했다. 말하자면 종교는 모든 논리를 신에서 시작하여 신으로 끝내지만 정작 신 그 자체에 대해서는 아무것도 설명 할 수 없다. 그러나 이 문제가 신학의 문제일지 모르겠지만 또한 과학의 문제임도 분명하다.

과학이 놀라운 성공을 거두어 확고부동한 원리를 제공한다고 하여 철학이 그 원리를 철학의 근본원리로 사용하는 것은 서양철학의 기본적인 관행이 되었다.

그러나 이는 앞뒤가 바뀐 것이다. 과학은 결코 검증될 수 없는 것을 근본으로 하여 모든 원리를 전개한다. 따라서 과학이 무엇을 설명하든 그것은 가장 먼저 설명해야 할 것을 설명하지 않은 것에서 출발한 것이다. 도대체 과학의 근본적인 문제가 종교의 근본적인 문제와 무엇이 조금이라도 다른 것인가?

예를 들면 과학에서 중력重力은 가장 기본적인 요소 중 하나로 사

---

12) 칼 마르크스, 『마르크스 경제학- 철학 수고』, 김태경 역, 이론과 실천, 1987년, 55쪽.

용된다. 그러나 중력이 무엇인지를 분명하게 이해할 수 있는 과학자는 아직 아무도 없다. 만일 중력이 무엇인지 분명히 안다면 우리는 중력을 마음대로 사용할 수 있는 전혀 새로운 문명을 열 수 있다. 지금으로서는 상상도 못하는 세계가 열리는 것이다. 그러나 누구도 중력의 정체를 분명히 알지 못한다. 그러나 과학은 가장 먼저 설명해야 할 중력을 설명할 능력이 없음에도 과학의 전반에 중력을 기본적인 요소로 사용하지 않을 수 없는 곤경에 처해 있는 것이다.

과학은 이처럼 그 기반이 취약하기 이를 데 없는 것이다. 중력뿐 아니라 최근에 각광받는 양자量子 또한 마찬가지이다. 누구도 양자에 대해 그 정체를 완전하게 설명할 수 없다. 그러나 현대문명에서 과학은 양자를 과학적 지식체계의 중심적요소로 설정하여 사용하지 않을 수 없는 애처로운 처지에 있는 것이다.

과학이 설명할 수 없는 중력과 양자 등을 모든 것의 중심에 놓고 이론을 전개하지 않을 수 없는 처지와 신학이 설명할 수 없는 신을 중심에 놓고 모든 논리를 전개하지 않을 수 없는 처지와 무엇이 다른가?

과학은 결코 이 근본적인 과학의 요소들을 먼저 설명할 수 없다. 그럼에도 불구하고 과학자들은 이 같이 근본적으로 설명할 수 없는 요소들을 바탕으로 모든 과학의 원리를 만들어낸다. 과학이 우리에게 확고부동한 원리를 제공한다고 믿는 것은 그야말로 원시시대의 미개인들의 것보다 더 심한 미신이며 어리석은 주술인 것이다. 물론 이 보다 더 한심한 사람들은 이같이 허술한 과학의 원리를 철학의 근본원리로 사용하는 철학자들이다.

러셀은 그의 스승인 화이트헤드와 함께 당대 최고의 수학자이며 철학자이다. 그럼에도 불구하고 그는 우리가 살펴본 바와 같이 자신이 직접 편 가르기를 하고 자신의 과학적 견해와 대립하는 종교를 부정하고 박멸하려는 증오와 갈등의 부정성의 변증법을 조금도 주저하지 않고 사용하고 있다.

러셀은 우리들 자신은 착하고 우리의 적들이 악하다고 생각하는 것은 즐겁기 때문[13])에 종교의 믿음은 계속될 것이라고 비웃는다. 그러나 그 자신의 철학이 과학을 배경으로 하여 선으로 설정한 다음, 종교를 악으로 설정함으로써 스스로 즐거워하고 있다는 사실은 조금도 인식하지 못하고 있는 것이다.

그는 자신이 비난하는 종교가 과거 과학과 철학에 대해 잘못 사용했던 실수를 그 스스로 똑같이 저지르고 있다. 그러나 그는 자신이 무슨 잘못을 저지르고 있는지도 알지 못하고 천방지축·의기양양해하고 있는 것이다. 그 모습은 참으로 유치한 어린아이 같지 않은가?

러셀은 황금시대의 문을 열기 위해 먼저 이 문을 막고 있는 종교라는 괴물부터 처치해야 한다고 증오와 갈등의 속마음을 내보일 수 있다. 그러나 그가 그렇게 말한다면 누군가가 그가 처치해야 한다고 말하는 종교를 과학이나 철학이라는 말로 대체하여 주장할 사람이 필연적으로 출현하게 되어 있다. 지난 2500년간 서양철학의 역사가 바로 그것 아니었던가? 다른 사람도 아닌 서양철학사를 쓴 러셀이 너무도 확연한 이 사실을 보지 못하고 있는 것이다.

러셀은 좁은 테두리에서 부분적으로는 더할 수 없이 논리적이고 철저한 자기방어를 하고 있어 그의 논리를 공격할 수 있는 사람은 적어도 이 시대에는 단 한사람도 없다. 그는 누구도 감히 공격할 수 없는 수학과 철학의 세계를 확보했다. 따라서 그의 글은 빈틈없는 논리와 자신에 넘쳐 있다.

그러나 그가 사용하는 사고의 틀을 벗어나 한철학이 제시하는 웅장하고 역동적인 과정적 사고의 틀에서 보면 그의 논리는 이처럼 허

---

13) 러셀, 『나는 왜 기독교인이 아닌가』, 송은경 역, 사회평론, 1999년, 71쪽.

술하고 단순하기 이를 데 없는 것이며 그나마 뒤죽박죽이며 지리멸렬이다. 전체적으로 본다면 그의 논리는 공격에 대해 방어할 능력이 전혀 없는 것이다. 그는 전체적인 과정과 통합과 통일적인 사고의 틀이 무엇인지 조금도 알지 못한 것이다.

바로 이러한 문제가 지금까지 동서양에 출현한 많은 철학자들에게 공통으로 발견되는 문제점이며 동시에 현 인류의 보편적인 사고의 틀이 보여주는 증오와 갈등이 갖는 공통적인 문제점이다.

즉, 적을 극단적으로 비난하지만 적이 없으면 자신도 존재할 영역을 확보하지 못하는 초라하고 불쌍하기 이를 데 없는 사고의 틀인 것이다. 적이 존재해야 그 적으로부터 자신의 정체성을 확보할 수 있다는 사실은 자기 자신으로부터 자존심과 자부심을 확보할 수 없음을 말한다. 그리고 스스로는 상상력과 판단력과 통찰력을 발휘할 수 없음을 말하는 것이다.

과거의 종교가 어리석었고 오늘날 과학이 어리석다면 철학이라도 현명해야 한다. 그러나 오늘날 철학은 과학의 편에 기생하여 과거 종교가 저질렀던 잘못을 오늘날 되풀이하고 있다는 사실을 인식하지 못하고 있다. 물론 러셀은 철학이 과학에 기생하기 이전에 종교에 기생했던 전력을 애써 숨기고 있다.

러셀이 극단적으로 보여준 이 코미디는 재미있다. 전혀 웃길 것 같지 않은 사람이 종교와 과학과 철학이라는 웃기기 어려운 소재로 매우 웃기니 상당히 재미있는 것이다.

하지만 대부분의 부정성의 변증법은 조금도 재미가 없으며, 코미디도 아니다. 인류의 실제 역사에서 부정성의 변증법이 철학자의 관념이나 상아탑의 강의실을 탈출하여 실제세계에서 나타날 때는 견딜 수 없는 처절한 고통과 끔찍한 대량학살이 어김없이 일어났다.[14]

22. 스파르타의 부정성의 변증법

우리가 현재의 한국을 알기 위해서는 역으로 근현대 일본을 움직인 사고의 틀이 무엇인지를 알 필요가 있다. 그리고 그 근현대 일본을 움직인 미국과 유럽의 사고의 틀이 무엇인지를 알아야 한다.

따라서 다음에 일본인의 사고의 틀을 다루기 전에 먼저 서구인의 사고의 틀을 먼저 다루지 않을 수 없는 것이다. 그 씨앗을 처음으로 뿌린 자는 스파르타가 사용한 부정성의 변증법이다.

스파르타를 모르고는 서양문명의 사고의 틀을 모르는 것이며, 현대의 물질문명의 근본원리를 모르는 것이다. 그리고 근현대의 일본도 이해하지 못하는 것이다. 또한 우리 사회에 남아 있는 일본군국주의자들의 잔재가 무엇인지도 알지 못하는 것이다.

(1) 스파르타식 사고의 틀의 성립

스파르타는 그리스 반도의 많은 도시국가 중에서 독특한 국가체계를 가지고 있었다. 그 체계는 플라톤이 국가론의 중심으로 다룰 만큼 우수한 것이었다.

그러나 결정적인 문제점을 안고 있었으니 그것은 반드시 나라의 안과 밖에 적을 만드는 부정성의 변증법이었다. 스파르타가 그리스 반도에서 두각을 나타낸 것은 그리스 남부의 메세니아 지방을 정복하고 선주민인 헤일로타이를 농노로 만든 다음부터이다.

스파르타인은 호모이오이 다시 말해 동등자이며 동료였다.[15] 참정권이 있는 지배계층 1만 명이 국토의 중심에서 살았고 그 주변에

---

14) 부정성의 변증법에 의한 인류적 차원의 학살과 고통에 대한 자세한 내용은 필자의 책 『한사상1 - 생명이냐 자살이냐』를 참고하기 바란다.
15) 험프리 미첼, 『스파르타』, 윤진 역, 신서원, 2000년, 42쪽.

는 자유민이지만 참정권이 없으며 상공업에 종사하는 변두리주민 페이오이코이 5~6만이 살았고, 그 나머지에 농노 헤일로타이 10만 명이 살았다.16)

스파르타의 지배계급은 아이를 낳으면 심사를 받았으며, 부적격 판정을 받으면 낭떠러지에 던져버렸다. 그리고 남녀를 분리하여 남아는 어렸을 때부터 혹독한 군사훈련을 시켰다. 그들은 오히려 전쟁에 참여할 때가 더 편한 정도였다.

이 훈련을 견디지 못할 경우 시민권을 주장할 수 없었다. 또한 전투에서 도망치거나 항복한 자의 운명은 매우 괴로운 것이 되었다. 이들의 삶은 살아도 사는 것 같지 않다는 말을 듣는 바 모든 이들에게 조소의 대상이 되었다. 그들은 수염도 깎지 못하고 특별한 의복을 입어야 했고, 누구에게나 길을 비켜주어야 했다. 어느 누구도 결혼하려 하지 않았고, 그들 자신이 결혼하려 해도 누구도 딸을 주지 않았다.17) 한마디로 그들은 전쟁기계였다. 그리고 이 같은 스파르타식 사고의 틀은 서구인의 사고의 틀의 모델이 되었고 자동적으로 일본의 근대화 이후 서구인의 사고의 틀을 받아들인 일본인의 사고의 틀에 큰 영향을 미쳤다. 그리고 어떤 형태로든 이 방식은 우리에게도 영향을 미쳤다.

스파르타의 지배계급은 토지와 농노를 균등하게 분배받았다. 그들은 화폐가 없고 평등의 실현을 중요한 목표로 삼았다. 스파르타의 평등이라는 가치는 그들의 강력한 결속을 가져올 수 있게 하는 중요한 것이었다. 또 화폐제도를 폐지함으로써 내부적으로 빈부의 간격을 만들지 않았고 외부와 단절하여 자신들의 미풍양속이 외부로부터 오염되는 것을 막았다. 이 부분은 마르크스가 훗날 공산주의 이

---

16) The History Channel 중앙방송 비트윈 스파르타, 제국의 흥망 DVD (: The Rise and Fall Of SPARTANS) 2005년

17) 험프리 미첼, 『스파르타』, 윤진 역, 신서원, 2000년, 51쪽.

론에서 사용한 것이다. 그러나 스파르타의 평등은 노예를 부정하고 박멸함으로써만이 존재할 수 있는 지배계층만의 평등이었다. 바로 이 점이 스파르타가 남긴 치명적인 문제이다. 그들은 농노 덕분에 다른 일은 일체 하지 않고 전쟁준비에만 전념할 수 있었다.

스파르타인의 무력은 농노를 지배하고 그것을 유지하는 일에서부터 시작하였고 그들의 사고의 틀도 여기서 발생했다. 그들의 군인정신인 "조국을 위해 죽는 것은 기쁘고 아름답다"[18]는 말 속에는 그들의 발밑에 짓밟힌 농노들의 끔찍한 고통이라는 본질적인 사실이 완전히 은폐되어 있었다. 서양문명이 자랑하는 지도층의 특권과 책임을 설명하는 노블리스 오블리제란 곧 스파르타정신에서 출발한 것으로서 한사상의 관점에서 본다면 그다지 바람직한 것만은 아니다.

(2) 스파르타식 부정성의 변증법의 몰락

스파르타인이 그들보다 열 배나 많은 수의 농노를 묶어두는 것은 언제 터질지 모르는 시한폭탄을 안고 사는 것과 같았다. 농노는 수시로 반란을 일으켰고 그것은 스파르타의 국가 근거를 뒤흔드는 것이었다. 이는 20:80을 넘어 10:90의 비율이 정착되어 역동성과 속도가 제로상태인 사회였다. 그리고 이 불행한 암세포적 비율이 곧 서구 제국주의의 시작점인 스파르타에서 이미 굳어져 있었다.

스파르타는 아테네를 멸망시키고 그리스의 패권을 장악했다. 그러나 스파르타의 우월주의와 군사적 제국주의는 동맹국들에게 외면을 당했다. 스파르타의 멸망은 그들이 국가로서의 경쟁력을 갖춘 바로 그 근원인 농노들에 의해 일어났다. 테에베의 에파미논다스는 영리하게도 스파르타의 농노를 해방시켜 독립시킴으로써 스파르타의

---

18) 험프리 미첼, 『스파르타』, 윤진 역, 신서원, 2000년, 25쪽.

경쟁력을 완전히 무력화시켰다. 스파르타는 농노를 가짐으로써 성공하고 농노를 잃음으로써 무력화된 것이다. 그들은 자신이 부정할 대상을 나라의 안과 밖에서 찾아 부정함으로써 세계사에 두각을 나타냈고, 그 부정할 대상을 잃는 순간 세계사에서 사라져갔던 것이다.

로마와 스페인, 영국, 프랑스, 독일, 미국과 러시아 그리고 일본이 모두 이 길을 걸었다. 스파르타는 전 세계에 이 군국주의라는 유행성 암세포를 퍼뜨린 것이다.

스파르타의 지배층조차 가장 가혹한 고통 속에 끊임없이 전쟁에 내던져지면서 평화를 파괴할 수 있을지언정 결코 평화를 얻을 수는 없었다. 자유와 민주와 번영과 평등을 얻기가 불가능한 것도 마찬가지였다. 이와 같은 사정은 모든 제국이 마찬가지였다. 이들은 영토를 넓히고 힘이 강해질수록 내외의 증오와 대립과 갈등은 더 커져만 갔다.

이들은 마치 국가의 안과 밖에 적을 만들어 부정하고 박멸하는 부정성의 변증법만이 국가를 유지하고 발전시킬 수 있는 유일한 방법인 것처럼 여기고 그것을 실천했다.

그러나 그들 모두의 사고의 틀은 부정성의 변증법이야말로 국가를 안과 밖에서 파괴하는 방법이라는 사실을 인식할 수 없었다. 그들은 그동안 평화와 자유와 민주와 번영과 평등을 얻는 진정한 길은 조금도 모색할 수 없었다.

23. 한사상과 일본

2006년 1월 4일 현재 일본의 현직 총리 고이즈미는 "어느 시대든 싸우지 않으면 안 되는 것이 인간의 숙명이다. 싸움에는 끝이 없다"[19]고 말했다. 그리고 고이즈미 총리는 평소에도 바쿠후 말기의 교육자인 요시다 쇼인을 존경하는 인물로 꼽는다[20]고 했다.

이 발언은 필자를 놀라게 만든 발언이었다. 우리나라에서는 일본의 지도층들이 문제를 일으키는 독도문제와 야스쿠니신사참배문제와 교과서왜곡문제에 대해서만 집중적으로 따지지 이 같은 근본적인 발언에 대해 관심을 나타내는 사람은 별로 없는 것 같다.

그러나 한일 간의 문제의 핵심은 현직 일본총리와 일본의 지도층이 가지고 있는 사고의 틀이지 그 사고의 틀이 만들어내는 여러 가지 개념들이 아닐 것이다.

따라서 우리가 문제 삼아야 한다면 그 대상은 고이즈미 총리를 비롯한 개개인이 아니라 일본의 지도층이 공유하고 있는 사고의 틀이 되어야 한다.

그들의 사고의 틀이 무엇이며 그것이 문제가 있는 것이라면 그 문제를 서로에게 유익한 방향으로 전환시켜 한국과 일본이 평화롭고 행복해질 수 있는 방법론을 확보하는 것이 우리의 일이 되어야 하는 것이다.

일본의 고이즈미 총리가 "어느 시대든 싸우지 않으면 안 되는 것이 인간의 숙명이다. 싸움에는 끝이 없다."는 말은 스파르타 이래 제국들이 가지고 있었던 기본적인 사고의 틀과 다르지 않다. 그리고 직접적으로는 헤겔의 전쟁철학을 생각나게 한다. 헤겔은 전쟁을 통해 세계정신이 구현되는 것이라고 주장했다.

전쟁이란 결과적으로 민족을 강하게 만들 뿐 아니라, 국내에 있어서 반목하고 있는 국민은 대외전쟁에 의해 국내의 평온을 얻는 것

---

19) 이춘규 기자, ≪서울신문≫ 2006. 1. 4.
20) 고이즈미 총리는 평소에도 바쿠후 말기의 교육자인 요시다 쇼인과 함께 노부나가를 존경하는 인물로 꼽는다. 이춘규 기자, ≪서울신문≫ 2006. 1. 4.

이다. 물론 전쟁에 의해 소유물은 안정성을 잃게 되겠지만, 이렇듯 물건이 안전하지 않다는 일이야말로 필연적인 운동 그것이다.……
그럼에도 불구하고 전쟁은 사항의 본성에 뿌리를 두고 있을 경우 불가피하게 일어날 수밖에 없다. 뿌려진 씨앗은 또다시 싹을 틔우는 것이고, 요설은 역사의 엄숙한 반복 앞에서는 침묵을 하는 것이다.[21)]

헤겔이 국내에 있어서 반목하고 있는 국민은 대외전쟁에 의해 국내의 평온을 얻는 것이라는 말은 바로 스파르타 이래 모든 제국들이 사용했던 방법론이다. 물론 풍신수길 이후 일본이 전통적으로 가지고 있는 사고의 틀과도 일치하는 바가 있다.

일본의 풍신수길은 일본의 전국을 평정하는 과정에서 국내의 정치의 반목을 대외의 전쟁을 통해 해소하려 했다. 즉, 풍신수길은 일본 국내의 불안요인이 되는 계층에게 총칼을 들려 우리나라를 침략하게 하여 그들이 우리나라의 백성들을 도륙하게 만든 것이다.

또한 일본이 근대화 이후 한국과 중국 그리고 아시아를 침략한 것에는 헤겔의 말처럼 전쟁이란 결과적으로 민족을 강하게 만든다는 파시즘적인 전쟁철학이 본격적으로 자리 잡고 있는 것이다. 바로 이 철학이 우리나라에게 직접적인 흉기가 된 것이 아닐까?

그리고 일본의 지도층을 대표하는 총리가 평소에 존경한다고 공언하는 바쿠후 말기의 교육자인 요시다 쇼인은 누구인가?

근대일본이 나아갈 길은 그 요시다 쇼인(1830~1859)에 의해 설계되었다. 그는 일본 근대화의 원동력이었다. 일본은 1853년 미국의 제독 페리가 지휘하는 흑선黑船의 내항으로 사무라이들이 싸움 한번 제대로 해보지 못하고 패해 개항을 하여 일본에게 불리한 미일수호

---

21) 헤겔, 『법철학강요』, 권응호 역, 홍신문화사, 1997, 420쪽.

통상조약을 맺었다.

요시다 쇼인은 페리에게서 제국주의를 배워 그것을 다시 한국과 중국에 사용하기로 결심한다. 요시다 쇼인은 구미열강에게 불평등 조약으로 빼앗긴 이권을 한국과 만주의 토지로 보상받자는 주장을 했다. 즉, 그는 이렇게 말했다.

> 노(魯, 러시아)·묵(墨, 미국)과의 강화는 정해진 일이다. 결코 우리 쪽에서 먼저 이를 깨뜨려서 융적(戎狄, 오랑캐)의 믿음을 잃어서는 안 된다. 단 장정(章程)을 엄격하게 지켜서 신의를 두터이 하고, 그 사이에 국력을 길러 취하기 쉬운 조선·만주·지나(支那, 중국)를 정복하고, 교역으로 노국(러시아)에 잃어버린 바는 선(鮮, 조선)·만(滿, 만주)에서 토지로 보상받아야 한다.[22]

근대일본은 요시다 쇼인이 그려낸 청사진 그대로 행동한 것이다. 이른바 정한론征韓論의 설계도라고 할 수 있다. 즉, 자신들이 미국과 유럽의 제국주의에게 당하고 빼앗긴 것만큼 자신들도 제국주의가 되어 빼앗긴 것 이상을 약탈하고 침략하자는 내용 이외에 다른 것이 아니다. 세계에 큰 영향력을 가진 일본이라는 나라가 새롭게 출발했던 일본의 근대화는 바로 이 같은 치졸한 부정성의 사고의 틀을 가진 요시다 쇼인의 생각이 결정적인 영향을 미치고 있는 것이다.

놀랍게도 이 요시다 쇼인이 설계한 근대일본의 청사진은 지금 이 순간의 일본외교와 기본구조가 매우 비슷하다. 일본은 동북아시아에서 서구세력이 동아시아에서 경제적·정치적 이익을 얻는 일에 아시아의 대표적인 국가가 되어 앞장서서 협력하고 있다. 그리고 아시아를 경제적으로 종속시킴으로써 지속적으로 경제적인 발전을 하고

---

22) 요시노 마코토, 『동아시아속의 한일 2천 년사』, 책과함께, 2005년, 237쪽.

있다. 일본의 정치가들은 요시다 쇼인을 존경하는 정도가 아니라 지금도 변함없이 그가 설계한 설계도에 따라 그대로 행동하고 있는 것이다.

오늘날 일본은 동북아시아에 대한 주도권을 서방국가의 힘을 기반으로 확보하려 하고 있다. 이는 역으로 한국 중심의 동북아시아 지역관계를 인정하지 않겠다는 생각이다.[23] 요시다 쇼인의 이 정한론은 오늘날에도 한일 간에 중요한 증오와 갈등의 원인이 되고 있는 것이다. 그러나 그 원인을 제공한 요시다 쇼인의 정한론은 증오와 갈등의 전형적인 모습인 한마디로 너 죽고 나 살자는 식의 부정성의 변증법이다.

이와 같은 부정성의 변증법적 방법론이 우리는 물론 일본의 선량한 대중들에게 얼마나 위험한 것인지 한국과 일본의 대중들에게 잘 알려지지 않고 있는 것이 한일 간의 진정한 문제일 것이다. 요시다 쇼인의 이 논리는 한국인과 일본의 일반대중 그리고 아시아인들의 입장에서 볼 때는 정신적 원자폭탄이라고 말해도 결코 지나친 것이 아니다.

이 요시다 쇼인을 일본 정치가의 대표가 평소에 존경하는 인물이라고 만천하에 공언하고 있는 것이다. 일본은 평생고용의 신화를 자랑할 만큼 성공적인 자본주의를 만들어냈었다. 그러나 신자유주의로 경제구도가 개편되면서 일본이 전 세계를 향해 자랑하던 이와 같은 가치가 여지없이 무너지고 있는 것이다. 일본 사회는 이제 가진 자와 가지지 못한 자의 갈등과 증오가 본격적으로 심화되고 있는 것이다. 일본의 지도층들은 이제 무너진 그들의 자부심을 정상적으로 회복할 방법을 가질 수 없게 된 것이다. 이제 그들은 실패한 내치를

---

23) 통일연구원,『동북아 문화공동체의 동아시아 지역 확대방안을 위한 기초연구』, 2004년, v쪽.

만회하기 위해 외국을 부정하고 박멸하는 부정성의 방법론을 사용할 유혹을 받게 된 것이다.

일본의 부정성의 변증법의 총칼은 역사적으로 가장 먼저 우리에게로 향해 왔다. 그러나 일본의 양식 있는 지도층이 일본의 현직 총리의 입에서 이처럼 엄청난 발언에 대해 위기의식을 못 느끼는 것은 아니다. 즉, 일본 재계의 총본산격인 경단련經團連의 오쿠다 히로시(奧田碩.73) 전 회장은 다음과 같이 말했다.

> 24일 발행된 닛케이비즈니스와의 회견에서 최근 일본인의 자세가 "감각적으로 말하면 2차 세계대전 직전과 같다. 민족주의 경향이 너무 강해졌다"면서 일본의 '배타적 태도'를 강하게 비판했다. "일본은 아시아의 맹주가 될 역량도, 품격도 없다"는 말까지 했다.[24]

일본에는 이와 같이 현명한 인물들이 지도층에 많이 존재하고 있는 것이다. 우리는 일본인이 세계인에게 예의바르고 근면한 민족으로 알려진 사실을 안다. 그들은 우리와 하나의 뿌리이며 이웃으로서, 우리는 어떤 경우에도 일본인 자체를 미워해서는 안 되는 것이다. 대신 우리는 풍신수길로부터 지금의 고이즈미에 이르기까지 변하지 않는 일본의 부정성의 변증법에 대해 정확한 이해를 필요로 하는 것이다. 그 과정에서 야스쿠니신사와 역사왜곡의 문제도 다루어 볼 필요가 있겠다.

필자는 이 단원을 통해 꼭 일본인들에게 알려 주고 싶은 것이 있다. 그것은 일본이 고대에 한겨레공동체에서 분가해나간 천손족으로서 한사상을 가지고 있었다는 사실이다. 한류 특히 일본에 대한 한류는 오늘날에 처음 나타나는 것도 아니며 또한 일시적인 현상이

---

24) 신지홍 특파원, 《한겨레신문》 2006. 7. 26. http://www.hani.co.kr

결코 아닌 것으로서 대단히 오랜 역사가 있으며 앞으로도 지속될 것이다. 그러나 오늘날 그들은 자신의 뿌리를 잃고 또한 한사상을 잃었다.

필자는 그들에게 다시 한사상을 알려주고 싶다. 뒤에서 설명하겠지만 그것이 바로 그들이 알지 못한다고 고백한 일본신도와 일본무사도의 근본적인 기준과 규칙인 것이다. 그리고 그럼으로써 그들은 그들이 한반도에서 출발할 때 가지고 있었지만 지금은 완전히 잊어버린 홍익인간이라는 위대한 이념을 되찾아주고 싶다. 우리가 일본이 처음 시작할 때 그들에게 전해주었던 한사상의 목적이 바로 홍익인간이며, 장차 우리가 전해줄 한류의 목적도 다름 아닌 홍익인간이다.

그리될 때 우리와 일본은 처음으로 다시 돌아가 진정한 형제국가로서 힘을 합하여 홍익인간의 아시아를 만들고 홍익인간의 세계를 함께 만들어나갈 수 있을 것이다. 우리가 가장 가까운 일본과 마음을 열고 협력하지 못한다면 다른 나라들과 어떻게 협력할 수 있겠는가?

그러나 지금 현실적으로 우리에게 가장 비극적인 것은 우리가 그들에게 한사상을 회복시켜 주는 것은 고사하고, 일제 36년 동안 그들이 잘못 받아들인 그들의 군국주의적 부정성의 변증법의 그 불쾌한 찌꺼기가 우리 사회에 아직도 남아 꿈틀거리고 있다는 점이다.

우리는 우리보다 먼저 세계적인 경제대국이 된 일본의 뒤를 따라갈 수밖에 없었다. 이 단원에서는 그들이 잘못 간 길을 우리가 되풀이하지 않기 위해 그들의 뿌리부터 추적하여 하나하나를 생각해본다.

그 과정에서 그들의 뿌리가 우리에게서 출발했다는 사실과 그들의 근대화에는 우리나라를 희생양으로 삼는다는 계획이 처음부터

있었다는 사실을 밝힐 것이다. 그리고 그들의 무사도와 우리의 한사
상도 살펴보고 또한 그들의 신도神道와 선불교도 살펴볼 것이다. 그
럼으로써 그들에 의해 잘못 만들어진 우리의 치부를 보다 정확히 보
고 그것을 최적화하는 계기로 삼을 수 있을 것이다.

(1) 한국의 무철학武哲學과 일본의 무사도

우리가 거슬러가서 꼭 알아 볼 것을 알아보지 않는 한 우리는 일
본에 대해 증오와 갈등만을 가지게 된다. 그것은 우리는 물론 일본
에게도 미래를 위해 도움이 되지 않는 것이다. 우리가 우리 자신과
일본에 대해 조금만 깊이 있게 알면 서로를 위해 필요한 협력의 길
을 모색하게 될 것이다.

또한 우리가 일제 36년 동안 일본으로부터 한번 잘못 받아들인
증오와 갈등의 부정성의 변증법은 일본과 미국과 중국과 러시아 그
리고 아시아의 여러 나라에 무차별적으로 적용되고 있다. 지금처럼
아무 대책 없이 이를 방치한다면 우리는 오히려 일본보다 더 비참한
결과를 맞게 될 것이다.

우리가 해야 할 일은 모든 나라들과 가능한 한 상호협력을 하는
것이며, 가능한 부분에서 최대한 통합을 하여 서로에게 이로운 길을
찾는 것이다. 우리가 결코 해서는 안 되는 일은 일본의 군국주의자
들이 했던 것처럼 국가의 내부를 상하로 나누어 서로를 이간시키고
서로가 서로를 부정하고 박멸하는 부정성의 구도를 만드는 일이다.
또한 우리나라의 일반대중과 외국의 일반대중을 이간시키고 서로가
서로를 갈등하고 증오하게 만드는 부정성의 구도를 만드는 일이다.

이는 일부의 지도층을 위해 국내의 모든 일반대중과 외국의 일반
대중을 고통 속으로 몰아가는 것이다. 일본의 군국주의자들은 이 목

적을 이루기 온갖 못된 수단을 다 동원했고 그 목적과 수단을 우리가 알게 모르게 배워 지금도 그것을 알게 모르게 사용하고 있다는 점이 우리가 가진 큰 비극인 것이다. 이런 점에서 볼 때 한사상의 통합과 통일은 이 일본 군국주의자들에게 전염된 맹독성 암세포를 근본적으로 치료하는 유일한 방법론인 것이다.

또한 외국인들을 상대로 관심 있는 한국문화항목에 대한 관심도를 조사해 본 결과, 전반적으로 '한국음식(21.8%)'과 한국의 영화/드라마(16%). 한국무술(태권도)(13.5%)인 것으로 나타났다.[25]

여기서 한국무술과 그 대표로서의 태권도가 한국문화의 중요한 부분임을 알 수 있다. 한국무술이 한국문화의 중요한 부분이라면 한국무술의 중심에는 우리 한국의 무철학武哲學이 존재한다. 한국의 무철학武哲學이란 곧 한사상 이외에 다른 것이 아니다.

니토베 이나조는 무사도라는 책을 써서 일본의 무사도를 사실상 일본의 근대화 이후 일본문화의 중심으로 확정했다. 그러나 그는 정작

일본의 무사도에는 도덕적 규칙에 대해서는 약간의 언급이 있을 뿐이다. 일본의 무사도는 언제, 어디서 발생했는지 '이것이 연원이다'라고 명확히 제시할 수 없다.[26]

는 매우 근본적인 말을 그의 저서인 무사도에서 숨기지 못했다. 우리나라에는 일본 무사도의 도덕적 규칙과 이것이 연원이라고 말할 수 있는 자료가 풍부하게 존재한다. 다만 우리나라에서는 그것이

---

25) 문화관광부, 『국가브랜드 연구소 문화를 통한 국가·브랜드가치 재고전략 보고서』 요약본, 2003년 12월, 53쪽.
26) 니토베 이나조, 『일본의 무사도』, 양경미·권만규 역, 생각의 나무, 2005년, 33쪽.

가지는 엄청난 가치를 인식하고 활용하지 못하고 방치하고 있는 실정인 것이다.

그러나 우리는 일본의 무사도의 핵심에는 한국의 무철학武哲學이 존재한다는 사실을 알 필요가 있다. 그 과정에서 우리는 간접적이기는 하지만 한국의 중요한 문화항목인 한국무술과 태권도를 이해할 수도 있을 것이다.

① 일본무사도의 뿌리로서의 한국의 무사도

중국의 고대문헌인 산해경 제9권 해외동경(海外東經)과 제14권 대황동경(大荒東經)[27]에서 고대의 우리나라를 설명하는 기사가 있다. 즉,

> 군자의 나라가 북방에 있다. 그들은 의관을 정제히 하고 칼을 차고 있다.

이 군자의 나라는 곧 우리나라이며 그 군자들의 모습이 머리에는 관을 쓰고 허리에는 검을 찼다는 것이다. 이 모습이 우리에게는 사라진 고대 한국인의 모습이다. 제14권 대황동경(大荒東經)[28]에도 비슷한 내용이 있다. 즉,

> 동구의 산이 있고 군자의 나라가 있다. 그 사람들은 의관을 갖추고 칼을 차고 있다.

---

[27] 군자국재기북의관대 君子國在其北 衣冠帶劍 (제9권 해외동경(海外東經))
[28] 유동구지산 유군자지국 기인의관대검 有東口之山 有君子之國 其人衣冠帶劍 (제14권 대황동경(大荒東經))

과거 일본의 무사들은 무사가 되면 밖을 나갈 때는 그 신분에 맞는 칼을 반드시 차고 나가야 한다. 이 일본무사의 모습에서 산해경이 말하는 과거 우리의 모습을 유추해 볼 수 있다. 그 모습은 고려와 조선에 와서 우리에게는 사라졌지만 일본에는 그 모습이 어느 정도 남아 있었던 것이다.

일본의 무사들은 허리에 칼을 두 세 개씩 차고 다니는 것을 볼 수 있다. 삼국사기 열전의 연개소문 편에는 고구려의 연개소문은 항상 몸에 다섯 개의 칼을 차고 다녔다는 기록이 있다. 이 역시 우리나라의 무사들의 옛날 모습인 것이다.

한단고기의 단군세기 중 단군 도해편에는 이에 대해 좀 더 자세한 내용이 실려 있다.

> 생각하옵건대 우리의 신시神市는 실로 한웅·천왕桓雄天王께옵서 개천開天 하시고 무리를 거두심에 온전하게 하는 것으로 가르침을 세워서 백성들을 교화하셨습니다. 이에 천경신고天經神誥는 위에 조술詔述하신 바요 의관대일衣冠帶劍은 기꺼이 밑으로 본을 보이는 것이니, 백성들은 범하는 일 없고 함께 다스려져 들에는 도적 떼도 없이 스스로 평안하였습니다.[29]

이 내용은 한웅할아버지께서 천경신고天經神誥, 즉 천부경天符經, 삼일신고三一神誥를 전해주시고, 그 가르침을 따르는 사람들은 머리에 관을 쓰고 허리에는 검을 차서 본을 보인다는 것이다.

머리에 관을 쓰고 허리에 검을 차는 무사의 모습은 반드시 천경신고天經神誥, 즉 천부경, 삼일신고의 진리와 하나이다. 천부경, 삼일신

---

29) 계연수, 『한단고기』 단군세기, 임승국 역, 정신세계사, 1986년, 81쪽.
"산해경에는 의관대검(衣冠帶劍)으로 쓰여 있으나 한단고기에는 의관대일(衣冠帶劍)로 쓰여 있다. 이는 한단고기의 착오인 듯하다."

고의 가르침의 그 기본바탕은 통합과 통일의 긍정성의 변증법인 것이다. 천부경과 삼일신고 그리고 366사(참전계경)은 한사상의 모든 것을 담고 있는 근원인 것이다. 바로 이 경전들이 또한 한국의 무철학武哲學의 근원이며, 나아가 고대의 한국 무사들이 일본에 가서 전한 무사도의 원형인 것이다.

이 한사상은 증오와 갈등으로 사회를 편 가르기 하여 파괴하는 부정성의 변증법이 아니라, 그 반대로 대립하는 쌍방을 하나로 뭉쳐 통합하고 통일하는 역동성과 속도를 창조하는 긍정성의 변증법인 것이다. 그러나 일본은 그들이 한반도에서 일본열도로 출발할 당시에 가지고 있는 우리의 무사도의 기본바탕인 긍정성의 변증법을 잃어버린 것이다. 신채호 선생은 다음과 같이 주장하였다.

> 단군이 태백산에 내리어 삼신오제를 위하여 삼경오부를 베풀고 이를 만세 자손으로 하여금 지키게 하려 하실 새, 삼부오계로 윤리를 세우시며 삼랑오가로 교육을 맡게 하시니, 이것이 우리나라 종교적 무사혼武士魂이 발생한 처음이니라. 이 혼이 삼국시대에 와서는 드디어 꽃 피듯 불붙는 듯하여 사람마다 무사를 높이어 절하고 서로 아름다운 이름을 지어 자랑할새, 신라는 소년 무사를 사랑하여 '도령'이라 이름 하니, 삼국사기에 적힌 선랑仙郎이 그 뜻 번역이요, 또 백제는 장년 무사를 사랑하여 '수두'라 이름 하니 삼국사기에 적힌 바 소도蘇塗가 그 음 번역이요, 고구려는 군자스러운 무사를 사랑하여 '선배'라 이름 하니, 삼국사기에 적힌 바 선인先人이 그 음과 뜻을 아울러 한 번역이니라.[30]

고구려의 조의선인 또는 선배, 신라의 화랑은 잘 알려졌지만 백제의 것은 알려지지 않았다. 단재는 이를 수두라 했다. 박성수는 백제

---

30) 신채호, 『꿈하늘』, 송재소/강명관 편집, 동광출판사, 1990년, 15쪽.

의 수사도修士道가 그 이름까지 일본의 수험도修驗道와 비슷하다고 했다.31)

고구려의 조의 또는 선배, 백제의 수두 또는 수사32), 신라의 화랑 또는 도령은 모두 오늘날로 말하자면 국가 최고의 지도층이다. 그 이름만 달랐지 이 역할은 고구려와 백제와 신라가 동일했다고 보인다. 그 외양을 가장 잘 보여주는 것이 고구려의 장군총에서 말을 타고 호랑이와 사슴을 사냥하는 호쾌한 무사의 모습이다. 그 모습도 고구려와 백제와 신라가 그리 큰 차이가 없었을 것이다.

이들 중 젊은 사람들은 오늘날의 정규 사관학교 생도나 우수한 대학생들이다. 그리고 이 과정을 거친 사람들에게 평상시에는 국가공무원이나 군의 장교였으며 국가유사시에는 대부분 투구와 갑옷을 입고 전장에 나서는 장교가 되는 것이다.

일본에서는 설명할 수 없었던 무사도의 도덕적 규칙과 무사도가 언제, 어디서 발생했는지 이것이 연원이라고 명확히 제시할 수 있는 유래가 우리나라에서는 명백하게 존재하고 있는 것이다.

삼국사기 열전에는 "고구려·백제의 전성시대에는 강병 백만으로써 남으로는 오월吳越을 침범하고 북으로는 유幽·연燕·제齊·노魯를 흔들었다."33)는 기록이 있다. 김부식은 삼국사기에서 철저한 사대주의를 따랐음에도 고구려와 백제가 전성기에 강병 백만으로 지금의 양자강 하류지역과 황하강 하류지역을 지배하거나 영향력을 행사했음을 숨기기 못하고 있다.

이제 우리는 고대로부터 의관대검을 하고 천부경·삼일신고·366사

---

31) 박성수, 「일본구주의 한웅상과 일본속의 단군문화」, 『고대한국문화의 일본 전파』, 민족사 바로찾기 국민회의 한일문화국제학술대회, 1992년, 6쪽.
32) 박성수는 고조선의 소도정신(蘇塗精神)이 신라의 화랑(花郞), 고구려의 선인(先人), 백제의 수사(修士)로 이어졌다고 한다. 박성수, 『위당의 상고사 연구』, 어문연구(통권 제107권), 2000년, 258쪽.
33) 김부식, 『삼국사기』, 최호 역, 홍신문화사, 1994년, 384쪽.

(참전계경)의 진리를 닦고 그것을 생활화하는 무철학武哲學이 존재했음을 알았다. 그리고 그 무철학武哲學은 곧 한사상으로서 고구려의 선배 또는 조의, 백제의 수두 또는 수사, 신라의 화랑이 닦아오던 것이라는 사실을 알았다.

그리고 이들이 직접 일본열도에 진출하여 일본무사의 원형이 된 것이다. 일본의 무사도란 바로 이 한사상 이외에 다른 것이 아닌 것이다.

그러나 우리도 한사상을 잃어버렸고 일본인도 한사상을 잃어버린 것이다. 그리고 일본과 우리는 고대에는 한 가족이었지만 이제는 서로가 서로를 모르게 된 것이다.

(2) 한국과 일본의 공통적 뿌리로서의 한사상

한국과 일본이 공통적인 뿌리를 가지고 있다는 사실은 매우 중요하다. 일본은 우리의 조상들이 세운 나라로서 일본의 많은 부분에서 우리의 것을 가지고 있다. 이 부분을 모르고는 일본을 모르는 것이며 동시에 우리 자신도 모르는 것이다. 니토베 이나조는 일본의 문화의 본바탕인 신도神道에 대해 이렇게 말한다.

> 신도神道는 단지 간단하고 형식적인 행위의 기준과 규칙이 있을 뿐이다.[34]

우리는 일본 신도神道의 근원으로서 그 행위의 기준과 규칙을 말해주는 천부경, 삼일신고, 366사(참전계경), 단군팔조교, 중일경, 삼신일체경, 천지인경, 구서 등 십수 권의 경전을 가지고 있다.

---

34) 니토베 이나조, 『일본의 무사도』, 양경미·권만규 역, 생각의 나무, 2005년, 39쪽.

그러나 부끄럽게도 우리가 가지고 있던 고대한국 문화의 중심인 신도神道에 대해 우리나라 사람들은 그것이 있는지조차 알지 못한다. 오히려 이 부분은 일본이 풍부한 이해를 가지고 있다. 그러나 일본인들은 그 신도神道를 설명하지 못하지만 우리는 신도神道의 중심사상을 이미 설명이 가능한 보편적인 철학과 사상으로 발전시켰다. 그것이 한사상이며 한철학이다.

① 한국의 신들이 일본으로 옮겨와 한국인들은 바보가 되었다!
일본 속의 한국문화를 찾아서 일본전국을 답사한 일본의 한국인 문인 김달수 선생은 답사 도중에 야마토분지 근처에서 만난 일본의 중년여인에게 뜻밖의 말을 듣는다. 그녀는 선생이 한국인인지 모르고 "한국의 신들이 모두 일본으로 옮겨와 한국인들은 바보가 되었다!"는 말을 했다. 왜 그런가라고 묻자 그녀는 이렇게 말했다.

왜라니요. 옛날에 한국에서 신들이 모두 일본으로 건너와 버렸기 때문이지요. 그래서 일본은 전쟁에 졌어도 이렇게 잘 사는데 한국은 둘로 나뉜 채 아웅다웅 싸우고 있잖아요. 그것은 신들이 모두 없어서죠. 그래서 모두 바보가 되었기 때문이지요. …… 그렇다고 일본에 왔던 신을 이제 와서 돌려 달라고 해도 그건 안 되지요. 한국에서 온 신이라 해도 이제는 완전히 일본신이 되었기 때문이에요.[35]

그동안 단지 살아남기 위해 다른 것을 돌볼 사이가 없었던 한국인의 빈틈을 그녀는 통렬하게 찌르고 있다.
일본인들은 서구의 문물을 받아들여도 일본의 전통신도는 아직도

---

35) 김달수, 『일본 속의 한국문화 유적을 찾아서』, 배석주 역, 대원사, 1995년, 331쪽.

그대로 남아 있다. 우리로서는 급소를 맞고 K.O된 격투기 선수처럼 할 말을 잊게 만드는 말을 일본의 평범한 시민들이 하고 있는 것이다.

그러나 찬찬히 생각해보자. 고대 한국인과 알타이인들은 우주를 '온' 다시 말해 단 100이라는 숫자로 파악했다. 이때 100이라는 숫자는 신의 숫자로 표현되었다. 즉, 땅의 신 45위位와 하늘의 신 55위位가 그것이다.[36] 이 100위位의 신들은 곧 세계를 압축해서 보는 창窓이다. 그럼으로써 이 신들을 가진 사회는 세계를 한눈에 바라보고 이해하며 그 개념으로 사회를 통합할 수 있는 것이다. 이 철학적 의미를 알 수 있는 사고의 틀을 가지지 못했던 서양인들이 이 한사상을 단순히 애니미즘이라고 불렀던 것이다.

김달수 선생에게 한국의 신들이 모두 일본으로 옮겨와 한국인들은 바보가 되었다는 평범한 일본 중년여인은 촌철살인寸鐵殺人의 날카로운 철학적 진리를 말한 것이다.

그녀가 말한 철학적 의미는 심오하다. 즉, 우리나라는 세계를 한눈에 바라보고 이해하며 그 개념으로 사회를 통합할 수 있는 창窓을 잃어버린 것이고, 일본은 그것을 가지고 있다는 것이다. 너무나 아프고 쓰라린 말인 것이다. 사실 필자는 이 신들이 우리나라에 일본처럼 존재하고 있었으면 하는 아쉬움이 있다.

그러나 생각을 해보자. 우리 한겨레공동체는 고대에는 일본에게 전해준 것과 같은 신이라는 상징적인 존재를 창으로 사용함으로써 사회적 통합을 했다. 그러나 지금 이 시대에도 신이라는 창을 사용

---

36) 알타이어족들 중에서 몽골과 부리아트족 등의 신화에는 우리 말 '온'이 의미하는 100이라는 숫자에 해당하는 신들이 있다. 이 신들은 땅의 신 45위와 하늘의 신 55위라는 기본 틀에서 설정되고 있다. 그리고 고대중국의 하도 낙서도 결국이 45와 55의 합인 100의 숫자인 것이다.
여기에 대한 자세한 설명은 필자의 책 『한철학1 - 생명이냐 자살이냐』에 상세한 설명과 예문이 소개되어 있다.

하는 방법이 사회통합에 효과적이라고 볼 수는 없는 것이다.

이 시대는 세계를 한눈에 바라보고 이해할 수 있는 새로운 창을 필요로 한다. 그리고 이 시대에 맞는 새로운 사회통합의 방법이 필요하며 그것은 우리가 이 시대에 맞게 새롭게 만들어나갈 수 있는 것이다. 이 새로운 창이 고대처럼 반드시 종교적이어야 할 이유는 하나도 없다. 우리는 다양한 분야에서 종교를 대신할 다양한 창을 얼마든지 만들어낼 수 있다.

이것을 가능하게 하는 능력이 우리의 상상력과 판단력과 통찰력이다. 이렇게 본다면 오히려 수천 년 전 우리의 조상들이 그 시대에 맞게 사용한 종교적 상상력과 판단력과 통찰력을 지금도 변함없이 사용하지 않으면 안 되는 일본인들이야말로 빠져나올 수 없는 굴레를 지고 있는 것이 아닐까? 그들은 오히려 형식에 매여 본질을 잃어버린 것이다.

좀 더 자세히 설명해보자. 근본원리를 아는 사람은 필요한 상태에 맞추어 얼마든지 개념을 만들어낼 수 있다. 지금 우리는 그러한 근본원리인 한철학과 한사상을 알고 있는 것이다. 그러나 근본원리를 모르는 사람은 옛날부터 전해지는 박제화 된 개념을 근본원리처럼 받들어 모시며 살아가야 하는 것이다. 그것이 지금 신들로 표현된 개념들을 모시는 일본인들인 것이다. 인류학자 레비스토로스는 기 소르망과의 대담에서 이렇게 말했다.

> 내가 가장 가깝게 느끼는 종교는 애니미즘(animism: 정령신앙)입니다. 그 중에서도 일본의 신토(神道)에 특히 놀랍니다.[37]

그가 정말로 놀라야 하는 것은 그 일본신도의 근본원리인 근원이

---

37) 기 소르망, 『20세기를 움직인 사상가들』<클로드 레비스토로스>, 강위석 역, 한국경제신문사, 1992년, 273쪽.

고대한국의 풍류도이며 또한 한사상과 한철학이 아니겠는가?

일본의 신도神道의 수많은 정령들, 즉 신들은 모두 한국에서 온 신들이다. 바로 그 신들을 전 세계 수백 개의 종족들의 사회를 연구한 인류학자 레비스트로스는 가장 가깝게 느끼고 놀라고 있는 것이다.

그러나 정작 중요한 것은 그 신이라는 개념을 만들어내는 근본원리, 즉 사고의 틀인 것이다. 우리 한국인은 근본원리인 그 사고의 틀인 한철학과 한사상을 회복했고 일본인들은 처음부터 그 사고의 틀이 없었다.

물론 그 사고의 틀이 만들어낸 신들은 지금 우리나라에는 없고 일본에만 있다. 그 신들은 삼국시대 이래 불교와 유교와 기독교와의 투쟁에서 처참하게 패하여 거의 다 사라졌다. 그나마 남은 약간의 흔적조차 농촌개량운동 등으로 거의 다 사라진 것이다.

매우 슬프고 안타까운 일이다. 그러나 중요한 것은 개념이 아니라 사고의 틀인 것이다. 그 신들은 단지 개념들일 따름이다. 우리는 그 개념들을 만든 사고의 틀을 회복한 것이다. 진실로 위대한 것은 눈에 보이는 유적이나 유물이 아니다. 그것을 만들게 하는 눈에 보이지 않는 철학과 사상인 것이다. 눈에 보이는 유적과 유물도 소중한 것임에 틀림없지만 그것을 만드는 철학과 사상이야말로 비교할 수 없이 소중한 것이다. 이제 우리는 이렇게 물을 수 있다. 정말로 우리 한국인들이 바보인가?

② 일본에 존재하는 한웅상桓雄像

우리나라에 존재하던 고신도古神道가 일본에 전해졌다는 증거는 일본의 전국에 있다. 가장 많은 증거가 발견되는 곳은 한국과 가까운 구주九州이다. 백제와 신라는 이 일에 주축이 된다.

우리의 단군설화는 일본에도 전래되어 있다.[38] 그리고 "한웅상 두 점이 일본 북구주 영언산 사료관에서 발견되었다."[39]

이 한웅상이 어느 나라에서 왔다고 보는가에 대해 신라에서 왔다는 주장(長野 覺)과 백제 쪽에서 왔다는 주장이 있다.[40] 어느 쪽이든 한반도에서 왔다는 점에서는 이견이 없는 것 같다.

고대일본의 정치와 사상은 한국에서 온 신라와 백제인들이 중심이었음을 잘 말해주는 것이 일본의 수험도修驗道와 팔번신앙八幡信仰이다. 이 양자는 모두 한국과 가장 가까운 구주九州의 英彦山과 연관이 있다.[41] 그리고 팔번신앙에서는 신라국신新羅國神을 모신다.[42] 또한 일본을 통일한 대화왜大和倭의 중심지인구의 80~90%는 백제로부터 이주한 백제인이다.[43]

---

38) "이 단군신화는 두 경로를 거쳐 일본에 상륙하였다. 하나는 본도 북안에 아마도 북구주 사도반도(絲島半島)에 상륙하여 향원악(香原岳)을 거쳐 언산(彦山)에, 또 하나는 복정현(福井縣) 소병(小浜)에 상륙하여 금슬호 서안을 통하여 갑하(甲賀), 이하(伊賀), 길야(吉野)를 거쳐 웅야(熊野)에 이르렀을 것이다." 長野 覺, 「한국과 맺어져 있는 일본 영언산의 산의 문화」, 『고대한국문화의 일본 전파』, 민족사 바로찾기 국민회의 한일문화국제학술대회, 1992년, 19쪽.

39) 박성수, 「일본구주속의 한웅상과 일본속의 단군문화」, 『고대한국문화의 일본 전파』, 민족사 바로찾기 국민회의 한일문화국제학술대회, 1992년, 3쪽.

40) 박성수, 「일본구주속의 한웅상과 일본속의 단군문화」, 『고대한국문화의 일본 전파』, 민족사 바로찾기 국민회의 한일문화국제학술대회, 1992년, 6쪽.

41) 언산(彦山)의 종교는 언산수험도(彦山修驗道)로서 구주전토(九州全土)에 보급되었고, 팔번신앙(八幡信仰)은 국가의 정치와 잘 조정하면서 일본전토로 전파되었고 일본민족의 대표적 신앙으로 성장했다. 이 두 개의 신앙이 풍전국(豊前國)에서 성립되었다는 사실이 매우 주목할 만한 가치가 있다 할 것이다.

42) 팔번궁은 풍전국(豊前國) 우좌(宇佐)에 있으며, 팔번신을 제사하는 기관이며 이 신에 대한 신앙을 팔번신앙이라 부르고 있다. 팔번신앙의 영장(靈場)인 우좌팔번궁의 사제씨족은 신라계의 신도씨족(辛(韓)嶋氏族)이다. 이들은 최초의 거점이 우좌군횡산촌(宇佐郡橫山村)으로 그곳의 복적산(福積山)에 신라국신(新羅國神)을 모신다. 中野幡能, 「팔번신앙과 한국과의 관계」, 『고대한국문화의 일본 전파』, 민족사 바로찾기 국민회의, 한일문화국제학술대회, 1992년, 56쪽.

(3) 작은 것을 얻고 큰 것을 잃은 일본

아르헨티나와 칠레는 똑같이 스페인에서 출발한 민족이 이루어낸 국가이다. 그러나 오늘날 이 두 나라는 원수처럼 적이 되어 으르렁 거린다. 이 불가사의한 현상은 한국과 일본에게도 똑같이 적용된다. 일본인은 몽골인과 함께 한국인과 언어와 유전자가 가장 가까운 민족이다. 그럼에도 한국인과 일본인은 역사를 통해 아름답지 못한 관계를 만들어왔다.

프로이트는 "문화적으로 가까운 사회 간의 근소한 차이는 그들 사이에 싸움을 일으키게 한다."[44]고 주장했다. 이 말이 옳다면 우리는 그 근소한 차이가 무엇인지 알아야 한다. 그러나 과연 근소한 차이인지 아니면 엄청난 차이인지는 확인해보지 않고는 말할 수 없는 것이다.

일본문화의 중심에 존재하는 무사도의 내용은 다음과 같은 것이었다고 말할 수 있다.

> 첫째, 생명을 아끼지 아니하고 주군의 명에 절대복종하는 충성심과 용맹성, 둘째, 정직하고 청렴결백한 생활태도, 셋째, 일구이언을 하지 않는 일관성과 의리, 넷째, 효도와 예의 존중, 여섯째, 남의 은혜는 반드시 갚는다는 보은정신과 명예훼손에 대한 보복 정신이

---

43) 일본열도에는 문헌(일본서기)에 의해서만도 대화왜(大和倭)· 비후왜(肥後倭)· 출운왜(出雲倭)· 하내왜(河內倭) 등 여러 왜가 존재한다. 이 중 대화왜(大和倭)가 마침내 일본을 통일한다. 대화왜(大和倭)의 정치중심지인 고시군일대의 인구의 80~90%는 백제로부터 이주한 백제인임을 알 수 있다. 고시군은 대화왜(大和倭)의 정치중심지일 뿐 아니라 대화왜(大和倭) 역대왕의 거처로 대부분 이곳에 집중되어 있는 것이다. 최재석, 「대화왜 파견 백제왕자의 거처와 대화왜왕의 거처」, 『고대한국문화의 일본 전파』, 민족사 바로찾기 국민회의, 한일문화국제학술대회, 1992년, 39쪽.

44) 기 소르망, 『열린 세계와 문명창조』, 박선 역, 한국경제신문사, 47쪽 재인용.

라고 할 수 있다.[45)]

일본무사들의 이와 같은 가치체계는 일본사회의 귀감이 되었다. 그들은 대단히 도덕적이었고, 그 정신은 일본을 세계 제2위의 경제 대국으로 만든 문화의 중심적인 가치체계로 자리 잡고 있는 것으로 보인다.

동양에서 서구와 먼저 접촉한 나라는 일본만이 아니다. 필리핀도 있었고 태국도 있었다. 그러나 왜 일본만이 저처럼 성공한 나라가 되었는가? 일본인은 이들과 달리 해야 할 일을 정확히 알았고, 그 일을 추진하는 바탕인 그들 사회의 가치체계가 그만큼 훌륭했기 때문이다.

일본의 관리들은 대체로 가난해도 남의 재산을 탐내지 않았고 청렴결백함을 지켰다. 따라서 일본은 부정부패가 다른 나라보다 비교적 없는 안정된 사회를 바탕으로 자본주의를 꽃피울 수 있었다. 일본은 세계의 일류국가가 되는 성공적인 사례를 만들어낸 것이다.

① 증오와 갈등의 정한론征韓論

그러나 이와 같이 훌륭한 민족이 어떻게 해서 임진년과 정유년에 이 땅을 침략하여 단군 이래 성스러운 풍속으로 살아가는 선한 사람들의 피를 이 아름다운 강산에 뿌리게 했을까? 그리고 그것도 모자라 36년간 이 땅을 점령하여 무단통치를 했을까?

오늘날 독일은 과거사에 대해 깨끗하게 정리하고 주변국에게 신뢰를 얻었지만 일본은 아직도 과거사를 정리 못한 채 군국주의 시대의 이념을 버리지 못하고 독도문제와 교과서왜곡문제와 일본총리와 각료들의 야스쿠니신사 참배문제를 일으키고 있다. 도대체 어떤 이

---

45) 서영애, 『일본문화와 불교』, 동아대학교 출판부, 2003년, 170쪽.

유가 있어서 그들을 둘러싼 이웃나라와 증오와 갈등으로 몰고 가게 만들고 있는가?

우리는 피해자로서 그 이유를 알아야 할 권리가 있다. 그리고 다시는 그와 같은 비극이 일어나지 않도록 막아야 할 의무도 있다.

그러나 우리가 일본에 대해 불쾌한 감정만 가지고 대하다 보면 우리 스스로가 매우 옹졸해지면서 그들을 증오하고 부정하고 박멸하려는 부정성의 변증법의 포로가 되는 것을 발견하게 된다. 그런데 그 방법은 그들이 우리에게 사용한 방법이었다. 그것은 우리가 역사를 살아오면서 사용한 우리다운 방식은 아니다. 일본의 사상가 나카가미 겐지는 일본의 정신적 전통에 대해 이렇게 말을 한다.

> 일본 문화가 그렇게도 흠뻑 젖어 있는 전통이라는 개념도 실은 최근에 만들어진 것이라고 한다. 그것은 19세기 말 메이지 시대로 거슬러 올라간다. 지도 계급이 국민들로 하여금 국민들이 준수해야 할 규칙들은 아주 옛날부터 있어 왔다고 믿도록 했던 것이 그때였다.46)

고영자는 일본에 무사도라고 할 만한 것이 생긴 것은 강호江戶시대47)에 이르러서이고, 무사도라는 말 자체도 명치시절에 만들어낸 것48) 같다고 설명한다.

무사도의 정신은 일본이 생기는 옛 부터 있었다고 가르치는 것은 완전히 황국사관을 일본국민에 함양시키기 위한 의도적인 행위49)였

---

46) 기 소르망, 『20세기를 움직인 사상가들』<나카가미 겐지>, 강위석 역, 한국경제신문사, 1992년, 271쪽.
47) 강호시대(江戶時代): 도쿠가와 이에야스(德川家康)가 막부(幕府)를 개설한 1603년부터 15대 쇼군(將軍) 요시노부(慶喜)가 정권을 조정에 반환한 1867년까지의 봉건시대로 에도시대라고도 함.
48) 고영자, 『일본의 근세 봉건시대』, 탱자출판사, 2002년, 24쪽.
49) 앞의 책, 25쪽.

다. 그리고 메이지 초기 무사 신분 폐지에도 불구하고, 메이지 중엽에 국수주의자들이 무사도를 부활시키기 시작했다[50]는 것이다.

우리가 일본의 무사도에 대해 가지고 있는 고정관념의 대부분은 이렇게 일본의 근대화 이후 사회개혁의 필요에 의해 의도적으로 새롭게 만들어진 가치체계라는 것이다.

그러나 일본의 근대화 이후 새롭게 생명을 얻어 활성화된 일본의 무사도가 일본사회를 통합하고 깨끗하고 명예를 존중하는 일본인을 양성하는 일에 긍정적인 역할을 한 것은 사실로 보인다. 일본의 근대화는 적어도 이 점에 있어서는 성공한 것이다. 우리는 이 사실은 분명히 인정하고 넘어가야 한다.

1867년 일본에서 왕정복고 쿠데타가 일어나며, 왕정복고의 대호령大號令 이후 메이지 신정부가 수립되었다. 그 후 일본은 급속히 변했다.

여기서부터 일본의 현직총리 고이즈미가 존경하는 요시다 쇼인의 역할은 근본적인 것이었다. 요시다 쇼인에게 한국을 침략하여 정복하는 일은 일본인이라면 대를 이어 추구해야 할 숭고한 사업이었다.[51] 라고 말한다. 그리고 요시다 쇼인은 이렇게 노골적으로 속마음을 털어놓는다.

> 유구를 손에 넣고, 조선을 취하고, 만주를 꺾고, 지나를 억압하고, 인도로 나아감으로써 진취의 기세를 높이고, 퇴수退守의 기반을 확고히 해, 징구 황후가 아직 이룩하지 못한 것을 이뤄내고, 도요토미 히데요시가 아직 달성하지 못한 것을 이뤄내는 것보다 중요한 것은 없다.[52]

---

50) 오오누키 에미코, 『사쿠라가 지다 젊음도 지다』, 이향철 역, 모멘트, 2004년, 216쪽.
51) 앞의 책, 240쪽.

요시다 쇼인의 주장에는 그 옛날 일본이 천황이 친정親政이 행해 졌던 고대에는 한반도 국가들이 천황에게 조공을 했다고 생각했 다53)는 왜곡된 역사의 내용이 그 바탕에 깔려 있다. 그는 도요토미 히데요시가 이 잘못을 바로 잡기 위해 임진과 정유의 침략을 시도했 으나 달성하지 못했으므로 대를 이어 이 숭고한 사업을 진행해야 한 다고 주장하는 것이다. 이는 증오와 갈등을 넘어 부정성과 박멸의 의지를 공개적으로 직접 드러낸 것이다.

일본인이 사용하는 1만 엔권 지폐에는 일본인이 가장 존경하는 학자인 후쿠자와 유키치의 초상화가 그려져 있다. 그는 1885년 시 사신보에서 이렇게 말한다.

> 나쁜 친구와 사귀는 사람은 함께 나쁜 친구가 되는 것을 면치 못 한다. 우리는 마음속으로부터 아시아 동방의 나쁜 친구를 거절해 야 한다.54)

요시다 쇼인이 제시한 정한론의 설계를 후쿠자와 유키치가 계승 하여 발전시키고 있는 것이다. 그가 말하는 나쁜 친구의 대표는 한 국인과 중국이다. 다시 말해 한국과 중국은 악惡이고 그 반대편의 좋은 친구인 선善은 미국과 유럽인 것이다. 1882년 3월 '조선과의 교제를 논하다'는 시사신보의 글에서 후쿠자와 유키치는 이렇게 말 한다.

> 일본은 강대하며 조선은 약소하다. 일본은 이미 문명화되었고 조

---

52) 앞의 책, 240쪽.
53) 앞의 책, 239쪽.
54) 고야스 노부쿠니, 『동아 대동아 동아시아』, 이승연 역, 역사비평사, 2005 년, 64쪽.

선은 아직 미개하다.[55]

그의 주장에는 선인 일본은 강하고 문명국이므로 악인 조선을 부정하고 박멸할 수 있다는 주장이 깔려 있는 것이다.

후키자와 유키치가 일본에서 존경받는 일에 대해 다른 나라 사람이 왈가왈부할 일은 아니다. 그러나 그는 분명히 일본의 일반대중과 아시아 특히 한국과 중국의 일반대중을 이간시키고 편을 가르고 있다. 뿐만 아니라 그는 일본과 한국 간에 싸움을 붙이고 있으며, 실제로 그 같은 사람들의 조작은 일본이 한국을 침략하는 일에 적지 않은 영향을 미쳤다.

그리고 그 전쟁에 끌려 나가 싸우며 목숨을 잃거나 다쳤던 일본의 대중과 그 전쟁을 위해 세금을 내야 했던 일본의 일반대중은 큰 피해자이다. 물론 끔찍한 참화를 겪은 한국과 중국의 일반대중은 말할 것도 없다. 따라서 이 문제는 일본의 국내문제에 국한하는 것만은 아닌 것이다.

일본의 사상가들은 국수주의를 이용해 일본의 선량한 일반대중과 우리나라와 중국 나아가 아시아 전체의 대중들을 대립시키고 서로 싸우도록 부추긴 것이다. 우리는 이들이 만들어온 여러 개념과 싸우기보다는 이들이 가지고 있는 부정적 사고의 틀을 일본과 한국과 중국의 일반대중에게 알림으로써 아시아의 모든 대중들이 서로를 부정하고 박멸하려는 의지를 통합과 통일의 한사상적 사고의 틀로 전환해야 하는 것이다.

② 일본의 국수주의와 헤겔식 전쟁철학
고야스 노부쿠니(1933~. 오사카대 명예교수)는 일본인으로서 근대

---

55) 앞의 책, 64쪽.

일본정신의 형성과 근대사에 헤겔철학이 큰 영향을 준 것에 놀라고 있다.

> 내가 놀랄 수밖에 없었던 것은 이토록 헤겔의 역사철학이 근대일본사의 형성에 깊은 영향력을 갖고 있었다는 것, 동시에 근대 일본사상의 전개과정이란 문명론적으로는 헤겔이 구성한 역사철학적인 동양과의 격투과정이었다는 것을 깨달았기 때문이다.[56]

명치유신 이후에 헤겔의 역사철학은 매우 중요한 영향력이 있었다는 것이다. 헤겔에게는 개인이 역사의 주인공이 아니라 세계정신이 개인을 도구화하여 사용하는 것이다. 헤겔은 세계정신이 독일이라는 국가와 기독교에서 구현된 것으로 파악했다. 즉, 헤겔이 고안해낸 소위 역사적 발전과정에서 최종단계인 완성단계에 독일이라는 국가가 출현했으며 인류는 원숙기에 도달했다는 것이다. 헤겔에 있어서 국가는 땅위에 현존하는 신적인 이념이다. 따라서 헤겔에게는 국법에 복종하는 의지만이 자유인 것이다.

간단히 살펴보아도 헤겔이 생각한 역사철학의 완성단계로서의 독일이라는 국가를 일본으로 바꾸면 그것은 근대일본이 추구한 국가와 상당부분 부합되고 있음을 일 수 있다.

그리고 이를 위해 기독교에 해당하는 이념을 무사도로 전환하고자 하려는 시도를 니토베 이나조가 했음을 알 수 있는 것이다. 따라서 니토베 이나조는 그의 무사도의 시작을 이렇게 하고 있다.

> 무사도는 일본을 상징하는 벚꽃과 함께 일본을 대표하는 고유의 정신이다. 그것은 일본 역사 속에 보존되어 있는 바싹 말라버린 고

---

56) 고야스 노부쿠니, 『동아 대동아 동아시아』, 이승연 역, 역사비평사, 2005년, 55쪽.

대도덕의 표본이 아니다. 오늘날에도 변함없이 아름다움과 힘을 간직한 채 일본국민들의 가슴속에 살아 숨 쉬고 있다.[57]

근대일본을 만들기 위해 꼭 필요로 했던 이념을 니토베 이나조가 제공하고 있음을 알 수 있는 것이다.

또한 헤겔에게서 전쟁은 악한 것이 아니다. 이미 살펴본 바와 같이 헤겔은 전쟁을 정당화하며 불가피하다고 말하고 있다. 러셀은 헤겔에 대하여 다음과 같이 말한다. "그는 중요한 모든 것이 다 전쟁의 형식을 밟는다고 생각한 모양이다. … 헤겔의 견해는 인간은 군사적인 정복자가 되지 않아도 영웅이 될 수 있을까 하는 의문을 일으키게 한다."[58]

일본이 받아들인 헤겔의 역사철학적인 동양과의 격투는 우리나라와 중국을 비롯한 아시아에 증오와 갈등의 차원을 넘어 상대국에 대한 강한 부정성과 박멸의 의지로 나타나게 되는 것이다.

근대일본은 일본과 동양을 둘로 나누어 적대적 관계로 만들었다. 그리고 자신을 선이라 하고 동양을 악이라 하여 부정하고 박멸한 것이다. 이 경우는 이른바 배타적 민족주의이다. 그리고 국내에서도 둘로 나누어 악이 되어줄 적대적인 계층이 필요했던 것이다. 그 계층이 부라쿠민(部落民)이었다. 이는 전형적인 부정성의 변증법적 관계이다.

일본사회는 발전하면 발전한 만큼 안과 밖에 감당하지 못할 적을 만드는 불행한 구조를 가지고 있는 것이다. 그리고 우리는 이 불행한 구조를 닮아가고 있으며 어떤 면에서는 능가하고 있다.

③니토베 이나조와 강항선생

---

57) 니토베 이나조, 『일본의 무사도』, 양경미·권만규 역, 생각의 나무, 27쪽.
58) 러셀, 『서양철학사』, 집문당, 1979년, 931쪽.

일본인이 사용하는 5천 엔권 지폐에는 일본이 자랑하는 무사도의 저자 니토베 이나조의 초상화가 그려져 있다. 그는 일본인에게는 후쿠자와 유키치 만큼이나 거국적인 존경을 받고 있다. 그는 다음과 같이 주장한다.

> 압록강에서, 한반도와 만주에서 우리를 승리의 길로 이끌어준 것은 우리 마음속에 살아 숨 쉬는 조상들의 영혼이었다.[59]

니토베 이나조는 요시다 쇼인이 그려서 낸 정한론征韓論의 청사진에 따라 청일전쟁과 러일전쟁에서 승리한 것을 그의 무사도에 결합시키고 있다.

그리고 일본의 군국주의자들이 요시다 쇼인 이래 줄기차게 전개해온 정한론征韓論이 성공하여 조선을 합방한 다음 우리나라 학생들에게 무사도武士道라는 책을 만들어 가르쳤다.[60] 그들은 결국 내부의 적을 피하기 위해 내부의 적에게 총칼을 쥐게 하여 외부의 적으로 설정한 우리나라를 부정하고 박멸하게 만든 것이다. 그리고 그들이 식민지화한 우리나라에 학교를 만들어 군국주의식 무사도를 가르쳤던 것이다.

그가 말하는 일본인 마음속에 살아 숨 쉬는 조상들의 영혼은 그들이 고대 한반도에서 조공을 받았다고 역사를 왜곡하는 일본의 왕이

---

59) 니토베 이나조, 『일본의 무사도』, 양경미·권만규 역, 생각의 나무, 2005년, 206쪽.

60) 부사산(富士山)과 벚꽃과 그리고 무사도란 일본인이 세계에 자랑하는 국가의 세계의 보물이다. 청아하고 곧고 깔끔하고 용맹한 것이 그 특색입니다. 일본에 처음 무사라고 하는 것이 나타난 것은 700여 년 전의 옛날이지만 무사도의 정신은 신대(神代)의 옛날부터 전해 내려온 것으로 그것이 무사의 정신도 되고 전 국민의 기상이 되기도 했습니다. 때문에 일본인은 모두 태어나면서부터 무사의 정신을 가지고 있는 것입니다.
고영자, 『일본의 근세 봉건시대』, 탱자출판사, 2002년, 24쪽.

다. 그리고 그 왜곡된 역사를 진실로 알고 그 왜곡된 역사처럼 다시 한반도를 지배하려 했지만 성공하지 못한 도요토미 히데요시의 영혼일 것이다.

니토베 이나조는 무사도를 씀으로써 일본인에게 일본의 중심적 가치를 세웠다. 그렇다면 과연 니토베 이나조가 생각한 것처럼 일본인들의 마음속에 살아 숨 쉬는 조상들이 니토베 이나조가 생각한 것과 같은 무사도를 가진 사람들이었을까?

과연 일본인들의 조상들이 니토베 이나조가 생각했던 무사도를 가진 인물들이었는지에 대한 근본적인 의문에 대해서는 일본에 주자학을 가르침으로써 일본인의 가치체계를 혁명적으로 바꾼 강항姜沆[61](1567~1618)이라는 인물의 증언을 들어볼 필요가 있다.

강항 선생은 임진왜란 때 일본에 포로로 잡혀가 일본에 주자학을 가르침으로써 일본의 유학의 위대한 스승이 된다. 그는 우리나라에서보다는 일본인들에게 크나큰 영향력을 가지고 있는 인물이다. 일본에 유학이 전해졌다는 것은 단순히 학문하나가 전해진 것이 아니라 일본문화의 모든 가치체계가 강항 선생으로 인해 결정적인 전기를 맞았다는 것을 의미한다.

그 강항 선생은 일본에서 포로이긴 했지만 일본의 최고지식인들과 교유하면서 자유롭게 장군들과 무사들을 만날 수 있었다. 그리고 그들과 허심탄회한 대화도 나눌 수 있었다. 강항 선생은 일본의 장군과 무사들에게 죽음을 가볍게 여기는 일본무사의 문제에 대해 다음과 같은 대화록을 남겼다. 즉, 강항은 일본의 장군과 무사들에게 다음과 같이 물었다.

---

61) 본관은 진주. 자는 太初, 호는 수은(睡隱)으로 전남 영광에서 태어났다. 임진왜란 때 포로가 되어 일본에 끌려가 귀국하여 일본에서 보고 들은 것을 간양록(看羊錄)이라는 책으로 남겼다. 선생은 일본에 주자학을 전함으로써 일본에서는 대단히 높게 추앙되고 있다.

살기를 좋아하고 죽기를 싫어하는 것은 사람마다 다 같은 인정이
지만 왜 일본사람들만은 죽기를 좋아하고 살기를 싫어하는 거요?

강항 선생의 이 물음에 대해 일본의 장군과 무사들은 다음과 같은
뜻밖의 대답을 했다.

그건 모르는 말씀입니다. 다름 아니라 일본의 장관들은 백성들의
목을 꼭 쥐고 있기 때문에 머리털 한 오라기라도 제 맘대로 못하
게 만들어 놓았습니다.[62]

나토베 이나조는 무사도를 쓸 때 자신이 원했던 부국강병의 일본
을 지탱하는 대들보로서의 무사도를 그려냈다. 그러나 그가 직접
300년 전의 일본무사들에게 무사도에 대해 보거나 물어본 것은 아
니다. 그러나 강항 선생은 300년 전 일본의 무사들을 직접 보고 직
접 그들의 속마음을 물어보고 그 대답을 기록으로 남긴 것이다.

우리보다도 일본인들이 더 잘 알고 더 존경하는 강항선생이 없는
말을 만들어냈다거나 일본인을 깎아내리는 일을 의도적으로 할 인
물이 아니라는 사실은 일본인들이 더 잘 알 것이다.

그러니까 일본의 무사도에 대한 또 하나의 진실은 오히려 일본인
들에게 주자학을 전해준 스승인 강항의 기록이 말하고 있다고 해도
무리는 아닐 것이다.

강항 선생의 기록에 의하면 당시의 일본무사들이 죽는 것을 무서
워하지 않는 것 같은 모습을 보인 것은 사실로 보인다. 그러나 그
이유는 뜻밖의 것이다. 소위 일본의 지방장관들은 백성들을 완전히
자기 소유물로 만들었다는 말이 된다. 따라서 그들에게 고용된 일본

---

62) 강항, 『간양록(看羊錄)』, 이을호 역, 서해문집, 2005년, 144쪽.

의 무사들은 한번 용기가 없는 자라고 소문이 나면 어디를 가든 그는 사람대접을 받지 못하니 생계를 유지할 아무런 방법도 없게 되는 것이다. 따라서

칼이나 창대의 흉터가 얼굴에 있으면 씩씩한 사내라 하여 극진한 대우를 받지만, 귀 뒤에 있으면 도망 잘 치는 놈이라 하여 배척을 받습니다. 때문에 굶어 죽느니보다 차라리 적과 싸우다 죽는 것이 실상은 저를 생각해서 하는 것이지 결코 제 주인을 위해서 그러는 것은 아니랍니다.[63]

는 것이다. 니토베 이나조라는 근대일본의 최고지식인이 남긴 무사도라는 책이 설명하는 일본의 무사도와 일본인들에게 주자학을 처음으로 가르친 일본인의 위대한 스승인 강항선생이 직접보고 들은 무사도의 내용은 이렇게 근본적으로 다르다.

강항선생이 니토베 이나조보다 300년 전에 일본무사들에게 들은 말에 의하면 일본무사들은 단지 일본의 지방장관들의 눈밖에 나면 굶어 죽을 수밖에 없으므로 굶어죽느니 차라리 싸우다 죽는다는 것이다. 강항 선생이 보고 들은 일본무사의 충忠은 이것이다.

일본 근대화의 주역들과 그들의 후계자들은 도요토미 히데요시를 무척 존경하고 그가 조선에서 한 침략전쟁을 이어받아야 할 훌륭한 일로 여기고 있다.

그러나 강항 선생은 도요토미 히데요시가 조선인에게 한 일이 과연 양식이 있는 일본인들에게 존경받을 수 있는 것이었는지에 대해 참고가 될 만한 다음과 같은 기록을 남겼다.

---

63) 강항, 『간양록(看羊錄)』, 이을호 역, 서해문집, 2005년, 144쪽.

수길이는 해마다 군사를 보내어 조선 놈은 한 놈도 남기지 말고 모조리 죽여 없애면 조선은 아주 빈 땅이 될 것이다. 그런 뒤에 서부 백성들을 조선으로 이주시키고 동부지방의 백성들을 서부지방으로 옮겨 살면 될 것이니, 이렇게 10년만 하면 안 될 이유가 없다.[64]

도요토미 히데요시가 조선에 대해 가지고 있었던 생각은 문자 그대로의 부정성의 위력과 박멸의 의지이다. 그 의지는 한민족을 한반도에서 완전히 말살하려는 잔인한 것이었다. 이러한 의지가 양식이 있는 일본인들과 세계인에게 존경받을 수 있는 것일까? 그는 실제로 이 같은 일을 위해 군대를 조선에 보내고 이와 같은 명령을 그의 부하들에게 내렸다.

사람마다 귀는 둘이요 코는 하나이다. 목을 베는 대신에 조선 놈의 코를 베어 올려라.(한 군에 코 한 되씩 책임이다. 책임량을 채워야 사로잡는 것을 허락했다) 명령을 받은 침략자들은 정말 우리나라 사람들의 코를 잘라 소금에 절여서 수길에게 보냈던 것이다.(수길이는 손수 검사한 후에 대불사 근처에 묻었다. 이 절은 북문 밖 10리 쯤 떨어진 곳에 있는데, 이 무덤으로 한 개의 산이 세워졌다고 한다. 얼마나 많은 동포가 희생이 되었을까 생각만 해도 몸서리쳐진다)[65]

일본 근대화의 설계자인 요시다 쇼인은 이와 같은 도요토미 히데요시가 아직 달성하지 못한 것을 이뤄내는 것보다 중요한 것은 없다[66]고 생각한 것이다. 이것이 인류의 보편적인 상식에 부합할 수 있는 것일까? 그리고 양식 있는 일본의 대중들이 납득할 수 있는 목

---

64) 강항, 『간양록(看羊錄)』, 이을호 역, 서해문집, 2005년, 132쪽.
65) 앞의 책, 132쪽.
66) 앞의 책, 240쪽.

표가 될 수 있는 것일까?

근대일본은 이와 같은 사람들에 의해 주도된 것이다. 니토베 이나조는 그의 저서 무사도에서 이들의 영혼이 자신들을 지켜주었고 이들의 영혼이 압록강에서, 한반도와 만주에서 승리의 길로 이끌어준 것이라고 썼다.

우리는 풍신수길과 일본의 근대화 이래 지금까지 일본을 이끄는 지도층들이 일본의 일반대중과 우리 한국인들이 서로 협력하고 서로 아끼고 사랑하는 길을 철저하게 반대하고 서로를 이간시키고 있다는 사실을 알 수 있다.

그들의 논리가 성립하기 위해서는 일본이 우리나라의 천손민족이 건너가 세운 우리의 형제의 나라라는 논리가 부정되어야 하는 것이다. 그래서 그들의 역사왜곡은 필요한 것이다.

우리는 인류학자 레비스트로스가 미개사회를 연구하고 쓴 『슬픈열대』에서 서구와 일본의 제국주의가 무엇이 문제인지를 알 수 있다. 기 소르망은 레비스트로스와의 대담에서 레비스트로스가 슬픈열대에서 증명해낸 것은

> 예수교 선교사들은 그들이 기독교로 개종시키고 현대화시킨 보로로(Bororo)미개인보다 조금도 더 우수한 점이 없었다는 것이다.[67]

는 사실이라고 요약하고 있다. 서구인들은 그들이 식민지화했던 아프리카와 인도와 아메리카와 아시아의 대중들보다 문화적으로 조금도 더 우수한 점이 없었음은 너무나 명백한 것이다.

또한 똑같은 의미에서 이와 같은 서구인들에게 제국주의를 배운 일본은 아시아에서 다른 아시아인들보다 문화적으로 조금도 우수함

---

67) 기 소르망, 『20세기를 움직인 사상가들』<클로드 레비스트로스>, 강위석 역, 한국경제신문사, 1992년, 132쪽.

이 없었다.

일본의 지도층들은 일본의 일반대중들에게 우리와 중국을 부정해야 할 적으로 세뇌한 다음 그들에게 총칼을 쥐어준 것이다. 그리고 그들을 앞세워 전혀 이치에 닿지 않는 논리로 그들 민족이 우수하다고 우겨댄 것이다. 그리고 아직도 교과서를 왜곡하면서까지 그 근거를 조작하고 있다.

원래 자기 나라의 민족이 우수하다는 국수주의는 다른 나라 사람들에게 존경받을 만한 그 어떤 행동도 하지 않는다. 그 대신 도저히 성립할 수 없는 말장난으로 우겨대면서 총칼로 억압을 하여 강제로 존경을 받고 원하는 만큼 착취하겠다는 후안무치한 강도들의 억지가 은폐되어 있다.

필자로서는 니토베 이나조가 남긴 무사도와 강항 선생이 남긴 간양록의 기록이 보여주는 일본의 무사도 사이에 존재하는 엄청난 간격을 메우는 방법을 알지 못한다. 그러나 우리는 그들의 진정한 무사도는 그들의 근대화 이후에 만들어진 것이 아니라 처음에 천손족으로서 한국에서 건너올 때 가지고 있었다는 사실은 안다.

우리가 해야 할 가장 중요한 일은 그들과의 역사논쟁이나 독도문제 그리고 야스쿠니 신사의 문제가 아니다. 무엇보다 먼저 해야 할 일은 그들이 고대한국에서 건너갈 때 가지고 있었던 한사상을 회복하도록 도와주는 일인 것이다.

따라서 필자는 니토베 이나조가 알지 못한다고 고백한 일본의 신도와 무사도의 연원과 본질적인 행위의 기준과 원칙에 대해 일본인들에게 말해주고 싶다. 고대 한국에서 건너간 천손족들이 가지고 있었던 진정한 신도神道와 무사도武士道의 정신에 대해 자세히 설명해주고 싶다.

그리고 도요토미 히데요시와 요시다 쇼인과 후쿠자와 유키치 그리고 니토베 이나조가 가지고 있었던 생각에 대해 상관할 권리가 외국인인 우리에게는 없다.

그러나 이들이 공통적으로 가지고 있었던 일본인과 우리나라 사람을 이간질하고 싸움을 붙이려는 부정성의 변증법만은 우리가 상관할 권리가 있는 것이다. 물론 우리만큼이나 일본의 일반대중들도 이에 대해 비판하고 거부할 권리가 있는 것이다.

그리고 이들이 공통적으로 가지고 있었던 전쟁의 사고의 틀은 일본인 본래의 사고의 틀이 아니라는 사실을 말해주고 싶다.

한사상은 우리에게만 중요한 것이 아니라 일본인들에게는 더욱더 중요한 것이다. 우리 한겨레공동체는 고대에 일본열도에 사람들을 보내 문명을 일으키고 살도록 해주었다. 그런데 지금 그 사람들이 저토록 자기부정을 하고 있다면 그것을 바로 잡아 그들이 출발했을 때의 본모습을 찾아주는 일도 한겨레공동체가 해야 할 일인 것이다.

그 길만이 우리와 일본인들이 원래대로 하나로 돌아가 함께 돕고 발전해 나갈 수 있는 유일한 길이 아니겠는가?

그러나 우리는 이러한 위험천만한 자기부정이 일본에서 공공연하게 숭배되고 있는 것을 그대로 보고만 있다. 우리나라의 지식인들이 이 위험천만한 일본인의 부정성의 변증법을 긍정성의 변증법으로 최적화하지 못하는 한 우리와 일본의 문제는 다시 재발할 것이다. 그 때 그 전쟁터에서 총칼을 들고 나서서 죽어야 하는 한국과 일본의 젊은이들에게 가장 큰 죄를 지은 사람은 다름 아닌 이 시대의 한국과 일본의 지식인들인 것이다. 지식인들의 직무유기는 범죄 중에서도 가장 큰 범죄가 되는 것이다. 지식인이야말로 군인들보다 훨씬 더 강한 불굴의 신념과 용기를 가져야 하는 것이다.

(4) 무상無常은 일본의 본질

나카가미 겐지는 일본의 본질을 다음과 같이 말하고 있다.

무상無常은 일본의 본질 그 자체입니다.[68]

이 말을 듣는 순간 우리 한국인들로서는 일본인들이 갑자기 생소해진다. 강항 선생은 일본에서 포로생활을 끝내고 귀국하여 승정원에서 왕에게 일본에서 보고들을 것을 보고했다. 그 가운데서 선생은 그가 직접 보고 느낀 일본의 불교를 이렇게 묘사한다.

아마도 왜놈들 열 가운데 평균 네댓은 중대가리일 것입니다. 왜 그런가 하면 밤낮 죽이고 찢고 하는 싸움이 싫고, 뼈 빠지게 부림을 당하는 일꾼이 되기 싫어서 제 한 몸이나 가꾸다가 죽자는 데서 모두 중이 되어 버리는 까닭입니다.[69]

종교란 어디에서나 어느 정도는 그 사회의 피난처의 역할을 수행한다. 그러나 일본의 경우는 그 정도가 매우 심했던 것으로 볼 수 있는 것이다. 우리는 강항 선생의 증언에 의해 일본무사들이 목숨을 걸고 싸운 이유가 그들의 지방장관의 눈에 벗어나면 굶어죽을 수밖에 없기 때문에 목숨을 가볍게 여겼음을 알고 있다. 그리고 지방장관의 눈에 벗어나 굶어죽지 않기 위한 마지막 피난처가 일본에서는 불교였다는 사실을 강항 선생은 증언하고 있다. 참으로 당시 일본사회는 삶 자체가 무상이 아닐 수 없는 사회였던 것이다.

---

68) 기 소르망, 『20세기를 움직인 사상가들』<나카가미 겐지>, 강위석 역, 한국경제신문사, 1992년, 276쪽.
69) 강항, 『간양록(看羊錄)』, 이을호 역, 서해문집, 2005년, 176쪽.

니토베 이나조는 이 무상과 무사도와의 관계를 이렇게 설명한다.

중세 일본에서는 생生에만 급급하여 죽음에 대해 깊이 생각할 여
유가 없었다. 그런데 선종은 죽음도 공空, 생生도 공空이란 시점에
서 생사일여生死一如를 설파하여 무사들에게 죽음을 좀 더 신변 가
까이 끌어들여 응시했다[70]

죽음과 친숙해져야 하는 사회에서 그 죽음의 원리를 선불교에서
가져왔다는 이 주장은 좀 어색하고 지나치다. 당시 일본은 선불교가
아니더라도 죽음과 친숙해지지 않을 수 없는 환경을 이미 가지고 있
다고 보인다. 그리고 선불교가 일본무사들에게 필요했던 죽음의 미
학을 가지고 있는지에 대해서는 수긍하기 쉽지 않다.

① 야스쿠니신사와 사쿠라
일본의 속담에는 "꽃은 사쿠라가 최고이고, 사람은 사무라이가 최
고"라는 말이 있다. 일본인은 사쿠라 꽃을 자기를 무無로 하는 아름
다움으로 인식한다. 즉,

죽은 자의 망해를 의미하는 떨어진 꽃잎이 사쿠라 나무 위에서 다
시 피어나야 비로소 죽은 자는 성불할 수 있다는 것이다. 좀 더 추
상적인 차원에서 말하면, 성불에 의해 자기의 궁극적인 완결이 가
능하게 된다. 즉, 나무에서 떨어지는 사쿠라 꽃은 죽음뿐만 아니라
환생의 불가능성, 자아의 영속적 상실을 상징하는 것이기도 하
다.[71]

70) 고영자, 『일본의 근세 봉건시대』, 탱자출판사, 2002년, 152쪽.
71) 오오누키 에미코, 『사쿠라가 지다 젊음도 지다』, 이향철 역, 모멘트, 2004
년, 106쪽.

는 것이다. 따라서 사쿠라가 전사를 표상하거나, 피어 있는 사쿠라가 그들의 환생[72]이라는 이념이 나오는 것이다. 다시 말하면 이것이야말로 일본군국주의의 전몰병사들이 야스쿠니신사의 사쿠라 꽃으로 환생한다는 일본 군국주의의 이데올로기인 것이다.

물론 이와 같은 이념은 일본의 선량한 대중들을 전쟁의 부정성의 위력과 박멸의 의지 속에 밀어 넣으려는 일본 군국주의자들의 소행인 것이다. 그러나 이 이념 속에는 참으로 교묘하게 불교의 이론과 군국주의자들의 야욕이 뒤섞여 있다. 불교교리의 성불成佛에 의한 자기의 궁극적인 완결을 군국주의 일본을 위한 죽음으로 등가等價시킨 것이다.

산화散華라는 말에서 한 가지 더 예를 찾아보자. 태평양전쟁의 전세가 점차 기울어지자 일본의 군부는 피어 있는 사쿠라꽃을 병사와 동일시하는 한편, 지는 사쿠라꽃을 은유적으로 사용하여 전사戰死를 미화하는 방법을 생각해냈다.

예를 들면, 병사가 사쿠라꽃처럼 진다는 뜻에서 '산화散華'라는 말을 사용하기 시작했다. 이 말은 때때로 대본영의 발표에 널리 사용되었을 뿐 아니라, 병사 자신들도 죽음을 산화라고 말하기 시작했다. 산화散華라는 말은 원래 불교용어인데, 사개법요四箇法要라는 복잡한 불교 법의의 일부로 부처를 기리는 의미로 꽃잎을 뿌리는 것을 말한다. 군부는 이 말의 의미를 불교용어의 본래적 의미와는 전혀 동 떨어진 것으로 바꿔 전사를 꽃처럼 지는 것으로 미화하기 위해 사용한 것이다.[73]

일본의 군국주의자들은 불교에서 부처를 기리는 의미로 꽃잎을 뿌리는 산화散華의 의미를 군국주의 일본을 위해 목숨을 버리는 것

---

72) 오오누키 에미코, 『사쿠라가 지다 젊음도 지다』, 이향철 역, 모멘트, 2004년, 223쪽.
73) 앞의 책, 209쪽.

으로 사용한 것이다.

일본의 군국주의자들은 불교의 진리를 자신들의 증오와 갈등의 부정성의 변증법에 사용할 수 있도록 변조를 한 것이다. 이래도 되는 것인가? 이와 같은 부정성의 변증법적 행위가 일본 불교인들의 동의를 얻어서 한 것인가?

이제 우리는 우리의 근현대사를 돌아볼 필요가 있다. 2006년 6월 25일 국내에서 손꼽히는 신문 중 하나에서 6·25 관련기사를 보면 "분단 조국의 하늘과 바다, 땅을 지키기 위해 산화해 간 군 장병들의……" 라는 대목에서 산화라는 말이 자연스럽게 나온다. 6·25때 대한민국을 지키다 숨져간 군 장병들을 묘사하는 대목에서 세계 제2차 대전 때 일본군국주의자들이 만들어낸 '산화'라는 용어가 국내 유수의 신문에서 지금 현재 사용되고 있는 것이다.

이것이 있을 수 있는 일인가? 어디 이 산화라는 개념뿐이겠는가?

(5) 할복과 복수의 부정성의 변증법

일본의 무사도하면 세계인들은 그들의 할복자살을 떠올린다. 니토베 이나조는 할복은 무사가 자신의 죄를 뉘우치고, 잘못을 바로잡고, 수치심을 벗고, 친구에게 사죄하며 또한 스스로의 성실함을 증명하는 방법이었다고 주장한다.

이는 한국적 사고와 동양적 사고에서는 있을 수 없는 일이다. 단군팔조교의 제3조는 부모님을 바르게 모시는 것이 하나님을 바르게 모시는 일로 설정되어 있다. 이에 의하면 부모와 하나님은 동일시된다. 하물며 그 부모님이 전해주신 육체를 스스로 할복한다는 것은 상상도 할 수 없는 일이다.

중국의 유교에서는 부모가 주신 육체를 손상하는 것을 큰 불효로 생각한다. 한국의 사고의 틀과 유교의 사고의 틀은 이점에서 정확하게 일치한다. 바로 이 한사상이 일본에서는 사라진 것이다.

니토베 이나조는 할복이란 무사가 자신의 영혼이 들어가 있는 몸을 열어 그 상태를 보여주는 것이라고 주장한다. 즉, 몸을 열어 그 내부를 보여주었으니 자신의 영혼이 더러운지 깨끗한지를 당신의 눈으로 확인해달라는 것이 할복이라는 것이다.

이 방식에 사용된 사고의 틀은 육체를 거짓이고 악이며 추한 것으로 설정하고, 마음 혹은 영혼을 참이고 선이며 아름다운 것으로 설정하는 것이 아닌가 생각된다. 이는 플라톤적이며 인도철학적이 아닌가? 도대체 알타이어족이며 우리와 가장 가까운 혈연관계에 있는 일본인에게서 어떻게 플라톤적이며 인도印度적인 철학이 이처럼 극단적인 행동이 되어 나타나는 것일까? 참으로 이 부분에서는 일본인들이 대단히 낯설어진다.

그리고 복수는 할복과 반대로 타자에 대한 부정성의 상징이 될 것이다. 니토베 이나조는 일본 무사도에서 생각하는 복수는 자신이 가지고 있는 정의감을 만족시켜 주는 면이 있다고 주장한다.

만일 일본인들에게 당한 한국인과 중국인들에게 일본무사도처럼 복수의 사상이 있다면 어떠할까? 우리의 경우 임진년과 정유년의 왜란에 당한 살육을 반드시 되갚아야 한다. 그리고 일제 36년간 당한 모든 원한을 모두 되갚아야 한다. 우리뿐 아니라 중국인과 동남아인 그리고 그들에게 당한 유럽인들까지 대를 이어 일본인에게 끝까지 복수를 해야 하는 의무가 있게 되는 것이다. 과연 정의감이 그런 방법으로 만족되는 것인가?

복수는 반드시 복수를 낳는다. 도대체 복수를 미화하는 이 같은 가치체계가 어떻게 아시아인들과 세계인의 마음을 얻을 수 있겠는가?

한철학에서는 정성과 믿음과 사랑과 구제가 가장 중요한 가치이다. 그 중에서 사랑은 용서하지 못할 것을 반드시 용서함으로써 이루어지는 것이라고 가르친다. 이것이 천부경, 삼일신고와 함께 한겨레의 삼대경전으로 일컬어지는 366사의 가르침이다.

(6) 21세기 한국의 국수주의

필자가 일본인의 철학과 일본인의 역사를 생각하면서 가장 두려워하는 것은 과거의 일본역사와 정신이 아니라 오늘날을 사는 현재의 한국인의 역사와 정신이다.

즉, 일제의 강압통치이래 얼마나 많은 한국의 지성인들이 일본의 부정성의 변증법적 사상을 배워 마음 깊숙이 영향을 받고 있는가 하는 점이다. 일본이 사용한 부정성의 변증법은 일본의 국내문제이기도 하지만 우리나라에 끼친 악영향은 아직도 사라지지 않고 지금 우리 사회를 곪게 만들고 있는 오늘의 문제인 것이다.

오늘날 일본의 교과서 문제와 독도 문제와 야스쿠니신사참배 문제는 그들의 사고의 틀이 만들어낸 여러 개념에 지나지 않는다. 특히 최근의 문제는 1990년대 초부터 일본 국내의 장기불황으로 인해 손상 받은 국가적 자존심을 과거 일본의 침략을 정당화하려는 일본 우파의 엉뚱한 민족주의의 움직임으로 볼 수 있는 것이다.

마찬가지로 이 가치체계를 받아들인 한국인들은 누군가를 적으로 삼지 않고는 스스로의 존재를 알릴 방법이 없는 것이다. 아니 결국은 누가 되었던 적을 기필코 만들어야만 자신이 존재하는 것이다. 그럼으로써 우리 사회를 증오와 갈등으로 몰고 가는 원인이 될 수밖에 없는 것이다.

이는 곧 반일민족주의로서 한중양국에게 일제의 침략과 강점은 근대사 과정에서 각국의 민주주의형성에 중요한 역할을 했다. 반일민족주의는 한국의 독립과 중국의 대일 항전을 위한 수단에 불과한 것이 아니라 민족적 정체성 자체를 수립하는 구심점이 된 것이다.[74]

우리는 일본이 요시다 쇼인 이래 여러 일본의 사상가들이 한국과 중국을 적으로 삼음으로써 그들의 민족적 정체성 자체를 수립하는 구심점으로 삼았다는 사실을 체계적으로 살펴보았다.

그리고 놀랍게도 그들이 사용한 바로 그 방법이 그대로 한국과 중국의 반일민족주의로 나타나 민족적 정체성 자체를 수립하는 구심점이 되고 있는 것이다.

일본이 우리나라를 식민지화하여 우리 민족을 핍박했을 때는 반일민족주의는 필요한 것이며, 그것은 애국하는 길이기도 한 것이다. 왜냐하면 일본이 우리나라를 식민지화하여 우리를 노예로 만든 그 질서상태는 반드시 부정하고 박멸해서 우리가 만든 우리의 나라로서의 질서상태를 창조해야 하기 때문이다.

따라서 그들이 우리를 노예화하며 만든 질서상태를 부정하고 박멸하는 것은 한국 사람으로서는 신성한 의무이며 애국인 것이다. 이때는 반일을 민족적 정체성 자체를 수립하는 구심점으로 삼는 것이 꼭 바람직한 것은 아니지만 수용될 수도 있는 것이다.

그러나 현실은 과정인 것이다. 우리가 식민지였을 때 주어진 상태와 지금의 상태는 다른 것이다. 그 상태마다 맞는 가치체계를 적용해야 하는 것이다.

지금 우리나라는 이미 독립을 했고 우리 민족으로서 질서상태를 확립한 것이다. 지금 우리는 우리 스스로 우리의 정체성을 확보할 수 있는 것이고 당연히 확보해야 한다.

---

74) 김영작·김기석, 『21세기 동북아공동체 형성의 과제와 전망』, 한울, 2006년, 346쪽.

그런데 지금 우리 민족의 정체성 자체를 수립하는 구심점을 반일 민족주의로 삼는다는 것은 크게 잘못된 것이다. 바로 이것이 과정철학을 모르는 경우 발생할 수 있는 문제인 것이다. 반일민족주의는 어느 상태에도 적용이 가능한 마법의 알라딘의 램프가 아닌 것이다.

식민지 시대가 아닌 지금 이 시대에 있어서 이 반일민족주의는 우리에게 더 이상 자존심과 자부심이 되어주지 못한다. 오히려 아직도 스스로 정체성을 세우지 못하고 일본을 통해야만 정체성을 가질 수 있다는 것은 자존심과 자부심을 크게 상하게 만드는 수치스러운 일이 될 수 있다.

필자는 한국 사회의 많은 분야에서 아직도 누군가를 적으로 삼지 않으면 자신의 논리를 펼칠 수 없는 사람들을 발견한다. 이들의 논리는 일본의 것을 그대로 복사한 것이다. 필자는 이 문제야말로 일제 36년이 남긴 치명적인 상처라고 본다.

일본인에게 한사상과 그 최고이념인 홍익인간을 회복시켜주어야 할 우리 한국인들에게 그들이 남긴 군국주의의 찌꺼기가 남아 있다는 것보다 더 끔찍한 자기부정과 모멸은 다시없다. 우리는 이 반일민족주의가 수치스러운 것일 수 있다는 사실조차 인식하지 못하고 있으며, 이 반일민족주의가 지금 이 시대에도 마치 애국하는 방법인 것처럼 착각하고 있다.

도대체 악으로서의 일본이라는 적이 있어야 우리의 민족적 정체성을 수립할 수 있다는 것처럼 우리 한겨레공동체를 애처롭고 불쌍하게 만드는 논리가 세상에 어디에 또 있겠는가?

이와 같은 논리는 우리의 한국인의 사고의 틀에 심대한 악영향을 준 것이다. 따라서 우리에게 그 사고의 틀은 그 대상이 일본에 국한하는 것이 아니라 중국, 미국, 북한, 동남아 등에 무차별적으로 작동한다.

또한 우리는 일본을 욕하면서도 과거 일본이 일본에 존재하는 외국인들, 즉 재일 한국인을 포함한 가이진(外人)들에게 했던 것과 똑같은 아니 더 심한 행동을 우리나라에 일하러 온 동남아인들과 중국인들 그리고 중국에서 온 동포들에게 하고 있다. 도대체 우리는 이 모든 증오와 갈등의 배타적 민족주의를 누구에게 배웠던가?

당연하지만 우리가 일본인들을 증오하는 것 이상으로 그들은 우리를 증오한다. 더욱 심한 것은 만주의 동포들에게까지 욕을 먹고 있으며 북한을 탈출한 동포들에게도 욕을 먹고 있다는 사실이다.

우리는 이제 제3국에 여행을 하며 몸조심해야 할 지경에 놓인 것이다. 이 모습은 바로 일본군국주의자들 또는 경제적 또는 문화적 제국주의자 일본인의 모습이 아닌가? 아니 우리는 이미 일본인보다 더 심한 혐오감을 받고 있는 것이다.

우리는 아시아에서 경제와 한류로 성공하는 것 이상으로 실패하고 있는 중인 것이다. 즉, 한편으로는 한류韓流가 뻗어나가고 있지만 그 한류를 상쇄시킬 문제를 이미 함께 만들고 있는 과정에 있는 것이다. 이러고도 우리에게 바람직한 미래가 있을 수 있는가?

그리고 중국이 교과서문제와 야스쿠니 신사참배 문제에 우리나라와 보조를 맞추고 있다고 해서 중국이 우리 편이라고 생각하는 것은 참으로 어리석은 생각에 불과하다.

중국은 천안문 사태 이후 강력하고 단합된 중국, 당의 정통성 확보 등의 차원에서 계급투쟁이 아닌 애국주의 교육이 필요하게 되었으며, 이의 방편으로 반일감정이 활용되면서 중국의 민족주의가 반일주의와 맞물려75)지게 된 것이다. 중국이 반일주의로 가는 배경이 우리에게 이익이 될 것이 아무것도 없는 것이다. 오히려 동북공정에

---

75) 김영작·김기석, 『21세기 동북아공동체 형성의 과제와 전망』, 한울, 2006년, 349쪽.

서 보듯 그들은 일본과 조금도 다름없이 새로운 역사왜곡을 서슴없이 하고 있는 것이다.

일본과 중국은 이와 같은 배타적 민족주의 놀음을 할 만큼 여유가 있는지도 모르겠다. 그러나 우리에게도 그들과 같은 여유가 있을까?

우리가 국내외적으로 보여주는 우리의 증오와 갈등의 부정성의 변증법을 긍정성의 변증법으로 최적화하는 일은 무엇보다 시급한 일인 것이다. 따라서 이 일은 모든 역량을 기울여 당장에 최적화하는 작업을 해야 하지만 이 일에는 아무도 관심을 기울이는 사람조차 없는 것이다.

우리는 일본 그리고 중국이 만드는 이러한 증오와 갈등의 개념들에 대해 반일민족주의로 움직여서는 결코 안 된다. 대신 우리는 그들의 개념을 만들어내는 사고의 틀에 대해 집중적인 관심을 가져야 하는 것이다. 우리는 더 이상 국내와 국외의 대중을 이간시켜야 정치적 이익을 얻을 수 있는 선동가들이 기회를 얻을 수 없도록 해야 하는 것이다.

그리고 그들이 국내적인 문제로 무분별하게 만드는 여러 가지 개념에 대해 반일민족주의로 일일이 맞대응하는 것은 소모적이다. 그보다는 우리 한국인이 해야 할 일은 이 같은 부정성의 변증법적 사고의 틀을 긍정성의 사고의 틀로 전환하게 만들어주는 일이다. 그 방법이야말로 우리나라의 일반대중에게 이로운 일이며, 일본의 일반대중에게도 이로운 일인 것이다.

24. 결론

증오와 갈등 문제는 오늘날 우리 사회에서 매우 심각한 문제로 대두되고 있다. 주된 이유는 지난 날 권위주의 시대에 표출되지 못했던 여러 가지 문제들이 민주화이후 봇물 터지듯 터져 나오기 때문이다. 그리고 우리 사회의 근본적인 문제인 남북과 동서의 문제는 크게 개선되지 않고 있다.

필자는 우리 사회의 증오와 갈등에 대한 이 같은 문제를 직접 다루지는 않았다. 그보다는 증오와 갈등이 만들어지는 사고의 틀을 다루었다. 어떤 증오와 갈등이라도 그것은 개념이며 그 개념은 사고의 틀에서 만들어지는 것이기 때문이다.

따라서 큰 범위에서 증오와 갈등을 일으키는 근본적인 사고의 틀을 다루고 그 사고의 틀을 대체하는 새로운 사고의 틀을 제시했다. 큰 틀에서 증오와 갈등의 문제를 다룸으로써 우리 사회의 각종 증오와 갈등문제에 대한 문제제기와 그에 대한 해결방법은 자연스럽게 다루어지리라 생각했기 때문이다.

그리고 필자는 구미의 힘이 일본으로 이동하여 그 힘이 다시 우리나라로 이동했다는 점에 의미를 두었다. 그리고 일본이 세계에게 가장 강력한 영향력을 가진 국가가 될 수 있는 기회를 얻었음에도 그렇게 되지 못한 이유는 스파르타 이래 제국들이 사용해온 부정성의 변증법을 그대로 사용했기 때문이라는 사실을 설명했다.

따라서 일본의 가치체계를 고대로부터 지금에 이르기까지 집중적으로 다루었다. 왜냐하면 우리도 이미 일본이 실패한 길을 그대로 반복하고 있기 때문이다. 아니 이미 우리는 일본보다 더 철저하게 실패하고 있는 중이기 때문이다.

따라서 그들이 실패한 원인인 그들의 가치체계를 고대로부터 철저하게 되짚어 볼 필요가 있는 것이다. 또한 그럼으로써 그들에게서 우리에게 잘못 전해져 우리에게 남아 있는 정한론과 군국주의의 찌꺼기를 보여주고 싶었다.

그리고 일본은 함께 협력해서 미래를 만들어나가야 할 이웃으로서 우리 이상으로 한사상이 필요하다는 점도 설명했다. 그들이 지금까지 가지고 있는 사고의 틀을 바꾸지 않는 한 언제든 우리를 위협할 수 있고 그것은 그들과 우리를 함께 불행하게 만들 것이기 때문이다. 따라서 원래 그들이 한반도에서 출발할 때 가지고 있었던 한사상을 다시 회복시켜 줌으로써 그들과 함께 돕고 사는 이웃이 되는 것은 양국의 미래를 위해 근본적인 일이 된다는 것을 설명했다.

우리가 사고한다는 것은 현재 우리가 가지고 있는 사고의 틀이 제공하는 방법에 의해 사고하는 것에 지나지 않는다. 따라서 전혀 새로운 사고의 틀이 제시된다는 것은 지금까지 한 번도 사고해보지 못한 방법으로 전혀 새로운 사고의 영역을 사고한다는 것을 의미한다.

증오와 갈등의 사고의 틀에서는 증오와 갈등의 행동 이외에 다른 것이 나타나지 않는다. 그리고 통합과 통일의 사고의 틀에서는 통합과 통일의 행동이 나타나는 것이다.

새로운 사고의 틀에서 볼 때 이 평화·자유·민주주의·번영·평등이라는 최고의 가치들은 실현 불가능한 유토피아적 가치가 아니다. 그것은 우리가 할 수 있는 최선을 다하여 주어진 상태들을 최적화할 때 얻어지는 현실적인 가치인 것이다.

그리고 이 가치를 가능하게 하는 살아서 움직이는 한사상이야말로 전체 아시아인들과 세계인이 호응하고 지지할 수 있는 사상이라는 결론을 이 장에서 설명했다.

이 새로운 사고의 틀은 증오와 갈등을 최적화하여 우리와 아시아와 전 세계를 다 함께 살릴 수 있고, 다 함께 행복하게 할 수 있는 것이다.

제5장

산업기술:

에어컨 속의 한사상

■ **필자에게 첫 번째** 철학적 실험인 사우디아라비아의 체험이 우연히 주어졌듯이 두 번째의 철학적 실험도 우연히 주어졌다.

즉, 첫 번째 실험 현장인 사우디아라비아에서는 한사상을 발견했고 두 번째 실험 현장인 LG전자 연구소의 실험실에서 사우디아라비아에서 발견된 한사상을 명백한 데이터로 증명한 것이다.

이 두 번째의 실험은 필자가 LG전자에서 에어컨을 성능을 최적화하는 설계작업을 컨설팅하는 자격으로 2년간 진행되었다. 첫 번째 실험이 국제적인 건설현장에서 건설기술자로 참여했다면, 두 번째 실험은 컨설턴트의 자격으로 세계적인 가전제품의 연구소에서 세계적인 수준의 기술자들과 함께 세계적인 수준의 실험장비를 사용하여 진행된 실험이었다.

물론 이 실험은 필자에게는 철학적 실험이었지만 필자가 참여한 건설회사인 진흥기업이나 가전제품회사인 LG전자의 연구소에게는 실험이 아니라 반드시 살아남아야 하는 치열한 생존경쟁이었다.

다행스럽게 필자가 진행한 두 번의 실험은 모두 성공을 거둠으로써 필자의 실험은 필자에게도 행운이 될 수 있었고, 그 실험을 제공한 회사의 생존경쟁에도 도움이 될 수 있었다.

철학과 사상도 시대의 산물임에 틀림없다. 우리나라의 건설회사들이 해외로 진출하지 않았다면 한사상과 한철학은 사회의 구성원들이 피와 땀과 눈물을 통해 뭉쳐 일하는 가운데 확인되는 역동성의 철학이라는 사실이 결코 확인되지 못했을 것이다.

또한 이렇게 해서 발견된 이론은 에어컨을 만드는 세계적인 기업의 실험실에서 실험을 통해 그 역동성의 능력이 증명될 정도의 강력한 국력을 필요로 하는 것이다.

한철학과 한사상은 단순히 철학자의 머릿속에서 사유되는 것으로 형성되는 것이 결코 아닌 것이다. 아무리 우리의 한사상과 한철학이 오래된 역사를 가진 것으로 동서양의 모든 철학과 사상을 포함하는 거대한 것이라 해도 최소한 이 시대가 아니면 그 무한한 가치가 드러나지 못할 정도로 시대의 산물임에 틀림없는 것이다.

이 두 번째 실험에서 필자가 컨설팅한 에어컨의 핵심부품은 역동성을 쉽게 잘 설명하는 fan이었다. 독자들께서는 선풍기를 머릿속에 그려보면 필자가 설명하려는 fan과 기본적인 개념에 있어서는 비슷한 것을 얻을 수 있을 것이다.

이 작업을 통해 필자는 필자의 역동적인 한철학 이론이 에어컨의 성능을 최적화할 수 있는 것인가를 검증했다. 그리고 그 결과는 엄밀한 데이터를 통해 놀랄 만큼 탁월한 것임이 드러났다. 컨설팅을 통해 에어컨의 성능은 매우 획기적인 수준으로 향상하여 연구소가 갈망했던 에어컨의 소음을 대폭 줄일 수 있었고 문제가 되었던 에어컨의 크기를 대폭 줄일 수 있었다.

이제 필자가 1991년 천부경과 삼일신고의 해설서를 발간할 때부터 일관되게 제시해온 수식과 도형과 논리가 반복이 가능한 확실한 실험데이터로 뒷받침 되게 된 것이다.

이제 사우디아라비아의 공사현장에서 철학적 실험을 통해 얻은 체험은 엄정한 역동성의 철학원리가 되었고, 그 원리는 공학적 실험의 형태를 띤 철학적 실험을 통해 놀라운 능력을 가진 것임이 증명되었다. 그리고 그 역동성의 철학원리는 지금까지의 철학과는 달리 현실에서 언제든 증명될 수 있는 반복 가능한 것이 된 것이다.

우리는 이제 우리의 한겨레공동체의 역동성의 우리의 관습과 경전 그리고 철학이론뿐 아니라 명백한 실험데이터로 말할 수 있게 된 것이다. 미국 문명의 중심이 되는 실용주의의 근간을 세운 철학자 제임스는

> 철학의 여러 논쟁도, 그 구체적인 결과를 검토해본다는 이 간단한 테스트에 걸어 볼 때 얼마나 많은 논쟁들이 즉시에 무의미한 것이 되어버리는가에 아니 놀랄 수 없다.[1]

라고 말한다. 철학에 있어서 이보다 더 획기적인 설득력을 가진 말은 없을 것이다.

필자가 이 실험을 통해 검증한 결과의 의미는 우리 한겨레공동체의 경전들의 진리와 그것을 바탕으로 한 한철학과 한사상의 이론체계에 대해 있을 수 있는 수많은 논쟁의 여지가 사라지게 되었다는 점에 있다. 이 실험은 필자가 그동안 제시한 이론체계가 현실세계에서 상당부분 더 이상 설명이 필요 없는 설득력을 갖추게 되었음을 의미하는 것이다.

철학자가 과학원리를 사용하여 자신의 철학원리로 만드는 일은 문제가 있다. 왜냐하면 과학의 원리란 먼저 설명해야 할 것을 설명하지 않고 그것을 기준으로 논리를 전개하기 때문이다.

그러나 철학자가 철학의 원리를 과학적 수단에 의해 확인하는 방법은 문제가 될 것이 없으며 오히려 제임스의 주장처럼 바람직한 것

---

1) 제임스, 『프래그머티즘』, 임영철 역, 휘문출판사, 세계의 대사상10, 170쪽.

이다.

필자는 이렇게 에어컨의 성능을 최적화하는 실험기회를 통해 우리의 한사상이 비현실적인 추상적인 철학과 사상이 아니라 현실에서 주어진 조직체를 최적화하는 살아 있는 이론이라는 사실을 확인했다.

이 실험에 사용한 주된 이론은 이미 우리가 여기까지 오는 동안여러 차례 이해한 혼돈상태와 질서상태의 기본이론이다. 즉, 혼돈상태의 이론은 한변증법 제1법칙으로도 불리며, 그것은 $100=45+55$이다. 그리고 질서상태의 이론은 한변증법 제2법칙으로도 불리며, 그것은 $100=36+64$이다. 더 나아가 통일변증법이 있다.

필자가 그동안 천부경과 삼일신고와 366사(참전계경)과 한철학시리즈를 통해 설명해온 그 이론이 그대로 적용된 것이다.

25. 에어컨에 역동성의 철학 적용

그동안 구미와 일본의 엔지니어들이 에어컨에 사용해온 구형 fan은 대체로 선풍기와 같은 형태를 하고 있다. 이와 같은 구형 fan을에어컨에 장착했을 때 약 50데시벨(dBA) 정도의 소음[2]에서 낮출 수없다.

이 정도의 소음은 마음의 안정을 잃을 수 있고 집중력이 떨어질수 있는 소음에 근접한 것이다. 따라서 이 에어컨의 소음을 주택지

---

[2] 소음의 구분: 시끄러운 소리가 50데시벨을 넘는 경우 마음의 안정을 잃고 집중력이 떨어진다. 60데시벨 정도면 음식을 먹을 마음이 없어진다. 20데시벨: 나뭇잎이 흔들리는 소리, 30데시벨: 주택지의 밤, 40데시벨: 도서관에서 떠드는 소리, 50~60데시벨: 친구와 마주 이야기를 나누는 소리, 60~70데시벨: 전화소리, 80데시벨: 지하철역. 김용근, 『명태 선생님의 환경교실』, 1999년, 푸른나무.

의 밤의 소음에서 도서관에서 떠드는 소리정도인 30~40데시벨 (dBA) 정도로 낮추어 공기순환문제와 소음문제를 해결할 필요가 있는 것이다. 이 문제가 해결되면 에어컨의 외관도 획기적으로 줄일 수 있는 것이다.

한철학의 원리를 현실에서 적용하는 일에는 주어진 조건에 따라 각각 다른 방법이 사용된다. 주어진 상황에 따라 다르겠지만 이 경우 3가지의 단계가 있었다.

1단계는 질서상태를 확보하는 방법론을 적용한 것이다. 이 질서상태를 한변증법 제2법칙3)이라고 한다. 2단계는 이 방법론을 적용했을 때 향상된 능력을 나머지 부분에서 수용하지 못함으로써 질서상태가 혼돈상태로 전락했을 때 이 혼돈상태를 분석하고 해결할 방법을 찾는 단계이다. 이 혼돈상태를 한변증법 제1법칙4)이라고 한다. 3단계는 발생한 문제들을 한철학의 통일변증법5)을 적용함으로써 문제를 완전히 해결하는 단계이다.

한철학의 이론을 적용한 fan의 예는 전체가 100일 때 중심영역과 외부의 날개가 존재하는 영역의 비가 36:64가 되는 한변증법 제2법칙이 적용된 것이다. 여기서 중심의 영역을 공적영역6), 외부의 날개의 영역을 사적영역7)이라고 한다.

---

3) 한철학의 한변증법 제2법칙: 100=36+64
4) 한철학의 한변증법 제1법칙: 100= 45+55
5) 공적영역 36 과 사적영역 64를 통일함으로써 전체를 최적화하는 원리. 이를 팔강령의 원리라고도 함.
6) 공적영역(公的領域)=아리스토텔레스가 생각했던 부동의 원동자와 유사한 상태로서 스스로는 움직이지 않지만 움직임을 일으키게 하는 원인이 되는 영역을 말함. 이를 다른 말로는 태극(太極), 본체계(本體界)라고 함. 한철학에서는 전체가 100일 때 이 영역은 36으로 정함.
7) 사적영역(私的領域)=공적영역의 외부에 위치하는 영역으로 공적영역으로부터 움직일 수 있는 힘을 얻어 직접 움직임을 일으키는 영역. 다른 말로는 현상계(現象界)라고 함. 한철학에서는 전체가 100일 때 이 영역은 64임. 이는 역경의64괘와 같은 영역임.

LG전자는 필자가 컨설팅한 이 fan의 이름을 X-fan이라고 이름 지었다. 그런데 이 X라는 이름에서 이 fan에 적용된 한겨레공동체의 순수한 한사상의 정신을 찾기는 불가능하다. 따라서 이 fan이 한사상의 '한'을 따서 Han-fan으로 부르는 것이 설명하는 일이나 이해하는 일에 보다 편리할 것 같다.

<표 5-1> 기존fan의 면적비의 도형과 36:64의 도형과 X-fan의 평면도

기존 fan의 평면도: 중심영역이 4, 외부가 96의 면적	한변증법 제2법칙 100=36+64를 면적비로 적용한 도형. 중심영역이 36이며 외부가 64의 면적비	X-fan의 평면도: 날개부분의 면적이 64이며 중심부분의 면적이 36이다.
4 ○ 96	36 64	64 36

<표 5-1>은 기존 fan의 중심영역인 공적영역과 외부영역인 사적영역의 면적비가 4:96임을 보여준다. 이처럼 중심의 공적영역을 좁게 만들고 외부의 날개 영역인 사적영역을 크게 만든 것은 산업혁명 이래 구미와 일본의 엔지니어들의 생각을 잘 말해주는 것이다. 즉, 날개의 영역인 사적영역을 크게 만들면 크게 만들수록 그 날개에서 만들어지는 바람이 클 것으로 생각한 것이다.

그러나 이와 같은 생각은 단지 그들의 머리에서만 생각된 것이지 지금까지 그 생각이 옳은가에 대해 실험을 통해 확인해 본 바가 없는 것이다. 과학기술이란 매우 정밀한 생각으로 이루어질 것 같지만

정작 중요한 부분은 이처럼 주먹구구식의 단순한 사고의 틀이 적용되는 부분이 많은 것이다.

그러나 Han-fan의 면적비는 36:64이다. 기존의 fan에 비하면 중앙의 공적영역이 터무니없이 넓고 날개부분인 사적영역이 매우 좁다. 그래서 필자가 이 비율을 사용할 것을 컨설팅하자 이 비율에서 바람직한 효율이 나타날 것으로 믿는 엔지니어는 없어보였다. 그러나 컴퓨터의 시뮬레이션을 통한 실험과 또 모형을 만들어 하는 실험을 해본 결과 그 예상은 완전히 빗나갔다.

<그림 5-1>에 의하면 기존fan의 소음은 48.6 데시벨(dBA)이다. 이 소음으로는 가정의 에어컨으로는 부적합한 것이며 크기도 너무 크다.

그러나 필자 컨설팅한 36:64의 비율을 적용한 Han-fan의 모형실험에서는 소음이 그림3과 같이 34.7 데시벨(dBA)로 현저히 감소되었음을 나타내고 있다.

공적영역과 사적영역의 면적비가 36:64인 것은 곧 한변증법 제2법칙 100=36+64에서 나온 것이다. <표 5-1>에서 보듯 단지 Fan의 내부의 공적영역과 사적영역의 비율을 한 철학 이론 36:64 으로 바꾸

<그림 5-1> 기존fan의 소음 데이터

<그림 5-2> X-fan의 소음 데이터

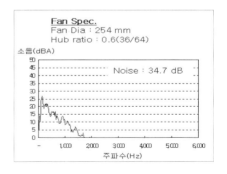

었을 뿐인데 나타난 소음의 저하는 놀라울 만큼 큰 것이었다.

따라서 한철학의 한변증법 제2법칙 100=36+64는 단순한 추상적인 철학이론이 아니라 현실세계에서 역학적 조직체의 공적영역과 사적영역의 역동적인 상태를 최적화할 수 있는 실제적인 이론임이 검증되었다.8)

즉, 질서상태의 역동성은 공적영역과 사적영역의 면적비가 36:64일 때 그 역동성이 최적화 된다는 사실을 실제적인 실험을 통해 명백하게 검증한 것이다. 이것은 철학이 과학을 수단으로 사용하여 철학이론을 검증할 수 있음을 보여준 첫 번째 사례가 될 것이다.

(1) 혼돈상태의 발생

한철학 제2법칙을 fan에 적용한다는 것은 fan 전체를 질서상태로 만들었음을 말한다. 다시 말해 최적화된 역동적인 상태가 된 것을 의미한다. 그러나 이 원리를 적용했다고 해서 질서상태가 이루어진다는 보장은 어디에도 없다. 왜냐하면 이론과 달리 현실에서는 예기치 않은 수많은 변수가 작용하고 있기 때문이다. 실제로 이 컨설팅 작업이 진행되는 2년간 예기치 않은 많은 변수들이 나타났었다.

그 수많은 변수 중 단 하나라도 부정적인 역할을 한다면 이론적으로는 질서상태지만 실제로는 혼돈상태나 가능상태 심지어는 무질서상태가 될 수도 있다. 바로 이런 점이 현장을 무시하거나 알지 못하는 이론가들이 피해갈 수 없는 함정이 된다.

마찬가지로 실험실의 모형실험에서는 공적영역:사적영역=36:64일 때 소음의 최적화가 이루어졌다. 즉, 역동성의 최적화가 이루어

---

8) 이 실험의 실험장소는 LG전자 DAC연구소의 소음진단센터 무향실(Noise Evaluation Center, anechoic room), 실험장비는 Brüel & Kjaer - PULSE LabShop. 실험일시는 2003년 12월 18일이다.

지는 조건을 찾아낸 것이다. 그러나 실제로 에어컨의 통에 fan을 장착하여 실행해 본 결과 fan의 날개와 둘러싼 통이 떨리며 심한 불협화음이 일어나 오히려 구형 fan만도 못한 치명적인 문제가 발생했다. 결국 이론의 검증은 명확하게 이루어졌지만 실용화와 상용화는 불가능한 상태가 되었다.

한철학은 이와 같은 상태를 혼돈상태混沌狀態라고 규정한다. 혼돈상태에 대해 쉬운 예를 들자면 달걀도 닭도 아닌 달걀 안의 병아리와 같은 상태이다. 정지상태인 가능상태와 움직이며 활동을 하는 질서상태 중간에 존재하는 정지한 것도 아니고 움직이는 것도 아닌 애매모호한 상태이다. 즉, 잘 돌아가던 팽이가 비틀거리며 멈추려고 하는 상태가 된 것이다. 이는 반드시 역동성과 속도가 감소하게 되는 것이다.

공적영역과 사적영역의 비율이 36:64로 최적화된 fan을 통 안에 설치하면서 전체가 혼돈상태에 빠졌다는 것은 공적영역과 사적영역을 묶어주는 소통행동이 멈춤으로써 분리가 일어났음을 의미하는 것이다.

즉, 전체 fan 안에는 더 이상 질서상태의 내부원리인 공적영역과 사적영역이 존재하지 않게 됨을 의미하는 것이다. 대신 fan을 정상적으로 움직이려는 영역과 fan을 멈추려는 영역이 정면으로 대립하는 혼돈상태가 된 것이다.

다시 말하면 새로운 36:64의 비율을 적용한 fan은 이전의 구형 fan보다 강력한 힘을 공적영역이 갖게 된다. 이때 공적영역의 강력한 힘은 사적영역인 날개에서 좀 더 강력한 바람의 힘을 발생하게 한다. 그러나 그 강한 바람의 힘을 사적영역이 받아줄 능력이 없었던 것임이 분명한 것이다.

그럼에도 불구하고 fan이 멈추거나 파괴되어 무질서상태로 전락하지 않고 그나마 불협화음이라도 지속적으로 낼 수 있다는 것은 fan의 내부에 존재하는 구체적인 영역과 추상적인 영역의 대립이 45:55의 범위에서 크게 벗어나지 않았기 때문이다.

(2) Han-fan 이론과 혼돈상태

fan의 내부는 사물의 영역 45와 추상의 영역 55가 하나의 전체인 온 100을 이루고 있다. 여기서 사물의 영역은 fan이 형성하는 물질의 영역이며, 추상의 영역은 fan에 작용하는 에너지의 영역이다.

fan이 혼돈상태에라도 머물 수 있다는 것은 fan으로서의 능력을 발휘할 물질로서의 영역과 fan을 움직이려는 에너지의 영역이 45:55의 혼돈상태를 이루었기 때문이다.

만일 물질을 움직이려는 에너지가 턱없이 부족하거나, 아니면 물질의 형태가 에너지를 받을 경우 문제가 생길만큼 약하다면 혼돈상태는 깨지고 가능상태나 무질서상태가 되고 만다. 따라서 혼돈상태에서 사물의 영역 : 추상의 영역= 45:55의 비율은 근본이 되는 것이다.

그러나 이 사물의 영역과 추상의 영역에 지난 3천 년간 사용해온 기존의 사고의 틀인 부정성의 변증법이 적용된다면 혼돈상태는 즉시 죽게 되는 것이다.

즉, fan을 이루는 물질의 영역이 에너지의 영역을 부정하고 박멸하려 한다면 fan은 물질의 영역만 존재하고 에너지의 영역은 없게 된다. 즉, 구체적인 사물의 영역이 추상적인 관념의 영역을 부정하고 박멸한 것이다. 이 경우 fan은 영원히 멈춰버리는 것이다. 말하자면 역동성과 속도는 완전히 사라진 것이다.

반대로 에너지의 영역이 물질의 영역을 부정한다면 fan은 에너지의 영역만 존재하고 물질의 영역은 없게 된다. 즉, 추상적인 관념의 영역이 구체적인 사물의 영역을 부정하고 박멸한 것이다. 이 경우 돌려야 할 물질로서의 fan은 없는데 에너지만 잔뜩 있는 셈이 된다. 이 세상에 이러한 우스꽝스러운 일은 없을 것이다. 그러나 지난 3천 년간 이러한 어처구니없는 억지가 철학이라는 이름으로 인류의 정신을 지배해온 것이다.

26. 공적영역 36과 사적영역 64

Han-fan은 내부의 공적영역과 외부의 사적영역으로 나누어진다. 이 비율은 36:64이다. 말하자면 태풍의 눈은 공적영역 36이며 사적영역은 64이다. 말하자면 역동성이 일어나는 직접적인 영역이다.

사적영역 64는 역경에서 말하는 64괘이다. 이는 외부와 접촉하는 세계이다. 즉, 공적영역은 불변의 영역이고 사적영역은 필변의 영역인 것이다. 사적영역인 64는 역동성의 영역이다. 그리고 공적영역인 36은 그 역동성의 원인이 되는 영역이다. 그러나 이 영역은 움직임이 없는 영역이다. 바람을 일으키는 아무런 장치가 없다. 그러나 모든 바람의 원인은 이 영역에서 나타나는 것이다. 이를 태극太極이라고 한다.

이 공적영역과 사적영역이 하나가 된 조직체가 움직이는 것이다. 다시 말해 이는 64괘와 태극인 하나가 된 조직체가 움직이는 것이다.

(1) '한'과 진선미眞善美

이제 우리는 질서상태가 공적영역과 사적영역이 하나의 전체를 이루고 있음을 안다. 말하자면 역동적으로 움직이는 태풍이 사적영역이고 그 중심에 존재하는 태풍의 눈이 공적영역인 것이다.

그리고 우리는 태풍 전체를 100이라고 할 때 사적영역인 역동적인 태풍의 영역이 64이며, 공적영역인 태풍의 눈의 영역이 36이 됨으로써 100=36+64가 됨을 이해할 수 있는 것이다.

여기서 태풍의 눈에 해당하는 공적영역 36에는 중심이 존재한다. 그것은 태풍 전체의 중심에 해당하는 것이다. 이 중심이 없다면 질서상태는 파괴되고 혼돈상태나 가능상태 또는 무질서상태가 되고 만다.

반대로 이 중심이 존재함으로써 혼돈상태는 질서상태로 될 수 있는 것이다. 이 공적영역 36의 중심을 필자는 '한'이라고 부르는 것이다.

질서상태의 중심인 '한'은 대립상태의 상대성을 넘어 그 중심에 존재하는 것이다. 즉, 한철학은 상대적인 가치인 진위와 선악과 미추를 통합과 통일한 중심으로서의 '한'을 선善이라고 말하는 것이다. 가장 위대한 자존심과 자부심의 원천은 다름 아닌 인간의 중심에 존재하는 것이다. 또는 이 '한'을 상대적인 진선미眞善美가 아니라 질서상태의 진선미眞善美라고 말할 수 있다.

Han-fan은 그 중심에 '한'이 위치하여 모든 상대적인 세력의 대립을 긍정하는 상태에서 통일할 때 비로소 질서상태가 되는 것이다. 만일 '한'이 상대적 대립의 한편에 치우치거나 부정성을 띠는 순간 질서상태는 파괴되고 역동성과 속도가 급격히 줄면서 혼돈상태나 가능상태 또는 무질서상태가 된다. 따라서 '한'은 통합과 통일을 이루어내는 긍정성의 변증법의 중심인 것이다.

고대 알타이어족이나 한겨레공동체에서 정치적인 지도자를 '한

Han' 또는 '칸Khan'이라 부를 때 그는 곧 통합과 통일의 중심으로서의 '한'을 일컫는 것이다. 즉, 질서상태의 진선미眞善美의 상징인 것이다.

필자가 에어컨의 Han-fan을 설명하다 갑자기 고대의 '한Han' 또는 '칸Khan'을 연결시켜 설명하는 것에 대해 독자들께서는 잠시 혼란스러울지 모르겠다. 그러나 이는 같은 것이다.

정치적인 지도자 '한Han' 또는 '칸Khan'은 나라의 구체적인 영역을 움직이는 족장들과 추상적인 영역을 움직이는 종교지도자들을 통합하고 통일하는 중심이다.

'한Han' 또는 '칸Khan'을 오늘날의 대통령이나 수상으로 바꾸어 생각해도 마찬가지이다. 즉, 이들 국가지도자들은 나라의 구체적인 영역인 정치와 경제와 군대의 지도자들과 추상적인 영역인 언론과 학계와 종교의 지도자들을 통합하고 통일하는 존재이다.

직접적으로 설명하자면 대통령은 여당과 야당을 통합하고 통일하는 중심이 되어야 하는 것이다. 만일 대통령이 여당과 야당의 어느 한쪽을 편들면 여야의 대립은 균형을 잃고 나라의 정치는 당장 혼돈상태나 가능상태 또는 무질서상태로 전락하는 것은 명약관화한 것이다.

한철학의 과정철학은 에어컨의 fan에 적용하든 국가에 적용하든 그 원리는 같은 것이다.

우리는 2002년과 2006년 월드컵의 응원에서 수백만 명의 군중이 하나가 되어 역동적인 응원을 한 것을 알고 있다. 왜 일본이나 중국 또는 독일에서는 이 같은 역동적인 응원이 일어나지 않고 우리나라에서만 일어났는가?

그것은 사회를 질서상태로 만들 수 있는 능력을 가진 국가공동체가 우리뿐이기 때문이다. 가령 그 사회가 아직도 질서상태를 이루지 못하고 부정성의 변증법적 대립을 하고 있다면 절대로 수백만 명의 군중이 하나가 되는 역동성을 만들지 못한다.

필자의 Han-fan 이론은 질서상태를 최적화하는 이론이다. 따라서 역동성이 최적하게 나타나는 조건을 설명하는 것이다. 바로 이 최적화상태에서만 월드컵의 응원과 같은 역동적인 대군중이 자발적으로 움직일 수 있는 것이다.

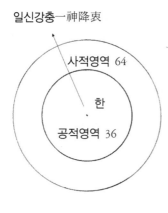

일신강충一神降衷

사적영역 64

한

공적영역 36

'한'은 모든 역학적, 생명적 조직체의 중심이다.

즉, 조직체의 공적영역은 중심점이 존재하며 그것이 곧 '한'이다.

이를 고대 한국인들은 일신강충一神降衷이라 했다. 즉, '한'은 인간과 우주 전체의 중심에 존재한다는 말이다.

여기서 일신一神은 순수한 우리 말 하나님(하느님)이다.

(2) '한'과 긍정성

가령 fan이 사물의 영역과 추상의 영역이 50:50으로 대립하고 있다면 그 fan은 영원히 멈추게 될 것이다. 물질로서의 fan을 움직이는 에너지가 조금이라도 커야 fan은 혼돈상태에서라도 움직일 수 있는 것이다. 이 경우도 역동성은 찾아볼 수 없게 되는 것이다.

이 50:50의 비율은 냉전논리이며 양극화 논리이다. 이는 정적인 고전물리학의 기본논리인 것이다. 예를 들면 자석의 S극과 N극이 동일하게 대립하는 식의 원리이며, 작용하는 힘에 대해 반작용하는 힘이 같은 원리이다. 그러나 이 원리는 살아 있는 생명체 또는 혼돈 상태나 질서상태의 물체에게는 적용이 불가능하다. 기존 철학의 높은 성과에는 이 같은 고전적 물리학의 대립이 바탕이 되고 있다.

또한 양자부정의 원리를 적용해보면 이는 더욱더 실망스러운 것이 된다. 즉, fan의 사물의 영역과 추상의 영역을 모두 부정하고 박멸한다면 그 중앙에서 무엇이 출현할 것인가? 중中이 출현할 것인가? 그러나 이 경우 역동성과 속도가 완전히 사라진 다음 부서진 fan의 잔해 이외에 나타날 것은 아무것도 없을 것이다. 이는 역동성의 종말이라고 할 수 있다.

오히려 '한'은 혼돈상태의 세 영역, 즉 추상의 영역과 구체의 영역 그리고 이 쌍방을 소통하고 통합하는 영역이 모두 최적화함으로써 출현하는 질서상태의 중심이다. 따라서 '한'은 부정성이 아니라 이 모든 영역을 긍정하는 존재인 것이다. 따라서 '한'은 그 자체에 긍정성을 가지고 있는 것이다.

27. 문제점 해결과 통일변증법統一辨證法 적용

현장이 에어컨의 공장이든 아니면 정치적 현장이든 아니면 문화적 현장이든 우리는 예측불허의 문제점들에 대해 대처할 수 있는 상상력과 판단력과 통찰력과 융통성을 항상 가지고 있어야 한다.

어느 정해진 문제에 대해 정해진 방법과 답을 제시하는 싱겁기 짝이 없는 공장식 학교제도의 교육은 절대로 과정적 사고를 가질 수 없다. 따라서 전체과정의 여러 상태에 적응할 수 있는 상상력과 통찰력과 판단력과 융통성을 기대할 수 없다.

이들은 그것을 알게 하는 과정과 상태를 지배하는 철학을 분명히 이해할 때 얻어지는 것이다. 그리고 그 철학은 교실뿐 아니라 현장에서 직접 학습함으로써 얻어지는 것이다. 이와 같은 능력이 강의실에서 얻어질 수 있다고 믿는 것은 어리석다. 물론 이와 같은 능력이 강의실을 벗어난 현장에서만 얻어진다고 믿는 것은 더 어리석다.

이와 같이 생각해볼 때 문제점 해결이라는 말이 적당한 말은 아니다. 왜냐하면 문제점이라는 것이 예측을 불허하는 수많은 경우가 있기 때문에 그 예측조차 하지 못하는 문제점에 대해 해결이라는 말을 하는 것은 상황을 앞질러서 하는 교만한 말이 되기 때문이다. 따라서 한철학은 최적화라는 용어를 사용하는 것이다.

한철학은 가장 큰 테두리를 지배하는 근본적인 원리를 설명한다. 따라서 모든 문제점과 모든 해결방법을 다룰 수는 없지만 전체적인 것을 설명할 수는 있는 것이다.

공적영역이 자유의지를 발동하여 소통행동疏通行動을 실행할 때 사적영역은 반드시 그에 대한 작용을 한다. 이 작용이 크게 부정적으로 나타날 때 공적영역과 사적영역이 서로 분리된 혼돈상태가 발생한다. 이때 먼저 공적영역을 최적화하면 공적영역과 사적영역의 소통이 제대로 되어 양자가 통일되도록 확고한 질서상태를 만들 수 있다. 이를 위해서는 공적영역이 사적영역을 분명하게 통솔하는 상태가 되어야 한다. 이는 공적영역이 최적화되어야 함을 의미한다.

그 다음 공적영역과 사적영역이 완전히 하나의 전체로 통일되어야 한다. 이를 가능하게 하는 방법론을 통일변증법이라고 한다. 이는 사회에서는 민주주의 이론이 된다. 그리고 민주주의 이론은 인간사회에만 통하는 것이 아니라 이처럼 역학적 조직체인 Fan을 최적화하는 위력을 발휘하는 것이다.

공적영역의 최적화와 통일변증법을 인간과 사회에 적용할 때는 매우 정교한 여러 단계의 과정이 요구된다. 그러나 기계의 경우 인간과 사회에 비하면 대단히 단순한 방법만으로도 문제는 해결될 수 있다. 이 경우 강한 바람이 정상적으로 소통하지 못하는 문제를 극복하는 방법은 새롭게 소통의 통로를 만들어 주는 방법만으로도 문제는 극복될 수 있는 것이다. 그럼으로써 공적영역과 사적영역은 충분히 한 덩어리가 되면서 사라진 역동성과 속도를 되찾을 수 있는 것이다. 필자는 이와 같은 설계변경을 추가로 컨설팅했다.

이 변경된 설계를 다시 적용한 결과 예상치 못했던 날개와 통의 떨림 문제를 완전히 해결할 수 있었다.

이로써 한철학이 설명하는 전체과정 안의 혼돈상태를 설명하는 한변증법 제1법칙 100＝45＋55와 질서상태인 100＝36＋64와 통일변증법의 이론이 실제로 검증되고 상용화되었다.

이렇게 설명하면 대단히 간단한 작업으로 보일지 모르겠다. 그러나 이 일에는 세계 최고수준의 엔지니어들이 팀을 이루어 필자의 특강과 컨설팅을 받으며 무려 2년간이나 작업을 하며 많은 시행착오를 거친 끝에 이루어진 것이다. 사실 필자가 여기서 한 설명은 실제로 컨설팅을 통해 이루어진 일의 일부에 불과한 것이다.

처음 보는 기계부품을 대할 때 그 부품이 움직이는 원리를 그 부품을 설계하는 엔지니어들과는 전혀 다른 차원에서 연상하고 그들이 찾아내지 못하는 문제를 순간적으로 찾아내는 일은 간단한 일이 아니다. 적어도 복잡한 기계부품 안에서 한사상의 틀에 의해 움직이는 세상이 확연히 보여야 하는 것이다. 그러나 일반인들은 똑같은 기계부품을 보아도 그 세상이 전혀 보이지 않는 것이다. 컨설팅은 그 세상을 볼 수 있는 사람이 볼 수 없는 사람에게 그 세상을 움직일 수 있도록 도와주는 일인 것이다.

28. 결론

필자는 이제 LG전자의 실험실에서 공학적 실험의 형태를 가진 철학적 실험을 통해 사우디아라비아에서 발견한 한사상의 원리가 fan의 역동성을 최적화시키는 이론이라는 사실이 검증되었음을 설명했다.

이 두 번의 실험으로 필자는 한사상을 발견하고 그 후 연구를 통해 체계를 세운 한사상의 역동성의 이론이 모든 분야로 확대하여 사용할 수 있는 길을 열었다.

한철학의 이론은 구체적영역과 추상적영역이 통합되고 통일되는 조직체의 특성을 그대로 살린 것이다. 따라서 한철학의 이론은 실제 세계의 조직체에 적용하여 그 조직체를 최적화할 수 있다. 그리고 이 방법론은 언제든 반복이 가능한 것이다.

Han-fan에 적용된 이론은 전 세계의 모든 fan의 설계를 바꿀 획기적인 것이다. 이 이론은 우리 한국인의 조상들이 인류에게 주는 값진 선물과 같은 것이다.

그리고 이 Han-fan의 이론은 단순히 fan에만 적용되는 것이 아니다. 모든 조직체에 적용이 가능하다.

Han-Fan은 이 원리가 적용된 가장 쉽고 간단한 예이다. 즉, 한철학의 한변증법의 원리가 단순하게 적용된 예이다. 가령 자동차나 선박 그리고 비행기의 엔진도 크게 본다면 이와 똑같은 한철학의 원리로 다양한 부품들이 하나의 전체를 조직하고 있다.

기존의 제품들이 어떤 비율로 어떻게 배치하는가에 대해서 산업혁명 이후 서양과 일본에서 무슨 원리를 사용했나를 알아보아야 한다. 그리고 그것이 옳은 것인가를 생각해보아야 한다. 비효율적이라면 한철학의 질서의 원리가 적용될 때 엄청난 효력을 볼 수 있을 것이다.

마찬가지로 요즈음은 하나의 전자제품에 다양한 성능이 통합되는 추세이다. 문제는 그것을 어떻게 통합하여 배치할 때 가장 큰 효율이 일어나는가 하는 점이다. 이 점에 대해 한철학의 이론체계는 이미 답을 가지고 있는 것이다.

이 Han-Fan에 적용된 한철학 이론은 우리 한겨레공동체에 경전과 관습으로 전해 내려온 한철학 이론이 단지 이론이 아니라 현실에서도 얼마나 유용한가를 처음으로 검증해서 보여준 것이다

한철학의 이론이 장차 세계의 모든 전자, 기계의 설계를 바꿀 것임은 의심의 여지가 없다. 뿐만 아니라 그 조직체가 정치나 문화 그리고 경제, 사회, 경영 등 인간이 만드는 모든 조직체에 적용하여 그 조직체를 최적화시킬 수 있다.

필자가 천부경, 삼일신고, 366사에서 처음으로 발견하여 한철학의 질서상태(현실상태)를 설명하게 된 이 원리가 원천적으로 독점이 불가능하다는 사실은 매우 의미심장한 것이다.

누구도 우리 한겨레가 수천 년간 개발하고 사용해온 원리를 특정 개인과 기업이 혼자서 사용하여 독점적인 부를 만드는 과욕을 부릴 수 없도록 처음부터 설계되어 있는 것이다.

다시 말해 꼭 이 원리를 필요로 하는 사람들에게는 이 원리가 공유될 수 있도록 되어 있다. 다만 실제로 개인과 기업이 이 원리를 적용하는 문제는 여러 가지 까다로운 문제가 있으므로 필자의 강의와 컨설팅이 반드시 필요할 것이다.

제6장

생명과학:

세포 속의 한사상

■ 모든 생명의 최소단위는 세포이다. 세포가 살아 있는 생명체의 역동성을 설명할 수 있다면, 인간사회의 모든 것을 세포의 원리로 설명하고 그것을 다른 분야에 응용할 수 있을 것이다. 노벨상 수상자 자크 모노는 이렇게 말한다.

> 과학에 있어서 유일한 아프리오리(a priori: 先天的)가 있다면 그것은 객관성이란 공준公準이다.[1]

모노에게 생물학에서 객관적인 공준은 오로지 현미경에 의한 관찰과 화학식과 같은 명백한 방법론뿐이라는 것이다.

그의 주장은 더 이상 자연과학은 기존의 철학에서 아무런 지침도 얻을 수 없다는 사실을 말하는 것에 지나지 않는다. 자연과학의 모든 지침을 객관적으로 드러난 것에 의해 만들어 나가겠다는 것이다. 자크 모노의 견해는 매우 날카로운 것이지만 우리는 르네 톰의 말도 귀를 기울여야한다. 즉,

> "생물학자는 사실을 기술하는 것으로만 만족해버리고 그것을 설명하지는 못하고 있습니다.[2]"

---

1) 자크 모노, 『우연과 필연』, 김용준 역, 삼성판, 세계사상전집 31, 1982년, 333쪽.

는 것이다. 과학자들은 이해하지도 못하는 지식을 무한하게 축적하고만 있다는 것이다. 맞는 말이다. 객관성을 갖춘 자료가 아무리 많아도 그것은 살아서 생명을 가지는 이론이 되지 못한다. 다시 말하면 지식을 축적할 뿐 지식을 하나로 뭉쳐 통합하고 통일하여 이론을 만들지는 못한다는 말과 같다. 뭉치면 살고 흩어지면 죽는다는 말은 지식의 세계에서도 진리인 것이다. 물론 그 지식은 역동성과 속도를 가지고 살아 있는 생명체가 되는 지식이어야 하는 것이다.

우리는 두 가지의 실험을 통해 얻어진 한사상의 이론체계를 세포에 적용해볼 것이다. 그리고 이 방법론은 윷놀이에 사용된 방법과 동일하다.

유득공柳得恭의 경도잡지京都雜誌에는 윷놀이에 대한 자세한 설명과 윷가락 네 개를 세 번 던져서 64괘 중 하나의 괘가 만들어지는 방법이 잘 나와 있다.

> 붉은 싸리나무 두 토막을 쪼개어 네 쪽으로 만든다. 길이는 세 치 가량. 혹 작게는 반쪽의 콩만큼 만들기도 한다. 이것을 던지는 것을 사희(柶戱·윷놀이)라 한다. 네 개가 모두 엎어진 것을 모, 네 개가 모두 젖혀진 것을 윷, 세 개가 엎어지고 하나가 젖혀진 것을 도, 두 개가 엎어지고 두 개가 젖혀진 것을 걸, 하나가 엎어지고 세 개가 젖혀진 것을 걸이라고 한다. 그리고 말판에 29개의 점을 찍고 두 사람이 상대하여 던지는데, 각각 네 필의 말을 쓴다. 도는 한 점을 가고 개는 두 점을 가며 걸은 세 점을 가고 윷은 네 점을 가며 모는 다섯 점을 간다. 말판에는 도는 지름길이 있고 말에는 느린 것과 빠른 것이 있어 내기를 결정한다. 설날에 이 놀이가 가장 성하다. 생각건대 사柶는 설문에 비匕라 쓰여 있다. 특히 네 나무

---

2) 기 소르망, 『20세기를 움직인 사상가들』<르네 톰>, 강위석 역, 한국경제신문사, 1992년, 72쪽.

의 뜻을 취하여 사회라고 했다. 지봉유설에는 탄희攤戲라고 하고 탄攤은 곧 저포樗蒲라 했다. 그러므로 사회는 저포의 종류이나, 그렇다고 곧 저포 그것이라고는 말할 수 없다. 세속에 설날 또 윷을 던져 새해의 길흉을 점친다. 대개 세 번을 던져 짝을 짓는데 64괘卦로써 한다. 요사繇辭가 있다.[3]

이 방법은 사상과 윷가락으로 64괘를 만드는 방법이다. 필자는 이미 한역[4]이라는 책에서 이 방법론을 다룬 바 있다.

29. 세포핵과 세포질

살아서 움직이는 생명의 최소단위인 세포는 세포핵과 세포질로 나누어진다. 여기서 세포핵은 공적영역이며 세포질은 사적영역이라는 가정에서 이 연구는 시작한다. 즉, 세포핵은 36이며 세포질은 64이다. 이 사적영역과 공적영역의 비율인 36:64가 생명의 기본단위인 세포에 어떻게 성립되느냐가 이 연구의 핵심이 될 것이다.

인간은 하나의 수정란에서 출발한다. 그리고 한 사람의 인간은 그 하나의 수정란에서 발생을 시작하여 60조에서 100조 개 정도의 세포로 조직된다. 이 엄청난 양의 세포는 동일한 유전자를 가지고 있다. 이 유전자는 약 35,000개 정도로 알려져 있다.

하나의 세포는 하나의 독립적인 우주이다. 한 사람의 인간은 모든 세포가 각각 하나의 천체인 질서상태를 이루면서 존재하게 된다.

세포는 생명이 표현되는 분자적 세계이다. 만일 세포라고 하는 분

---

3) 유득공(柳得恭), 『경도잡지京都雜誌』, 한국명저대전집, 대양서적, 이석호 역, 1973년, 168쪽.
4) 최동환, 『훈역』, 2000년, 지혜의 나무.

자적 세계보다 더 미세한 세계로 들어가 원자적 세계나 아원자의 세계가 된다면 그것은 생명이 있건 없건 무차별적인 세계가 된다.

즉, 무생물이건 생물이건 원자적 세계는 맹렬하게 움직이는 물리적 세계이다. 이 미세한 원자적 세계에서 살아 있거나 죽었다고 하는 생물과 무생물의 차이를 구분하기는 어렵다.

따라서 우리가 생명을 근본으로 하는 생명철학의 기반을 갖추기 위해서는 세포라고 하는 분자적 세계에 집중할 필요가 있는 것이다.

세포핵 안에는 유전정보(DNA)가 있다. 그리고 복제된 유전정보(DNA) 중 특정한 유전자가 전사(transcription)되어 mRNA를 만들고 mRNA의 정보가 번역(translation)을 거쳐 활성이 있는 단백질을 만든다. 이 활동은 세포질 안에서 이루어진다.

자크 모노는 모든 생물에 있어서 기본적인 불변요소는 DNA[5]라고 말한다. 공적영역은 불변을 설명하고 사적영역은 필변을 설명한다. 따라서 공적영역인 세포핵은 불변의 영역이고 사적영역인 세포질은 필변의 영역이 되는 것이다.

세포핵 안의 유전정보 DNA는 복제되어 세포질에서 사용되지만 유전정보 DNA는 불변한다. 세포핵은 불변하는 정보를 담고 있고 세포질은 그 불변하는 정보를 사용하여 단백질을 만듦으로써 생명이 유지되는 것이다. 즉, 유전정보 DNA에서 전사된 mRNA는 세포질 안에서 일회용으로만 사용되는 것으로 필변하는 것이다. 즉, 세포핵은 불변하는 정보를 담고 있는 공적영역이고, 세포질은 필변하는 정보를 담고 있는 사적영역인 것이다.

이 세포핵과 세포질의 상관관계는 태풍이나 성운 그리고 Han-fan의 원리와 같은 것이다. 근본적인 차이가 있다면 이들은 역학적 조

---

5) 자크 모노, 『우연과 필연 』, 김용준 역, 삼성판, 세계사상전집 31, 1982년, 336쪽.

직체이지만 세포핵과 세포질로 이루어지는 세포는 생명적 조직체라는 점이다.

이 조직체들은 중심에 세포핵이라는 공적영역을 가지고 있고 그 주변에 세포질이라는 사적영역을 가지고 있다. 공적영역은 불변하는 것이며 사적영역은 필변한다는 점에서 이들 조직체들은 그것이 어떤 조직체이든 공통적이다.

조직체를 최적화하는 황금비율, 즉 금척金尺인 36:64가 생명의 기본단위인 세포에 적용될 때 세포핵:세포질=36:64가 된다.

세포핵과 세포질의 비율이 36:64라는 사실은 Han-fan과 같이 역학적 조직체와는 달리 그것을 증명하기에 난감한 점이 있다. 이것은 생명적 조직체가 갖는 특수성 때문이다.

그러나 우리는 한철학의 이론과 과학도들이 나름대로 현미경과 화학식을 통해 이루어놓은 바탕을 결합할 때 생명적 조직체도 조직체가 최적화되는 황금비율을 지키고 있다는 사실을 찾아낼 수 있다. 생명적 조직체의 비율은 역학적 조직체와는 다른 방식으로 조직되고 있다.

우리는 이 방식을 알아내기 위해 고대 한국인들이 이루어놓은 윷놀이라는 방법론이 필요하다.

따라서 한철학과 생명과학과 윷놀이라는 세 가지의 방법이 하나가 되는 퍼즐게임과 같은 방법에 의해 우리는 세포핵과 세포질이 스스로를 최적화하고 있는 36:64의 황금비율, 즉 금척金尺을 찾아낼 수 있다.

(1) 생명의 기본언어와 윷놀이

DNA는 네 개의 염기로 이루어져 있다. 이는 정보의 화학적 언어라고 할 수 있다. 즉, 아데닌, 티민, 구아닌, 시토신이다. A, T, G, C로 쓰이는 이 네 가지 화학적 언어로 표현되는 네 개의 염기는 유전정보를 네 가지로 구분하는 기본문자이다. 세포핵은 유전정보(DNA)를 담고 있는 생명의 바탕을 이루는 영역으로서의 공적영역이다. 따라서 이 네 가지의 화학적 언어인 A, T, G, C는 세포의 공적영역인 세포핵을 표현하는 네 가지 기본문자이다.

우리는 공적영역을 태극으로 표현한다. 그리고 이 태극을 네 가지의 부호로 나누어 설명하면 사상四象이 되고 여덟 가지의 부호로 나누어 설명하면 팔괘八卦가 된다. 이 사상四象과 팔괘八卦는 서로 사용되는 분야가 판이하게 다른 것이다. 팔괘는 팔강령八綱領으로 표현되며 통일변증법에서 사용된다. 그리고 사상四象은 바로 이 생명의 기본단위를 설명하기 위해 사용되는 것이다.

사상이 네 가지 부호로 설명되는 것이라는 사실은 잘 알려져 있지만 막상 그것이 어디에 사용되는 것이라는 설명은 그 어디에도 없다. 흔히 사상과 팔괘를 단계적인 과정으로 파악했다.[6] 그러나 사상은 그 자체로서 팔괘와 달리 독자적인 사용영역이 있다는 사실은 지금까지 전혀 알려지지 않았다.

윷의 도개걸윷모는 고조선 시대의 관직인 저가, 개가, 양가, 우가, 마가와 서로 통하고 있다. 윷놀이의 윷판은 선사시대의 윷판형 암각화에 이미 나타나고 있다.[7]

(2) 윷놀이와 생명과학의 비교

---

6) 역경의 계사전에서 태극이 양의를 낳고 양의가 사상을 낳고 사상이 팔괘를 낳고 팔괘가 64괘를 낳는다는 식의 체계이다.

7) 경북 안동 수곡리 암각화가 새겨진 바위 면에는 그림과 같은 윷판바위로 알려진 윷판형 암각화가 발견되었다. 임세권, 『한국의 암각화』, 대원사, 1999년, 133쪽.

윷놀이는 윷가락 네 개로 사상四象을 만든다. 이는 태극이라는 공적영역을 설명하는 또 다른 방법론을 제시하는 것이다. 즉, 팔괘와는 다른 차원의 방법론인 것이다.

윷을 세 번 던져 괘를 만드는 방법이 경도잡지에 실려 있다. 필자가 윷을 사용하여 64괘를 만드는 이 방법에 주목한 것은 다른 곳에는 예가 없는 독자적인 방법이라는 사실 때문이다.

역易을 연구하는 사람들에게 역易은 그야말로 신비한 것이다. 역을 연구하며 가장 궁금한 것은 왜 하필이면 64괘냐는 것이다. 역경의 해설서인 십익十翼에는 음양이 사상이 되고 그것이 다시 팔괘가 되고 64괘가 된다는 주장이 있지만 이 방법론은 이미 문제가 있다는 사실이 밝혀졌다.

역은 음양과 오행이 하나의 전체로 존재하는 혼돈상태에서 질서상태로 변혁하며, 그 중심에 공적영역으로서의 태극이 나타나고 사적영역으로서의 64괘가 나타난다는 것을 우리는 이미 확인한 것이다

따라서 우리는 왜 하필이면 64괘인가를 이미 확인한 것이다. 이부분은 지난 삼천 년간 전혀 밝혀지지 않았던 사실이다. 따라서 중국에서는 이 문제로 큰 혼란에 빠졌던 일들이 있었다.

즉, 양웅楊雄은 64괘를 나름대로 바꾸어 81괘로 만들어 이른바 태현경太玄經이라는 것을 만들었다. 그런가 하면 또 하나의 역경에 기반을 둔 독자적인 작품은 한대漢代의 초연수焦延壽의 역림易林이다. 그는 개개의 괘를 그 자체로서 그리고 다른 괘와의 관계에서 풀이하였다. 따라서 4096가지의 조합이 가능하고 각각에 시詩가 붙여졌다.[8]

양웅楊雄이 만든 81괘와 초연수焦延壽가 만들었다는 4096개의 경

---

8) I.K.슈츠스키, 『주역연구』, 오진탁 역, 한겨레, 1998년, 214쪽.

우의 수가 그동안 중국에서 통용되었다는 사실 자체가 중국인들이 음양오행과 태극과 64괘의 기본지식이 전혀 없었음을 잘 말해주는 것이다.

역易의 괘는 창제될 당시 이미 64괘로 확정지어진 것이며, 그것은 어떤 일이 있더라도 더하거나 뺄 수 없는 근본적인 것이다. 우리가 이 책에서 살펴본 사적영역 64가 바로 64괘이다. 이 부분을 고쳐서 괘를 64개 이상이나 이하로 만든다는 것은 역에 대한 가장 근본적인 원리에서 이미 돌이킬 수 없는 문제를 만든 것이다.

윷점의 저자는 이 사실을 잘 알고 있었다. 즉, 윷은 도개걸윷모이지만 이를 사상四象으로 사용하기 위해서는 도개걸모의 네 개로 만들어야 한다. 그 방법은 윷과 모를 함께 사용함으로써 사상四象을 만들도록 한 것이다. 즉, 윷과 모를 같이 씀으로써 윷점에서 64괘를 얻을 수 있게 설계한 것이다. 만일 다섯 개를 모두 쓴다면 64괘가 아니라 그 이상의 괘가 반드시 나올 것이다. 이 경우 역이 가진 64괘의 근본원리를 무시하는 것이 되어 역의 저자가 설명하는 기본바탕에서 영원히 떨어져 나가 다시는 되돌아 올 수 없게 되는 것이다.

우리나라에서 발견된 이 윷점은 정월에 행해지던 우리의 풍속으로 이를 만든 이름을 모르는 저자는 역경에 대한 근본적인 지식이 있었으며 또한 알려지지 않는 역 이론에 대해 새로운 지식을 주고 있는 것이다. 그리고 유득공이 설명한 것처럼 세 번을 던져 짝을 짓는데 육십사괘六十四卦로써 한다. 요사繇辭가 있다는 말에서 설명되는 노랫말로서의 괘사卦辭도 매우 의미가 깊다. 즉, 지금까지 그 어디에도 보이지 않던 내용으로 잘 읽어보면 그 짧은 내용 안에 있는 깊이에 놀라게 된다. 그 내용은 이미 흔역9)에서 설명했으므로 여기서는 중복을 피해 생략하겠다.

---

9) 최동환, 『흔역』, 2000년, 지혜의 나무.

윷가락 네 개가 만들어내는 사상四象과 64괘는 놀랍게도 오늘날 생명과학에서 말하는 세포핵의 DNA와 세포질의 RNA가 설명하는 것과 정확하게 일치하는 것이다.

즉, 윷놀이는 앞에서 설명한 바와 같이 네 개의 윷가락을 세 번 던져 하나의 괘를 만들어 총 64개의 괘를 만들어낸다. 이 윷놀이가 64괘를 만드는 방식과 똑같은 방법이다.

즉, 세포핵 안에서 DNA를 구성하는 네 개의 염기,[10] 즉 아데닌, 티민, 구아닌, 시토신(A, T, G, C)이라는 화학적 언어는 세포질에서 RNA로 전사되며 이는 다시 단백질로 번역된다. 그 과정에서 m-RNA는 세포질 안에서 64개의 암호를 만들어낼 수 있다.[11] 그리고 이 아미노산이 단백질로 결합되는 것이다.

윷놀이의 네 개의 말이 64괘를 만들어내는 방법과 유사하게 DNA를 구성하는 네 개의 염기가 64개의 암호로 만들어지는 것이다. 이 64괘의 암호는 30절에 소개한 표와 같다.

이상한 일치가 윷과 생명과학에서 일어난 것이다. 즉, 이 윷놀이에 사용된 사고의 틀은 생명과학이 발견한 세포의 원리와 동일한 것이다. 어떻게 이와 같은 일치가 일어날 수 있는가?

생명과학은 현미경과 화학식이 이루어내는 우연을 통해 발전하는 것이라고 과학자들과 철학자들이 믿어왔다. 그럼으로써 그들은 생명과학의 기본단위라 할 수 있는 세포가 세포핵이라는 공적영역과 세포질이라는 사적영역으로 조직되었다는 근본적인 가정을 만들어낼 수 없었다.

---

10) 가장 작은 정보단위인 뉴클레오티드는 염기와 인산과 당으로 결합되어 있다. 이것이 유전정보(DNA)를 구성하는 네 개의 염기 아데닌A, 티민T, 구아닌G, 시토신C으로 나뉘어 있다. 그리고 코돈은 한 개의 아미노산을 지정하는 세 개의 염기로 결합되어 있다.

11) 64개의 암호 중 세 개인 UAA, UAG, UGA는 종결암호로서 해독의 정지를 나타낸다.

이미 생명과학자들은 이에 대한 모든 자료를 만들어놓고도 그것을 공적영역과 사적영역으로 조직된 생명조직체라고 말할 수 없었다. 그렇게 가정할 수 있는 철학이 없었기 때문이다.

30. 64개의 유전암호와 윷놀이

세포핵이라는 공적영역 태극에서 사상인 네 개의 뉴클레오티드[12]라는 사적영역에서 64개의 암호 조합을 만들어낸다는 사실은 이미 잘 알려져 있다.

<그림 6-1> 64개의 유전암호와 20개의 아미노산

	U		C		A		G		
U	UUU UUC UUA UUG	Phe Leu	UCU UCC UGA UCG	Ser	UAU UAC UAA UAG	Tyr Ter	UGU UGC UGA UGG	Cys Ter Trp	U C A G
C	CUU CUC CUA CUG	Leu	CUU CCC CCA CCG	Pro	CAU CAC CAA CAG	His Gln	CGU CGC CAA CAG	Arg	U C A G
A	AUU AUC AUA AUG	Ile Met	ACU ACC ACA ACG	Thr	AAU AAC AAA AAG	Asn Lys	AGU AGC AGA AGG	Ser Arg	U C A G
G	GUU GUC GUA GUG	Val	GCU GCC GCA GCG	Ala	GAU GAC GAA GAG	Asp Glu	GGU GGC GGA GGG	Gly	U C A G

---

12) 뉴클레오티드는 가장 작은 정보의 단위이다. 즉, 하나의 뉴클레오티드는 당과 인산과 염기로 조직된다. 여기서 DNA는 아데닌A, 티민T, 구아닌G, 시토신C이라는 서로 다른 네 가지의 염기로 구성된 뉴클레오티드를 가지고 있는 것이다.

이 사실에서 공적영역과 사적영역이라는 태극과 64괘의 변증법이 적용된다는 사실을 한철학에서 새롭게 설명하는 것이다. 64개의 암호는 <그림 6-1>과 같다.

이 도표[13]는 64개의 유전암호와 그것이 만들어내는 20개의 아미노산을 일목요연하게 보여준다. 세포핵에서 DNA에 사용되는 염기는 A, T, G, C이지만 세포질에서 RNA에 사용되는 염기는 위의 도표와 같이 T(티민) 대신 U(우라실)이 사용된다. 당연하게도 DNA는 안정적이지만 RNA는 상대적으로 불안정하다.

그림에서 나타난 UUU와 같이 뉴클레오티드가 세 개 모인 것을 코돈[14]이라고 한다. 이와 같은 코돈은 64개가 가능하다[15].

윷점은 네 개의 윷가락을 세 번 던져 하나의 괘를 이룬다. 그리고 가능한 괘의 조합수는 64괘이다.

마찬가지로 공적영역인 세포질에 존재하는 네 개의 뉴클레오티드가 사적영역인 세포질에서 세 개씩 모여 하나의 코돈을 이루며 이것이 총 64가지의 조합을 만든다. 이는 같은 방법이다.

(1) 윷놀이와 64괘

여기서는 중복을 피해 간단하게 설명하겠다. 태극을 네 가지로 나누어 살펴보면 다음과 같이 부호를 만들 수 있다. 이 부호는 윷의 말과 사상이 배치된다. 하나의 괘는 네 개의 윷말을 세 번 던져서 만들어진다.

---

13) 강만식 외, 『현대생물학 교학연구사』, 1996년, 118쪽.
14) 한 개의 아미노산을 지정하는 삼중체로서의 세 개의 뉴클레오티드를 말한다.
15) 이 64가지 코돈 중에서 세 가지는 특수한 코돈으로 AUG는 시작(START)코돈이며, UAA UAG UGA는 종결(STOP)코돈이다.

사상	태양	소음	소양	태음
윷말	도	걸	개	모
부호	⚌	⚏	⚎	⚏

그리고 팔괘는 다음과 같은 숫자와 부호로 표현된다.

건	태	이	진	손	감	간	곤
☰	☱	☲	☳	☴	☵	☶	☷
1	2	3	4	5	6	7	8

윷을 세 번 던져 나온 도걸도가 택화혁괘가 되는 과정

- 택화혁澤火革 23 도걸걸 태양 소음 소음 -

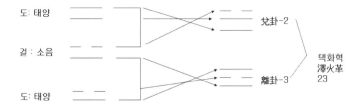

이제 윷을 세 번 던져 하나의 괘가 되는 과정을 살펴보자. 그림과 같이 윷을 세 번 던져 도걸도가 되었을 때 그것은 택화혁괘가 되는 것이다.

이와 같은 방법으로 64괘를 만들면 필자가 이미 한역에서 발표한 바와 같이 다음의 표를 얻게 된다.

괘 명(卦名)	번 호	윷의 결과	사상四象
건위천 乾	11	도도도	태양 태양 태양
천택리 履	12	도도개	태양 태양 소양
천화동인 同人	13	도도걸	태양 태양 소음
천뢰무망 无妄	14	도도모	태양 태양 태음
천풍구 姤	15	도개도	태양 소양 태양
천수송 訟	16	도개개	태양 소양 소양
찬산돈 遯	17	도개걸	태양 소양 소음
천지부 否	18	도개모	태양 소양 태음
택천쾌 夬	21	도걸도	태양 소음 태양
태위태 兌	22	도걸개	태양 소음 소양
택화혁 革	23	도걸걸	태양 소음 소음
택뢰수 隨	24	도걸모	태양 소음 태음
택풍대과 大過	25	도모도	태양 태음 태양
택수곤 困	26	도모개	태양 태음 소양
택산함 咸	27	도모걸	태양 태음 소음
택지췌 萃	28	도모모	태양 태음 태음
화천대유 大有	31	개도도	소양 태양 태양
화택규 睽	32	개도개	소양 태양 소양
이위화 離	33	개도걸	소양 태양 소음
화뢰서합 噬嗑	34	개도모	소양 태양 태음
화풍정 鼎	35	개개도	소양 소양 태양
화수미제 未濟	36	개개개	소양 소양 소양
화산여 旅	37	개개걸	소양 소양 소음
화지진 晉	38	개개모	소양 소양 태음
뇌천대장 大壯	41	개걸도	소양 소음 태양
뇌택귀매 歸妹	42	개걸개	소양 소음 소양
뇌화풍 豊	43	개걸걸	소양 소음 소음
진위뢰 震	44	개걸모	소양 소음 태음
뇌풍항 恒	45	개모도	소양 태음 태양
뇌수해 解	46	개모개	소양 태음 소양
뇌산소과 小過	47	개모걸	소양 태음 소음
뇌지예 豫	48	개모도	소양 태음 태음
풍천소축 小畜	51	걸도도	소음 태양 태양
풍택중부 中孚	52	걸도개	소음 태양 소양
풍화가인 家人	53	걸도걸	소음 태양 소음
풍뢰익 益	54	걸도모	소음 태양 태음
손위풍 巽	55	걸개도	소음 소양 태음
풍수환 渙	56	걸개개	소음 소양 소양
풍산점 漸	57	걸개걸	소음 소양 소음

풍지관 觀	58	걸개모	소음 소양 태음
수천수 需	61	걸걸도	소음 소음 태양
수택절 節	62	걸걸개	소음 소음 소양
수화기제 旣濟	63	걸걸걸	소음 소음 소음
수뢰둔 屯	64	걸걸모	소음 소음 태음
수풍정 井	65	걸모도	소음 태음 태양
감위수 坎	66	걸모개	소음 태음 소양
수산건 蹇	67	걸모걸	소음 태음 소음
수지비 比	68	걸모모	소음 태음 태음
산천대축 大畜	71	모도도	태음 태양 태양
산택손 損	72	모도개	태음 태양 소양
산화비 賁	73	모도걸	태음 태양 소음
산뢰이 頤	74	모도모	태음 태양 태음
산풍고 蠱	75	모개도	태음 소양 태양
산수몽 蒙	76	모개개	태음 소양 소양
긴위산 艮	77	모개걸	태음 소양 소음
산지박 剝	78	모개모	태음 소양 태음
지천태 泰	81	모걸도	태음 소음 태양
지택림 臨	82	모걸개	태음 소음 소양
지화명이 明夷	83	모걸걸	태음 소음 소음
지뢰복 復	84	모걸모	태음 소음 태음
지풍승 升	85	모모도	태음 태음 태양
지수사 師	86	모모개	태음 태음 소양
지산겸 謙	87	모모걸	태음 태음 소음
곤위지 坤	88	모모모	태음 태음 태음

우리는 윷놀이와 생명과학이라는 두 가지의 서로 다른 영역에서 같은 방법이 사용되며, 그것이 곧 36: 64라는 조직체를 최적화하는 황금비율이 똑같이 적용되어 있음을 알 수 있는 것이다.

윷놀이는 네 개의 말을 한번 던지면 하나의 사상이 나오며, 이를 세 번 던져서 하나의 괘를 만든다. 이것이 64개의 조합을 이루어 역의 수 64괘가 되는 것이다.

마찬가지로 살펴본 바와 같이 공적영역인 세포핵에서 DNA를 구성하는 네 개의 기본적 염기인 아데닌, 티민, 구아닌, 시토신(A, T,

G, C)이 사적영역인 세포질에서 m-RNA로 전사되며 64가지의 유전 암호를 만든다. 이 두 가지는 한사상의 공적영역과 사적영역의 원리가 적용되어 있음을 알 수 있는 것이다.

한편 복희씨는 우리의 고대국가인 배달국의 5대 천왕 태우의 한웅의 막내아들로서 우사직을 했다고 전한다. 그리고 복희씨는 여와씨와 함께 중국의 삼황오제 중 삼황이 된다.

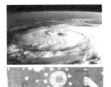

공적영역: 태풍의 눈= 36
사적영역: 태풍의 외부= 64

**복희와 여와의 그림과
태풍 그리고
DNA의 복제과정**

공적영역: 복희와 여와의
상체=태풍의 눈=36

사적영역: 뱀의 모양으로
얽힌 하체=태풍의
외부=64

즉, 복희와 여와의 그림은
태풍의 단면도와 같다.

또한 이는 세포핵에서
DNA를 가져와 세포질
에서 RNA를 만들어
사용하는 모습과 일치한다.

공적영역: 세포핵= DNA
사적영역: 세포질= 복제된
1회용 DNA=RNA

DNA의 복제과정

복희씨는 한단고기에서 한역桓易을 창제했음을 말하고 있다. 그리고 여러 중국의 서적에서 역을 창제한 인물로 묘사된다.

그리고 복희와 여와를 그린 그림에는 상반신은 사람으로, 하반신은 뱀으로 그려져 있다. 그 그림에서 복희씨는 직각을 그릴 수 있는 곱자를 들었고, 여와씨는 원을 그릴 수 있는 컴퍼스, 즉 그림쇠를 들고 있다.

복희와 여와를 설명하는 여러 가지 지식은 하나의 이론을 설명하고 있다. 즉, 역이론易理論이다. 그것도 지금까지 알려진 것처럼 64괘만 설명하는 이론이 아니다. 이는 태극인 36과 64괘를 전체적으로 설명하는 역이론易理論의 원형이다. 즉, 공적영역과 사적영역이 하나의 전체를 이루는 역이론의 원형인 것이다.

만일 64괘만 설명한다면 그것은 세포질에 대한 이론만 설명하는 것이다. 그러나 이는 지금까지 우리가 이해한 세포질과 세포핵의 이론 전체를 설명하는 이론인 것이다. 뱀처럼 서로 엉킨 복희와 여와의 꼬리 부분은 역경의 상경 30괘와 하경 34괘가 64괘를 이루는 과정에서 하나의 전체가 된 형태를 상징하는 것이다. 이는 세포핵의 DNA로부터 전사된 RNA가 세포질로 이동하여 활동하는 모습과 일치한다.

또한 복희와 여와가 인간모습을 하고 곱자와 그림쇠를 들고 있는 모습은 곧 태극인 공적영역의 모습으로 복희는 주관의 영역을, 여와는 주체의 영역을 설명하고 있다.

복희와 여와가 서로 팔을 내밀어 끌어안고 있는 모습은 주관과 주체가 하나의 전체가 되어 주관체를 이루고 있는 모습인 것이다.

결국 이 그림은 36인 태극과 64괘가 하나의 전체를 조직하는 질서상태를 설명하는 것이다.

즉, 인간모습의 복희와 여와가 곧 공적영역인 태풍의 눈이며, 뱀모양의 꼬리가 곧 사적영역인 태풍의 움직이는 모습의 단면도斷面圖인 것이다. 공적영역과 사적영역을 이미지화한 그림 중 걸작인 것이다

결국 역의 기본원리인 36:64는 윷놀이에서 그대로 나타나며, 그것은 세포의 세포핵과 세포질에도 사용되어 있다는 것을 우리는 확

인하였다. 이것은 우주와 만물을 움직이는 근본원리를 역과 윷놀이가 나름대로의 방법으로 수학과 도형과 논리로 설명한 것이다. 그리고 그것이 생명의 기본단위에서 발견된 것이다.

31. 결론

필자는 오래전부터 우리나라의 전래 풍습을 설명하는 조선세시기에서 윷놀이로 64괘를 만들어 점을 쳤다는 기록에 주목해왔다. 윷은 우리 민족의 고대국가에서부터 사용해온 것이며 또한 역이 처음에 만들어질 때 윷놀이와 관련이 있다는 기록이 있기 때문이다. 따라서 이 문제는 '훈역'[16]이라는 책에서 깊이 있게 다루었던 것이다.

그런데 필자가 생명과학에 대해 관심을 가지고 관련 책자를 읽어나가던 중 세포의 조직원리가 이 윷놀이에 사용된 방법론과 유사하다는 사실을 알게 되었다. 그러나 생명과학에서는 윷놀이에서 사용된 공적영역과 사적영역의 구분이 되어있지 않음을 알게 된 것이다.

세포가 세포핵과 세포질이 공적영역과 사적영역으로 나뉘어 36:64로서 특별하게 조직하고 있다는 사실은 매우 놀라운 것이다. 이는 한철학과 한사상에서 설명한 36:64의 황금비율, 즉 금척金尺이 모든 세포핵과 세포질에 이미 작동하고 있다는 사실을 말하는 것이다.

---

16) 최동환, 『훈역』, 2000년, 지혜의 나무.

제**7**장

일반의 원리:

과정론·상태론

■ 필자는 이 장에서　이 책의 핵심적인 내용인 과정과
상태에 대해 심도 있게 살펴볼 것이다. 이 과정과 상태는 필자가 이
미 설명한 두 가지 실험이 뒷받침되는 것이며, 또한 우리의 고유한
경전인 천부경, 삼일신고, 366사(참전계경)에 담겨진 이론체계에서 확
인한 것이다. 그리고 이 이론체계가 한철학과 한사상의 중심이 된다.

　　따라서 이 장은 많은 양은 아니지만 지금까지 필자가 펴낸 모든
책과 앞으로 나올 책의 가장 중요한 골격을 설명하는 장이 될 것이
다.

32. 과정론

정의1　전체과정
만물은 과정을 가진다. 과정은 여섯 개의 상태를 가지며 그것은 가능상태, 혼돈상태, 질서상태, 성취상태, 완성상태 그리고 무질서 상태이다.

　　만물은 과정이며 그 과정은 여섯 개의 상태로 조직된다는 사실은
한철학의 가장 중요한 근본을 이루는 원리이다. 지금까지의 철학은

대립하는 쌍방 중 어느 한 쪽이 다른 한쪽은 부정하거나, 서로를 부정거나, 서로 현상유지를 하는 소극적인 방법론에 머무는 상황이다. 이 이론들은 살아 있는 생명체로서의 존재자로 하여금 과정을 멈추게 한다. 이때 그 존재자는 개인이든 기업이든 국가든 살아 있는 생명체로서의 역동성과 속도를 잃고 병들거나 죽게 되며, 이때 반드시 부패腐敗가 시작된다. 그러나 한철학은 이 전체적인 과정론을 전개하고 있으며 또한 이 과정이 진행되는 방법론을 제시한다. 과정안의 상태들이 계속 혁신을 일으키며 과정을 진행하는 동안 각각의 상태들이 가진 역동성과 속도는 유지되며, 그 존재자가 부패腐敗할 시간은 없는 것이다.

과학은 이제야 겨우 한철학이 설명하는 상태狀態라는 것에 눈을 뜬 실정이다. 즉, 카프라는 양자적 세계를 이렇게 설명한다.

> 데카르트의 기계론적 세계관과는 대조적으로 현대물리학에서 나오는 세계관은 유기적, 전일적全一的 그리고 상대적이란 용어로 그 특성을 말할 수 있다. 이것은 또한 일반 시스템 이론의 의미에서 시스템관이라고도 부를 수 있을 것이다. 이제는 우주를 무수한 물체로서, 그 부분들은 근본적으로 상호 연결되어 있으며 우주의 과정의 패턴으로서만 이해될 수 있는 것으로 생각해야 한다.1)

카프라가 말하는 양자적 우주관이 설명하는 유기적, 전일적全一的, 그리고 상대적이라는 개념은 한철학이 설명하는 다섯 가지 상태들과도 연결이 가능한 요소들이다. 이 개념이 마련되지 않은 상태가 곧 무질서상태인 것이다.

그가 우주를 무수한 물체로서, 그 부분들은 근본적으로 상호 연결

---

1) 프리초프 카프라, 『새로운 과학과 문명의 전환』, 이성범·구윤서 역, 범양사, 1993년, 74쪽.

되어 있으며 우주의 과정의 패턴으로서만 이해될 수 있는 것은 곧 한철학이 설명하는 상태와 연결될 수 있는 내용을 설명하고 있다.

다만 현대물리학과 이를 근거로 철학을 전개한 물리철학자들은 사실상 단 하나의 상태도 제대로 설명하지 못했다. 그것은 모든 상태가 유기적이고 전일적이고 또한 상대적이지만 그 내부에는 반드시 대립하는 쌍방이 있으며, 그 대립하는 쌍방의 경계면에 이 쌍방을 소통하고 통합하는 영역이 존재한다는 것을 몰랐기 때문이다. 우리는 이미 온힘이 가진 능력에 대해 이해하고 있다.

한철학은 이 영역을 바탕으로 여섯 가지 상태를 만들고 그것으로 전체과정을 조직할 수 있는 것이다. 과정과 상태는 모든 우주에 공통적으로 존재하고 있는 것이다. 즉, 모든 것은 과정 이외에 다른 것이 아니다.

(1) 모든 상태에 하나의 이론을 적용하는 것은 주술이며 미신이다

우리를 둘러싼 현실의 상황은 결코 분리된 구체적인 영역이나 추상적인 영역의 대립에서 하나를 선택하는 것이 아니다. 그것은 살아 있고 통합된 생명체이며 과정을 갖는다. 과정은 늘 변화하는 여러 상태를 갖는다.

즉, 가능상태, 혼돈상태, 질서상태(현실상태), 성취상태, 완성상태 그리고 무질서상태가 그것이다.

우리에게는 이 여섯 개의 상태 중 하나의 불완전한 상태가 주어지는 것이다. 이 여섯 가지의 상태 중 무질서 상태를 제외한 다섯 가지 상태들은 모두 구체적인 사물의 영역과 추상적인 관념의 영역이 하나의 전체로 조직되어 이루어진 것이다.

따라서 지금까지는 전체과정이 무엇인가? 전체과정을 이루는 상태들은 몇 개이며 그것들은 어떻게 조직되었는가? 어떤 방법으로 하나의 상태에서 다음 상태로 혁신하는가? 라는 가장 기본적인 의문조차 그 누구도 가져보지 못했고 또한 그 이론체계를 만든 사람도 없는 것이다.

하나의 이론을 전체과정의 모든 상태에 적용하려는 것은 기존의 동서양이 사용해온 철학의 한계이다. 그러나 이와 같은 방법론은 명백하게 미신이며, 주술이라는 사실을 아직도 아는 사람이 거의 없다는 것은 이상한 일이다.

우리는 우연을 기대하는 미신이나 주술을 사용하는 일을 멈추어야 한다. 대신 주어진 상태는 늘 변화하고 있다는 사실과 그 상태들이 무엇인지 정확하게 알고 그 상태를 최적화시킬 수 있는 이론을 이해하고 활용해야 하는 것이다. 그리고 그 상태가 어떤 상태로 혁신할 것인가를 미리 알고 그것을 최적화할 계획을 세워야 하는 것이다.

왜냐하면 바로 이 일을 이해하고 활용하는 일이 곧 개인과 가정과 기업과 국가의 존폐가 달려 있는 엄숙한 일이기 때문이다.

(2) 패러다임 전환은 없다! 상태의 혁신이 있을 뿐이다

하나의 상태가 다른 상태로 혁신함으로써 과정이 성립하는 것이 한철학의 과정론이다. 이 이론은 토마스 새무엘 쿤이 그의 저서 과학혁명의 구조에서 설명한 패러다임의 전환이론과 비슷하게 들릴 수 있다. 그러나 이 양자는 근본적으로 다른 차원의 것이다.

패러다임 전환이론은 하나의 상태가 다른 상태를 부정하고 박멸함으로써 새로운 상태가 되는 것이다. 이것은 서양철학의 병폐인 부정성의 변증법의 전형적인 모습에 불과하다.

이 이론이 얼마나 억지인지를 증명할 내용은 무수하게 많다. 여기서는 간단히 예를 들어보자. 그의 책 과학혁명의 구조에서 예로 든 뉴턴의 역학과 양자역학은 패러다임의 전환이론을 적용시킬 수 있는 실례이다.

　양자역학이 새로운 시대의 새로운 패러다임으로 출현했다 해도 여전히 과거의 패러다임인 뉴턴(1642~1727)의 고전적 역학은 사라지지 않고 있으며 또 사라질 가능성이 조금도 없다. 토마스 쿤의 패러다임 이론대로라면 양자역학은 뉴턴의 역학을 부정하고 박멸함으로써 존재할 수 없도록 해야 한다. 하지만 현실은 전혀 다른 것이다. 뉴턴이 발표한 프린키피아의 고전역학의 세계는 오늘날도 여전히 건재한 것이다.

　서양식의 부정성의 변증법적 사고의 틀에서는 정적이고 전체적이며 비관계론적인 역학이 통용되다가 동적이고 다원적이고 관계론적인 역학이 발견되었다면 전자의 역학은 부정되고 박멸되어야 한다. 이 두 개의 논리가 동시에 이중적으로 존재하는 것은 서양의 사고의 틀에서는 있을 수 없는 일이다. 토마스 쿤의 패러다임 전환이론은 단지 이 답답한 사고의 틀을 설명하는 것에 지나지 않는다.

　패러다임 전환이론은 이론으로 존재할 뿐이다. 그리고 양자역학은 단지 사물의 영역을 보는 관점이 전체적, 정적인 것만의 세계에서 상대적인 것으로 또 동적이고 다원적이고 관계론적인 세계가 새롭게 추가된 것에 지나지 않는 것이다. 이 두 가지의 서로 다른 이론 체계는 서로 완전히 다르기 때문에 공존하고 있는 것이다.

　다시 말하면 하나의 새로운 이론이 그 이전의 이론을 부정하고 박멸하는 것이 아니라 새로운 이론과 그 이전이 이론들이 관계론적으로 하나의 전체인 온을 이루고 있는 것이다. 이것이 엄숙한 진실인 것이다. 이 역시 다양한 세계의 다양한 모습 중 하나에 지나지 않는 것이다.

현실에서의 예를 들어보자. 손수레와 마차와 자전거와 자동차와 비행기는 패러다임이론에 의하면 공존이 불가능하다. 손수레보다 마차가 우수하면 손수레는 부정되어야 한다. 마찬가지로 마차와 자전거와 바동차도 부정되어야 한다. 그러나 현실은 이 모든 것이 공존하며 하나의 전체적인 수송체계를 이루고 있다.

한철학은 구체적인 영역과 추상적인 영역이 동적, 정적, 전체적, 다원적으로 나뉘며, 이들이 상호 결합하여 서로 다른 무수한 상태를 만들어내는 새로운 사고의 틀을 제시한다.[2] 즉, 필자가 간단하게 XY이론이라고 말한다 해도 이는 인간의 사유에서는 불가능할 정도의 많은 경우를 내포하는 것이다.

그리고 이와 같은 다양하고 복합적인 구체적인 영역과 추상적인 영역이 하나로 통합하는 과정이 혼돈상태이고, 이것이 다시 혁신하여 통일해 나가는 과정이 질서상태이다. 그리고 그 이전에 가능상태가 있으며 그 이후에 성취상태와 완성상태가 있다. 또한 이들이 해체될 때 무질서상태가 된다.

토마스 새무엘 쿤은 패러다임은 그로부터 도출된 어떤 규칙보다 우선하며 더욱 구속력이 있고 완전한 것인지도 모른다[3]고 주장했다. 그러나 이미 우리는 부정성의 패러다임이 아니라 긍정성의 변증법적 과정이 그로부터 도출된 어떤 규칙보다 우선하며, 더욱 구속력이 있고 완전한 것임을 안다.

즉, 부정성의 변증법으로서의 패러다임의 전환이란 없다. 대신 우리는 전체과정에서 하나의 상태가 다음 상태로 혁신을 이룰 수 있다는 것을 이해할 수 있다. 따라서 이제부터 우리는 "패러다임 전환은

---

2) 필자의 책 『한철학1 - 생명이냐 자살이냐』의 279~328쪽 참조.
3) 토마스 새무엘 쿤, 『과학혁명의 구조』, 이화여자대학교 출판부, 1996년, 49쪽.

없다! 상태의 혁신이 있을 뿐이다."라고 말해야 옳다.

(3) 기학과 이학, 유물론과 관념론

동양의 학문을 설명할 때 우리는 이理와 기氣를 나누어 설명한다. 한철학에서 설명하는 여러 상태에서 혼돈상태는 동양의 음양오행론을 설명하는 것이다. 물론 지나인들은 지금까지 상극오행과 상생오행을 하나의 혼돈상태로 만들어 그 상태를 통합한다는 단계에는 전혀 이르지 못했다. 그러나 혼돈상태 안에는 음양과 오행의 원리가 모두 다 설명되는 것이다.

그리고 질서상태(현실상태)는 혼돈상태가 통합되면서 최적화되어 그 중심에 태극이 생기고 그 외부가 64괘로 된 것이다.

동양에서는 음양오행 못지않게 태극과 64괘가 사용되고 있다. 그러나 지나인들은 지난 삼천 년간 음양오행이라는 혼돈상태가 태극과 64괘라는 질서상태로 혁신하는 이치를 알지 못했다. 그리고 태극과 64괘를 하나의 전체로 조직하는 방법을 알지 못했다. 왜냐하면 과정철학이 그들에게 존재하지 않았기 때문이다.

과문한 탓인지 필자는 동양의 철학이라고 자부하는 이학理學과 기학氣學 또는 이철학理哲學과 기철학氣哲學 또는 단학丹學은 도대체 어느 상태의 어느 부분을 설명하는 것인가에 대한 설명을 본적이 없다.

그러나 철학은 동서양을 막론하고 존재자와 존재, 물과 물자체, 현상과 본체와 같이 그것과 그 자체를 구분한다.

이에 대한 설명은 이미 혼돈상태를 벗어나 질서상태를 설명하는 것이다. 그러나 동서양의 그 어떤 철학자도 이 하나의 상태에서 다른 상태로의 변혁에 대해 설명한 사람이 없다. 즉, 혼돈상태에서 질서상태를 구분하여 설명하지 못한 것이다.

그러나 동양에서는 이학이든 기학이든 질서상태를 논하고 있다. 물론 서양의 철학도 마찬가지이다. 동서양의 모든 철학자들이 이와 같이 과정과 상태에 대해서 혼란과 지리멸렬에 빠져 있는 것이다.

물자체와 현상계도 마찬가지이다. 칸트는 사물의 영역과 추상의 영역을 대립시킨 것까지는 좋지만 엄밀한 의미의 혼돈상태는 만들지 못했다. 그리고 그 같은 불완전한 상태에서 느닷없이 물자체와 현상계가 출현하고 있는 것이다. 그는 혼돈상태도 질서상태도 만들지 못하고 그 과정도 설명하지 못했지만 이 두 상태가 만드는 과정에 대해 아무런 설명도 없이 이 양자를 하나로 뭉뚱그려 설명한 것이다.

이것이 지난 삼천 년간 동서양 철학이 보여준 문제이며, 한철학과 한사상의 바탕에 깔려 있는 과정철학과의 근본적인 차이점이다.

33. 상태론

한철학이 설명하는 상태론狀態論은 20세기에 와서 양자론이 나타난 다음에야 비로소 이해할 수 있는 가닥이 조금 나타났다. 즉, 현대 물리학자들은 물질의 아원자적 단위는 이중적인 특성을 가지고 있다는 사실이 밝혀졌다. 즉, 동시에 이것이기도 하고 저것이기도 한 것이다.

우리가 보는 관점에 따라 때로는 입자로, 때로는 파동으로 나타나며, 이 양면성은 빛에서도 나타나는데, 전자기 파동의 형태를 취하기도 하고 입자의 형태를 위하기도 한다. 이 광입자를 아인슈타인은 처음 양자(量子:quqnta) ― 양자론은 여기서 유래됐음 ― 라고 불렀으며 지금은 광자光子로 불리고 있다. 이 물질과 빛의 양면성은 대단히 이상한 것이다. 어떤 것이 대단히 작은 용적에 한정된 실체인 입자가 될 수 있으며, 동시에 광대한 공간으로 퍼지는 파동이 될 수 있다는 것을 인정한다는 것은 불가능한 것처럼 보인다. 그러나 바로 이것을 물리학자는 받아들여야 하는 것이다.[4]

카프라는 동시에 입자이면서 파동인 이것이 무엇인지 용어조차 설정하지 못하고 있다. 서양의 물리학자들은 물질을 연구하다가 느닷없이 나타난 상태狀態라고 하는 괴상한 그 무엇에 대해 극심한 혼란을 일으키고 있는 것이다.

물질은 응축하는 것이며, 빛은 확산하는 것이다. 이는 한철학에서 설명하는 '온'을 조직하는 구체적영역이 응축하는 것이며, 추상적영역이 확산하는 것과 일치한다.

그리고 고대 한국인들이 사물의 영역을 순수한 한국어 '감'으로 보고 추상의 영역을 순수한 한국어 '밝'으로 본 것과 완전한 일치를 보이고 있다. 감은 땅이며 밝은 하늘이다. 감은 입자이며 밝은 곧 밝은 빛을 상징하는 우리말인 것이다. 즉, 양자가 입자와 파동의 이중적 존재라는 사실은 곧 고대 한국인이 만물을 감과 밝으로 본 것과 같은 것이다.

즉, 온=100=감45＋밝55 인 것이다. 우리는 이미 이 수식이 천부도에서 흑점 45개와 백점 55개로 나뉘어 있음을 안다. 그리고 감 45가 낙서洛書로서 구체적인 영역의 원리인 상극오행이며, 밝55가 하도河圖로서 추상적인 영역의 원리인 상생오행임을 안다. 이 이중적인 상태가 곧 혼돈상태인 것이다.

---

4) F. 카프라, 『새로운 과학과 문명의 전환』, 이성범 역, 1993년, 75쪽.

카프라는 이 이중성을 물리학자는 받아들여야 한다고 말한다. 그러나 그 이전에 철학자가 이 이중성을 설명할 수 있어야 하는 것이다. 우리는 양자론의 이중성이 고대한국과 알타이어족의 신화와 우리의 고유한 경전들과 한철학과 한사상에 공통적으로 사용된 이중성을 설명한다는 사실을 확인한 것이다.

모든 것은 과정이며, 양자적 세계뿐 아니라 모든 상태는 입자와 파동의 이중성을 가지고 있는 것이다.

한철학이 설명하는 과정은 이와 같은 이중성의 가장 근본적인 상태인 혼돈상태가 그 내부의 혁신을 통해 통합상태가 되며 그것은 질서상태로 된다. 그리고 질서상태는 다시 내부적 혁신을 통해 통일상태로 된다.

<그림 7-1> 하도河圖

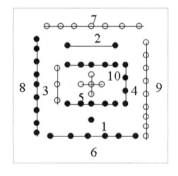

<그림 7-2> 낙서洛書

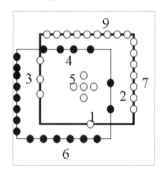

이 과정에서 혼돈상태는 동양에서는 음양오행의 이론이다. 즉, <그림 7-1>이 설명하는 하도河圖와 <그림 7-2>이 설명하는 낙서洛書가 이를 설명한다. 동양은 지난 삼천 년간 이 하도와 낙서를 전설적인 그림으로 생각하고 다방면으로 활용했다. 그러나 이 두 개의 그림에 나타난 원리를 하나의 전체로 만들어 그것이 혼돈상태라는

사실을 설명하는 일에는 그 상상력이 미치지 못했다.

즉, 양자역학의 파동은 하도河圖가 설명하며 이는 상생오행으로 숫자는 55이다. 그리고 양자역학의 입자는 낙서洛書가 설명하며 이는 상극오행으로 숫자는 45이다. 이 양자를 소통하고 통합하는 영역이 곧 온힘인 것으로 이는 하도의 숫자 55중에서 중앙의 10이다.

동양철학과 서양철학은 모두 온힘의 영역을 발견하지 못함으로써 단 하나의 상태도 발생시키지 못한 것이다.

질서상태는 사물의 영역과 추상의 영역이 하나의 전체로 조직되고 그 내부가 최적화된 혼돈상태에 중심의 영역이 발생하면서 이루어지는 것이다. 그 중심과 외부의 영역의 비율이 Han-Fan에서 보았던 36:64의 면적비이다. 이는 곧 한변증법 제2법칙 100=36+64이다.

이 64가 곧 역경의 숫자이다. 그러나 역경의 64괘가 그 중심에 36이라는 중심영역을 가지고 있다는 사실은 지난 삼천 년간 동양의 지식계에서 그 누구에게도 알려져 있지 않았다. 이 중앙의 영역 36이 곧 태극이다.

그리고 태극을 여덟 방향에서 관찰하면 팔괘[5]가 되며, 그것에 의미를 부여하면 팔강령이 된다. 이 팔강령의 원리가 Han-Fan에서 보

5) 태극은 중앙 36안에 존재하는 음(陰)과 양(陽)이 맞부딪치는 모양을 흰 부분과 검은 부분으로 대단히 잘 나타내고 있다. 태극을 여덟 방향에서 관찰하면 아래의 그림과 같은 팔괘가 나타난다. 가령 건(乾)은 흰 부분 전체이다. 곤(坤)은 검은 부분 전체이다. 태(兌)는 맞은편에 검은 부분이 있고 나머지는 모두 흰 부분이다. 간(艮)은 그 반대이다. 이(離)는 흰 부분 둘 사이에 검은 부분이 끼어 있고, 감(坎)은 그 반대이다. 진(震)은 검은 부분 둘 아래에 흰 부분이 있고, 손(巽)은 그 반대이다. 실제의 팔괘는 그림에 나타난 팔괘를 뒤집은 모양으로 그려진다.

았던 통일변증법이다. 즉, 질서상태를 최적화하여 통일상태로 이끄는 이론이다. 이 통일상태를 최적화하면 성취상태가 된다. 이 상태는 주어진 조건 특히 자연상태를 최적화한 상태가 된다. 그리고 이 성취상태를 최적화하면 완성상태가 되는 것이다. 이 상태는 주어진 사회를 최적화하는 상태이다.

우리는 이미 이 상태론을 여기까지 오면서 상당 부분 다루어 어느 정도는 이해하는 단계에 와 있다. 그러나 여기서는 좀 더 자세히 살펴봄으로써 좀 더 깊이 있게 이해해 보도록 하자.

(1) 가능상태

한 개인의 가능상태는 태아이다. 누구나 태아의 시절을 가지고 있으며 그 때의 기억은 무의식의 깊은 곳에 거대하게 자리 잡고 있다. 또한 어느 민족에게나 가능상태는 그 민족의 원형으로 남아 있다. 우리 한민족의 가능상태는 한국·배달국·고조선 이전에 존재했다. 아마도 시베리아의 바이칼 호수 근처에서 투르크족이나 몽골족 등의 조상들과 함께 어울려 살며 훗날 인류전체를 재세이화·홍익인간의 길로 이끌 한사상과 한철학을 갈고 닦고 있었을 것이다.

인류의 가능상태는 과학에서는 원시시대가 될 것이다. 이 부분은 다양한 이론이 있지만 그 학설이 일반사회에 논란을 일으킬 정도로 문제가 되지는 않는다.

그러나 신화와 종교에 이르면 이 문제는 매우 복잡해진다. 태초에 황금시대가 있었다는 전설과 신화는 인간의 태아시절의 낙원과 일치한다. 그러나 이 경우 그 후의 역사과정은 타락과 대대적인 하강이 된다. 가능상태는 완전히 독립된 하나의 상태로서 동일한 원리를 갖지만 인간에게 받아들여지는 것은 매우 다양하다. 특히 신화와 종교가 개입되면 더욱 더 복잡다단한 것이다.

바다거북은 알로 존재하는 가능상태에서 이미 알에서 깨어나 바다를 향해 전진할 것과 바다 속을 헤엄치며 삶을 살아갈 과정을 이미 내포하고 있다.

그러나 가능상태는 역동성과 속도가 거의 제로에 가까운 상태이다. 모든 상태가 완전히 독자적인 차원으로 존재하지만, 가능상태는 그 중에서도 매우 특별한 상태이다.

가능상태는 완전히 독자적인 차원으로 존재하는 하나의 상태인 것이다. 가능상태는 다른 상태들과는 전혀 다른 차원의 원리로 움직이고 있는 것이다. 흥미진진하기 이를 데 없는 이 가능상태는 풍부한 연구영역을 가지고 있는 것이다. 그리고 무궁무진한 응용분야를 가지고 있다.

그리고 무엇보다도 가능상태에 대한 정확한 이해가 우리가 몰랐던 여러 가지 무지에서 벗어나게 해줄 것이다.

① 일반적 가능상태

예를 들자면, 식물의 씨앗 그리고 조류와 어류의 알, 그리고 동물의 태아가 가능상태이다. 가능상태는 역동적인 전체과정의 근본이되지만 가능상태는 어느 한계에서는 정적이다. 가능상태는 역동적이지 않은 상태인 것이다. 그러나 한철학의 과정철학이 설명하는 정적인 가능상태는 그리스나 인도의 정지된 사고의 틀과 근본적으로 다르다.

가능상태는 정적이라고는 하지만 완전히 정적인 것은 아니다. 그 내부적인 영역은 다음 상태로 혁신하기 위해 나름대로 움직이고 있는 것이다. 가능상태는 인도유럽식 사고의 틀과 같이 무생명적인 정지상태가 아니라 살아서 움직이는 생명체로서 미세하게 움직이지만 표면적으로는 정지상태로 보이는 것이다.

가능상태는 단순히 씨앗이나 달걀이나 태아만으로 존재하는 것은 아니다. 오히려 우리는 모르는 사이에 활발하게 이 영역을 사용하고 있다. 즉, 하루를 과정으로 본다면 잠자는 상태는 가능상태이다. 또한 곰이나 개구리가 겨울잠을 자는 것도 가능상태를 활용하는 것이다.

② 생활 속의 가능상태

식물과 조류와 어류와는 달리 동물은 태아상태가 있다. 특히 동물에게 태아상태는 원하는 것을 모두 얻으면서 필요한 모든 보호를 받을 수 있는 낙원이다. 이곳에서 벗어나면 곧 실락원이 되는 것이다.

인간은 누구나 태아시절의 기억이 무의식 속에 강하게 남아 있으며 또한 누구나 태아시절의 그 행복했던 낙원으로 돌아가려는 욕망을 가지고 있다. 그것은 너무나 강력한 욕망이지만 인식하기 어려운 욕망이다.

우리는 현실 속에서도 잠시 태아상태와 같은 가능상태에 머물기도 한다. 깊은 잠을 잘 때가 그것이다. 또한 마음을 고요하게 하고 숨을 고르게 할 때 그 상태에 머무르기도 한다.

우리는 이 태아시절의 낙원으로 돌아가기 위해 다양한 사람들이 다양한 방법으로 노력하는 경우를 보게 된다. 그러나 그 누구도 태아시절의 낙원으로 다시 돌아갈 수 없다.

③ 병적인 가능상태

태아는 아무런 행동을 하지 않으면서 현실을 사는 인간들로서는 이룰 수 없는 불가능한 모든 것을 얻는다. 그러나 현실을 사는 존재자가 이 같이 불가능한 것을 가능하다고 생각한다면 그는 대체로 신비주의자가 되는 것이다.

동서고금에는 인간과 천지만물의 모든 것을 자기가 마음먹은 대로 변화시킬 수 있다는 인물들이 등장한다. 실제로 모든 인간은 태아상태에서 이처럼 원하는 모든 것을 마음대로 얻을 수 있었다. 그러나 일단 세상에 태어난 이상 그 누구도 다시는 이 같은 신통력을 발휘할 수 없다.

그러나 예외가 있다. 개인의 주관적인 상상의 세계와 언어의 세계에서는 불가능한 모든 것이 가능하다. 누구나 자신의 마음과 말을 사용한다면 못하는 것이 없이 모든 것이 가능한 것이다. 그러나 마음과 말은 현실세계의 그 무엇을 조금이라도 변화시킬 능력이 없다.

즉, 상상의 세계나 언어의 세계와는 달리 현실세계에서는 그 어떤 신비로운 도통을 한 사람이라도 그 신비한 능력으로 단지 숟가락 하나를 허공에 잠시 동안만이라도 떠 있게 할 아주 조그만 신비로운 능력이라도 있는 자는 이 세상에 단 한 사람도 없는 것이다.

그러나 태아상태가 모두 문제가 있는 것은 아니다. 현실에서 태아처럼 살기 위해 태아처럼 최소한의 소비만을 하면서 태아처럼 순수한 마음으로 살아간다면 그 삶은 최소한 남에게 피해를 주지는 않는 삶이 될 수 있을 것이다.

그러나 태아처럼 모든 보호를 받기를 원하면서, 스스로는 피와 땀과 눈물을 희생하는 아무 일도 하지 않으면서 비현실적이고 허황된 상상과 언어의 힘만으로 그 누구보다 사치스럽고 호화스럽게 낭비하며 살아간다면 어떻게 되겠는가?

이 경우 이 같은 존재자가 가정이면 그 가정이 파괴되고, 기업이면 기업이, 국가면 국가가 파괴되는 것이다. 이는 문명의 말기적 현상으로 병적인 가능상태인 것이다.

④ 가능상태의 활용

산삼山蔘은 외부에 이상기후나 외적 충격이 주어지면 성장을 10년이나 20년씩 멈추어버린다고 한다. 즉, 스스로 현실상태에서 가능상태로 되돌아가는 것이다. 그리고 다시 충분한 여력을 갖춘 다음 다시 성장을 시작하여 꽃을 피우고 열매를 맺는 것이다.

곰도 마찬가지이다. 곰은 겨울잠을 잠으로써 추운 겨울에 스스로 가능상태를 만들어 추위를 견디고 봄에 깨어나 활동하는 것이다.

시간의 화살은 우주를 관통해 달리며 그것은 불가역성을 가진다. 과정의 상태들은 결코 반복할 수 없는 것이 원칙이다. 그러나 예외도 있는 것이다. 현명한 사람이란 바로 그 예외를 활용할 수 있는 사람인 것이다.

산삼이나 곰이 활용하는 예외를 사람이 활용할 수 없다는 것은 말이 되지 않는다. 이 이치를 모르고 자신의 일생이 마치 공장의 생산라인인 것으로 알고 쉬지 않고 일만 하다가 30, 40대의 아까운 나이에 과로사하거나 병을 얻어 죽거나 평생을 불구로 고생하는 경우를 많이 본다. 우리나라 40대의 사망률이 세계1위라는 것은 이 가능상태를 활용할 수 없는 무지가 세계 1위라는 말과 다르지 않다.

열심히 일하는 것은 좋지만 엄동설한의 추위에 아무리 열심히 피와 땀과 눈물을 흘리며 밭을 갈아 씨를 뿌려도 그 일에서 성과를 기대하기는 불가능한 것이다. 과정에 대한 무지는 개인의 불행이며 가정의 불행이며 국가의 불행인 것이다.

사람도 30대, 40대, 50대, 60대 등에 재충전을 위해 자신만의 리듬을 가질 수도 있다. 즉, 현실상태에서 잠시 가능상태로 다시 돌아올 수 있는 것이다. 그리고 인생을 다시 새로운 혼돈상태에서 시작하여 질서상태로 나아갈 수 있는 것이다. 참다운 지혜란 과정을 사용하는 능력인 것이다.

봄에 꽃을 피워 여름에 열매를 만들고 가을에 열매를 맺어 수확하게 하는 꽃만이 꽃이 아니다. 여름의 산과 들을 보라! 얼마나 많은 꽃들이 피어 있는가? 가을의 산과 들을 보라! 남들이 열매를 맺는 바로 그 순간에 그 옆에 새롭게 꽃을 피우는 들국화를 보라! 누가 여름과 가을에 피는 꽃을 봄에 피는 꽃보다 못하다고 할 것인가?

꽃 중의 꽃은 겨울에 피는 꽃이다. 겨울에 창밖에서는 매서운 눈보라가 몰아치는데, 책상 옆에서 홀로 의연히 꽃을 피우는 난蘭을 보라! 얼마나 장엄한 모습인가? 차가운 눈을 밀쳐내고 꽃을 피우는 매화梅花는 또 어떠한가? 붉고 아름다운 동백冬柏꽃은 또 어떠한가?

인생은 공장의 생산라인이 아니다. 인생의 초반에 꽃을 피우는 사람, 중반에 꽃을 피우는 사람, 후반에 꽃을 피우는 사람, 말년에 꽃을 피우는 사람이 있다. 어느 무지막지한 사람이 감히 이 각각의 꽃에 대해 우열을 가리려 하는가? 공장식 사회의 그 끔찍한 고정관념은 이제 박물관에서나 필요한 것이다.

요즈음은 수명이 보통 80년이다. 이제야말로 가능상태의 중요성을 알고 적극적으로 활용할 때가 된 것이다.

⑤ 가능상태의 문화와 과학기술

가능상태에서는 가능상태만의 문화와 과학기술이 있다. 먼저 가능상태에서의 가치는 시공간을 초월하여 존재하면서 장차 시공간을 가질 경우 무엇이든 가능하다는 가능성과 희망과 기대가 있다. 가능상태는 단지 희망과 기대뿐만 아니라 장차 일어날 것의 전부는 아니더라도 상당부분을 미리 품고 있는 것이다.

앞서 말했듯이 이런 상태를 씨앗이나 태아상태에서 발견할 수 있는데 씨앗의 경우 수년 또는 수십 년 또는 그 이상의 시공간 속에서 살아있을 수 있다. 다시 말하면 시공간의 지배를 받는 사적영역이 시공간의 지배를 벗어나 있다는 말이 된다. 물론 이 씨앗 안의 시공간은 외계에 비해 특수한 상태이지 절대적으로 시공간에서 벗어난 상태는 아니다.

이 가능상태에서는 역동성이 거의 없는 상태이다. 하지만 장차 외적인 시공간이 주어질 때 모든 것이 가능한 상태이다. 다른 말로는 희망상태 또는 잠재상태潛在狀態가 바로 이 가능상태를 말하는 것이다.

(2) 혼돈상태

정의 2 한변증법 제1법칙

순수한 우리말 온은 100을 설명한다. 이는 모든 단위의 전체를 의미하는 것이다. 그리고 한철학의 한변증법 제1법칙은 이 모든 단위의 전체인 100을 다시 45+55로 나눈다. 즉, 100=45+55이다.
여기서 45는 구체적인 사물의 영역이다. 또한 55는 추상적인 관념의 영역이다. 한변증법 제1법칙은 사물의 영역과 추상의 영역을 하나의 전체로 만드는 법칙이다.
이렇게 이루어진 전체를 혼돈상태라고 한다. 여기서 45의 영역을 설명하는 유물론은 동양에서는 오행상극의 원리이다. 그리고 55의 영역을 설명하는 관념론은 동양에서는 오행상생의 원리이다.

혼돈상태는 그 이전에 가능상태가 있고 그 이후에 질서상태와 성취상태와 완성상태가 있다. 혼돈상태는 전체과정 중에서 가장 애매한 상태로 시공간에서 잠시만 존재하는 상태이다. 가령 이미 설명을 했지만 가능상태가 달걀과 태아 그리고 콩으로 예를 들어 설명했다. 그리고 혼돈상태는 달걀안의 병아리, 출산중의 아기, 콩나물로 예를 들어 설명했다. 이 혼돈상태는 동서고금의 철학에서 정확하게 설명하지 못한 새로운 상태이다. 이름처럼 혼돈스러운 상태이기는 하지

만 전체과정에서 필수불가결한 상태인 것이다.

혼돈상태는 사물의 영역과 추상의 영역이 대립하는 관계로 설명한다. 동양에서 사물의 영역은 낙서洛書가 설명하는 상극오행으로 설명하며 추상의 영역은 하도가 설명하는 상생오행으로 설명한다. 서양에서는 에피쿠로스와 플라톤 이래 사물의 영역은 유물론으로 추상의 영역은 관념론의 대립으로 설명해왔다.

한철학은 동양의 상극과 상생의 오행과 서양의 유물론과 추상의 영역을 하나의 전체로 조직하는 혼돈상태로 본다. 이와 같은 혼돈상태를 설명하는 동서양의 철학은 단 한 장의 그림에서 모두 설명된다. 이를 천부도天符圖[6]라고 부른다. 이 그림은 검은 점 45개와 흰점 55개가 하나의 전체를 조직한다. 양자역학적으로는 검은 점 45개는 구체적인 사물이며 흰점 55개는 추상적인 관념이다.

그런가 하면 천부도에서 설명되는 사물의 영역의 45개의 점과 추상의 영역의 55개의 점은 좀 더 자세하게 나누어서 생각할 수 있다. 즉, 각각의 영역을 정적, 동적, 전체적, 다원적으로 나누어서 생각할 수 있는 것이다. 이 방법은 세계를 통합과 통일적으로 보는 통찰력을 제공한다. 이 천부도는 동서고금의 철학을 모두 포함하는 것이다.

① 균형론

인간과 만물은 무의식중에 대립하는 양자에서 균형을 취한다. 또는 무언가 불균형을 균형으로 하기 위해 새로운 것을 대립시킨다.

예를 들면 나폴레옹은 키가 작다. 그러나 그는 눈에 보이는 육체적인 부분에서는 다소 결함이 있다 하더라도 눈에 보이지 않는 추상의 영역을 무한히 확장할 수 있다는 사실을 증명했다. 즉, 그의 추상

---

6) 천부도(天符圖)는 한국에만 존재하는 천부경(天符經)과 삼일신고 그리고 366사를 비롯한 십수 권의 경전의 핵심원리를 단 한 장의 그림으로 설명한다. 필자가 이전에 일적십거도라는 이름으로 사용한 것도 이 그림이다.

의 영역인 거대한 꿈과 야망을 실현시킴으로써 그가 키가 작다는 사실은 전혀 문제가 될 수 없다는 사실을 증명했다.

링컨의 경우 젊었을 때 못생긴 추남이었다. 그러나 그는 추상적인 영역인 마음을 올바로 사용함으로써 인격을 무한히 높일 수 있다는 사실을 증명했다. 그가 나이를 먹었을 때 훌륭한 인격이 얼굴에서 충분히 표현됨으로써 타고난 못생긴 얼굴은 아무런 문제가 되지 않았다.

나폴레옹이나 링컨은 구체적으로 드러난 육체적인 부족함을 눈에 드러나지 않는 추상적인 영역을 개발하여 구체와 추상의 균형을 맞춤으로써 문제를 극복한 좋은 예이다.

이처럼 구체적인 영역과 추상적인 영역은 상호보완의 관계에 있는 것이다. 결코 지금까지의 철학처럼 구체적인 사물의 영역이 추상적인 마음의 영역과 서로 부정하는 관계에 있는 것이 아닌 것이다.

단군팔조교에서 다 떨어진 신발도 짝이 있다[7]는 말은 오늘날 짚신도 짝이 있다는 말로 우리가 늘 사용하는 말이다. 이 말은 인간은 반드시 짝이 있다는 사실을 말하는 것이다. 또한 만물이 다 짝이 있다는 말이며, 동시에 과정 안에서 모든 상태는 짝이 하나의 전체를 이루고 있음을 잘 설명하는 말이다.

우리말에 오락가락한다는 말에 담긴 개념도 서양인들에게는 이해가 어려운 것이다. 서양인들에게는 오든가 아니면 가든가이지 오락가락이라는 애매모호한 개념은 없는 것이다. 그러나 바로 이런 부분에 우리 한국인들의 균형론이 있다.

---

7) -제4조-
　하늘을 나는 새와 땅을 다니는 짐승도 짝이 있고, 다 떨어진 신발도 짝이 있나니 너희들 사내와 계집은 서로 화합하여 원한이 없게 하고, 질투함이 없게 하고, 음탕함도 없게 하라.
　금수유쌍 폐리유대 이남녀 이화 무원무투무음
　禽獸有雙 弊履有對 爾男女 以和 無怨無妬無淫

② 분배와 성장

지금까지의 사고의 틀에서는 분배가 먼저인가 아니면 성장이 먼저인가이다. 우리가 사고의 틀을 긍정성의 변증법으로 바꾸면 이와 같은 방법은 극히 어리석다는 것을 알 수 있다. 즉, 분배와 성장은 동시에 이중적으로 이루어지는 것이다. 이 역시 XY이론의 테두리이다.

성장과 분배가 하나의 전체로 이루어질 때 성장과 분배는 첨예하게 대립하고 있다. 성장과 분배는 크면 클수록 좋다. 그러나 성장이 커지면 분배가 문제가 되고, 분배가 커지면 성장이 문제가 된다는 사실에서 성장과 분배의 변증법은 양자론과 같이 이중적이다. 그리고 그 비율이 핵심적인 문제가 된다. 즉, 얼마나 나누어주면서 성장할 수 있는가 하는 문제이다.

이 문제에서 답은 명확하다. 적어도 성장이라는 긍정적인 영역이 분배라는 부정적인 영역보다 10%는 커야 성장과 분배가 하나로 이루어진 전체가 혼돈상태의 생명체로 존재할 수 있다는 점이다.

따라서 이 양자가 45:55의 비율로 얼마나 잘 조화를 이루는가가 사회의 경제적 평화를 이루는 일이 되는 것이다. 이 부분을 설명하지 못한다면 성장과 분배의 변증법은 해결되지 못하는 것이다. 바로 이 부분에 45:55의 비율이 놀라운 힘을 발휘하는 것이다. 그리고 그 경계면에 위치한 온힘이 결정적인 역할을 하는 것이다. 즉, 성장은 속도와 긴밀한 연관이 있으며, 존재자가 속도를 가질 수 있게 하는 근본적인 영역은 온힘의 영역이기 때문이다.

그러나 이 비율은 법적인 제재로 될 수 있는 일이 아니다. 분배를 주도하는 세력이 강자로서 약자를 착취하려는 생각을 가지고 있는 한 분배와 성장은 항상 강자가 약자를 부정하고 박멸하는 부정성의 변증법에서 벗어나지 못한다.

그러나 가령 주변국가와 경쟁을 위해 분배를 줄이고 대신 성장을 먼저 해야 할 경우가 있을 것이다. 또한 지나친 성장으로 내부적인 문제가 발생할 가능성이 있다면 분배를 늘이고 성장을 축소할 필요도 있을 것이다.

이 모든 것은 그 사회의 구성원들이 자발적으로 합의를 이끌어내어 주어진 상태에 가장 알맞은 비율을 만들어내는 것이 중요할 것이다.

③ 혼돈상태의 문화와 과학기술

혼돈상태에는 혼돈상태만의 문화와 과학기술이 있다. 혼돈상태는 시공간을 초월한 상태도 아니며 또한 우리가 아는 시공간의 세계도 아니다. 그 중간의 애매한 상태이다. 그러나 시공간이 상대적으로 주어지지 않은 가능상태에서 시공간이 주어진 상태인 것만은 틀림없다.

대단히 짧은 순간에 존재하는 상태이지만 이 짧은 순간을 가지지 않고는 과정상에 존재할 수 없는 것이다. 콩나물이나 태어나는 아기가 태아도 아니고 신생아도 아닌 그 애매한 상태가 곧 혼돈상태이다. 또한 달걀 안에 달걀껍질을 막 깨고 나오려는 병아리의 상태가 또한 혼돈상태이다.

이 상태의 가치체계와 과학적 지식체계가 가능상태나 질서상태의 것과 같을 수 있겠는가? 가령 태아도 아니고 신생아도 아닌 혼돈상태의 아기가 위급한 상태라면 그 아기를 태아나 신생아중 어느 상태로 보고 대처하겠는가?

이 혼돈상태의 아기가 존재하는 시간은 길어야 두 시간 정도일 것이다. 그러나 하나의 문명이 혼돈상태라면 문제는 다르다. 그 문명에 대처하는 방법이 가능상태와 질서상태의 방법 중 어느 것을 사용할 것인가?

문명이 아니라 가정의 기업에 있어서 한 달이나 일 년 정도 걸리는 상황이라면 그 상황에 대해 어떻게 대처할 것인가? 혼돈상태에서 위급한 상황을 맞았을 때 혼돈상태만이 가지는 특성을 분명하게 모른다면 혼돈상태로 존재하는 존재자는 해체의 위기를 맞게 될 것이다. 이 상태들은 모두 주어진 내부구조와 속도가 모두 다르다. 즉, 각각의 상태는 모두 고유한 차원이 있는 것이다. 혼돈상태는 혼돈상태만의 내부구조와 역동성과 속도가 있으며 혼돈상태의 문제는 이 내부구조와 역동성과 속도에 맞추어 문제를 해결해야만 하는 것이다. 물론 다른 상태들도 그 고유한 내부구조와 역동성과 속도에 맞추어 문제를 해결해야 하는 것이다.

이 혼돈상태의 내부는 사물의 영역과 추상의 영역이 통합상태로 존재한다. 이때 사물의 영역을 다루는 과학적 지식체계와 추상의 영역을 다루는 가치체계는 혼돈상태의 것을 사용해야만 한다. 가령 이 혼돈상태에서 질서상태나 성취상태 등의 원리를 사용한다면 그 역시 혼돈상태를 파괴하는 것이 되는 것이다.

혼돈상태의 방법론은 우리가 지금까지 다루어 온 $100 = 45 + 55$의 수식 안에 존재하는 것이다.

가능상태와는 달리 시공간에 노출이 되기는 했지만 완전한 것은 아니므로 아직은 사적영역과 공적영역이 정해지지 않는 상태이다. 즉, 대립의 상태로서 통합의 상태인 것이다. 가령 혼돈상태의 알기 쉬운 예를 들어 생각해보자. 지금 막 태어나고 있는 아기가 있을 때 그 아기는 가능상태인 태아도 아니고, 질서상태인 신생아도 아닐 것이다. 그 대립상태에서 마음과 몸이 하나가 되어 있지만, 아직 뇌와 의식이라는 공적영역이 사적영역인 몸과 마음을 지배하는 상태는 아닌 것이다.

콩나물도 마찬가지이다. 자연상태의 콩나물은 아직 콩도 아니고 콩줄기도 아닌 애매한 상태로서 움으로서 땅속에서 땅밖으로 벗어나기 직전의 상태인 것이다. 콩나물이 이 상태를 벗어나 햇빛을 보는 순간 광합성을 하기 시작하며 콩나물 안의 모든 상태는 햇빛을 중심으로 하는 공적영역과 사적영역으로 바뀌는 것이다. 즉, 질서상태가 되는 것이다.

우리는 원시시대에도 문화와 과학기술이 존재했음을 안다. 모닥불과 돌도끼를 사용하는 것도 과학기술이며, 가족이 죽었을 때 땅에 묻으며 꽃을 뿌리는 것도 문화이다. 이들에게도 가치체계와 과학적 지식체계는 나름대로 하나의 전체로 통합된 상태였을 것이다. 인류의 역사도 하나의 과정에 불과한 것이다. 그렇게 보면 원시시대는 경우에 따라서는 나름대로 혼돈상태를 이루어낸 경우가 있다고 볼 수 있는 것이다.

그러나 원시시대가 아니라 지금 이 시대에도 사고의 틀이 혼돈상태에도 머무르지 못한 경우는 허다하다. 가령 부정성의 변증법이 그것이다. 너 죽고 나 살자는 그 무지막지한 논리! 이 방법론은 혼돈상태도 만들 수 없는 논리이다. 아니 혼돈상태를 파괴하여 무질서상태로 만드는 논리인 것이다. 이는 상태에서는 반드시 희생자가 필요한 것이다.

가령 남성이 여성을 부정하고 박멸하여 희생시키는 마녀사냥은 이 같은 부정성의 변증법에서는 필연적으로 나타나는 것이다. 그리고 백인이 흑인을 부정하고 박멸하여 노예로 삼아 희생시키는 것도 그 대상만 다르지 형식은 같은 것이다. 또한 자본가가 노동자를 부정하거나 노동자가 자본가를 부정하는 논리도 같은 형식이다. 그런가 하면 자연을 착취하여 생물학적 종을 멸종시키고 자연을 파괴하는 것도 똑같은 것이다. 이 모든 것은 대립하는 쌍방을 최적화하여 혼돈상태로 만들지 못하고 대립하는 어느 한 쪽이 다른 한쪽을 부정하고 박멸하여 희생자로 만드는 부정성의 변증법이 작용하는 것이다.

또한 이 상태가 되는 이유 중 하나는 물질을 다루는 과학기술이 아무리 발전했다 해도 그 반대편에 올바른 문화가 뒷받침해 주지 못하기 때문이다. 이 불균형이 곧 부정성의 변증법을 형성하는 이유 중 하나이다. 이 경우 과학기술은 흉기가 되는 것이다. 또한 이 상태는 오히려 원시시대만큼도 행복하지 못한 것이다. 놀랍게도 지금 우리가 사는 문명이 바로 그러한 불균형의 문명인 것이다.

오늘날도 가장 못사는 나라의 국민들이 선진국 국민보다 행복지수가 훨씬 더 높다. 1998년 런던 정경대학(LSE)이라는 곳에서 어느 나라가 가장 행복한가를 조사 했는데, 그 당시에 방글라데시·아제르바이잔·나이지리아가 1·2·3위를 차지했다고 한다. 그 후 영국의 심리학자 로스웰과 인생 상담사 코언이 만들어 2002년 발표한 행복공식(행복지수)에서도 1위를 방글라데시가 차지했다고 한다.[8] 또한 행복지수가 가장 낮은 나라들은 복지가 가장 잘 되어 있다는 스웨덴, 핀란드 등 북유럽 스칸디나비아 반도의 국가들이었다. 이들 국가는 자살률도 높았다.[9]

우리가 생각하는 과학기술과 문화에 얼마나 큰 허점이 있는가를 잘 말해주는 것이다. 문화와 과학기술을 통합하는 방법이 어떤 것인지에 따라 삶에 대한 목적과 행복도가 달라지는 것이다. 우리는 지금까지 이와 같은 관점에서 인간과 자연을 살펴본 적이 한 번도 없는 것이다. 우리는 허상을 보고 진실이라고 믿어온 것이다.

④ 양자역학과 과정철학

---

8) 《국방일보 전자신문》 2006. 3. 20. 중령 허현구.
9) 《문화일보》 2006. 3. 27. '전신철 박사의 체질건강론'.

칸트 이전의 종교인과 철학자들은 신의 존재를 증명할 수 있다고 주장했다. 칸트는 소위 신이 존재한다는 사실을 증명한다는 이론들은 모두가 추상적인 영역을 구체적인 영역으로 착각하고 있다는 사실을 증명했다. 이로써 칸트 이후에 신의 존재를 증명할 수 있다는 사람들은 지식계에서 완전히 사라졌다. 물론 신이 존재하지 않는다고 증명할 수 있는 사람도 사실은 이때 이미 지식계에서 완전히 사라진 것이다.

뉴턴은 단독으로 존재하는 입자를 주장했다. 뉴턴이 주장한 이 입자는 그동안 구체적인 영역에서 존재하는 것으로 당연시되었다.

그러나 금세기 초 원자에 관한 실험적 연구는 깜짝 놀랄 전혀 의외의 결과를 초래하였다. 원자는 견고한 고체라는 오랜 이론과는 동떨어진 것으로 극히 미세한 입자 - 전자 - 가 핵 주위를 돌고 있는 광대한 공간으로 구성되어 있는 것으로 바뀌었다. 수년 후 양자론에 의해 아원자입자 - 전자 및 원자핵 내의 양성자와 중성자 - 까지도 고전물리학의 구체적 실체가 아니라는 것이 밝혀졌다.[10] 즉, 양자역학의 발견으로 뉴턴의 입자는 단지 추상적인 존재일 뿐 결코 구체적인 존재가 아니라는 사실이 밝혀진 것이다.

그런데 이 입자와 파동이 이중적으로 존재하는 아원자의 세계를 이해하는 방법론이 양자역학에서는 대단히 중요하게 대두되었다. 이에 대해 불확정성의 원리가 설명된다.

즉, 우리들이 원자현상을 기술하기 위해 고전적인 용어 - 입자, 파동, 위치, 속도 - 를 사용할 때마다 서로 연관되어 있고, 동시에 명확히 정의될 수 없는 한 쌍의 개념 또는 양면이 있다는 것을 발견하게 된다. 우리가 기술하는 데 있어서 어느 한 면을 강조하면 할수록 다른 면이 불확실해지며 양자 사이의 정밀한 관계는 불확정성의

---

10) F. 카프라, 『새로운 과학과 문명의 전환』, 이성범 역, 1993년, 74쪽.

원리로 주어지는 것이다.[11]

이 양면성의 개념 또는 이중적인 개념은 한철학에서는 당연한 상식이지만 지금까지의 과학과 철학에서는 너무도 혼란스러운 것이다. 이 문제를 이해하기 위한 최선의 방법론은 닐스 보어가 발표한 상보성相補性이라는 개념이다. 즉, 보어는

> 입자상粒子像과 파동상波動像은 같은 실재實在의 두 가지 상보적 기술記述로서, 각자는 오로지 부분적으로만 정확하고 적용의 한계성을 가지고 있다고 보았다.[12]

는 것이다. 카프라는 음양론에서 그것은 대립적인 음과 양이라는 하나의 극 속에 상보적으로 상호 연관되어 있기 때문이며 이 사실이 닐스 보어에게 깊은 인상을 주었다는 것이다.[13]

닐스 보어가 음양론陰陽論에서 상보성의 원리를 발견함으로써 양자적인 우주가 설명되었다면 그것은 완전히 틀린 것은 아니지만 결정적으로 부족한 것이다. 왜냐하면 기존의 음양론에는 음과 양의 경계면에 존재하는 온힘의 영역이 반영되어 있지 않기 때문이다. 이 음양론의 음양대립은 50:50이다. 그리고 이 대립은 칸트의 소극적인 대립과 동일한 것이다. 이처럼 철학에서 한 번 잘못 정해진 사고의 틀은 두고두고 그 문명 전체를 괴롭히게 되는 것이다.

진정한 음양론이란 곧 '온'이다. 이는 100＝45＋55로 설명된다. 즉, 음양대립은 45:55인 것이다. 서양의 물리학자들이 생각한 것처럼 중국인들이 위대한 철학을 만든 것이 아니다. 진정한 음양론은 고대 한국인과 고대 알타이인들이 발견한 것이다. 그리고 그것을 철

---

11) F. 카프라, 『새로운 과학과 문명의 전환』, 이성범 역, 1993년, 76쪽.
12) 앞의 책, 75쪽.
13) 앞의 책, 76쪽.

학이론으로 만든 것은 고대한국인이다.

음과 양 나아가 상극오행과 상생오행이 하나의 전체로 조직될 때 그것은 혼돈상태이다. 이 상태는 콩나물과 태어나는 아기와 같이 대단히 애매모호한 상태로서 인간에게 잘 포착되지 않는 상태이다. 카프라는 양자적 세계의 상태를 이렇게 설명한다.

> 아원자적 수준에서는 물질은 일정한 장소에 확실하게 존재하는 것이 아니라 차라리 존재하려는 경향을 보이는 것이며, 원자적 사건은 일정한 시간에 일정한 방법으로 확실하게 일어나는 것이 아니라 일어나려는 경향을 보이는 것이다. …… 원자물리학의 모든 법칙은 이 확률로 표현된다. 원자적 사건을 우리는 확실하게 예언할 수 없으며 일어날 가능성을 예측할 수 있을 뿐이다.[14]

카프라가 말하는 존재하는 것이 아니라 차라리 존재하려는 경향을 보이는 것이며, 원자적 사건은 일정한 시간에 일정한 방법으로 확실하게 일어나는 것이 아니라 일어나려는 경향을 보이는 것이라는 말은 한철학의 혼돈상태를 설명하는 말로서 매우 적당한 말이다.

필자는 혼돈상태를 오랫동안 연구했지만 이처럼 적절한 용어를 찾아내지 못했었다. 말하자면 혼돈상태의 아이 다시 말해 출산중인 아이는 신생아가 되려는 경향을 보이는 것이다.

철학은 이제 물질과 빛이 이중적으로 존재하는 상태, 즉 입자적 세계와 파장적 세계가 이중적 또는 양면적으로 존재함을 어떻게 설명하는가가 중요한 문제가 되었다. 양자적 미립자의 세계가 입자와 파장으로 이루어졌다는 사실이 한철학의 입장에서는 당연할지언정 조금도 당황스러운 것이 아니다.

---

14) F. 카프라, 『새로운 과학과 문명의 전환』, 이성범 역, 1993년, 76쪽.

필자가 사우디아라비아 사막의 건설현장에서 상앙의 법가적 방법론과 오자의 병가적 방법론을 이중적으로 사용한 것은 곧 사물의 영역과 추상의 영역을 이중적으로 사용한 것이다. 이른바 XY이론은 자연스러운 우주의 법칙에 제대로 적응한 것이었다.

한철학은 철학의 가장 기본이 되는 형식을 이와 같이 구체적인 영역과 추상적인 영역의 통합체로 설정했다. 즉, 전체를 100으로 보고 입자인 구체적 영역을 45, 파동인 추상적인 영역을 55로 본 것이다.

문제는 그 영역이 전체적이냐 다원적이냐, 동적이냐 정적이냐 따위의 구분이 아닌 것이다. 이 시대의 철학자들은 뉴턴의 역학과 양자역학이 근본적인 차이인 것처럼 생각한다. 그러나 근본적인 문제는 그것이 아니다.

이미 필자는 이 구체적인 영역과 추상적인 영역이 동적·정적 그리고 전체적·다원적으로 구분되어 만들어낼 수 있는 경우의 수가 거의 무한대에 가깝다는 사실을 팔상태론[15]에서 설명했다.

여기서 그 상태가 무엇이든 구체적인 영역의 특성은 응축하는 것이며 추상적인 영역은 확산하는 것이다. 우리가 만물을 아원자적으로 보든 아니든 그것과 상관없이 만물은 구체적인 영역과 추상적인 영역의 통합체이다.

우리가 참으로 문제 삼아야 하는 것은 그 구체적인 영역과 추상적인 영역의 경계면에 이 양자를 소통하고 통합하는 영역이 있느냐 없느냐이다. 이 문제의 핵심은 그동안 이 문제를 가장 날카롭게 분석하여 이론을 내놓은 지금까지의 최고의 철학자들에게서도 발견되지

---

15) 구체적 영역과 추상적 영역을 동적·정적 그리고 전체적·다원적으로 나누면 8가지의 상태가 되며 이 팔상태가 만들어내는 경우의 수는 8!가 된다. 그리고 이 상태들은 다시 상태들을 만들어가며 무수한 상태를 만드는 경우의 수가 나타난다. 최동환, 『한철학2 - 통합과 통일』, 지혜의 나무, 2005년, 279~332쪽.

못한 것이다. 이들의 철학에는 모두 소통과 통합의 영역이 설정되어 있지 않다. 그렇다면 우리는 그들에게 소통과 통합의 영역이 없이 어떻게 혼돈상태가 성립되며 혼돈상태 없이 어떻게 과정이 성립되느냐고 물을 수 있는 것이다.

한철학은 어떤 무엇이 동시에 이것과 저것이 될 수 있는 근본원리를 제공하는 것이다. 뿐만 아니라 이것과 저것이 하나의 전체가 될 수 있는 소통과 통합의 영역을 명백히 제시하고 있는 것이다. 그것도 숫자로 제시하고 있다. 즉, 이것=입자=45, 저것=파동=45, 이것과 저것의 소통과 통합영역 10. 결국 100=45+55가 된다. 이 경우 소통과 통합의 영역은 추상적 영역인 파장 안에 10으로 존재하는 것이다.

불확정성의 원리를 발견한 하이젠베르그에게는 과정의 문제가 잘 드러난다. 그는 이렇게 말한다.

> 소립자에 대하여 정확한 기술을 하고자 한다면 - 여기서는 정확한 이라는 말을 강조한다 - 앞장에서 논의한 바와 같이 그것은 확률함수로 기술될 수밖에 없다. 그러나 역시 그 정확한 기술은 다시 불가능해진다. 그것은 존재에 대한 가능성 혹은 경향성만을 의미하기 때문이다. 그러므로 현대물리학에서의 소립자 개념은 희랍의 원자 개념보다 더 추상화되었다. 그러나 가능태라고 하는 존재 방식은 물체의 운동을 좀 더 일관성 있게 설명할 수 있는 핵심이다.[16]

하이젠베르그는 아리스토텔레스의 가능태 개념을 그의 불확정성의 원리에 도입하고 있는 것이다. 하이젠베르그는 이렇게 말하다.

---

16) W. 하이젠베르그, 『철학과 물리학의 만남』, 최종덕 역, 한겨레, 1994년, 67쪽.

"원자세계를 설명하기 위한 개념들은 통계론적 기댓값으로서만 설명된다. 다시 한 번 말하거니와, 고전 열역학에서처럼 실험 결과의 기댓값은 객관적일 수 없다. 혹시 어떤 사람들은 그것을 객관적 경향성 혹은 객관적 가능태라고 하여, 아리스토텔레스의 가능태에 해당한다고 보았다. 사실상 원자세계에 대한 설명을 하기 위해서 사용된 언어들은 가능태의 원래 개념과 유사한 의미를 갖는다고 나는 믿고 있다."[17]

그런데 필자는 이미 아리스토텔레스의 가능태가 가지고 있는 문제점을 『한철학2 - 통합과 통일』에서 밝힌 바 있다. 아리스토텔레스의 가능태와 현실태에서는 과정이 존재할 수 없음을 분명히 밝힌 것이다.[18]

우리는 이제 하이젠베르그가 양자역학에 기여한 불확정성의 원리의 배경에 잘못된 아리스토텔레스의 과정원리가 존재하고 있음을 알 수 있는 것이다.

과학자들이 만들어내는 과학이론에는 그 어떤 능력보다도 먼저 존재하지 않는 것을 현존하게 하는 능력인 상상력이 가장 중요하다. 그러나 그 상상력을 잘못된 철학에서 가져올 경우 문제가 되는 것이다. 더 큰 문제는 이렇게 해서 만들어진 물리학을 다시 철학이 사용하는 경우일 것이다.

아리스토텔레스는 가능상태와 혼돈상태를 전혀 구별하지 못했다. 그리고 그의 가능태는 가능상태든 혼돈상태든 어느 것도 만들 수 없는 기형적인 것이다. 그것은 질료만 있고 형상은 없는 유령적인 것이었다. 하이젠베르그는 이 유령적인 가능태로 배경으로 한 상상력으로 양자역학에서 불확정성의 원리를 생각해냈다고 말하고 있는

---

17) 앞의 책, 67쪽.
18) 최동환, 「낫 놓고 기역자도 몰라본 아리스토텔레스」, 『한철학2 - 통합과 통일』, 지혜의 나무, 2005년, 132~139쪽.

것이다.

우리는 이제 양자역학의 뼈대를 만든 닐스 보아의 상보성의 원리가 50:50의 음양론이라는 부족한 이론에 의지했음을 살펴보았다. 그리고 불확정성의 원리를 만든 하이젠베르그가 아리스토텔레스의 불완전한 가능태에서 만들어졌음을 알았다. 그리고 이들의 물리학이론을 기초로 만든 여러 물리철학자들의 철학이론은 살펴 볼 필요도 없이 그 문제점은 이미 확연하게 드러난 것이다.

한철학은 새로운 과학의 지평을 열어줄 수 있는 철학적 상상력을 제공할 수 있을지언정 기존의 양자역학과 그것을 기초로 만들어진 물리철학에서는 아무것도 새롭게 취하는 것이 없다.

한철학이 설명하는 진정한 혼돈상태에서 우리는 지금까지 상상되지 못했던 완전히 새로운 사고의 틀로서 새로운 철학의 경지를 열게 되는 것이다.

진정한 과정철학은 바로 이 혼돈상태가 제대로 설명되면서부터 시작되는 것이다. 따라서 필자는 한철학을 과정철학이라고 부르는 것이다.

⑤ 최영 장군과 이성계의 통합변증법

우리의 역사에서 우리 한겨레공동체가 스스로 만들어낸 혼돈상태의 예를 들어보자. 고려 말 최영과 이성계의 대립에서 이성계는 구체적인 현실세계에서 승리하여 왕이 된다. 그 과정에서 만고의 충신 최영은 부정되고 박멸된다. 그러나 우리 한겨레공동체의 역사에서 이와 같은 흑백논리는 생소한 것이다.

고조선 이래 한겨레공동체에서 새로운 나라가 세워지는 방법은 두 개의 대립되는 세력이 하나의 전체로 조직되는 긍정성의 변증법이었다. 그러나 조선의 이성계는 고려의 신하로서 고려와 충신 최영을 부정하고 박멸하는 군사 쿠데타 형식의 혁명을 일으켰다. 조선의 건국은 긍정성의 변증법으로 통합을 함으로써 나라를 세운 고조선과 고구려와 신라와 고려 등의 빛나는 전통을 여지없이 파괴하고 크나큰 상처를 입힌 것이다. 조선의 건국에 사용된 부정성의 변증법은 우리 한겨레공동체의 역사에서는 전례가 거의 없는 낯선 일이었다.

이러한 상황에 대해 당시의 일반대중은 이 이성계의 부정성의 변증법을 결코 일방적으로 받아들이지 않았다. 대신 이성계가 구체적인 현실에서 왕이 되었다면 이와 대립하는 추상적인 관념의 세계에서는 최영을 왕으로 모심으로써 새로운 방법으로 긍정성의 변증법을 사용한 것이다. 즉, 최영은 죽어서 추상적 영역에서 절대적인 왕과 같은 존재가 된 것이다. 구체적인 영역의 조정은 한양에 있었지만 추상적인 영역을 대표하는 만신(무당)의 조정은 고려의 수도였던 개성의 동남쪽 2리 가령의 교외에 200미터 높이의 덕물산德物山[19]에 있었다.

과거 무속인들은 신이 내려 내림굿을 하기 전에 덕물산의 최영사에서 기도를 드린 후 당으로부터 신을 받아도 된다는 '물고'를 받는다. 이 물고는 인가장과 같은 것이다. 오늘날은 개성에 갈 수 없기 때문에 인왕산 국사당이 이를 대신한다. 특히 개성과 서울의 무녀는 개성의 덕물산 위에서 기도를 드려서 무력을 얻는 것이다.[20]

즉, 조선왕조 5백년 내내 추상적인 세계 관념의 세계에서는 최영 장군이 강력한 권력을 가진 것이다.

서양과 인도와 중국과 일본을 막론하고 모두가 부정성의 변증법

---

19) 이 덕물산은 조선의 무산(巫山) 중 대표적인 산 중 하나이다. 덕물산의 정상부근에는 산상동(山上洞)이 있고, 300호 정도의 부락이 있으며 그 마을에는 최영장군을 모시는 최영사(崔營詞)와 그 부인을 모시는 부인당이 있었다. 秋葉 隆, 『조선민속지』, 심우성 역, 동문선, 1993년, 283쪽.
20) 赤松智城/秋葉 隆, 『조선무속의 연구』, 심우성 역, 동문선, 1991년, 14쪽.

을 마치 진리처럼 받아들였다. 그러나 우리 한겨레의 일반대중은 그러한 부정성의 변증법인 이성계의 쿠데타의 결과를 다시 우리 식 방법론인 긍정성의 변증법으로 전환시킨 것이다. 다시 말하자면 조선의 대중들은 역사적 실체로서 XY이론을 사용한 것이다.

이와 같이 일반대중이라는 모호한 실체가 살아 있는 실체적 생명체가 되어 역사 속에서 긍정성의 변증법인 XY이론을 사용한 예가 최영과 이성계만이라면 우연이라고 할 수 있다. 그러나 조선의 일반대중은 이와 똑같은 방법을 사용한 예가 또 있다.

세조와 단종의 대립이 그것이다. 구체적인 현실에서는 세조가 단종을 부정하고 박멸함으로써 승리하여 왕이 되었다. 그러나 한국인들은 이 부정성의 변증법 자체를 인정할 수 없었다. 따라서 이번에는 단종을 추상적인 영역에서 왕을 삼았다. 단종은 그가 죽은 영월 부근의 태백산 일대의 서낭당들에서 모셔지는 태백산신령이 되었다. 단종대왕신은 무속[21]에서 모셔지는 군왕신 중의 하나이다.

또한 조선의 대중들은 최영과 이성계, 단종과 세조뿐만 아니라 사도세자와 영조의 대립에서도 똑같은 긍정성의 변증법을 적용했다. 사도세자는 영조에 의해 뒤주에 갇혀 죽는다. 물론 영조는 구체적인 영역에서 왕위를 차지했다. 그러나 일반대중들은 사도세자를 추상적인 영역에서 부활시켜 높은 지위를 갖게 했다.

이 역시 영조는 사도세자를 부정성의 변증법으로 부정하고 박멸하여 구체적인 세계를 지배했지만 일반대중은 사도세자를 추상적인 관념의 세계를 지배하도록 설정한 것이다.

---

21) 크게 본다면 우리의 무속은 우리 한국인의 사고의 틀을 잘 설명한다. 진실로 우리의 무속의 세계를 이해하기 위해서는 한국인의 전체적인 과정과 상태를 설명하는 천부경, 삼일신고, 366사의 원리와 그 원리를 체계화한 한철학이 필요하다. 우리의 무속의 배후를 지배하는 철학은 동서양의 철학을 통합하고 통일하는 위대한 것이다.

우리 한국인들은 흑백논리를 낯선 것으로 생각한다. 즉, 조선의 이성계가 선이고 고려와 충신 최영이 악이라는 단순한 흑백논리를 혐오한다. 또 단종이냐 세조냐, 영조냐 사도세자냐를 놓고 어느 한쪽이 다른 한쪽을 부정하고 박멸하는 흑백논리를 매우 싫어한다. 왜냐하면 이 논리가 발동하는 순간 평화는 완전히 사라지고 서로를 부정하고 적대하며 박멸하게 되기 때문이다.

한국인들은 언제나 이와 같은 선택의 기로에서 다른 민족과는 전혀 다른 한사상을 사용하는 것이다. 즉, 이 양자를 모두 하나의 전체로 조직하는 것이다. 즉, 서로의 균형을 이루고 그것이 생명의 힘으로 갖도록 통합과 통일의 긍정성의 변증법을 사용하는 것이다.

(3) 혼돈에서 통합으로

혼돈상태가 질서상태로 대혁신을 이루기 위해서는 혼돈상태의 세 가지 영역이 모두 최적화되어야 한다. 즉, <그림 7-3>에서 사물의 영역인 흑점45와 추상의 영역인 백점45의 경계면에 표시한 10개의 백점이 곧 통합영역이다.

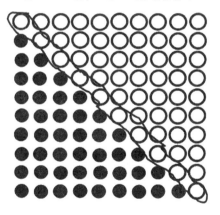

<그림 7-3> 천부도에 그려진 통합형역 10

통합상태는 사물의 영역 45와 추상의 영역45와 통합영역10이 최적화된 상태이다. 이 통합상태를 주도하는 것은 통합영역 10이다. 즉, 혼돈상태에 존재하는 만물은 추상(힘)의 영역이 사물의 영역보다 조금은 커야 그 존재자는

살아서 움직일 수 있는 것이다. 그 조금은 커야 한다는 것은 추상의 영역에 따로 통합의 영역 10이 존재함을 말한다.

예를 들면 지출과 수입을 생각할 수 있다. 어느 개인이나 사회든 지출과 수입이 있으며 그 존재자가 존속하기 위해서는 지출보다는 수입이 조금은 많아야 한다. 그 적정비율이 45:55인 것이다. 기업이 사업에 있어서 적정이익을 10%로 잡는 것은 한철학의 원리를 잘 반영한 것이다.

이는 매우 자명한 상식이지만 지금까지 동서양의 철학에서는 이 간단한 상식이 완전히 무시되었다.

① 혼돈상태의 구조

사물의 영역 45와 추상의 영역 55의 내부를 서로 다른 다섯 가지의 성질을 가진 영역을 테두리(오행五行)로 구분하고, 그 테두리들 간에 존재하는 일반법칙을 만들 수 있다면, 우리는 사물의 영역과 추상의 영역을 이해하고 활용하는 일을 실제로 경험하지 않고도 효과적으로 수행할 수 있는 지적 도구를 가지게 될 것이다.

그리고 이 사물의 영역과 추상(힘)의 영역을 하나로 통합하는 영역을 설정하여 이 양자를 통합할 수 있다면 우리는 자연상태의 혼돈상태를 우리가 스스로 창조해낼 수 있을 것이다.

이 이론의 핵심은 사물의 영역과 추상(힘)의 영역을 하나의 전체로 보고 이를 통합하는 이론이다. 그럼으로써 혼돈상태가 성립되고 이를 내부적으로 통합하는 것이며 이는 그 다음의 과정인 질서상태로의 대변혁을 가능하게 하는 것이다.

이 혼돈상태는 내부를 팔상태로 설명하게 된다. 즉, 추상적인 영역과 구체적인 영역이 동적인가 정적인가? 전체적인가 다원적인가?를 다룬 것이다. 이 부분은 따로 체계적인 설명이 필요하며 이는 필자의 책 『한철학1 - 생명이냐 자살이냐』에서 팔상태론八狀態論[22]으로 설명된다.

② 혼돈상태의 세 가지 믿음의 영역의 최적화

한철학은 혼돈상태의 사물의 영역과 추상의 영역과 통합의 영역을 모두 최적화하는 이론을 제시한다. 사실 사물의 영역과 추상의 영역은 이미 동양에서 하도河圖와 낙서洛書의 상생과 상극이론으로 설명되어 왔다.

그러나 이 양자를 통합하는 영역은 동서양의 어디에서도 설명되지 않았다. 한철학은 이 부분을 설명하고 사용함으로써 세 가지 영역을 하나로 통합하여 질서상태로 대혁신을 이룬다.

사물의 영역은 서양철학에서는 유물론의 영역이며 동양철학은 낙서洛書가 설명하는 상극오행相剋五行의 영역이다. 서양철학은 이 영역을 최적화하는 이론을 가지고 있지 않다. 그러나 한철학과 동양철학은 낙서洛書의 상극오행相剋五行으로 이 영역을 경험하지 않고도 최적화할 수 있다.

다섯 가지의 물질의 영역인 화수목금토火水木金土가 서로를 상극하며 무한순환 할 때 사물의 영역은 서로가 서로에게 맞물리며 사물의 영역은 최적화되는 관계론이 되는 것이다. 이 원리는 쇠로 나무를 다루고, 나무로 흙을 다루며, 흙으로 물을 다루고, 물로 불을 다루고, 불로 쇠를 다루는 방법으로 물질의 세계를 다룰 수 있는 것이다. 이 화수목금토火水木金土는 동양에서 다양하게 상징화되어 물질계를 경험 없이 다룰 수 있게 한다. 이것이 이미 잘 알려진 바와 같이 이것이 낙서洛書 상극원리며 그 중심은 토土이다.

상생이 지배하는 추상의 영역은 서양철학에서는 관념론의 영역이

---

22) 최동환, 『한철학1 - 생명이냐 자살이냐』, 지혜의 나무, 2004년, 279~329쪽.

며 동양철학은 하도河圖가 설명하는 상생오행의 영역이다. 다섯 가지 관념의 영역인 화수목금토火水木金土가 서로를 상생하며 무한순환 할 수 있을 때 추상의 영역은 최적화되는 것이다. 그 관계는 토생금土生金, 금생수金生水, 수생목水生木, 목생화木生火, 화생토火生土로 설명된다.

여기서 토土는 신信, 금金은 의義, 수水는 지知, 목木은 인仁, 화火는 예禮로 상징된다. 이 역시 믿음이 의로움을 낳고, 의로움이 지혜를 낳으며, 지혜가 어짊을 낳고, 어짊이 예의를 낳고, 예의가 믿음을 낳는 무한 순환을 설명한다. 이로써 추상의 영역은 다섯 가지의 개념으로 최적화되는 것이다. 이미 잘 알려진 바와 같이 이것이 하도河圖의 상생원리이며 그 중심은 믿음信이다.

추상의 영역을 설명하는 하도河圖와 사물의 영역을 설명하는 낙서洛書의 경계에는 10개의 백점이 위치한다. 이 영역이 곧 추상의 영역과 사물의 영역을 하나로 소통하고 통합하는 역할을 하는 영역이다. 지난 삼천 년간 동양철학은 하도와 낙서의 존재를 알았음에도 불구하고 이 소통과 통합의 영역 온힘 10을 놓침으로서 전체를 놓쳤다. 그 누구도 이 온힘의 비밀을 알아내지 못한 것이다.

이 영역은 최적화된 사물과 추상의 영역을 하나로 소통하고 통합하는 위대한 믿음이 출현하는 영역이다. 사물의 영역과 추상의 영역이 최적화되는 단계에서는 반드시 이 양자를 통합하는 영역이 양자의 소통과 통합을 도모하게 해주는 것이다. 바로 이 영역의 역할이 동양철학뿐 아니라 서양철학에서도 전혀 알려지지 않은 것이다.

그럼으로써 동양철학은 오행의 상극과 상생을 하나로 통합하지 못해 다음단계인 태극과 64괘의 질서상태로 넘어가지 못한 것이다. 이로써 동양철학은 음양오행의 상극과 상생이 혼돈상태를 이루며 태극과 64괘가 질서상태를 이루는 원리라는 사실을 알지 못했다. 이와 같은 오류는 동양 철학의 논리를 지금까지 지리멸렬하게 만든 가장 근본적인 원인이 된 것이다.

서양철학도 마찬가지이다. 플라톤과 에피쿠로스 이후 관념론과 유물론을 그토록 세밀하게 발전시켰지만 그것을 혼돈상태로 만들지 못

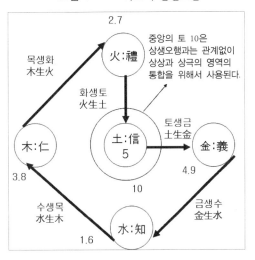

<그림 7-4> 하도의 상생오행

목생화
木生火

화생토
火生土

2.7

火:禮

중앙의 토 10은 상생오행과는 관계없이 상상과 상극의 영역의 통합을 위해서 사용된다.

木:仁

3.8

土:信
5

토생금
土生金

金:義

4.9

10

수생목
水生木

水:知

금생수
金生水

1.6

하고 또한 질서상태로 만들지 못한 것은 관념론과 유물론의 경계면에 존재하는 소통과 통합의 영역을 알지 못했기 때문이다. 따라서 그들은 관념론과 유물론이 서로를 부정하고 박멸하는 어리석은 싸움을 지금까지 벌여온 것이다. 동서양철학이 동일하게 평화의 철학이 되지 못한 근본적인 이유가 바로 이 온힘 10에 있는 것이다.

③ 평화의 시작

하나의 공동체가 둘로 나뉘어 격렬하게 증오하고 대립하며, 상대방을 부정하고 박멸하는 상태에서 평화가 이루어진다고 말하는 자는 바보이거나 아니면 사기꾼이며 협잡꾼일 것이다. 또한 그 대립을 영구하게 고착한 상태를 영구평화라고 주장하는 자 또한 어리석은 자라는 비난을 면치 못할 것이다.

오늘날 평화는 유럽과 미국에서 지난 과거와는 다르게 받아들여지고 있다. 즉,

독일 사회윤리연구에서 가장 큰 비중을 차지하는 것은 평화연구이다. C.F. von Weizsäcker에 따르면 평화는 우리 시대의 과제요 원자력·기술적인 시대에 인류가 살아남을 유일한 길이다. 오늘날에와서 추구되고 있는 평화는 옛날 그대로의 전쟁이 없는 현상유지라는 소극적인 평화가 아니라, 훨씬 더 나아가 전쟁이 없을 뿐 아니라 삶의 조건들 즉 사람이 사람답게 살 수 있는 조건들이 조성된 상태를 뜻하는데, 우리는 이 후자의 개념을 적극적인 평화의 개념이라고 한다.[23)]

여기서 말하는 옛날 그대로의 전쟁이 없는 현상유지라는 소극적인 평화이다. 그리고 여기서 말하는 적극적인 평화를 이룰 수 있는 이론은 서양에서는 아직 발견되지 않은 것이다. 우리는 이 방법론이 대립을 최적화하여 이루어내는 혼돈상태의 통합임을 안다.

이 통합을 바탕으로 질서상태의 자유가 가능하고 또한 통일상태의 민주가 가능하며 나아가 성취상태의 번영과 완성상태의 평등이 가능해진다.

한사상에서 말하는 과정이란 평화에서 시작되는 것이다. 그리고그 평화란 물체가 작용과 반작용의 대립을 하는 소극적인 것이 아니다. 진정한 평화란 역동성이라는 적극적인 방식에서 나타난다.

왜냐하면 역동성은 살아 있는 생명체에게서 나타나는 것이기 때문이다. 죽어버린 물체가 존재하는 방식이 한편으로는 영구평화이기는 하다. 그러나 살아서 숨 쉬는 모든 생명체는 그 같은 무덤 속의 영구평화를 원하지 않는 것이다. 살아서 숨 쉬는 생명체는 자신을 박제화 시키는 일을 하지 않는다. 대신 삶이라는 역동적인 과정을

---

23) 강성위, 「현대사회윤리의 諸思潮」, 『철학사상의 제문제 I』, 정신문화연구원, 238쪽.

밟아나간다.

부정성의 변증법으로 인해 발생하는 모든 사회적 낭비는 긍정성의 통합으로 전환함으로서 생산적인 힘으로 바뀌게 되는 것이다. 이때 평화가 찾아오기 시작한다.

그러나 대중들은 고정관념에 억매여 적을 만들어 싸우는 것이 정의와 평화를 위한 행동이 아니라 자신을 억압하는 굴레라는 사실을 알지 못한다. 따라서 적을 만드는 일에 열중하게 되며 적이 없으면 자신도 없는 것으로 오해하는 것이다.

적을 만들지 않고 적을 또 다른 나로 여길 때 비로소 통합이 가능하며 그 때 평화가 온다는 사실은 지금까지 동서양 철학자들에 의해 철저히 은폐되었다. 한사상은 이들 철학자들이 만든 고정관념을 가차 없이 폭로하는 것이다. 그리고 새로운 평화의 철학을 제시하는 것이다.

(4) 질서상태

정의 3 질서상태
질서상태는 100=36+64로 설명된다. 36은 우리 말 새밝에 해당한다. 이는 태극으로 상징화된다. 64는 64괘로 설명된다. 64괘란 역(易)으로 질서상태의 존재자에게 그때그때 주어지는 상황이다. 즉, 모든 존재자는 고정된 상황을 가지지 않는다. 매번 다른 상황을 맞으며 그 상황들은 64괘의 일정한 패턴으로 설명할 수 있다는 것이다. 태극이란 그때그때 주어지는 상황의 원인이 되는 불변의 영역이다. 즉, 역으로서의 64괘는 필변이지만 그 원인으로서의 태극은 불변인 것이다. 태극의 내부는 4상으로 표현되며 또한 그것을 여덟 방향에서 살펴보면 8괘가 된다.

태극은 또한 우리말 새밝으로 이는 아침에 떠오르는 태양이다. 이는 삼족
오로 상징된다. 삼족오는 타고 남은 잿더미 속에서 다시 살아나 영원히
죽지 않는 새 불사조이다. 이는 영원한 진리를 의미하며 또한 불멸하는
우리 한민족을 상징하는 그림이기도 하다.

지나족은 이 역으로서의 64괘를 중요시 했다. 그것은 그 중심에 태극이
존재한다는 사실을 알지 못한 것이다. 역은 그 중심에 태극이 존재함으로
서 하나의 전체가 된다. 즉, 100＝36＋64가 되는 것이다.

또한 태극과 64괘가 하나의 전체가 된다고 해서 그것이 만물의 모든 것
은 전혀 아니다. 그것은 질서상태에 불과하다. 하나의 괘에는 6개의 효
(爻)가 존재한다. 효(爻)는 사건이다. 즉, 하나의 괘는 하나의 상황으로 이
에는 각각 6개의 서로 다른 사건이 주어지는 것이다.

64괘만 알고 그 중심에 태극이 존재함을 알지 못할 때 태극은 필연적으
로 무(無)로 바뀐다. 태극과 무(無)는 근본적으로 다른 것이다. 64괘가 동
(動)일 때 태극은 정(靜)이다. 정(靜)과 무(無)는 근본적으로 다른 것이다.
이는 움직임이 없다는 것과 존재의 무無와의 차이이다.

질서상태의 64괘는 사적영역으로 역동성(力動性)을 나타낸다. 그리고 그
64괘의 중앙에 존재하는 공적영역으로서의 36인 태극이 이 역동성의 원
인이 되는 것이다.[24]

혼돈상태를 최적화하면 사물의 영역과 추상의 영역의 중심에 공
적영역이 출현한다. 그리고 그 공적영역의 외부는 사적영역이 된다.

사적영역은 사물의 영역으로서의 객체와 추상의 영역으로서의 객
관과 이 양자를 통합하는 외적통일영역으로 이루어진다. 공적영역
은 객체의 원인이 되는 주관과 객관의 원인이 되는 주관과 이 양자
를 통일하는 내적통일영역으로 이루어진다.

한사상에서 설명하는 역동성은 두 가지가 있다. 그리고 가장 중요
한 '한'에도 두 가지가 있다. 하나는 질서상태의 역동성으로 이는 공

---

24) 질서상태를 조직하는 태극과 64괘에 대한 설명은 다소 복잡한 것이다. 이
부분을 자세히 이해하기 위해서는 필자가 해설한 천부경, 삼일신고, 366사
(참전계경) 그리고 한역을 읽어볼 필요가 있을 것이다.

적영역에서 원인을 얻어 사적영역에서 나타나는 것이다. 이는 우리가 일반적으로 말하는 역동성이다. 이 역동성의 중심에 존재하며 이 모든 역동성의 원인이 되는 존재가 곧 '한'이다.

그러나 이보다 더 크고 근본적인 부분에 역동성이 있다. 그것은 전체과정을 조직하는 가능상태와 혼돈상태와 질서상태 그리고 성취상태와 완성상태에 이르는 과정에서 하나의 상태가 다른 상태로 혁신할 때 발생하는 역동성이다. 이 역동성은 곧 그 하나하나가 혁신으로서 생명의 과정이다. 그리고 전체과정을 가능하게 하는 역동성의 원인이 곧 '한'이다.

여기서 질서상태의 사적영역에서 나타나는 역동성은 가장 일반적인 역동성이다. 우리 민족이 역동성으로 특징짓는 것은 사회를 질서상태로 만들기가 그만큼 어렵다는 것을 말한다. 그리고 우리 한국인들은 이 질서상태를 만드는 일에 그만큼 능하다는 사실을 말하는 것이다.

사적영역의 역동성 안에는 객관에서 6가지의 감정感情과, 객체에서 6가지의 움직임氣와 객관체에서 6가지의 욕망慾望이 절제된 상태로 나타나고 있다. 6가지의 감정은 감각에서 받아들이고. 6가지의 기는 지각에서 받아들이고, 6가지의 욕망은 촉각에서 받아들인다.

<표 7-1> 감각과 지각과 촉각 및 그 배경원리

분야	본성	객관	객체	인식기관	18가지의 현상들					
도덕적	이성	심법	심방	감각	기쁨	두려움	슬픔	분노함	탐냄	싫어함
과학적	지성	기운	기질	지각	생기	썩은기	추운기	열기	마른기	젖은기
인간적	인간성	신형	신체	촉각	소리	색	냄새	맛	성욕	투쟁욕

이 역동성은 이 18가지의 현상이 외부로 복합적으로 드러나는 현상인 것이다. 다만 하나의 사회가 이 여섯 가지의 현상들을 발산하며 역동성을 보이기 위해서는 그 중심인 공적영역에 이성과 지성과 인간성이 분명히 존재해야 한다는 사실이다.

그리고 이 역동성은 사회의 목적과 수단을 이루기 위해 최적화되어야 한다. 그것이 주관과 주체와 주관체의 최적화하는 방법론[25]이다. 이렇게 해서 공적영역이 최적화 되었을 때 공적영역과 사적영역을 통일하는 통일변증법이 적용되는 것이다.[26]

그 다음에 비로소 자연을 최적화하는 성취상태에 도달할 수 있으며, 또한 사회를 최적화하는 완성상태에 도달할 수 있다.

이미 설명했듯 한류란 이 사적영역의 역동성이 이 18가지 현상을 발산하며 나타나는 것이다. 그리고 18가지 현상 중 주로 6가지 욕망이 그 중심에 존재하는 인간성과 자유의지에 의해 외부로 발산되며 나타나는 것이다. 즉, 소리, 색, 냄새, 맛, 성욕, 투쟁욕이라는 여섯 가지 욕망으로 표현된다.

이와 같은 질서상태의 비율은 중앙의 신뢰의 영역이 전체의 36 % 이며 이를 공적영역이라 부른다. 그 외부의 영역이 64%이며 이를 사적영역이라 부른다. 우리는 이미 Han-fan을 다루면서 중앙의 공적영역과 그 외부의 사적영역의 비율이 36:64일 때 최적의 상태에 이른다는 사실을 신뢰할 수 있는 실험을 통해 검증했다.

질서상태의 내부는 그 세분화된 설명을 하고 있다. 여기서 64는 역경의 64괘이다. 그리고 64괘를 이루는 흑점 30개와 백점 34개는 각각 역경의 상경 30괘와 백점34괘와 정확하게 일치한다.

---

25) 최동환, 『한철학2 - 통합과 통일』, 지혜의 나무, 2005년, 433~458쪽.
26) 앞의 책, 459~477쪽.

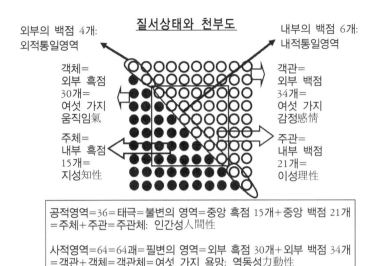

여기서 흑점 30이 서양철학에서는 객체이며 동양철학에서는 역경의 상경30괘이다. 백점 34가 서양철학에서는 객관이며 동양철학에서는 역경의 하경 34괘이다. 그리고 이 백점 34에서 양자를 통일하는 외적통일영역 4가 작동하면 객관체가 된다. 그리고 이 영역이 곧 Han-fan의 날개영역인 64의 영역이다.

중앙 36의 검은 점 15개는 서양철학에서는 주체가 되며, 흰점 21개는 주관이 된다. 그리고 주관의 내부의 6개의 점이 양자를 통일하는 내적통일영역으로 작동하면 주관체가 된다.[27]

① 질서상태의 종류와 자유의지

---

27) 질서상태, 즉 현실적 존재를 조직하는 내부의 여러 요소들과 그 요소들이 이루는 관계론은 필자의 책 『한철학2 - 통합과 통일』에서 288쪽~476쪽에 걸쳐 자세히 설명하고 있다. 이 부분은 그 성격상 간단한 설명이 불가능해 간단한 내용만 여기서 다룬다.

질서상태는 자연상태에서 인간이 만든 기계인 경우도 있고, 태풍이나 성운과 같이 역학적 조직체인 경우도 있다. 또한 생명체들과 같이 생명적 조직체인 경우도 있다. 물론 만물의 영장인 인간의 경우에 질서상태는 보다 복잡한 인간적 조직체로 설명될 것이다. 스스로 움직인다고 해서 자유와 의지와 자유의지를 갖는 것은 아니라는 사실을 철학자들은 생각하지 못했다.

인간이 만들어 움직이는 팽이나 fan과 같은 기계는 스스로가 아니라 인간의 의지와 자유에 의해 움직여지고 또한 멈추어진다. 그러나 이들도 임시적이기는 하지만 공적영역과 사적영역이 존재하는 질서상태이다.

<표 7-2> 조직체의 유형과 공적영역의 특징

조직체의 유형	공적영역의 특징
임시적 조직체-기계, 팽이	자율적이나 자유와 의지가 없음
역학적 조직체-태풍, 성운, 원자	자율적이나 수동적
생명적 조직체- 동식물	자율적이며 능동적
인간적 조직체-인간과 사회	자율적이며 능동적이며 또한 자유의지가 있고 인간성이 있음

자연계의 태풍이나 성운星雲 또는 원자와 같은 역학적 조직체의 경우 공통적으로 중심에 움직임이 없는 공적영역이 있고 외부에는 맹렬히 움직이는 사적영역이 있다. 이들이 아무리 거대하고 정교하다해도 이들은 자율성이 있을지언정 능동적이지는 못하다. 이들 역학적 조직체는 외부의 자극에 대해 능동적으로 대처할 능력이 없다. 따라서 자연계나 태풍은 의지는 있어도 자유는 없다. 동식물의 경우 나름대로의 공적영역과 사적영역이 있어 자율적이며 또한 외부의 자극에 의해 능동적으로 움직인다. 아무리 볼품없는 미물이라도 생

명을 가지고 있는 한 능동적이다. 이들은 나름대로의 자유와 의지를 가진다.

인간과 사회의 경우 자율적이며 능동적이다. 그리고 자유와 의지 그리고 이를 통일한 자유의지를 분명히 가질 수 있다. 즉 지성과 이성과 인간성을 가질 수 있는 것이다.

② 국가조직의 최적화

국가가 조직을 논할 수 있는 상태는 주로 질서상태부터이다. 가령 자유방임주의는 공적영역을 제로로 만들고 사적영역을 100%로 만드는 것이다. 이 이상이 현실에서 실현되는 즉시 국가의 상태는 혼돈상태가 되든가 아니면 가능상태가 되든가 최악의 경우 무질서상태로 해체되고 말 것이다.

한철학은 공적영역과 사적영역의 비율은 36:64일 때 전체의 최적화가 일어날 수 있다고 말하는 것이다. 그리고 이 영역들은 다원적, 전체적, 동적, 정적으로 다시 구별해야 할 것이다.

공적영역과 사적영역의 내부를 규정하는 문제도 있다. 즉, 공적영역을 행정부만으로 할 것인가 아니면 입법부와 사법부를 통일해서 생각하는 가이다. 그리고 사적영역도 경제와 정치의 영역과 문화의 영역과 또 그 경계면에 존재하는 통일영역이 있다.

산업혁명 이후 각종 기계에 사용된 fan을 설계할 때 서구와 일본의 엔지니어들은 바람을 일으키는 사적영역이 넓으면 넓을수록 강한 바람을 일으킬 수 있으리라는 생각을 했다.

이 문제는 국가의 인력을 활용하는 문제에 있어서 오늘날의 신자유주의와 자유방임주의학자들에게도 그대로 적용되고 있다. 즉, 국가의 공적영역은 작을수록 좋고, 사적영역은 클수록 좋다는 것이다. 따라서 국가의 공적영역의 인력이 적을수록 그 국가의 경쟁력은 커진다는 것이다.

Han-Fan은 바람을 일으키지 않는 중앙부분의 영역이 36%나 된다. 지금까지 엔지니어들은 이 중앙부분은 아무런 일을 하지 않는 것으로 생각하여 가능한 한 그 중심영역을 최소화하려 했다. 그러나 이 아무런 일을 하지 않는 것 같은 영역이 전체의 36%를 차지할 때 가장 역동적인 바람을 일으킬 수 있었다.

국가도 이와 다를 이유가 하나도 없는 것이다. 국가의 공적영역과 사적영역이 최적화되어 조직되는 비율은 36:64이다. 이때 그 국가는 가장 역동적일 수 있는 것이다.

국가의 사적영역이 가장 역동적으로 움직일 수 있다는 것은 그 중심의 공적영역이 제 역할을 다 했다는 것을 의미한다. 이때 공적영역은 Han-Fan의 중앙영역처럼 바람을 일으키지 않는 고요한 부분이다. 그러나 그 고유한 가운데 사적영역이 최대한의 역동성을 갖도록 상상력과 판단력과 통찰력을 제공하는 것이다. Han-Fan에서 공적영역이 고요하게 있다고 아무 일도 안하는 것이 아니듯 국가의 공적영역도 밖으로 드러나지 않을 뿐 모든 사적영역이 제대로 일하도록 뒷받침이 되어주고 있는 것이다.

국가의 공적영역과 사적영역의 능력이 극대화되기 위해서는 공적영역과 사적영역이 완전히 하나로 결합했을 때이다. 그럼으로써 모두가 자신의 위치에서 주인이 되는 상태이다. 이는 다음에 설명할 통일변증법의 문제이다.

③ 동아시아연합의 수도와 아시아의 공적영역
지금 일본의 북해도에서 유라시아대륙을 통과하여 영국의 스코틀랜드까지를 하나로 잇는 역사상 최장의 철도와 도로는 우리나라의 휴전선에서 막혀 있다. 이 길은 세계사적으로 모두에게 이로우므로

반드시 열리도록 요청받고 있다. 그것도 빠른 시일 내에 열리도록 요청받고 있지만 그 문제는 다름 아닌 우리 한민족의 분단문제로 막혀 있다.

유라시아 전체의 물자와 인력이 이 길을 따라 막힘없이 소통될 때 그 주변국은 모두 다 이익을 얻게 된다. 특히 동아시아의 시대에 한 중일의 중앙에 위치한 우리나라는 새로운 실크로드에서 가장 중요한 위치에 있는 그 지리적인 이점 하나만으로도 엄청난 이익을 볼 수 있는 것이다.

이 길이 평화롭게 열리고 통일한국이 동아시아연합을 이루어낸다면 그 연합체는 미국과 유럽연합을 능가하는 세계최대의 시장을 이루어낼 수 있을 것이다. 그리고 삼국은 모두 막대한 이익을 얻을 수 있을 것이다. 나아가 군사적 동맹관계로 이어진다면 그 누구도 넘보지 못하게 될 것이다.

혹자는 한국과 중국과 일본은 서로 원한관계가 너무 깊어 이 관계가 이루어지기 어렵다고 말할 수 있다. 그러나 유럽연합[28]을 이루는 국가들은 역사상 이웃 간에 그 어느 나라보다도 더 큰 원한관계로 얼룩져 있다.

특히 영국과 프랑스와 독일의 앙숙관계는 그 골이 매우 깊다. 그러나 그들이 이루어냈다면 동양 삼국도 이루어낼 수 있는 것이다. 물론 동양 삼국인 한국과 중국과 일본을 포함하여 아시아의 여러 국가들이 동참할 수 있을 것이다.

---

28) 벨기에, 프랑스, 독일, 이탈리아, 룩셈부르크, 네덜란드, 덴마크, 아일랜드, 영국, 그리스, 포르투갈, 스페인, 오스트리아, 핀란드, 스웨덴, 폴란드, 헝가리, 체코, 슬로바키아, 슬로베니아, 리투아니아, 라트비아, 에스토니아, 키로프스, 몰타.

그 실제적인 영역에서 가장 중요한 것은 동아시아연합의 수도를 유치하는 문제가 될 것이다. 그 수도는 그야말로 미국과 일본이라는 태평양세력과 중국과 러시아라는 아시아대륙의 중심이 되는 장소가 될 것이기 때문이다.

우리는 살아 있는 생명체로서의 동아시아에 있어서 실제적 조직체의 중심으로 동아시아의 수도를 확보하고, 동아시아에 있어서 문화적 중심이 된다면 우리나라를 공적영역으로 하고 아시아 전체를 사적영역으로 한 역동적인 아시아로 만들 수 있을 것이다. 물론 이 사적영역의 중심에는 공적영역으로서의 우리 한겨레공동체의 상상력과 판단력과 통찰력이 있는 것이다. 이 움직임은 이미 문화적인 영역에서 시작되고 있다.

이는 결국 대양세력과 대륙세력의 정치와 경제와 문화가 한곳에 집결하는 세계의 중심이 될 것이 틀림없다. 지금 세계의 중심이 미국의 뉴욕이라면 장차 세계의 중심은 바로 동아시아연합의 수도가 될 것임에 틀림없는 것이다.

동아시아연합의 수도가 되려면 중국이라는 엄청난 인구와 일본이라는 적지 않은 인구를 가진 두 강대국의 인구의 중심영역으로서 존재할 수 있는 규모의 초거대도시가 필요할 것이다.

꼭 동아시아연합의 수도가 아니더라도 이미 통일한국의 수도는 태평양과 유라시아를 통합하고 통일하는 중심영역에 있으므로 초거대도시가 필요할 것이다. 일본의 도쿄권과 중국의 상하이권 그리고 베이징권과 경쟁하기 위해서는 통일 이후 한반도의 중심에 위치할 동아시아연합의 수도는 인구 2천만 이상의 초거대 도시가 필요할 것이다.

역동성의 대한민국이 역동성의 아시아를 창조하고 역동적인 세계를 창조하는 기회가 오고 있는 것이다. 우리 한겨레공동체가 만년을 살아오며 갈고 닦아온 철학과 사상 나아가 우리 한겨레공동체의 이상인 재세이화, 홍익인간을 전 세계에 보급하여 전쟁 없고 평화롭게 모두가 잘사는 세계를 건설할 수 있는 물실호기의 기회가 눈앞에 닥쳐와 있는 것이다.

이룰 수 있는 일이 많은 민족은 행복한 민족이다. 그 이루어야 할 세계사적인 일들에는 많은 세계사적인 영웅과 호걸 그리고 천재들이 물을 만난 고기처럼 마음껏 뜻을 펼 수 있기 때문이다.

④ 국토의 최적화

국가의 영토는 국유지인 공적영역과 사유지인 사적영역으로 구분된다. 자본주의 사회는 근본적으로 국토에서 공적인 영역을 최소화하고 사적영역을 최대화하는 경향이 있다.

그러나 공산주의 국가인 중국에서도 국유인 국토를 탄력성 있게 운영하여 사적영역을 늘리고 있다.

자본주의국가는 국토의 사유가 원칙으로 사적영역을 보장하지만 한편으로는 이미 오래 전부터 국토의 공적영역인 국유지를 운영하고 있다.

뿐만 아니라 자본주의 국가에서도 반자본주의적인 토지정책을 시행하여 오히려 자본주의의 기반을 튼튼하게 만드는 경우도 있다. 예를 들면 해방 후 토지개혁이 그것이다. 자본주의국가는 사유재산을 보호하는 것이 기본이지만 해방 후 우리나라의 토지개혁법은 지주들이 소유한 농지를 국가가 강제로 사들여 소작농들에게 나누어주는 방식을 택했다. 이 법으로 소작농들은 지주가 되어 소작료에서 해방되고 의욕을 가질 수 있음으로서 사회가 안정되는 일에 큰 도움이 되었다.

마르크스는 자본주의 국가에서 "토지소유자와 자본가라는 자격으로 인해 이미 특권을 장악한 한가한 신神으로 존재"[29]한다고 주장했다. 우리나라는 대한민국이 출발할 당시에 반자본주의적인 토지개혁을 통해 토지소유자와 자본가가 한가한 신神으로 존재하는 문제를 미리 억제하고 소작농들에게 토지를 갖게 하여 대한민국의 자본주의를 튼튼하게 한 것이다.

마찬가지로 반자본주의적인 법인 각종 토지공법은 개인의 사유재산인 토지를 국가가 공적인 이익을 위해 제한할 수 있도록 함으로써 오히려 자본주의의 발전에 도움이 되고 있는 것이다.

결국 국토를 국유로 하는가 아니면 사유로 하는가는 단지 철학자들의 머릿속에 존재하던 것이지 실제로는 자본주의든 공산주의든 국토를 사적영역과 공적영역으로 나누어 운영하고 있는 공통점이 있다.

문제는 국토를 공적영역과 사적영역으로 구분해서 운영하되 국토를 최적화하여 운영하기 위해 그 비율이 어떻게 하는 것인가가 핵심이 된다. 그러나 우리는 이미 그 핵심을 알고 있다. 국가가 살아 있는 생명체로서 최적의 역동성을 가지기 위해서는 국토의 공적영역:사적영역=36:64가 되어야 하는 것이다.

마르크스는 자본주의의 문제를 적나라하게 드러냈다. 그리고 그 문제를 해결하는 방법으로 공산주의는 토지의 국유화를 택했다. 그러나 우리는 긍정성의 변증법인 통합과 통일을 방법론으로 사용하는 것이다.

그리고 긍정성의 변증법을 적용했을 때 국가의 역동성이 최적화되는 질서상태가 된다. 그리고 그 중심은 공적영역으로서 36%의 국유지에서 발생하는 것이다. 이 국유지는 치열한 자본주의의 사적인

---

29) 칼 마르크스, 『마르크스 경제학- 철학 수고』, 김태경 역, 이론과 실천, 1987년, 17쪽.

경쟁이 벌어지는 64%의 사유지에서 완전히 자유로운 영역이다. 국가는 이 36%의 국유지를 활용해 모든 사적영역이 제대로 움직일 수 있는 상상력과 판단력과 통찰력이 존재할 수 있는 실질적인 영역이 될 수 있도록 필요한 사업을 위해 사용할 수 있을 것이다.

물론 이 영역은 마르크스가 말한 자본주의의 모순을 해결하는 직접적인 용도로 국가가 사용함으로써 자본주의의 문제를 혁명이 아니라 평화롭게 해결할 수도 있을 것이다.

국토의 64%에서 일어나는 사적영역의 살인적인 경쟁은 곧 그 국가의 역동성이 된다. 그러나 그 사적영역이 64%를 넘어 공적영역의 적정선인 36%를 침범하면 그 사적영역의 역동성은 오히려 더 약화되는 결과를 초래하는 것이다. 우리는 Han-fan의 실험을 통해 이 사실을 분명히 알 수 있었다.

따라서 공적영역인 국유지는 36% 선에서 지켜져야 하며 그 용도는 공적영역을 지배하는 인간성과 자유의지에 맞추어 활용해야 하는 것이다. 자본주의나 공산주의에는 인간을 인간답게 만들어주는 인간성과 자유의지가 고려된 바가 전혀 없다.

그러나 한철학은 이 인간성과 자유의지를 확보할 영역을 실제로 국토에서 국유지로 확보함으로써 지금까지의 이념들이 가지고 있었던 문제들을 상당부분 제거할 수 있을 것이다.

다시 말해 국가를 실제적인 과정상의 질서상태에 올려놓을 계기를 만들 수 있는 것이다. 그 때 가서야 비로소 우리는 그 다음의 상태에 대해 논의할 수 있는 것이다. 우리는 지금이라도 이 상태를 만들 수 있을 것이다. 그리고 통일 이후엔 국토의 공적영역 36%를 더 분명하게 만들어 상상력과 판단력과 통찰력을 사용하여 미래를 준비할 수 있을 것이다.

⑤ 자유自由의 시작

하나의 존재자가 자유를 갖는 다는 것은 그 존재자의 내부에 대립과 갈등과 혼란이 사라지고 그 대립이 통합을 이룬 다음 질서상태를 확보한 상태가 아니면 불가능하다.

하나의 존재자가 살아 있는 생명체로서 자유롭게 활동하기 위해서는 몸과 마음을 통합하고 통일하는 중심이 있어야만 하는 것이다. 그렇지 않다면 그 존재자는 몸과 마음이 분리되어 서로 싸우거나 대립하는 상태로 고정된 것이다. 이 상태는 질서를 잃은 억압된 상태로서 부자유스러운 상태인 것이다.

지금까지의 동서양 철학자들은 사실상 자유가 무엇인지 제대로 설명하지 못했다. 왜냐하면 그 누구도 질서상태를 전체과정의 하나로 설명하지 못했기 때문이다.

⑥ 질서상태의 문화와 과학기술

질서상태에는 질서상태만의 문화와 과학기술의 체계가 있다. 질서상태는 모든 상태의 중간지점에 존재한다. 즉, 그 이전에 혼돈상태가 있고 그 이후에 성취상태가 있다. 동서고금의 철학은 이 질서상태를 이상적인 상태로 설정하고 이 상태를 설명하고 싶어 했다.

그러나 이 부분을 이해하기 위해서는 반드시 그 이전에 가능상태와 혼돈상태를 알아야 한다. 그리고 다음상태인 성취상태와 완성상태를 이해할 때 비로소 이 질서상태의 진정한 가치를 논할 수 있게 되는 것이다.

지금의 동서양 철학이 이 부분을 설명할 수 있기 위해서는 아마도 매우 긴 세월이 흘러야 할 것이다. 그러나 우리는 위대한 조상을 둔 덕택에 이 부분에 대해 지금 수월하게 논의할 수 있게 된 것이다.

질서상태가 공적영역과 사적영역으로 나뉠 때 사적영역은 시공간에 완전히 노출되어 있지만 공적영역은 사적영역에 비해 상대적으로 시공간을 초월해 있다.

ㄱ. 질서상태에서 사적영역의 객관에는 즐거움·두려움·슬픔·분노함·탐냄·싫어함이라는 여섯 가지로 정리되는 감정感情[30]들이 있다. 이 감정들이 사회의 목적에 맞게 운영되기 위해 체계를 갖춘 것이 가치체계이다. 이는 문화의 중심이다.

이 감정들은 사회의 생생한 마음이지만 사회의 운영원리가 되기 위해서는 수양과 문화를 통해 최적화하지 않으면 안 된다. 문화는 인간의 이 감정들을 가장 세련된 방법으로 표현하는 것이다.

ㄴ. 사적영역의 객체에는 자연의 생생한 기氣·썩은 기氣·차가운 기氣·마른 기氣·젖은 기氣라는 여섯 가지 움직임(氣)[31]들이 있다. 이 자연의 움직임들을 사회가 생명을 유지할 수 있도록 운영하기 위해 체계를 갖춘 것이 과학적 지식체계이다. 이는 과학기술의 중심이다.

자연의 움직임들은 사회의 생명에 관여하지만 사회의 이 움직임이 조직체를 제대로 움직이기 위해서는 과학과 기술로 최적화하지 않으면 안 된다. 과학기술은 이 움직임을 가장 세련된 방법으로 사용하게 해준다.

ㄷ. 공적영역의 주관체영역에서는 소리·색·냄새·맛·성욕·투쟁심이라는 여섯 가지의 욕망慾望들[32]이 나타난다. 이 욕망들이 사회의 수단과 목적의 복합적인 요구에 맞도록 역동적인 행동으로 나타난다.

ㄹ. 이 욕망들은 살아 있는 인간으로서의 사회가 나타내는 역동적 사회행동으로 나타난다. 그러나 이 역동적 사회행동이 인간다운 사회를 만들기 위해서는 인간이 가치체계와 과학적 지식체계를 통

---

30) 최동환, 『한철학2 - 통합과 통일』, 지혜의 나무, 2005년, 433~444 쪽.
31) 앞의 책, 444~447 쪽.
32) 앞의 책, 447~456쪽.

합해서 다룰 수 있는 교육과 행정으로 최적화하지 않으면 안 된다.

국가의 교육과 행정은 사회적 상상력과 판단력과 통찰력을 양성하고 관리하며 역동적 행동이 가장 효율적으로 나타나게 해줄 수 있는 제도적 바탕이 되어주어야 한다.

그리될 때 역동적 사회행동을 대중이 만들어내는 우연에 의지하지 않고 국가가 원하는 시기와 원하는 장소에 원하는 방법으로 언제든 사회의 어느 분야에서나 나타날 수 있게 만들 수 있는 것이다.

이것을 가능하게 만드는 국가야말로 지금까지와 같은 악명 높은 헤겔식 국가가 아니라 미래형인 인간중심적 국가인 것이다.

34. 통일변증법統一辨證法 - 소통행동疏通行動

통일변증법은 질서상태에 존재하는 존재자가 내적인 갈등과 모순을 제로상태로 만드는 방법론이다. 통일변증법[33]을 성공적으로 작동시킴으로써 존재자는 비로소 외부적인 갈등과 모순을 제로상태로 만들기 위한 발판을 마련할 수 있는 것이다.

통일변증법은 내부의 모순과 갈등을 내부의 자발적인 운동을 위한 동력으로 전환시킨다. 이로써 내부의 모든 모순과 갈등은 소통되고 통합되고 통일되는 것이다.

하나의 살아 있는 생명체의 내부가 둘로 분리되어 서로가 서로를 부정하고 박멸하는 부정성의 변증법은 정상적인 사람의 몸에 암세포가 침입하여 정상세포와 투쟁이 벌어지는 상태와 똑 같다.

이 경우 정상세포가 암세포를 부정하고 박멸하는 경우 그 사람은 정상적인 상태로 돌아가지만, 만일 암세포가 정상세포를 이기는 경

---

33) 최동환, 『한철학2 - 통합과 통일』, 지혜의 나무, 2005년, 463~475쪽.

우 암세포와 정상세포의 대립은 양자부정이 되어 둘 다 죽게 된다. 즉, 너 죽고 나죽자는 양자부정이 되면서 생명체가 반드시 가져야 할 역동성과 속도가 완전히 파괴되는 것이다.

정상세포의 경우 암세포로 인해 죽어야 하니 암세포가 못 견디게 밉겠지만 정작 정상세포보다 더 괴로운 것은 암세포로 태어나 암세포로 살다가 암세포로 죽어야만 하는 암세포 자신인 것이다.

스파르타와 진시황의 진나라 이래 이 세상에 존재했던 모든 제국은 이 내부적인 갈등을 외부적인 전쟁으로 해소하려고 했던 경우이다. 즉, 내부적인 노예를 계속 노예로 만들기 위해 그들에게 군복을 입혀 다른 나라 백성을 새로운 노예로 만드는 악순환의 연속적인 작업인 것이다.

이는 부정성의 변증법인 암세포의 단계를 넘어 페스트나 에이즈와 같이 치명적인 유행병의 단계에 들어선 것이다. 이 치명적인 유행병이 지나가면 남는 것은 시체밖에 없듯 제국들이 세력을 세계로 뻗어나가고 그 한계에 이르러 망하고 나면 단지 폐허만이 남는 것이다. 이들은 오늘은 사냥꾼이지만 내일은 먹잇감이 되어 사라지는 것이다. 지구상에는 이와 같은 폐허가 여기저기 널려 있는 것이다. 그 폐허가 의미하는 바는 단지 너 죽고 나 죽자는 양자부정 이외에 다른 것이 아니다.

국가의 내부와 외부가 서로를 부정하는 부정성의 변증법이 작동되는 상태는 이 정상세포와 암세포의 투쟁이나 치명적인 유행병과 똑같은 상태가 되는 것이다.

통일변증법은 이와 같은 부정성이 개인과 가정과 기업과 국가의 내부를 둘로 편을 갈라 모순과 갈등구조로 만드는 것을 원천적으로 막고 모든 내부적인 모순과 갈등에 사용되던 힘을 삶을 위한 생산적인 일로 전환하게 만들어준다.

가정이든 기업이든 국가이든 그 사회집단이 살아 있는 생명체로서의 가장 강력한 역동성과 빠른 속도를 가질 수 있도록 최적화해주는 것이다. 통일변증법은 인간사회의 능력을 최적화하여 인간이 현실세계에서 유토피아를 이룰 수 있게 하는 능력을 주는 것이다. 인간이 그 어떤 우연이나 신비주의에 기대지 않고 오로지 스스로의 정성과 믿음과 사랑과 일로써 스스로를 가장 위대하게 만들 수 있게 해주는 것이 통일변증법이다.

즉, 통일변증법을 사용함으로써 성취상태와 완성상태로 가는 길을 열게 되는 것으로서 우리의 조상들이 말한 재세이화, 홍익인간의 경지로 가는 길이 곧 이것이다.

(1) 통일변증법 - 팔강령

스티븐 코비는 '성공하는 사람들의 7가지 습관'이라는 책에서 감정은행이라는 말을 사용하였다. 은행에 돈을 저축하고 필요할 때 찾아서 사용하는 것처럼 인간과 인간사이도 이처럼 사랑과 호감과 신뢰수준과 안정감을 은행의 잔고처럼 말할 수 있다는 것이다.

평소에 주위에 많은 잔고를 쌓아두면 필요할 때 그것을 유용하게 사용할 수 있다는 것이다. 그리고 평소에 감정잔고를 쌓아두지 않은 사람들은 급할 때 사용할 잔고가 없다는 것이다. 따라서 성공하기를 원한다면 감정잔고를 쌓아두라는 말이다.

스티븐 코비의 주장은 우리 한겨레의 고유한 경전인 366사(참전계경)에서 말하는 팔강령의 근본원리에 근접해 있다. 그러나 그 방법론의 차원은 근본적으로 다르다. 스트븐 코비는 사람들에게 좋은 감정을 축적해두라는 것이다. 여기서 감정이란 추상적인 것이다. 스트븐 코비는 결국 플라톤식의 이데아를 축적하라고 말한 것이다.

한철학의 팔강령은 추상적인 영역의 감정이 아니라 구체와 추상을 통일함으로 나타나는 좋은 행동을 축적해두라는 것이다. 감정과 행동은 그 차원이 매우 다르다. 감정은 객관의 영역이다. 행동은 주관과 객관이 통일하여 객관과 객체의 통일체를 움직이는 것이다.

예를 들면 팔강령의 정성은 모든 행동에 정성을 담는 것이다. 그것은 단순한 감정이 아니다. 실제로 감정이 담긴 객관과 그것을 움직이는 객체가 하나가 된 정성이 실제세계에서 움직이는 것이다. 정성이 담긴 행동이란 그 사람의 눈빛에서부터 호흡과 세밀한 표정과 손과 발의 움직임 등과 언어에서 묻어나는 것이다. 그리고 무엇보다 진실한 과정으로 말하는 것이다.

즉, 자유와 의지가 하나가 된 자유의지가 움직여 나타나는 행동인 것이다. 행동은 감정과 행위를 통일하여 표현한다.

단순히 말로만 소통하는 의사의 소통은 소통의 효력이 약하다. 그리고 단순히 살기 위해 하는 의지의 소통 역시 소통의 효력이 약하다. 이 양자가 하나가 되는 소통행동이야말로 인간사에서 진정한 효력이 발휘되는 것이다.

이를 위해서 먼저 공적영역을 담당하는 그 사회의 주도세력과 사적영역의 대중들의 비율이 36:64를 이루는 것이 중요하다. 즉, 질서 상태에 분명하게 존재해야 하는 것이다.

그 다음 공적영역이 사적영역에게 정성誠을 다했을 때 믿음信의 영역에 도달한다. 믿음信을 다했을 때 사랑愛의 영역에 도달한다. 사랑愛을 다 했을 때 통일에 관한 일濟을 하는 것이다.

사적영역은 공적영역이 작용하는 바를 수용할 능력이 있어야 하며 그 작용을 수용하기 위해서는 공적영역의 작용이 사적영역에게 무리 없이 받아져야 한다.

　그러기 위해서는 사적영역이 공적영역이 작용으로 나타낸 정성과 믿음과 사랑과 일을 수용하는 일에 아무런 장애 없이 소통되어야 한다. 만일 소통행동을 막는 어떤 장애가 있다면 질서는 사라지고 혼돈상태로 전락하는 것이다. 이것을 재앙禍이라고 한다. 그러나 소통행동이 원활하게 이루어진다면 공적영역의 믿음信은 사적영역의 보답報으로 나타나고, 공적영역의 사랑愛은 사적영역의 복福으로 나타나고, 정성誠은 응應함으로 나타나는 것이다.[34]

　이 내용은 필자가 해설한 책『366사(참전계경)』에서 충분히 설명되지만 정성誠은 응應함으로 나타나는 실례를 한 가지만 들기로 하자.

　이순신 장군과 오자는 같은 부자지병父子之兵이라는 오자병법의 원리를 사용하였다. 그러나 같은 부자지병父子之兵이라 해도 장군에

---

34) 이 통일변증법 팔강령은 필자의 책『한철학2 - 통합과 통일』의 463~475쪽에 좀 더 자세히 설명되어 있다. 그리고 필자가 해설한 책『366사(참전계경)』에서 경전의 원문을 해설한 내용이 있다.

게는 오자에게 없는 한국적 사고의 틀인 정성이 시종일관 나타난다. 즉, 장군이 보여준 부하에 대한 정성 그리고 나라에 대한 정성은 하늘과 땅과 인간을 모두 감동시킬 정도의 피맺힌 간절함이 있다. 바로 이 정성이 366사의 제1강령第一綱領 제1사第一事에서 설명하는 혈성血性35)이다.

이 혈성血性은 자신의 가장 중심에 존재하는 '한'이 움직여 나타나는 것이므로 그것은 상대방의 중심에 존재하는 '한'에 전달되는 것이다. 그럼으로써 자신과 상대방의 '한'이 하나가 되는 것이다.

'한'은 곧 하나님이다. 따라서 정성이란 자신이 스스로 자신의 중심과 일치시키는 행동이다.

고대 한국의 지도자들은 백성을 하나님으로 간주하고 하나님을 모시듯 백성을 모신 것이다. 그럼으로써 백성들의 중심에 존재하는 하나님을 움직이려고 모든 정성을 쏟은 것이다. 이순신 장군은 바로 이 방법을 사용한 것이다.

오자와 모택동은 엄밀한 의미의 혼돈상태에도 이르지 못했다. 그러나 이순신 장군은 질서상태의 최적화단계인 통일상태의 통일변증법을 사용하고 있는 것이다. 이는 완전히 다른 상태의 다른 차원의 것이다. 따라서 이순신 장군이 사용한 한사상적인 방법론과 오자와 모택동이 사용한 수단으로서의 병법은 결코 비교될 수 없는 것이다.

이순신 장군의 경우 바로 이 정성을 믿음으로 발전시키고 사랑으로 발전시키고 나아가 나라를 지키는 대업을 이루어냈다. 뿐만 아니라 백성들도 중국인이나 일본인과 다르다. 이순신 장군이 아무리 위대하다 해도 우리나라의 백성들이 아니었다면 나라를 구하고 세계전사에 이름을 남길 수 없었음은 분명하다. 이 분들은 이순신 장군의 그 놀라운 정성과 믿음과 사랑에 대해 응함과 보답과 복으로 되

---

35) 최동환 해설, 『366사(참전계경)』, 지혜의 나무, 2000년, 141쪽.

돌림으로서 대업을 성공리에 만들어낸 것이다. 즉, 최적화된 역동성과 속도를 가진 생명체가 되어 자유자재로 움직인 것이다. 이는 역동성과 속도가 무언지도 모르고 단지 전쟁기계가 되어 움직인 일본군들과는 전혀 다른 상태와 차원에서 그들을 상대한 것이다. 그 점에서 이순신 장군과 조선의 백성들은 아름답고 향기로운 이름을 세계사에 남긴 것이다.

이 여덟 가지 테두리가 순환하는 과정을 팔강령八綱領이라 한다. 이는 곧 공적영역을 여덟 방향에서 표현하는 팔괘로 표현되는 것이다. 통일변증법으로서 팔강령은 중국철학이 설명하지 못한 태극과 팔괘의 진정한 의미를 설명하는 방법론이라는 점에서 그 의미는 매우 깊은 것이다.[36]

우리는 여기서 그 어디에서도 설명하지 못한 태극의 진정한 의미를 알 수 있는 것이다. 태극은 단순히 공적영역에서 군림하는 것이 아니라 64괘, 즉 대중이 화복보응을 통해 그 존재를 뒷받침해줄 때 존재할 수 있음을 알 수 있는 것이다.

이로써 내부적인 모순과 갈등은 완전히 사라지고 통합과 통일이 이루어져 대립은 생명의 운동을 위한 동력으로 작용하기 시작하는 것이다. 즉, 통일변증법을 자기 것으로 만든 조직체는 자신이 발휘할 수 있는 최적화된 역동성을 가지고 최적화된 속도를 사용하여 일을 해나갈 수 있는 능력을 보유하게 된 것이다.

(2) 민주주의의 시작

민주주의는 아직 그것을 이룰 이론조차 만들어지지 않은 상태라

---

36) 통일변증법은 필자가 해설한 『366사(참전계경)』에서 설명한 팔강령이 근본을 이룬다. 그리고 이에 대한 자세한 설명은 필자의 책 『한철학2 - 통합과 통일』에서 다루어져 있다.

고 말한다면 지난 2500년간 존재했던 서양철학자들은 일제히 필자에게 화를 낼까?

그러나 국가의 주권이 국민에게 있는 민주주의를 만들 이론이 지금까지 동서양에 존재한 적이 한번이라도 있었을까? 이론이 없는데 그 실제가 있을 리 만무한 것이다.

우리가 통일변증법을 안다면 통일변증법이 완전하게 작동하는 상태에서가 아닌 그 어떤 상태를 민주주의라고 말할 수 있을까? 공적영역과 사적영역의 대립에서 사적영역이 공적영역의 행동에 대해 완전히 자유로운 반응을 할 수 있을 때 비로소 국가의 주권이 국민에게 있다고 할 수 있을 것이다.

통일변증법은 한 마디로 백성들 한 사람 한 사람의 중심에 존재하는 하나님을 움직이라는 것이다. 그것이 정성과 믿음과 사랑과 일이다. 직설적으로 말하자면 백성을 하나님으로 모시고 할 수 있는 모든 정성과 믿음과 사랑과 일을 하라는 것이다.

그래서 백성들이 이에 대해 복과 보와 응으로 답한다면 그것이 바로 하나님의 답이라는 것이다. 이것이 우리의 조상들이 남겨준 팔강령이며 필자가 말하는 통일변증법이다.

즉, 국가의 공적영역과 사적영역이 완전히 하나로 통일될 때 비로소 민주주의는 시작이 된다고 말할 수 있다. 필자가 이를 겨우 시작이라고 하는 것은 통일변증법은 아직 민주주의의 성취단계나 완성단계는 아니기 때문이다.

35. 성취상태, 완성상태, 무질서상태

질서상태가 통일상태로 변혁하면 그 다음의 상태인 성취상태로 혁신할 수 있다. 그리고 성취상태는 완성성태로 혁신할 수 있다. 성취상태와 완성상태는 한권의 책으로 설명될 수 있을 만큼 그 내용이 방대하다. 성취상태는 곧 재세이화이며 완성상태는 홍익인간인 것이다.

필자는 혼돈상태에 대해 『한철학1 - 생명이냐 자살이냐』라는 책으로 설명하고, 질서상태에 대해 『한철학2 - 통합과 통일』이라는 책으로 설명했다.

성취상태, 즉 재세이화는 인간이 주어진 자연을 최적화하는 단계를 말하고, 완성상태, 즉 홍익인간은 인간이 사회를 최적화하는 단계를 말한다.

필자가 말하는 성취상태와 완성상태의 최적화란 내부적 모순과 갈등을 최적화한 상태에서 외부적인 모순과 갈등을 최적화하는 상태를 말하는 것이다. 즉, 더 이상 암세포나 페스트와 같은 유행병적인 제국의 상태가 아니라 모든 내부적 잠재력이 생명적 운동을 위한 활동에 조금의 낭비도 없이 사용되는 상태를 말하는 것이다.

다시 말해 인간의 개인과 사회의 잠재력을 파괴하던 부정성의 변증법을 사용하여 생기는 모든 갈등과 모순이 사라진 상태이다. 그리고 암세포나 페스트와 같은 유행병이나 이보다 더 분명한 모습을 보여주는 핵폭탄은 결국 모두가 다 죽는 양자부정으로 나타난다.

그러나 성취상태와 완성상태는 이 부정성으로 인해 낭비되던 모든 힘과 자원을 인간 개인과 사회를 위해 사용하며, 그 사용된 것은 다시 영구적으로 재순환되는 상태를 말하는 것이다.

아직 그 어떤 철학자의 상상력도 이 성취상태와 완성상태를 상상하지 못한 것이다. 내부적인 억압과 외부적인 전쟁을 극복하는 진정한 영구평화론은 통합과 통일을 이룬 다음 성취상태와 완성상태를 이룰 때 비로소 말할 수 있는 것이다. 이 한사상적인 의미의 영구평화론이 바로 우리의 조상이 말한 재세이화 홍익인간의 이상인 것이다.

무질서상태는 가능상태, 혼돈상태, 질서상태, 성취상태, 완성상태 중 어느 것이든 그것이 해체되었을 때 맞는 상태이다.

한철학에서는 무無도 하나의 상태인 무질서상태로 부른다. 이미 설명한 다섯 가지 상태는 나름대로의 질서가 그 안에 내재되어 있다. 그 나름대로의 질서가 해체되어 동일성이 파괴될 때 그것은 무질서상태가 되는 것이다. 따라서 무질서상태는 다섯 가지 상태와 전혀 다른 차원의 테두리이다.

무질서상태는 무無라고 하는 없음이 아니다. 무질서상태의 대부분은 단지 우리의 인식범위 밖에 있는 영역이다. 우리가 알 수 있는 것은 무질서상태가 다섯 가지 상태가 존재할 수 있게 하는 바탕이 되어준다는 것이다. 무질서상태는 다섯 가지 상태가 각각 존재하는 과정에 관계한다.

무질서상태야말로 진정한 미지의 세계이다. 그리고 현 인류의 상상력과 통찰력과 판단력이 전혀 미치지 못하는 영역인 것이다.

이 세계는 인간에게 영원히 무질서상태로 남아 있을 영역도 있을 것이며 장차 인간의 인식범위 안으로 들어올 영역도 있을 것이다. 그리고 이 무질서상태야말로 진정으로 만물과 만사의 근원인 것이다. 이 세계에 대해 인식을 넓혀나가는 것이 인간이 진보하는 것이며 미래 철학의 보람일 것이다.

(1) 자연의 최적화 – 재세이화

하나의 생명체로서의 공동체가 통합과 통일을 이룸으로써 평화와 자유를 얻어 민주주의를 시작했다면 어떤 방법으로 민주주의를 성취할 수 있는 것일까?

그것은 그 공동체에게 주어진 자연을 최적화하여 그 공동체의 전체 구성원이 의식주를 완전히 해결할 때 비로소 민주주의는 성취된 것이다.

우리의 고대국가의 한철학자들은 이 상태를 재세이화在世理化라고 불렀다. 필자는 이 부분을 성취상태라고 말한다. 바로 이 부분이 또한 우리 한겨레공동체의 한철학과 한사상의 성취된 모습이다. 우리가 번영繁榮이라고 부르는 가치란 곧 성취상태, 즉 재세이화의 상태에서 얻어지는 가치이다.

우리는 질서상태를 공적영역과 사적영역으로 구분했다. 이는 다른 말로는 본체계와 현상계 또는 태극과 64괘로 말해온 것이다. 통일상태가 공적영역과 사적영역을 완전히 하나로 통일하는 상태라는 것은 곧 현상계와 본체계 또는 태극과 64괘가 하나의 전체로 통일하는 상태이다.

성취상태란 이 통일상태와는 완전히 다른 새로운 차원의 상태이다. 즉, 공적영역 또는 본체계 또는 태극은 시간과 공간이 최적화된 상태이다. 사적영역 또는 현상계 또는 64괘는 시간과 공간의 제약을 받는 상태이다.

성취상태란 우리가 사적영역 또는 현상계 또는 64괘로 불러온 영역을 최적화하여 시간과 공간으로부터 자유롭게 만든 상태이다. 시간과 공간으로부터 자유롭다는 말은 손실되는 것 없이 영구적인 순환이 이루어진다는 말이다.

이 부분은 독자적인 이론체계를 필요로 하므로 한철학 시리즈에서 따로 책을 나누어 체계적으로 설명할 때 충분한 설명이 가능할 것이다.

① 성취상태의 문화와 과학기술

성취상태에서는 성취상태만의 문화와 과학기술의 체계가 있다. 성취상태에서는 사적영역을 최적화한 상태를 성취하기 위한 문화와 과학기술이 독립적으로 존재한다.

우리는 이를 현실에서 실제로 나타나는 통일체계를 성취적 체계라고 부를 수 있다.

(2) 사회의 최적화 - 홍익인간

하나의 생명체로서의 공동체가 통합과 통일을 이루고 또한 성취상태를 이루었을 때 그 공동체는 평화와 자유를 얻어 민주주의를 성취한 것이다. 그러나 아직 민주주의가 완성된 것은 아니다.

왜냐하면 의식주가 해결되었다고 인간사회의 구성원이 만족하는 것은 아니기 때문이다. 인간사회에서 의식주는 가장 근본적인 것일 뿐 그것이 인간사회의 모든 것을 결정하는 것은 전혀 아니다.

인간사회에는 복잡다단한 문제가 언제나 시시각각으로 인간들을 억매여 고통을 준다. 민주주의의 완성이란 이와 같이 복잡다단한 인간사회를 최적화함으로써 이루어지는 것이다.

필자는 이 사회의 최적화 상태를 완성상태라고 부른다. 그러나 우리의 고대국가의 한철학자들은 이 상태를 홍익인간弘益人間이라고 불렀던 것이다. 바로 이 부분이 또한 우리 한겨레공동체의 한철학과 한사상의 완성된 모습이다.

인간사회는 생명체로서 삶을 사는 동안 사적영역에서 수많은 사건을 만나고 그것을 경험한다. 즉, 우리가 말하는 사적영역 또는 현상계 또는 64괘란 그 안에 수많은 사건들이 시시각각 만나는 시간과 공간의 영역이다.

그런데 이 수많은 사건들은 일정한 유형들로 정리할 수 있다. 시간과 공간 안에서 인간사회가 만나는 일정한 유형을 우리는 384개로 나눌 수 있는 것이다.

인간사회가 생명체로서 삶을 사는 동안 필연적으로 만나는 이 사건들을 최적화하여 인간사회가 이 사건들로부터 시간과 공간에서 자유롭게 되는 상태를 완성상태라고 말하는 것이다. 이 상태의 숫자는 366으로 상징된다. 우리 한겨레가 만들고 우리만이 비전해온 삼일신고라는 경전은 366개의 글자로 이루어져 있다. 그리고 366사라는 경전의 366개의 사(事)란 이 최적화된 사건들을 설명하는 것이다.

이것이 곧 우리 민족의 위대한 조상들이 말한 홍익인간弘益人間이며 필자가 말하는 완성상태이다.

인간사회에 주어진 모든 사건을 최적화할 때 비로소 그 사회의 모든 인간은 평등을 얻게 되는 것이다. 즉, 사회의 모든 구성원이 모두 이롭게 되는 것이다.

우리가 평등平等이라고 부르는 가치란 곧 완성상태, 즉 홍익인간의 상태에서라야 얻어지는 가치이다. 평등이라는 최고의 가치는 과정철학의 최종적인 단계에서만 이루어지는 가치이다. 그러나 지금까지의 철학은 과정을 무시하고 처음부터 평등을 주장하고 나섰다는 점에서 무모하고 성급했다.

또 지금까지의 철학자들은 우리가 말하는 다섯 가지의 상태 중 단 하나도 설명이 불가능한 부정성의 변증법을 사용하였다. 따라서 부정성의 변증법으로 평등을 얻겠다는 것은 이론에서나 현실에서나 불가능한 것이었다. 이와 같은 사고의 틀은 아직 떡잎도 자라지 않는 나무가 열매를 남에게 나누겠다고 주장하는 것과 같은 것이다.

평등은 혼돈상태에서 평화의 기초가 마련되고, 질서상태에서 자유가 확립되고, 통일상태에서 민주주의가 확고하게 세워지고, 성취상태에서 경제가 완전히 해결되어 번영을 이룬 다음에 사회의 모든 유형의 사건을 최적화할 수 있는 단계에 비로소 가능해지는 것이다.

이 모든 이론체계는 우리의 조상들이 장대한 역사 속에서 이미 완성된 상태로 만들어져 우리 한겨레공동체를 대상으로 사용했던 것들이다. 이 완성상태, 즉 홍익인간의 상태도 독자적인 이론체계를 필요로 하므로 한철학 시리즈에서 따로 책을 나누어 체계적으로 설명할 때 충분한 설명이 가능할 것이다.

① 완성상태의 문화와 과학기술

완성상태에서는 완성상태만의 문화와 과학기술 체계가 있다. 완성상태에서는 사회를 최적화한 상태를 완성하기 위한 문화와 과학기술 체계가 독립적으로 존재한다.

우리는 현실에서 실제로 나타나는 이 통일체계를 완성적 체계라고 부를 수 있다.

36. 결론

이 결론은 제7장에 대한 결론이 아니라 이 책 전체에 대한 결론을 말하는 것이 좋겠다. 제7장은 이 책에 사용된 전체 이론체계를 설명하는 것이므로 따로 결론을 말할 필요가 없기 때문이다.

이 책에서는 필자가 개인적으로 가졌던 두 번의 실험을 소개했다. 첫 번째 실험인 사우디아라비아에서의 건설현장에서의 실험을 통해 구체적인 영역을 최적화하는 상앙의 법가이론과 추상적인 영역을 최적화하는 오자의 병법을 이중적으로 적용했다. 이는 이른바 XY이론인 것이다. 그 결과 뜻밖에도 질서상태가 눈앞에 전개되었다. 그리고 불완전한 상태지만 통일변증법을 나름대로 적용했고 역시 불완전한 상태지만 성취상태와 완성상태로 적용했다.

필자는 이 실험결과를 체험을 통해 알게 된 역동성의 철학이 알려지지 않은 새로운 진리의 세계라는 사실을 알았다. 그리고 이 세상 어느 학문도 설명하지 못하는 이 역동성의 철학을 우리의 고유한 경전인 천부경, 삼일신고, 366사(참전계경)에서 설명한다는 사실을 알았다. 그리고 이 경전들을 연구하게 되었고 또한 이 경전들에서 발견된 역동성의 이론체계를 한철학 시리즈로 출간하고 있다.

그리고 한철학의 역동성의 이론체계를 실제로 검증하는 두 번째 실험을 LG전자의 연구소에서 컨설팅을 통해 했다. 그 결과 필자의 한철학 이론이 질서상태를 최적화시키는 획기적인 것임이 명백한 과학적 데이터를 통해 증명되었다.

따라서 이제 필자의 두 번에 걸친 실험은 필자가 그동안 설명해온 우리의 경전에 담겨 있는 이론체계와 그것을 철학이론으로 설명한 한철학 시리즈의 내용을 충분히 뒷받침 할 수 있게 된 것이다.

이 한철학의 이론체계가 단지 이론체계에 머무르지 않고 우리 인간이 사는 사회 특히 우리 한겨레공동체에 살아서 움직일 때 그것이 곧 한사상이다.

이 책은 이 두 가지 실험을 통해 확인한 한철학의 이론이 한사상으로 우리의 관습과 생활에 살아서 움직이고 있다는 사실을 중점적으로 설명한 것이다. 즉, 문화와 교육과 정치, 경제, 사회 등 모든 분야를 역동적으로 만들 수 있다는 사실을 이 책에서 설명했다.

특히 역동성의 대한민국(Dynamic Korea)은 인간사회의 근본적인 역동성이 처음으로 전면적으로 드러난 나라라고 볼 수 있다. 우리가 월드컵 응원에서 수백만 명이 보여준 역동성은 서구와 일본에서는 아직 경험해보지 못한 사회적 현상이다. 그리고 그 역동성은 우리

뿐 아니라 모든 인간사회 그리고 개개인에게 잠재되어 있는 근본적인 힘이라는 사실을 한사상의 이론체계를 통해 우리는 알 수 있었다.

이제 이 책을 끝내면서 한사상과 한철학에서 말하는 '한'은 두 가지의 의미가 있음을 말할 수 있다. 하나는 살아 있는 생명체로서 전체과정을 가능하게 하는 '한'이며 또 하나는 질서상태의 공적영역의 중심에 존재하면서 질서상태를 가능하게 하는 '한'이다.

결국 이 두 가지의 한은 모두 살아 있는 생명체가 가지는 역동성의 그 자체이다. 우리는 전체 과정의 원인인 '한'에 대하여 어느 정도는 알지만 궁극적으로 무엇인지는 끝내 알지 못한다. 또한 질서상태의 공적영역의 중심에 존재하는 '한'이 어떻게 발생하며 어떻게 존재하는지에 대해 우리는 알지만 끝내 그 '한'이라는 궁극적인 존재가 무엇인지는 알지 못한다.

우리는 지금까지 동서양의 문명에서 전혀 가질 수 없었던 사고의 틀을 가지고 이 인간과 세계를 살펴보았다. 그러나 이 모든 것을 가능하게 하는 가장 근본적인 '한' 자체에 대해서는 아무런 지식을 가질 수 없다는 사실을 알게 된 것이다.

만일 이 '한' 자체에 대해 안다고 자처하는 자가 있다면 인간으로 태어나 그보다 더 염치없는 자는 없을 것이다. 한사상과 한철학은 '한'을 설명하는 사상이며 철학으로 동서고금의 모든 철학과 사상을 부분으로 포함하는 광대무변의 사상이요 철학이다. 그러나 더 이상 갈 수 없는 마지막 단계에서는 '한'에 대해 모른다는 사실을 고백하는 학문일 수밖에 없는 것이다.

한사상을 회복하여 오늘에 맞게 다시 살려내는 일은 잃어버린 대륙을 회복하는 것 못지않게 중요한 것이라고 본다. 다물多勿은 다 무르자 또는 회복하자는 운동이다. 대륙을 회복하는 다물은 우리의 꿈이지만 한사상을 회복하는 다물은 현실이며 지금 당장 전력을 다해야 할 시급한 일인 것이다.

그리고 인간의 문명이 삼천 년을 끊임없이 생각하고 연구한 결과가 한갓 헛된 신기루일 수 있다는 것은 철학과 사상이 얼마나 엄중한 것인가를 잘 말해주는 것이다. 또한 한 개인이 인생 백년을 올바르고 열심히 살았다고 생각해도 그것이 헛된 꿈을 따르는 허망한 것일 수 있음도 철학과 사상이 얼마나 진지한 것인가를 잘 말해주는 것이다.

이제 이 책의 마침표를 찍어야 할 때이다. 여기까지 오는 동안 짧지 않았던 과정에 필자와 함께 해준 독자에게 감사한다.

참고문헌

강항. 2005. 『간양록看羊錄』. 이을호 역. 서해문집.

경제사회연구회. 2005. 『한류의 경제적 효과 극대화 방안』

계연수. 1985. 『환단고기』. 김은수. 기린원 .

계연수. 1986. 『한단고기』 임승국 역. 정신세계사.

고야스 노부쿠니. 2005. 『동아 대동아 동아시아』 이승연 역. 역사비평사.

고영자. 2002. 『일본의 근세 봉건시대』. 탱자출판사.

국제한국학회. 1999. 『실크로드와 한국문화』. 소나무.

권영길 편저. 1963. 『병법칠서』. 海東文化社 .

금구용 역. 1965. 『(구용)열국지』. 어문각.

기 소르망. 1992. 『20세기를 움직인 사상가들』. 강위석 역. 한국경제신문사.

김구. 1997. 『백범일지』. 학민사.

김숙희·장문정·조미숙·정혜경·오세영·장영애. 1998. 『식생활의 문화적 이해』.
　　신광출판사.

김영돈. 1995. 『弘益人間과 桓檀古記』. 유풍출판사.

김영작·김기석 외. 2006. 『21세기 동북아공동체 형성의 과제와 전망』. 한울출판
　　사.

김영정. 2005. 『가치론의 주요 문제들』. 철학과 현실사 .

김용근. 1999. 『명태선생님의 환경교실』. 푸른나무.

김학관. 2003. 『문화와 가치』. 청목출판사.

니이체. 1985. 『선악의 피안 』. 박준택 역. 박영사.

니콜라이 하르트만. 1979. 『윤리학』. 전원배역. 원광대학교 출판국.

니토베 이나조 2005. 『일본의 무사도 』. 양경미·권만규 역. 생각의 나무.

동방삭. 1997. 『신이경』. 김지선 역. 살림.

러셀. 1999. 『나는 왜 기독교인이 아닌가』. 송은경 역. 사회평론.

레스터 C. 더로. 1999. 『제로섬 사회』. 한마음사.

말론 호글랜드. 2002. 『생명과학이야기』. 강혜묵·김경진 역. 진솔서적.

강만식·이인규 외. 『현대생물학』. 교학연구사. 1996년.

문중섭. 2003. 『사회와 가치』. 경성대학교 출판부.

문화관광부. 2003. 『국가브랜드 가치 제고를 위한 Worldwide Survey 결과 보고

서 요약본』. 국가브랜드 경영연구소.

문화관광부. 2003. 『문화를 통한 국가브랜드가치 제고전략 보고서 요약본』. 국가
브랜드 경영연구소.

문화관광부. 2003. 『문화를 통한 국가브랜드가치 제고전략 최종보고서 요약본』.
국가브랜드 경영연구소

민족사 바로찾기 국민회의. 1992. 『고대한국문화의 일본 전파』. 한일문화국제학
술대회.

박성수. 2000. 『위당의 상고사 연구』. 어문연구 통권 제107권.

박영수. 1998. 『유행 속에 숨어 있는 역사의 비밀』. 살림.

박인로. 1636 목판본. 『노계가사』. 박성의주해. 1975년. 정음사.

박재복. 2005. 『한류, 글로벌 시대의 문화경쟁력 』.삼성경제연구소.

백원담. 2005. 『동아시아의 문화선택』. 펜타그램.

상앙. 2005. 『상군서商君書』. 장형근 역. 살림출판사.

새뮤엘 노마 크라이머. 2000. 『역사는 수메르에서 시작되었다』. 가람기획.

샤롤르 달레. 1975. 『조선교회사서론』. 정기수 역. 탐구당.

서영애. 2003. 『일본문화와 불교』. 동아대학교 출판부.

서울대학교 종교문제연구소. 1997. 『단군 그 이해와 자료』. 서울대학교출판부.

세종연구소. 2005. 『한국의 국가전략 2020 1~5권』.

손인수. 1984. 『한국인의 가치관』. 문음사.

송운석. 2003. 『인간관계의 이해』. 학현사.

송재구. 2002. 『송재구의 전남부국론』. 다우출판사.

송호수. 1992. 『한민족의 뿌리사상』. 기린원.

슘페터. 1977. 『자본주의·사회주의·민주주의』. 이상구 역. 삼성출판사.

신채호. 1990. 『꿈하늘』. 송재소·강명관 편집. 동광출판사.

안호상. 1967. 『민족의 주체성과 화랑얼』. 배달문화연구원.

앤드류 밀너. 1997. 『우리시대 문화이론』 이승렬 역. 한뜻.

오오누키 에미코. 2004. 『사쿠라가 지다 젊음도 지다』. 이향철 역. 모멘트.

요시노 마코토. 2005. 『동아시아 속의 한일 2천 년사』. 한철호 역. 책과함께.

유득공. 1982. 『경도잡지京都雜誌』. 이석호 역. 한국명저대전집 대양서적.

이능화. 1983. 『조선무속고』. 삼성출판사 한국사상전집4 『한국의 민속종교사
상』.

이창위. 2005. 『우리 눈으로 본 일본제국 흥망사』. 궁리.

자크 모노. 1982. 『우연과 필연』 김용준 역. 삼성판 세계사상전집 31.

赤松智城/秋葉 隆. 1991. 『조선무속의 연구』. 심우성 역. 동문선.

정대성. 2000. 『일본으로 건너간 한국음식』. 김문길 역. 솔출판사.

정신문화연구원. 『철학사상의 제문제』Ⅰ, 1983년, Ⅱ1984년, Ⅲ1985년, Ⅵ 1986년.

제임스. 『프래그머티즘』. 임영철 역. 세계의 대사상10. 휘문출판사.

조흥윤. 1994. 『무와 민속문화』. 민족문화사.

채필근. 1975. 『비교종교론』. 한국기독교서회.

최동환 해설. 2000. 『366사(참전계경)』. 지혜의 나무.

최동환 해설. 2000. 『삼일신고』. 지혜의 나무.

최동환 해설. 2000. 『천부경』. 지혜의 나무.

최동환. 2000. 『혼역』. 지혜의 나무.

최동환. 2004. 『한철학1 생명이냐 자살이냐』. 지혜의 나무.

최동환. 2005. 『한철학2 통합과 통일』. 지혜의 나무.

칼 마르크스. 1987. 『마르크스 경제학- 철학 수고』. 김태경 역. 이론과 실천.

토마스 새무엘 쿤. 1996. 『과학혁명의 구조』. 이화여자대학교 출판부.

통일연구원. 2005. 『동북아 문화공동체의 동아시아지역 확대를 위한 동남아시아 전치 사회 문화 인프라 연구』.

프리초프 카프라. 1993. 『새로운 과학과 문명의 전환』. 이성범·구윤서 역. 범양사.

피터 드러커. 1990. 『새로운 현실』. 김용국역. 시사영어사.

피터 드러커. 1994. 『자본주의 이후의 사회』. 이재규 역. 한국경제신문사.

하버마스. 1995. 『의사소통의 사회이론』. 장은주 역. 관악사.

험프리 미첼. 2000. 『스파르타 』. 윤진 역. 신서원.

헤겔. 1997. 『법철학강요』. 권응호 역. 홍신문화사.

秋葉 隆. 1993. 『조선민속지』. 심우성 역. 동문선.

D.라이트·S. 켈러. 1987. 『사회학입문』. 노치준·길태근 역. 한울.

G.주커브. 1993. 『춤추는 물리』. 김영덕 역. 범양사 출판부.

I.K.슈츠스키. 1998. 『주역연구』. 오진탁 역. 한겨레.

The History Channel. 2005. 『스파르타, 제국의 흥망』, 중앙방송 비트윈DVD (: The Rise and Fall Of SPARTANS)

W. 하이젠베르그. 1994. 『철학과 물리학의 만남』. 한겨레.

찾아보기

최동환

동국대학교 졸업

저서로는 『천부경』, 『삼일신고』, 『366사(참전계경)』, 『한역』, 『한철학1 - 생명이냐 자살이냐』, 『한철학2 - 통합과 통일』 등이 있다.

homepage : www.hanism.com

e-mail : webmaster@hanism.comd

연락서 : 남부천우체국 사서함 144호

한사상과 다이내믹 코리아

초판 1쇄 발행 / 2006년 9월 7일

지은이 / 최동환

펴낸곳 / 지혜의 나무

펴낸이 / 이의성

등록번호 / 제1-2492호

등록일자 / 1999년 5월 10일

주소 / 서울 종로구 관훈동 198-16 남도빌딩 3층

전화 / 02-730-2211, 팩스 02-730-2210

ISBN 89-89182-36-0 (03380)